LA DISSERTATION PHILOSOPHIQUE AU BACCALAURÉAT

PAR

J. LEBLOND
AGRÉGÉ DE PHILOSOPHIE
PROFESSEUR AU LYCÉE DE CHARLEVILLE

PARIS
VUIBERT ET NONY ÉDITEURS
63, BOULEVARD SAINT-GERMAIN, 63
1908

LA DISSERTATION PHILOSOPHIQUE AU BACCALAURÉAT

A LA MÊME LIBRAIRIE

LA DISSERTATION PHILOSOPHIQUE AU BACCALAURÉAT

PAR

J. LEBLOND
AGRÉGÉ DE PHILOSOPHIE
PROFESSEUR AU LYCÉE DE CHARLEVILLE

PARIS
VUIBERT ET NONY ÉDITEURS
63, Boulevard Saint-Germain, 63
1908

« Pour les épreuves écrites,..... il est donné trois sujets, entre lesquels les candidats ont le droit de choisir ». (*Art. 11 du décret du 31 mai 1902 relatif au baccalauréat.*)

Dans le présent Ouvrage, les trois sujets donnés au Baccalauréat à un même examen ont été désunis ; mais on pourra reconstituer le groupe au moyen des numéros d'ordre placés entre crochets.

Exemple : Le sujet n° 1 appartient à un trio qui est complété par les sujets nos 390 et 819.

AVANT-PROPOS

On présente ici aux aspirants au baccalauréat (2e partie, *Philosophie*) un recueil où ils trouveront près de 900 sujets de dissertations donnés tous dans les diverses Facultés de France, et correspondant aux programmes de 1902.

Chaque sujet est précédé d'un numéro d'ordre. Il est suivi de l'indication des Facultés qui l'ont proposé ; à côté du nom de la Faculté se trouvent deux numéros correspondant aux deux autres sujets donnés en même temps. En se reportant à ces deux numéros, le lecteur pourra reconstituer l'ensemble des trois sujets entre lesquels il aurait à fixer son choix s'il se présentait à l'examen.

Une table placée à la fin du volume les présente dans l'ordre où sont disposées les questions du programme, qui est aussi celui de la plupart des cours. Cette table permettra de trouver facilement dans le volume un sujet sur lequel on désirera des renseignements, ou, tout au moins, des sujets analogues.

Les élèves trouveront dans ce livre très peu de dissertations toutes faites ; on a voulu non pas se substituer à eux et paralyser leur initiative, mais les guider, les renseigner, leur suggérer des idées, orienter leurs recherches. Même dans les développements relativement étendus qu'ils trouveront à la suite de certaines questions, on les prévient qu'ils devront chercher simplement des inspirations, des matériaux à mettre en œuvre par un travail personnel. L'unique but que se propose l'ouvrage, c'est de ne pas laisser l'élève désarmé devant un texte ; on désire surtout solliciter de sa part l'effort et la réflexion, lui indiquer comment il doit chercher pour trouver. On prétend, non pas travailler pour lui, mais l'aider à travailler, ce qui est la seule méthode à suivre pour lui être véritablement utile.

J. L.

LA

DISSERTATION PHILOSOPHIQUE

AU BACCALAURÉAT

INTRODUCTION

COMMENT SE FAIT UNE DISSERTATION

Un élève de philosophie sort de la classe où le professeur a donné un sujet de dissertation. La copie devra, d'ordinaire, être remise huit jours après : l'élève a donc une semaine devant lui pour faire son devoir. Voyons comment il emploiera ce temps.

Un trop grand nombre — et ce ne sont pas toujours les plus mauvais — ont le très grand tort d'oublier la question aussitôt que posée, et, comptant sur les huit jours de délai dont ils disposent, de remettre à une date fixe, souvent au septième jour, la confection du devoir qui leur est proposé. Jusqu'à ce jour, ils s'en désintéressent, n'y pensent pas : il n'existe pas pour eux. L'échéance arrivée, on se met à l'œuvre et, vite, fiévreusement, en une journée, en une étude, on cherche ses idées, on compulse cours, manuels, dictionnaires, et l'on produit tant bien que mal — plutôt mal ! — un travail hâtif où la mémoire, la facilité d'improvisation, la chance d'une lecture faite à propos, ne compenseront pas l'insuffisance de la préparation et le défaut de réflexion personnelle.

Tout autre doit être la méthode d'un élève consciencieux. Sans doute la répartition des matières d'enseignement à travers toute une semaine et l'obligation où il est de faire face à la tâche quotidienne le contraignent à se réserver un jour déterminé pour faire sa dissertation, et il convient assez que ce jour soit relativement rapproché de l'échéance, on va voir pourquoi. Mais, d'ici là, ce qu'il ne faut pas faire, c'est perdre de vue la dissertation, n'y point songer, la considérer comme non-existante. Loin de là ! Il faut, au contraire, l'avoir sans cesse présente à l'esprit. A quelqu'un qui lui demandait comment il avait découvert la grande loi de la gravitation universelle, Newton répondait : « En y pensant toujours ». Que l'on médite ce mot si simple : il contient le secret de tout travail intellectuel fructueux. La première condition de l'invention, c'est la continuité de l'effort intellectuel. Beaucoup d'élèves se plaignent qu'en face d'une question, ils se sentent désarmés, que les idées ne viennent pas, qu'ils ne trouvent rien. Cela n'est pas étonnant ; c'est même normal, et il faut bien qu'ils le sachent : des esprits beaucoup plus formés, beaucoup plus mûris que ne peuvent être les leurs se trouveraient dans la même indigence s'ils se mettaient à l'œuvre dans les mêmes conditions. Par contre, lorsque l'esprit est constamment occupé d'une idée, celle-ci, par un appel spontané, évoque et attire à elle toutes celles qui ont avec elle quelque relation, et sont de nature à la compléter ou à l'éclairer. Il se fait en nous une sorte de travail de cristallisation à moitié conscient ; l'idée, peu à peu, prend corps, se précise, se détermine, et tel qui, à la première audition, n'y eût vu qu'un maigre sujet « matière infertile et petite », y trouve, huit jours après, à sa grande surprise, une riche mine de développements.

Mais enfin, le jour est arrivé, l'élève se met à la tâche : il est à pied d'œuvre, il faut faire le devoir. En quoi consistera son travail ?

Il se divise en trois phases :

1° La préparation, ou les recherches;

2° La composition, ou le plan;

3° L'exécution, ou le développement.

La Préparation.

Il est de toute évidence qu'une question philosophique ne peut pas se traiter d'emblée : l'esprit le plus mûr, le plus rompu aux recherches de la pensée pure, ne l'entreprendrait pas. A plus forte raison ne saurait-on le demander à un jeune homme encore inexpérimenté et qui se trouve pour la première fois en face des plus redoutables problèmes. Il lui faut, pour tout sujet, quel qu'il soit, chercher d'abord des documents qu'il est, assurément, hors d'état d'inventer.

Il a, pour trouver ces documents, trois sources :

Le cours du professeur ;

Les livres ;

Son expérience personnelle et ses réflexions.

A. **Le cours.** — Le cours du professeur apparaît tout d'abord comme la principale source où l'élève devra puiser les renseignements nécessaires à la bonne exécution de son travail. Ce n'est point là, de fait, une apparence trompeuse : les faits se chargent de la vérifier.

D'abord un très grand nombre de sujets sont ce que l'on appelle des *sujets de cours*. La question posée est de celles qui figurent au programme, le professeur l'a traitée en détail ; l'élève l'a étudiée ; il possède dans ses notes tous les documents utiles, et il en trouvera au besoin dans les divers manuels qui sont à sa disposition.

Un bon nombre d'autres sujets, sans être exposés *in extenso* dans le cours, s'y rattachent par telle ou telle de leurs parties.

Il semble donc que, dans ces cas, l'élève réunisse les conditions les plus favorables pour faire une bonne dissertation.

A ceux qui seraient tentés de le croire, je dirai tout de suite qu'il n'y a pas de plus funeste illusion. Céder à l'entraînement, bien naturel d'ailleurs, qui le porte à reproduire avec plus ou moins de fidélité un chapitre du meilleur des cours, voilà pour l'élève le plus redoutable danger, la plus forte chance d'insuccès.

Quand il s'agit d'un devoir de classe, on est moins exposé à ce péril, car on sait d'avance que le professeur se reconnaîtra lui-même dans la copie où on lui présentera un fac-similé de son propre cours. Mais c'est dans un examen que le procédé devient séduisant, et son application funeste ! Voilà la raison de tant d'échecs surprenants, imprévus, alors que le candidat escomptait d'avance le succès. On a choisi une belle question de cours, que l'on possédait bien. Aidé par une mémoire fidèle, on a reproduit le cours fidèlement. On se croit sûr du résultat. On va, plein de confiance, consulter la liste des admissibles. Déception ! on n'y trouve pas son nom. On court au secrétariat et là on apprend avec stupéfaction que cette belle dissertation, sur laquelle on fondait tant d'espoirs, a été cotée 5 ou 6. « Quoi ! une si faible note, alors que j'ai traité le sujet comme dans le cours! » — Eh ! oui, mon pauvre ami ! Vous avez reproduit votre cours, et c'est justement pour cela que vous êtes mal noté ! L'examinateur, en lisant cette copie, s'est dit : « Voilà un candidat qui sait par cœur. Rien ne me prouve qu'il comprenne un seul mot de ce qu'il a écrit : formules, théories, développements en bon ordre, objections, réponses, contre-réfutations, rien de tout cela n'est de lui. Je ne trouve là aucune trace d'effort personnel, aucun symptôme d'intelligence, de liberté d'esprit, aucune qualité réelle. J'ai affaire à un perroquet. » La mauvaise note s'explique ; elle est juste, elle est méritée.

La première condition de succès en ce cas est donc de ne jamais reproduire dans une dissertation le cours que l'on aura étudié.

Et cependant ce cours est utile, nécessaire même! Si le professeur le fait, le développe, l'explique et le donne à apprendre, c'est qu'il le juge indispensable. Et, de fait, un élève ne peut connaître la théorie de la mémoire ou les objections qu'on a présentées contre l'existence de la liberté qu'à condition de les avoir apprises quelque part. Et s'il n'est pas vrai de dire que dans une classe le meilleur élève est celui qui sait le mieux son cours, il est hors de doute que tous les bons élèves, sans exception, savent bien leur cours. De tout ceci se dégagent deux principes qui doivent être les guides assurés de l'élève :

1° Il faut très bien savoir son cours ;

2° Il faut avoir l'air de ne pas le savoir.

Avoir l'air de ne pas le savoir, qu'est-ce à dire ? C'est-à-dire qu'il faut vous servir des idées trouvées dans le cours, et, ces idées, les présenter sous une forme, leur donner un ton et une allure qui soient autres, et qui soient votre forme à vous, le ton et l'allure de votre esprit. Il faut repenser le cours par un effort de réflexion, et cet effort aura la vertu de changer l'aspect des idées au point de faire croire que c'est vous qui les avez inventées.

Il existe, pour atteindre ce but, un moyen sûr. Le voici : Tout chapitre d'un cours est un ensemble de généralités, définitions, règles, lois, objections et réponses ; tout a été présenté sous forme d'idées générales, et, le plus souvent, par la méthode deductive, celle qui commence par les définitions pour aboutir finalement aux cas particuliers, qui va de l'abstrait au concret, et, parfois même, ne sort pas de l'abstrait. Vous, élève, renseigné par votre cours, et vous proposant de l'appliquer à une dissertation, vous ferez exactement le contraire. Vous éviterez les généralités, vous fuirez les formules, les définitions toutes faites, les abstractions ; vous ne procéderez que par des faits particuliers, c'est-à-dire par des exemples. Ces exemples, vous les prendrez, autant que possible, dans votre propre expérience; ce seront des cas concrets, de vous connus et éprouvés ; vous les présenterez en détail, vous les analyserez, les interpréterez, et vous en ferez sortir finalement, les définitions, règles et théories. Vous voyez qu'effectivement, vous aurez bien ainsi l'air d'avoir inventé le cours. Le correcteur se doutera bien un peu qu'il n'en est pas ainsi; mais il ne doutera pas que vous l'ayez compris.

Ainsi la *dissertation de cours*, bien faite, ne commencera *jamais* par des définitions, mais *toujours* par des exemples. Elle se tiendra obstinément dans le domaine des faits, dans le concret, et en aucun cas ne reproduira des formules toutes faites ou des théories abstraites. A la fin seulement viendront les définitions et les règles générales, sous forme de résumé. En un mot la dissertation procédera par la méthode inductive.

Dans ce travail, le cours vous aura constamment soutenu et guidé, il vous aura suggéré les exemples, empêché de glisser à côté du sujet, de donner aux faits des interprétations fausses. Il vous aura aussi indiqué d'avance le but auquel vous devez parvenir, mis en garde contre les erreurs possibles et les illusions de tout ordre. Voilà les grands, très grands services qu'il vous aura rendus. Mais vous aurez, vous, le mérite de l'avoir interprété avec originalité, mis en œuvre sous une forme personnelle ; bref vous aurez fait preuve de pensée et dût cette pensée être gauche, inexpérimentée, faible et presque balbutiante, elle a, croyez-le, en tant que produit spontané de votre intelligence, infiniment plus de prix qu'une reproduction stérile et purement mécanique d'un texte appris de mémoire.

B. Les livres. — Les livres sont la seconde source, la plus riche de documents. Il va sans dire qu'un bon élève doit lire le plus possible : l'enseignement du professeur ne devrait être qu'un commentaire des lectures de l'élève, et un guide dans ces mêmes lectures. Ce sont là choses évidentes, sur lesquelles ce n'est pas le lieu d'insister.

Vous avez une dissertation à faire. Presque toujours un choix de lectures appropriées vous fournira tous les matériaux nécessaires. Mais il faut faire ces lectures et vous n'avez que bien peu de temps. Comment s'y prendre ?

D'abord, répondrai-je, vous avez dans la mémoire le bagage, que je suppose d'importance respectable, de vos lectures antérieures. Lorsqu'au mois de mars ou avril vous avez à traiter une question, vous avez dû, depuis le début de l'année scolaire, lire déjà un certain nombre d'ouvrages, en garder le souvenir, et vous pouvez vous y reporter, s'il y a lieu. Souvent même, si vous avez une bonne mémoire, surtout si vos lectures ont été faites sérieusement, si vous avez pris des notes, il ne sera pas indispensable de recourir de nouveau aux livres mêmes : vos souvenirs pourront vous présenter les idées et les développements dont vous avez besoin. Et il y aura même à cela un grand avantage : c'est que vous ne serez pas tenté de vous servir d'un livre pour y emprunter avec plus ou moins de servilité des passages entiers de votre devoir, et présenter ainsi au professeur une suite de centons où il reconnaîtra facilement l'inspiration étrangère et l'absence d'effort.

Mais vos lectures passées ne vous suffisent pas toujours. Pendant la période de préparation, pendant la semaine qui vous est attribuée pour faire votre travail, vous devrez toujours lire tels ou tels ouvrages relatifs à la question. Presque toujours, en classe, le professeur a indiqué les lectures à faire : les bons élèves les ont notées, afin de ne pas les perdre de vue. Et souvent encore le professeur a eu soin de vous indiquer quelle partie déterminée d'un ouvrage vous aurez à consulter pour vous renseigner ; cela dans le dessein de vous dispenser de recherches inutiles et de vous épargner les pertes de temps. Tous ces détails doivent être scrupuleusement notés.

Une dernière question, la plus importante, est celle-ci : comment faut-il se servir de ses lectures ? — Exactement dans le même esprit que d'un cours : s'en inspirer, y trouver des suggestions, des indications, une matière à réflexions personnelles ; à aucun prix, sous aucun prétexte, ne jamais les copier. S'il y a lieu de citer un auteur, dire qu'on le cite, et mettre le passage entre guillemets : il y a là non seulement une question d'utilité et de bon travail ; mais qui plus est, une question de conscience et de sincérité. Il n'est pas honnête, il n'est pas loyal de démarquer un paragraphe, une page d'un auteur, de la donner comme de soi, d'essayer de tromper le professeur, qu'au surplus on ne trompe pas, car il a vite fait de reconnaître l'interpolation : en voulant extorquer une bonne note, on en obtient une mauvaise et, par surcroît, on a perdu son temps, et l'on a mal agi.

Il est même fort bon, pour éviter tout soupçon de plagiat ou d'inspiration trop directe, de laisser s'écouler un peu de temps entre les lectures préparatoires et la rédaction du devoir. Si vous vous mettez au travail aussitôt que vous aurez fini de lire, le souvenir trop récent de vos lectures s'imposera à vous, vous obsédera, et vous en reproduirez inconsciemment des passages entiers dans leur forme même ; votre travail y perdra cette précieuse qualité de la personnalité, à laquelle vous devez tout sacrifier. Lisez donc assez longtemps d'avance tout ce que vous avez à lire ; puis fermez résolument les livres, et ne les rouvrez plus. Laissez les idées travailler toutes seules dans votre esprit ; laissez agir les associations, le lent effort de l'imagination ; laissez se révéler et opérer les affinités latentes qui bientôt uniront les éléments sous une forme nouvelle, comme au sein d'un organisme, par le sourd travail de la vie, s'unissent les molécules dont l'agrégat constitue peu à peu un tissu.

Et lorsque enfin, le jour arrivé, vous vous mettrez au travail pour faire votre composition, vous serez alors étonné de voir les idées affluer, le sujet se dessiner en contours précis, prendre corps au regard de votre pensée, ce même sujet que, huit jours auparavant, vous estimiez parfois au-dessus de vos forces. Vous vous trouverez beaucoup plus intelligent que vous ne l'auriez cru ; le travail vous semblera plus facile, agréable même, et cette petite satisfaction d'un amour-propre bien légitime sera une équitable compensation du labeur que vous vous êtes imposé, le juste prix de votre diligence, de votre esprit de méthode. S'il arrive que vous ne réussissiez pas très bien la dissertation, au moins aurez-vous eu plaisir à la faire. Convenez-en : abstraction faite du succès final, c'est déjà un beau résultat de s'intéresser à son travail et de transformer en une source de jouissance intellectuelle ce qui eût pu être une tâche ingrate et rebutante.

C. **L'expérience et la réflexion personnelles.** — Si l'on a bien saisi le sens des conseils qui précèdent, on verra que, de tous les éléments de la préparation, ceux qui figurent sous ce dernier titre sont les plus importants. A vrai dire, l'idéal serait, pour un élève, de ne se servir que de ceux-là ; au moins serait-il sûr que ce qu'il produira sera de lui, tel quel. Bon nombre de sujets s'y prêtent, d'ailleurs. Si donc une dissertation vous paraît ne rentrer qu'indirectement dans le cours, si en outre aucun livre ne vous semble de nature à vous fournir des idées, parce que les idées dont il s'agit sont d'ordre tout à fait pratique et se puisent dans l'expérience commune, alors n'hésitez pas : faites appel à vos souvenirs, à vos observations ; rassemblez les cas concrets que vous avez vus ou indirectement connus, et qui se rapportent à la question posée ; groupez des faits positifs, des réalités vivantes, tangibles, et ne vous servez que de ces seuls matériaux.

Mais n'est-il pas bien téméraire de faire appel à l'expérience d'un adolescent ? — Mon expérience, direz-vous ? Mais je suis trop jeune pour en avoir ! Oserais-je m'en targuer ? Tous les jours on me répète que j'en manque ! — Ce n'est pas tout à fait la même chose : le mot a deux acceptions. L'expérience, c'est-à-dire l'art de mettre à profit pour notre intérêt matériel ou pour notre formation morale les leçons de la vie, cette expérience-là ne s'acquiert qu'à la longue : il faut, pour la posséder, avoir beaucoup vécu, et l'on peut dire d'elle ce que Bacon dit de la vérité : elle est « fille du temps ». Aussi bien n'est-ce pas là ce qu'on vous demande. L'expérience à laquelle on vous invite à recourir est plus à votre portée : c'est simplement l'art de se servir avec méthode et réflexion de ses sens, l'art de regarder, d'entendre, de toucher, et de coordonner dans son esprit les images et souvenirs que laissent en nous ces opérations élémentaires. Cette expérience, vous pouvez y recourir à votre gré, la pratiquer et en tirer parti à tout instant. Vous avez de bons yeux, l'oreille fine : regardez autour de vous, écoutez ce qui se dit ; prêtez un peu d'attention au spectacle infiniment varié du monde ; intéressez-vous au cours des phénomènes de la nature, aux actions des hommes, et même à la vie des animaux. Vous y verrez une foule de choses dont vous pourrez faire votre profit pour vos études philosophiques. Vous avez des parents, une famille, des amis. Vous vivez dans un petit monde de compagnons de jeux et de travail dont vous pouvez étudier les caractères. Plusieurs d'entre vous ont voyagé ; ils ont vu des sites grandioses, des monuments témoins d'une humanité lointaine et transmettant jusqu'à nous l'âme de ceux qui les ont construits. Ils ont passé dans les grandes cités du monde contemporain, visité les merveilles de l'industrie moderne. Et puis, tous, vous savez plus ou moins l'histoire des siècles écoulés ; vous avez dans la mémoire le souvenir des faits d'autrefois, des hommes dont le génie et la volonté ont façonné le monde, des institutions que le passé a fondées et qui ont engendré celles du présent. Est-ce que ne voilà pas un champ d'expérience ouvert à vos investigations ? Que de choses à observer dans tout cela, si vous voulez bien vous donner la peine d'y porter un regard curieux ! Que de documents pour une intelligence avide de s'enrichir !

C'est là qu'il faut chercher vos renseignements, plus que dans les livres. Une promenade, une conversation, l'observation et la notation fidèle d'une scène familière, surtout l'esprit de réflexion à propos de tout cela, l'esprit qui se demande le pourquoi des choses, qui les rapproche, les compare, les analyse pour en saisir les analogies et les classer, voilà qui vaut mieux pour vous que tous les manuels et tous les traités des plus doctes maîtres. Toutes les fois que vous pourrez tirer les matériaux d'un devoir de vos observations personnelles ou de vos souvenirs, croyez bien que vous êtes dans les meilleures conditions pour bien réussir.

Seulement il y a ici un écueil à éviter. En cherchant le fait précis, en observant les spectacles de la vie quotidienne, il ne faut pas tomber dans le genre anecdotique, le fait divers, ou, ce qui revient presque au même, le détail puéril et insignifiant. Votre dissertation ne doit jamais ressembler, même de très loin, à un chapitre de roman ni à une chronique de journal. Les faits les plus vulgaires peuvent vous servir, mais comme servent tous les faits dans la science : à suggérer des idées, à appuyer des raisonnements. En soi ils n'ont nulle valeur ; ne les citez donc jamais ni ne les racontez pour eux-mêmes ; que votre composition ne perde en aucun cas son caractère de travail philosophique très sérieux ; n'oubliez pas que l'idéal est pour vous de faire, en quelques pages, une petite œuvre à la fois scientifique et littéraire : scientifique par la méthode, la rigueur du raisonnement, la bonne ordonnance des matières ; littéraire par le ton, le style châtié, simple et correct, et cet air de distinction aisée où l'on reconnait un esprit formé à la discipline des humanités.

Tels sont, tracés à grands traits, les principaux moyens de préparer une bonne dissertation. Comme on le voit, c'est un travail qui demande du temps: plus on peut prolonger cette période d'incubation, plus on augmente ses chances de réussite. Ce m'est une nouvelle occasion de répéter, au risque de paraître insister là indiscrètement, le conseil que j'ai déjà donné : ne pas perdre un instant, et, dès que l'on a le sujet à traiter, s'imposer l'obligation d'y réfléchir sans retard.

La Composition.

Voici arrivé le moment de se mettre à l'œuvre : les matériaux sont rassemblés, les idées sont prêtes, mais tout cela est en désordre, comme les pierres, le sable et les bois sur un chantier. Il s'agit de classer tout cela, d'y mettre l'ordre et la lumière; dans les travaux de l'esprit, cela s'appelle : faire un plan.

Pour faire le plan d'un devoir, il y a lieu de se poser deux questions :

1° Quel est exactement le sujet que j'ai à traiter ?

2° Ce sujet étant déterminé, comment les choses que je sais, les idées qui me sont venues, les notes que j'ai prises devront-elles être disposées en vue du but à atteindre ?

Bien comprendre le sujet, d'abord ; ensuite déterminer le nombre, l'ordre et la nature des parties du sujet; voilà en quoi consiste le plan.

A. **Sens du sujet.** — Presque toujours, et ceci est précieux à noter, le sens du sujet est nettement indiqué dans la donnée même de ce sujet. Il suffit de la lire avec attention pour l'y voir.

Qu'on me comprenne bien. Je dis : lire avec attention. C'est malheureusement ce que, d'ordinaire, on ne fait pas. Voici, au contraire, ce que l'on fait : en classe, sous la dictée du professeur, on a écrit le sujet de dissertation en deux, trois, quatre lignes, ou plus. On a, dis-je, écrit cela, souvent distraitement, en pensant à autre chose. Et si, comme il arrive souvent, le professeur a ajouté quelques éclaircissements et quelques commentaires, on ne les a pas toujours bien écoutés ou notés par écrit. Qu'en résulte-t-il? Qu'on n'a conservé dans l'esprit qu'un mot, ou deux, les mots saillants du sujet qui en indiquent en gros la nature. On sait qu'on a à traiter de la liberté ou des rapports entre l'homme et l'animal, etc.; on a, en somme, une idée vague. A la rigueur cela peut suffire pour les lectures et les recherches préparatoires ; quand il s'agit de traiter la question, c'est évidemment trop peu.

Parfois, ce qui est pire encore, faute d'avoir bien lu la question, on s'en fait une idée fausse, et l'on s'expose ainsi à traiter non le vrai sujet, mais un sujet voisin, n'ayant avec celui qui a été donné que des rapports quelquefois lointains. Un élève s'imagine difficilement combien de telles erreurs sont fréquentes : un peu d'attention suffirait à les éviter.

Il est bien rare que le sujet ne soit pas nettement déterminé par les expressions mêmes à l'aide desquelles il est formulé. Seulement il faut bien lire et bien comprendre toutes ces expressions, je dis toutes, parce qu'en effet chacune a son importance : une conjonction, un simple adjectif, un adverbe, deux mots entre parenthèses, ont souvent une signification précise, et peuvent orienter dans le bon sens l'esprit du lecteur.

A cette occasion les élèves feront bien d'avoir toujours présent à l'esprit ce principe : que tous les sens d'un mot, même pris au figuré, s'interprètent par le sens propre et s'en déduisent ; que par suite, c'est toujours du sens propre qu'il faut partir.

Pour établir ce sens original et propre du mot on devra, d'ordinaire, avoir recours à l'étymologie : lorsqu'en présence d'un mot, on voit la racine ou les racines latines ou même françaises dont il est formé, on en aperçoit aussitôt le sens précis, pour ainsi dire par transparence. Des termes tels que : abs-traction, com-prendre, ob-jectif, im-manence, im-médiat, deviennent ainsi représentatifs de choses concrètes et éveillent dans l'esprit une image précise, lorsqu'on sait les regarder.

Mais voici une difficulté : un mot, tout en n'ayant jamais qu'un seul sens original et propre a souvent plusieurs acceptions figurées assez différentes. Comment choisir entre elles? Comment savoir discerner la bonne? Généralement le contexte est un guide. Par exemple le terme *réalisme* a, dans la langue philosophique, trois sens distincts et désigne trois doctrines spéciales : un système métaphysique, une conception relative à la nature des idées générales et une théorie du beau et de l'art. Il est fort rare que la confusion puisse s'établir dans l'esprit de l'élève parce que la question qui lui est posée ne peut manquer de lui suggérer celui des trois sens qu'il devra entendre. Les deux sujets suivants : « Discuter les objections faites au réalisme par les nominalistes » et « Réalisme et idéalisme » indiquent clairement en quel sens le mot réalisme doit être pris dans chacun d'eux.

En outre les diverses dissertations, en nombre indéterminé, qui peuvent être proposées sur chacune des grandes divisions du cours peuvent se réduire à quelques types fixes qui, précisément, seront présentés et expliqués dans la suite de ce livre. Chaque type a sa physionomie propre, ses règles et ses procédés, qu'il faut bien connaître. Muni de ces informations, l'élève arrivera vite à discerner à quel type se rattache un sujet quelconque qui lui est donné, et par suite quel en est, au moins, le sens général. Ajoutons qu'en cela, comme en tout autre genre de travail, l'habitude est un puissant auxiliaire. Un jeune homme ne devra pas se décourager parce que, au début de son année de philosophie, il lui sera plus d'une fois arrivé de se tromper sur le sens d'une question, de sortir du sujet, même de le prendre à contre-sens. Peu à peu, et sans qu'il en aperçoive les raisons, de telles erreurs deviendront de plus en plus rares: les qualités spéciales de sagacité et de finesse d'esprit qui sont ici requises se développeront par l'exercice : il doit attendre ce succès du temps, et surtout de la continuité de l'effort et de la réflexion.

Il sera bon, pour y aider dans la mesure du possible et hâter ce résultat, qu'il s'exerce de lui-même à ce genre de discernement. Voici une méthode de travail que je crois fort utile et que j'ai toujours instamment recommandée, en connaissance de cause : parcourir des listes de sujets donnés, en s'arrêtant à chacun d'eux le temps nécessaire pour le bien comprendre, en saisir le sens et la portée, en un mot, pour pouvoir se dire : voilà ce que l'on me demande de faire. Ce travail, on le voit, comporte une certaine lenteur ; il ne faut pas que le lecteur cède à l'impulsion qui l'entraîne naturellement à suivre des yeux, d'une allure précipitée, la liste des titres, à ne les lire, pour ainsi dire, que du regard, sans presque les avoir compris. Il faut au contraire qu'il se contraigne à n'en passer en revue qu'un petit nombre et, réservant la suite pour un autre moment de loisir, qu'il marque le numéro où il en est resté pour reprendre là quand il voudra. Au cours de cette revue, il arrivera assurément que des sujets lui paraîtront obscurs ou équivoques, et que, même après réflexion, il sera amené à se dire : « Ici, je ne vois pas ce qu'on me demande »; ou : « Il me semble qu'il y aurait là deux interprétations possibles du même texte ». Dans ce cas, on notera le sujet obscur ou ambigu, et l'on demandera un conseil à son professeur. Qu'on se le dise bien : en suivant assidûment cette pratique, on est sûr d'obtenir le résultat cherché. Aucun sujet, ou presque aucun, ne présentera plus de réelles difficultés d'interprétation.

Le présent ouvrage offrira précisément au lecteur un très grand nombre de sujets classés d'après des types définis. On ne saurait trop recommander à ceux qui voudront en tirer profit de lire attentivement tous ces sujets, en consacrant à chacun d'eux le temps nécessaire pour y réfléchir, le bien comprendre, et saisir le sens des explications et commentaires qui l'accompagnent. Ils apprendront ainsi à discerner les nuances, parfois peu sensibles, qui distinguent deux sujets du même type, voisins sans être identiques, et comportant par suite, avec une partie commune, des développements accessoires différents. Outre le résultat directement cherché, qui est d'apprendre à faire une dissertation, ils en retireront cet autre avantage que leur esprit y acquerra de la souplesse et de la sagacité.

B. **Le plan proprement dit : classification des matériaux.** — Je suppose qu'on a compris, ou à peu près compris, le sujet. On ne court donc pas le risque d'en sortir, de s'égarer, de parler de ce qui n'est pas en question. Il y a maintenant un autre défaut grave à éviter : c'est celui qui consiste à vouloir tout dire. Le danger est grave, et il menace surtout les bons élèves : comme ils savent beaucoup de choses, qu'ils ont des idées, la tentation est forte d'exposer tout ce qu'ils ont conçu, d'épuiser la question, et quelquefois même les questions connexes à celle que l'on développe. A propos d'un point de doctrine, faire tout un traité de métaphysique ; à l'occasion de tel système déterminé de morale passer en revue tous les moralistes, de Socrate à Renouvier : voilà le péril. On y est exposé si, en faisant son plan, l'on étend démesurément les limites du sujet. On y est exposé encore quand on développe, parce qu'alors il se produit un fait bien connu de tous ceux qui composent. Souvent, en prenant la plume, on n'a qu'un très petit nombre d'idées, et l'on accuse ou l'indigence du sujet, ou l'infécondité de son propre esprit. Mais voici que, à mesure que l'on écrit, des idées jusqu'alors inaperçues apparaissent, évoquées par celles-là même que l'on est en train d'exprimer. Elles viennent en foule, on est surpris de leur affluence, et que cette matière, tout à l'heure jugée pauvre et stérile, devienne, sans qu'on se l'explique, si riche et si féconde : c'est une loi familière à tous les psychologues, celle de l'association des idées, qui manifeste ici son action. Il ne faut pas toujours céder à cet entraînement ; bien des inconvénients peuvent en résulter : la diffusion, les digressions, un manque choquant d'équilibre dans les proportions d'un sujet. — Je n'insiste pas : un élève de philosophie a été mis en garde contre ce danger, et, j'espère, corrigé de ce défaut, s'il l'a jamais eu, par ses professeurs des classes précédentes. On lui a fait méditer, et il a compris le vers de Boileau :

Qui ne sait se borner ne sut jamais écrire.

En ce qui concerne le travail vraiment important du plan, c'est-à-dire le classement des idées, il faut prendre pour principe absolu la règle suivante : que les diverses parties de la dissertation s'enchaînent l'une avec l'autre dans un ordre rigoureusement logique. La suite régulière des idées, voilà la qualité maîtresse surtout dans une dissertation philosophique.

Très fréquemment, si l'on veut y faire attention, les points à traiter, les principales idées de la dissertation, sont indiqués dans la donnée même du sujet. A moins que celle-ci ne se compose d'un simple titre, il est bien rare de ne pas trouver dans les deux ou trois membres de phrase qui la constituent, l'indication plus ou moins explicite des idées essentielles à traiter : Ici encore c'est une question d'attention et d'habitude : raison de plus pour bien lire, à plusieurs reprises, son sujet, le méditer, s'en pénétrer.

Les parties du sujet une fois trouvées et disposées dans un ordre logique, l'élève, dans le développement, se rappellera qu'il doit en rendre la division apparente. Il devra donc faire sentir qu'il passe d'un point à un autre ; il faut que son œuvre présente des articulations visibles, et ne semble pas amorphe et tout d'une venue. Dans un article de revue, on voit toujours l'auteur indiquer les divisions de son sujet par des marques typographiques, astérisques ou numéros d'ordre. Il n'est pas mauvais qu'une dissertation se modèle sur cet exemple ; l'élève qui prendra la résolution de le faire s'obligera ainsi à voir clair dans ses idées, à éviter la confusion qui est la première conséquence d'un travail hâtif, fait d'inspiration, sans plan, ou sur un plan non mûri. A tout le moins est-il nécessaire de bien marquer les alinéas, et de séparer matériellement ce qui l'est logiquement. Beaucoup de jeunes gens ne s'imaginent pas ce qu'une copie gagne à être ainsi clairement disposée et combien favorablement elle prévient l'esprit du correcteur.

Le Développement.

Disons d'abord ce que ne doit pas être le développement d'un sujet, afin de prévenir des erreurs trop fréquentes.

Développer, ce n'est pas répéter le sujet en des termes différents, et plus étendus que la donnée elle-même. Cela s'appelle délayer, et non développer : c'est le pire des défauts.

Développer, ce n'est pas non plus chercher des idées qui aient quelque rapport avec la question, et présenter ces idées en termes plus ou moins élégants, plus ou moins fleuris, plus ou moins oratoires, suivant les sujets ou l'inspiration. Cela, c'est faire de la littérature à propos d'une idée, ce n'est pas la développer.

Développer, c'est faire au sens figuré ce que l'on fait au sens propre quand on développe un paquet, une pièce d'étoffe, etc. L'objet est d'abord enveloppé, c'est-à-dire qu'il est replié et entouré d'un voile qui le cache : on enlève ce voile, on déploie l'objet et on le rend ainsi visible dans toutes ses parties.

Au sens figuré, l'opération est tout à fait la même. Il s'agit aussi d'enlever le voile qui dissimule le sujet donné, et d'en mettre toutes les parties en évidence.

Le procédé fondamental de développement dans la dissertation philosophique, c'est l'emploi des exemples. Qu'on me comprenne bien, car ceci est d'une importance capitale : sur cent dissertations, il y en a quatre-vingt-quinze qui doivent être traitées par des exemples. Je ne vois guère que les discussions de systèmes métaphysiques ou les exposés historiques qui échappent à cette règle. Même des questions comme celle-ci :

« Exposer et apprécier les objections du déterminisme contre la doctrine du libre arbitre. »

ou encore :

« L'explication associationniste des principes rationnels vous semble-t-elle satisfaisante ? »

sont des sujets qui doivent être développés à l'aide d'exemples.

Pour se servir d'exemples, deux méthodes sont possibles.

La première consiste à présenter l'idée abstraite, généralement sous forme de définition, à l'expliquer et à l'analyser s'il y a lieu, et ensuite à présenter un ou plusieurs exemples qui en seront comme une *illustration* et serviront de vérification à la théorie.

La seconde procède par un ordre exactement inverse. Elle commence délibérément par l'exemple, par le fait concret, expose et développe largement cet exemple, l'interprète, le critique, et peu à peu en dégage des idées dont l'ensemble, formulé en un résumé final, sera la théorie, la définition, s'il y a lieu, de la chose qui est en question.

De ces deux méthodes c'est la seconde qu'il faut *toujours* adopter. Les débutants ont une tendance fâcheuse à employer la première. Cette impulsion semble être extraordinairement impérieuse, car la plupart des élèves ne se déterminent à y résister qu'après des critiques et des conseils prolongés pendant des mois. C'est un vice de composition contre lequel on ne saurait trop sévir. Que l'élève qui veut réussir prenne pour règle absolue de ne jamais procéder ainsi ; qu'il s'impose cette contrainte avec rigueur, qu'il ne se permette jamais d'y faillir ; peut-être aura-t-il au début des résistances à vaincre ; peut être la composition ainsi conçue lui semblera-t-elle ou difficile, ou peu intéressante. N'importe : c'est le seul bon procédé, doit-il se dire. Et, comme toujours, après une courte période d'efforts, pourvu que ces efforts soient continus, l'habitude rendra facile et spontané ce qui ne s'accomplissait d'abord que péniblement et contre nature, à ce qu'il semblait.

En résumé le procédé le meilleur pour développer un sujet c'est d'en matérialiser, pour ainsi dire, l'idée essentielle dans un cas, dans un ensemble de faits puisés autour de soi, parmi les événements de la vie courante; d'analyser alors ces faits pour en dégager les éléments, pour en interpréter le sens, en suivre les conséquences ou en assigner les causes (et voilà ce qui est proprement faire sortir l'idée de son enveloppe, la déployer aux yeux). Enfin, conclure, selon les lois ou doctrines philosophiques que l'on aura étudiées et que l'on choisit et admet comme plausibles.

Un mot du style. Il y a un style philosophique; tous les professeurs en parlent, le recommandent, parfois avec un peu d'insistance et un air de mystère qui tendrait à faire croire à leurs auditeurs qu'il y a là quelque chose de bien difficile et demandant une sorte d'initiation rituelle. Il n'en est rien ; le style philosophique, comme le style scientifique qui est à peu près le même, c'est le style simple, net et précis. Deux défauts principalement y doivent être évités.

Le premier auquel sont enclins presque tous les débutants, c'est le jargon, l'emploi de termes barbares, de formules abstruses, dont malheureusement on trouve le modèle chez certains grands philosophes que leur génie n'a pu préserver de ce travers. Les élèves doivent être bien persuadés qu'on peut exprimer les idées et les théories les plus profondes dans le langage de tout le monde : ils en auront pour preuve les ouvrages de Descartes, de Malebranche surtout, si clair, si simple, et, parmi les contemporains, de Taine, de presque tous nos maîtres de la philosophie actuelle. L'emploi d'un langage volontairement abstrait et hérissé de termes techniques ou de néologismes est une preuve d'affectation et de mauvais goût.

L'autre défaut consiste dans l'abus des figures du langage, particulièrement des images, des métaphores, et dans l'amplification oratoire. Il ne faut, dans le langage philosophique, ni ornements parasites, ni rhétorique ; il ne convient point de mêler indiscrètement la littérature à la science, et, ce qui serait plus fâcheux encore, de faire de la littérature à propos de science. La vérité se suffit à elle-même ; elle n'a pas besoin de parure.

Ce n'est pas à dire pour cela qu'il faille bannir du style philosophique toute préoccupation d'art. La sobriété, loin d'exclure l'élégance, en est un des éléments : ce qu'elle rejette, c'est la fausse élégance qui n'est qu'affectation et pédantisme. Au surplus, il y a des sujets qui se prêtent volontiers à certains effets littéraires fort approuvables. Telle dissertation de métaphysique consacrée à l'exposé et à l'appréciation d'un grand système peut, par endroits, prendre tout naturellement le ton et la couleur de la poésie : Platon, Pascal, ont été de très grands artistes. Notre contemporain Guyau était presque autant un poète qu'un philosophe, et Sully-Prudhomme a trouvé le secret d'unir dans ses beaux vers à la précision du langage scientifique la couleur, le mouvement et la chaleur de l'inspiration poétique. La lecture, et une lecture assidue des œuvres de ces maîtres, peut seule former le goût, l'esprit, le style de l'élève.

Résumons en brèves formules les explications qui précèdent :

1° Une dissertation philosophique se prépare par un travail de réflexion personnelle aussi prolongé et aussi assidu que possible.

2° Elle se compose en circonscrivant étroitement le sujet, en le divisant nettement en un petit nombre d'idées essentielles, et en classant ces idées dans un ordre logique.

3° Elle se développe au moyen d'exemples, de faits observés et analysés, en un style simple et correct, en évitant avec soin les formules toutes faites, le jargon, la déclamation et le mauvais goût.

PREMIÈRE PARTIE

PSYCHOLOGIE

LA DISSERTATION DE PSYCHOLOGIE

Les sujets de psychologie sont ceux que l'on donne le plus souvent au baccalauréat, sans distinction de Facultés. Sur un total de 883 sujets que contient ce volume, la psychologie en compte 305, soit 34 ½ %, plus d'un tiers.

Les dissertations de psychologie doivent, plus que toutes les autres, s'appuyer sur des exemples, être nourries de faits. Cela se comprend aisément : la psychologie est une science expérimentale ; elle se constitue presque exclusivement à l'aide d'observations, dont la plupart sont des observations subjectives, c'est-à-dire faites par le psychologue sur lui-même ; on y ajoute un assez fort contingent de faits constatés par le psychologue chez d'autres hommes, des enfants, des personnes atteintes de maladies mentales, enfin des animaux. Ce sont ces faits qui fournissent la matière de la psychologie objective.

L'élève qui voudra réussir la dissertation de psychologie devra donc prendre pour principe fondamental, de la fonder, autant que possible, sur des faits qu'il aura étudiés en lui-même. Il s'ensuit qu'il ne devra pas craindre de se mettre personnellement en scène, de parler de lui, de ce qui se passe dans sa conscience, de ce que lui rappellent ses propres souvenirs. Dans une composition littéraire, le « moi », suivant le mot de Pascal, est haïssable, et les professeurs en proscrivent avec raison l'abus. Il n'en va pas de même quand il s'agit d'un travail dont toutes les données, ou peu s'en faut, sont des faits intérieurs, que chacun ne peut saisir directement qu'en soi-même. Ainsi l'on devra prendre l'habitude de parler à la première personne, en employant toujours les pronoms : Je et moi. Les élèves remarqueront d'ailleurs dans toutes leurs lectures que les psychologues usent constamment de cette forme de langage ; les professeurs aussi l'emploient dans leurs exposés et leurs explications : elle est classique en psychologie.

On a cherché ici à grouper les sujets de psychologie d'après un certain nombre de types dont chacun présente une physionomie spéciale et se compose suivant des règles à part. Dans chacun de ces groupes, les sujets ont comme un air de famille, tout en possédant, on le pense bien, certains caractères individuels qui les distinguent les uns des autres. L'élève aura le plus grand intérêt à bien remarquer surtout les traits communs, et à se familiariser avec les procédés généraux de chaque type. Il en tirera cet avantage : quand il aura étudié attentivement plusieurs sujets caractéristiques de chacun de ces genres, qu'il en aura bien saisi l'esprit général sur quelques échantillons, la plupart des autres sujets appartenant au même groupe ne présenteront plus pour lui de sérieuse difficulté.

Voici les types qu'on a reconnus, en les classant d'après l'ordre de fréquence où ils ont été donnés :

1° Théories de cours	33 %
2° Discussions de théories	29 %
3° Applications du cours à une question pratique	24 %
4° Rapports entre les diverses facultés . .	9 %
5° Recherches d'ordre scientifique	2 %
6° Pensées à commenter	1,8 %.

SECTION I

SUJETS DE COURS

Pour traiter convenablement un sujet de cours, il faut éviter avant tout la reproduction servile, littérale ou non, du cours lui-même. L'élève devra se reporter ici à ce qui a été dit à ce sujet dans l'introduction, pages III et IV.

Il n'y a qu'un moyen de renouveler ainsi le cours, de le repenser par soi-même, et de lui donner une physionomie personnelle. C'est de traiter tous les sujets, autant que possible, par des exemples. C'est ce qui sera fait dans les modèles proposés plus loin.

Il ne faut pas oublier non plus qu'un très grand nombre de théories de cours donnent lieu à des discussions. Ce cas se présente toutes les fois qu'un fait ou qu'un ordre de faits déterminés ont été étudiés et expliqués par plusieurs écoles qui les ont interprétés dans le sens de leurs doctrines respectives. Il y aura lieu dans ce cas de faire place, au cours de l'exposé, à la discussion de ces interprétations divergentes, afin de les concilier, si c'est possible, ou d'adopter l'une d'elles, si elles sont réellement irréductibles. Pour cela, le lecteur est prié de se reporter à la *Section II* du présent livre, où sont exposées les règles particulières, très importantes, de la discussion.

Les sujets qui suivent sont disposés dans l'ordre même des matières du programme. Ils pourront ainsi servir à une revision méthodique du cours de psychologie, revision où l'on retrouvera toutes les questions importantes de ce cours, présentées sous une forme plus libre, moins didactique, que dans un manuel ou dans le cours d'un professeur.

CHAPITRE I

LES PHÉNOMÈNES PSYCHOLOGIQUES

1. *Classer les faits psychologiques.* — Aix [390-819].

A. Préparation. — Pour préparer cette dissertation, je me reporte d'abord à mon cours. Celui-ci m'apprend que les faits psychologiques se classent en trois groupes : faits affectifs, représentatifs, conatifs ou actifs.

Il me fournit en outre une définition générale des faits psychologiques et les définitions spéciales de chacune des trois espèces. J'y vois aussi que deux questions peuvent se poser à propos de cette classification. 1° Certains philosophes, notamment Descartes et Spinoza, n'ont pas admis qu'il y eût une différence de nature entre ces trois groupes de faits. 2° D'autres philosophes (Ecossais, psychologues français de la 1re moitié du XIXe siècle) ont substitué à l'explication des phénomènes la doctrine des *facultés :* Sensibilité, Intelligence, Volonté. Je m'aperçois qu'à l'occasion de ce sujet il y aura deux discussions possibles à établir. En même temps je vois que je dois, si possible, me reporter aux textes. Les idées de Descartes sur ce point sont formulées par lui en plusieurs endroits, notamment dans la 2e Méditation et dans le Traité des Passions. On consultera aussi avec profit Léon Dumont, *Théorie scientifique de la sensibilité ;* Liard, *Descartes*, Livre III, chap. IV; Fouillée, *Descartes*, Livre III, chap. I ; enfin les notes de l'édition du *Discours de la Méthode* de M. Rabier. Sur la théorie des facultés, consulter principalement : Taine, *L'Intelligence*, T. I, Liv. IV, chap. III, où la question est présentée et discutée magistralement.

En fait d'observations personnelles, je choisirai dans ma propre vie trois faits bien caractérisés : une douleur, physique ou morale, une idée pure, un acte de volonté. Je m'efforcerai d'en bien distinguer les caractères propres, afin de dégager les différences de ces trois états.

B. Composition. — Je devrai d'abord poser le sujet, et, pour cela, dire ce que sont les faits psychologiques (Cours). Je dirai ensuite que la psychologie a besoin, comme toute science, de classer les faits qui sont l'objet de son étude. Et comme elle est une science d'observation, c'est en m'observant moi-même que j'essaierai de discerner, dans la série de mes propres états, s'il existe entre eux des différences bien marquées qui puissent me permettre de les classer en plusieurs groupes.

Je prendrai pour cela une période déterminée, assez courte, de ma vie quotidienne; soit la série de faits qui apparaissent à ma conscience quand je fais un repas. Je verrai qu'il y a alors en moi trois groupes d'états. 1° Des états agréables ou pénibles : faim, soif, satisfaction du goût. 2° Des représentations : vue de la table, des aliments, distinction de leurs saveurs, souvenirs évoqués. 3° Des efforts, soit physiques, soit moraux.

Je remarque aussi qu'il m'est impossible de trouver dans tous les états qui se présentent à ma conscience, un quatrième caractère distinctif sur lequel je puisse me fonder pour constituer un quatrième groupe d'états. Restent donc trois groupes : états affectifs, représentatifs, conatifs (ou actifs). Telle est la première partie de mon plan.

Dans la seconde je discuterai brièvement l'opinion de Descartes qui identifie les états affectifs avec les états intellectuels.

Dans la troisième je réfuterai sommairement la théorie surannée des facultés. (Au besoin cette partie peut être supprimée.)

Ma conclusion développera cette idée : le moi est essentiellement un ; il n'est pas formé de trois États confédérés ; il est une seule et même puissance, manifestée par trois ordres d'effets.

C. Développement. — Présenter, dès l'introduction, le sujet par un exemple. Suivre le même procédé dans le premier point et ne définir qu'après le développement des exemples, comme si l'on s'apercevait soi-même, pour la première fois, que les faits sont tels. Développer les exemples sobrement, en évitant de tomber dans l'anecdote et en proscrivant tout détail qui n'a pas un caractère nettement scientifique.

CHAPITRE II

LES MÉTHODES DE LA PSYCHOLOGIE

2. *Les méthodes de la psychologie.* — Nancy [67-85].

A. **Préparation.** — J'ai, pour trouver les matériaux de cette dissertation, les sources suivantes :

1° Le cours (en y comprenant les manuels que je puis avoir à ma disposition), chapitre relatif aux méthodes, début de la psychologie.

2° Toutes les applications que l'on m'a enseignées comme ayant été faites des méthodes psychologiques, c'est-à-dire, en somme, tous les chapitres de la psychologie. (Cela me fournira les applications et les exemples.)

3° Mes lectures, notamment les articles des revues que je puis avoir à ma disposition et qui traitent de cette question : *Revue philosophique ; Revue rose ; L'année psychologique*, publication annuelle du laboratoire de psychologie expérimentale de Paris. A ces articles, il faut ajouter des ouvrages spéciaux, tels que : *La psychologie anglaise contemporaine* de Ribot ; *La psychologie allemande contemporaine* du même auteur; *La psychologie de l'enfant* de Bernard Perez; *Les altérations de la personnalité* de Binet; *L'homme et l'animal* de Joly.

B. **Composition.** — Je pose le sujet en le rattachant à l'idée générale suivante : toute science a sa méthode, appropriée à l'objet dont elle traite. La psychologie emploie deux ordres de procédés qui ont reçu les noms de méthode subjective et méthode objective.

Sachant d'ailleurs que la méthode subjective est la plus importante, je commencerai par l'exposer. Je passerai ensuite à la seconde par une transition très naturelle : la méthode subjective, encore que fondamentale, est insuffisante ; elle se complète par la méthode objective.

En ce qui concerne celle-ci, je remarque qu'elle comprend plusieurs procédés. Je les énumère dans l'ordre suivant, qui va des plus généraux aux plus particuliers :

1° Étude des faits de conscience de l'homme adulte et civilisé;
2° Psychologie de l'enfant;
3° Psychologie des hommes non civilisés;
4° Étude des maladies mentales;
5° Psychologie de l'animal.

Les documents que j'ai consultés me font connaître encore l'existence d'une branche importante de la science : la psychologie physiologique, ou psycho-physique. J'en dirai un mot pour finir, ne pouvant m'étendre sur cette partie qui, à elle seule, voudrait une dissertation entière.

C. **Développement.** — Cette dissertation étant d'ordre scientifique doit être développée autant que possible avec des renseignements et des détails empruntés à la science même dont elle traite. On me demande quels sont les procédés de la psychologie : or j'ai suivi un cours de psychologie; j'ai vu à l'œuvre les méthodes en question et j'en connais par des faits positifs le mode d'emploi et les résultats. Je me servirai de tout cela pour mon développement.

---

3. *Passez en revue les sources d'information de la psychologie.* — Rennes [212-859].

Ce sujet est à peu près le même que le précédent. Il y a toutefois une petite différence; l'expression : sources d'information, est un peu plus générale que celle de méthode. En y réfléchissant, on remarque qu'elle désigne, outre les procédés de recherche directs, les emprunts que la psychologie peut faire à d'autres sciences qui lui servent d'auxiliaires. Il faudra donc consacrer un paragraphe à ces sciences, et restreindre proportionnellement le développement des deux autres.

Plan.

Introduction. — La psychologie procède par les deux méthodes subjective et objective et complète ses informations par des documents empruntés à des sciences auxiliaires.

I. Méthode subjective (V. sujet 2).

II. Méthode objective (id.).

III. Sciences auxiliaires : Physiologie, Histoire, Linguistique, Histoire de l'art, Science des religions.

Dans le développement de ce dernier paragraphe, on présentera pour chaque science auxiliaire un exemple précis des services qu'elle peut rendre à la psychologie.

Physiologie : théorie des sensations.

Histoire : psychologie des grands hommes.

Linguistique : rapports de la pensée et du langage ; question des langues analytiques et synthétiques.

Histoire de l'art : procédés de l'imagination créatrice.

Science des religions : mysticisme, fanatisme, inspiration.

---

4. *La psychologie est-elle une science expérimentale? Qu'est-ce qu'une expérience ? La psychologie s'appuie-t-elle sur des expériences proprement dites? Si oui, quelles sont ces expériences, quelle en est la valeur et la portée? A défaut d'expériences, la psychologie a-t-elle des observations qui puissent lui en tenir lieu, et quelles sont ces observations?* — Aix [420-504]. — Besançon [32-262]. — Bordeaux [109-128]. — Caen [23-45]; [21-276]. — Nancy [6-45]. — Rennes [137-199]; [36-73]. — Toulouse [6-159].

Voici un sujet qui demande, pour être traité à fond, la connaissance de la psychologie et de la logique (cette dernière science pour la question : qu'est-ce qu'une expérience?). On pourra consulter utilement dans le présent volume : *Logique*, le sujet 380 : Différences entre l'observation et l'expérimentation.

D'autre part, ce sujet se rapproche évidemment des deux précédents, surtout du nº 2. Il est seulement beaucoup plus restreint. Comme l'indique clairement la donnée, il s'agit surtout d'établir si la psychologie peut employer le procédé *sui generis* nommé expérimentation, et dans quelle mesure. Il y a donc lieu de laisser d'abord entièrement de côté toute considération touchant la méthode subjective ; on y arrivera à la fin, quand il s'agira de répondre à la dernière partie de la question. Le sujet porte essentiellement sur la psychologie expérimentale.

Ainsi les recherches nécessaires pour composer cette dissertation porteront sur deux points : 1° Bien connaître ce qu'est une expérience; 2° Savoir exactement ce que fait la psychologie expérimentale.

Plan.

Introduction. — Définition de l'expérience scientifique. Position de la question : la psychologie peut-elle procéder par des expériences ?

I. En principe oui, elle le peut. Exposition de quelques expériences de laboratoire.

II. Valeur et portée de ces expériences. En réalité elles ne portent pas directement sur le fait *psychologique*, inaccessible en tant que fait de conscience. Elles ne portent que sur les faits *physiologiques* qui accompagnent le fait psychologique et en sont les conditions. Ce ne sont pas, à proprement parler, des expériences.

III. A défaut d'expériences proprement dites, la psychologie a à sa disposition l'observation : *A*. Subjective, *B*. Objective. (Voir les sujets 2 et 3.)

Conclusion. Elle est réellement une science expérimentale, car, n'y ayant pas de différence de nature entre l'observation et l'expérimentation, toute science qui peut faire des observations méthodiques est science expérimentale.

---

5. *De l'observation en psychologie. Ses règles. Sa portée.* — Besançon [125-145].

Sujet presque identique au n° 2.

Pour le point accessoire : Règles et portée, il y a là une allusion aux objections faites par A. Comte contre la possibilité et la valeur de l'observation du sujet conscient par lui-même. Ces critiques sont présentées et discutées dans tous les cours. Autant que possible, se reporter directement au texte de Comte : *Cours de philosophie positive*, 1re Leçon.

---

6. *L'observation intérieure. Ses difficultés ; ses avantages et ses inconvénients au point de vue moral.* — Nancy [4-45]. — Toulouse [4-159].

Pour la première partie, même sujet que le n° 5. Seulement, comme il y a une seconde partie, on développera moins la première ; au surplus, on ne doit parler que de l'observation *intérieure*. On fera donc le 1er point du sujet n° 2.

La seconde partie est une question qui touche à la morale pratique. Voici en deux mots ce qu'elle signifie.

A. *Avantages.* Socrate, en donnant pour fondement à sa doctrine morale la maxime : « Γνῶθι σεαυτόν, Connais-toi toi-même », a indiqué quelle est en morale l'importance de l'observation intérieure. Il est certain que pour faire le bien, et encore plus pour résister aux tentations de faire le mal, il faut savoir de quoi on est capable, quelles inclinations, quels goûts, quelles aptitudes on possède.

B. *Inconvénients.* L'habitude de s'observer, de s'analyser, quand elle devient exclusive et qu'on la pousse à l'excès, conduit à deux grands défauts : 1° L'impuissance à agir ; 2° L'orgueil.

---

7. *De la méthode subjective en psychologie.* — Rennes [555-733] ; [615-733].

Ce sujet peut se traiter exactement comme le n° 5.

---

8. *La psychologie objective se confond-elle avec la psychologie physiologique ?* — Bordeaux [16-133].

En consultant ce qui a été dit à propos des nos 2 et 4, on aura tous les éléments nécessaires pour répondre à la question. En principe : non, les deux méthodes ne se confondent pas ; la psychologie objective est beaucoup plus générale et a un domaine beaucoup plus étendu que la psychologie physiologique. Idée générale à bien dégager : la psychologie objective a pour domaine tous les faits de conscience qu'on peut observer, par tous les moyens, chez les êtres conscients ; la psychologie physiologique a pour domaine ceux de ces faits seulement qui sont liés à des faits physiologiques connus ; seulement elle s'efforce, en expérimentant sur ces faits physiologiques, d'introduire dans l'étude des phénomènes psychologiques concomitants les déterminations *quantitatives* (procédés de mesure) de la science positive.

CHAPITRE III

PSYCHOLOGIE COMPARÉE

9. *Objet de la psychologie comparée. Quelle en est l'utilité?* — Aix [184-827]. — Clermont [77-416] ; [184-834]. — Lille [202-838].

A. **Préparation.** — Je sais ce que m'a appris mon cours sur la psychologie comparée : c'est l'étude des faits de conscience chez les animaux, étude faite en vue de rapprocher ces faits de ceux qui ont lieu dans la conscience de l'homme et d'en tirer, à l'égard de ces derniers, un supplément d'informations.

L'un des meilleurs ouvrages français de psychologie comparée est celui de M. H. Joly : *L'homme et l'animal.* Consulter cet ouvrage.

Je joindrai aux renseignements qui me seront ainsi fournis toutes les observations personnelles que j'ai pu faire sur des animaux, et les faits dont j'ai entendu parler. Seulement, ici, il faut beaucoup de critique : les récits concernant l'intelligence et la sensibilité des animaux, leurs actes, leurs traits d'instinct, sont en général faussés par les interprétations arbitraires qu'en donne le narrateur : celui-ci prête involontairement à l'animal ses propres idées, ses propres sentiments, se substitue à lui et ne se rend pas compte que quand un homme et un chien font le même acte, les états intérieurs dont cet acte est la manifestation visible sont d'ordinaire très différents. Il ne faut donc accepter qu'avec réserve les récits concernant les faits de conscience des animaux.

B. **Composition.** — La donnée même, ici, me fournit mes divisions : 1° Objet; 2° Utilité. Le sujet comprendra donc deux paragraphes. Comme entrée en matière, j'exposerai que toutes les sciences de la nature ont une partie dite « comparée », et je citerai : Anatomie comparée, physiologie comparée, philologie comparée. Il y a aussi, dans le même sens, une psychologie comparée.

1. Son objet est d'étudier les états de conscience des animaux. Travaux sur cette matière.

2. Utilité : en comparant les phénomènes de la conscience animale avec ceux de la conscience humaine, on saisit mieux la nature de ces derniers, et l'on peut recueillir de précieuses indications sur la nature de la conscience humaine, sur la différence entre l'homme et l'animal.

Conclusion. On peut attendre de la psychologie comparée, dans l'avenir, des résultats qui prépareront la solution du grand problème : l'homme et l'animal ont-ils une commune origine ?

C. **Développement.** — Le développement du premier paragraphe peut se faire entièrement au moyen des renseignements que l'on aura recueillis sur les travaux de psychologie comparée. Celui du second point fournira matière à plus de réflexions personnelles. On devra surtout chercher à bien faire voir en quoi la comparaison éclaire un fait donné, comment ce fait, souvent insignifiant ou mal compris quand il est isolé, s'interprète clairement quand on le rapproche d'autres faits. On trouvera un développement intéressant de cette idée en parlant du jour que jette sur les procédés de la raison humaine l'observation des instincts de l'animal et la constatation de leur automatisme. (Ne pas oublier sur ce point, les formules si précises et si justes de Descartes, V° partie du *Discours de la Méthode.*)

---

10. *Que pensez-vous de l'âme des bêtes ?* Lille [**198-255**]. — Poitiers **774-796**].

A. **Préparation.** — En jetant sur ce sujet un simple coup d'œil, je remarque que l'on me demande : que pensez-vous ? On fait donc appel à mon jugement, on me convie à dire et à justifier une opinion. Je répondrai à la question dans l'esprit même où elle est posée, c'est-à-dire de la façon la plus personnelle qu'il me sera possible.

Pour me documenter je me reporterai aux indications données ci-dessus, (sujet 9), puisque ce que je puis savoir de psychologie comparée me fournira déjà un certain nombre de données précises, ayant un caractère scientifique.

Mais, par-dessus tout, je rassemblerai mes souvenirs, je ferai appel à tout ce qu'ont pu laisser dans ma mémoire les observations que, comme tout le monde, j'ai faites sur les animaux. Je me pose cette question : Quelles manifestations de conscience ai-je remarquées chez les bêtes de toute espèce que j'ai vues et pu observer ? Je note indistinctement tous les faits à mesure qu'ils se présentent à ma pensée, me réservant de les classer quand je ferai le plan.

B. **Composition**.— La division du sujet m'est imposée par la classification des phénomènes psychologiques. Je devrai étudier successivement les manifestations de la sensibilité, de l'intelligence et de l'activité animales. Dans chaque section, il y aura lieu de faire les subdivisions que les psychologues ont reconnues nécessaires, savoir : sensibilité physique et morale ; intelligence intuitive, discursive, raison ; activité automatique et volontaire ; enfin : personnalité. La conclusion, résumé de toutes ces parties, présentera le tableau des facultés et opérations des animaux.

Plan.

Introduction. Les inductions les plus légitimes nous permettent d'affirmer, contrairement à l'opinion des cartésiens, que l'animal est conscient.

1. Sensibilité animale. *A.* Physique, les sens. *B.* Morale, les sentiments.

2. Intelligence animale. *A.* Intuitive, perceptions, associations (très puissantes, y insister), mémoire, images, rêves. *B.* Discursive. Peu de traces ; abstraction tout au plus élémentaire ; généralisation remplacée par images composites ; rudiments de raisonnements chez les animaux les plus élevés. *C.* Raison pure ; question controversée ; à parler sans parti pris, il est difficile de constater chez les animaux l'existence des deux notions corrélatives de contingence et nécessité.

3. Activité animale. *A.* Automatique, très développée : instincts, habitudes (Insister). *B.* Volontaire, comme pour la raison, difficile à établir.

Conclusion. Prédominance de l'automatisme. Il ne semble pas que l'animal possède une puissance de synthèse psychique suffisante pour s'élever jusqu'à la notion de personnalité.

C. **Développement**. — Citer brièvement et avec le plus de précision possible, les faits sur lesquels on s'appuie. Eviter le danger, imminent dans cette dissertation, de conter des anecdotes et de faire de la littérature à propos de l'esprit des bêtes; ne pas composer des scènes, des tableaux de genre ; oublier, s'il se peut, qu'on connait les fables de La Fontaine. Ne pas donner dans le genre sentimental, surtout ne pas raconter l'histoire du chien qui va mourir sur la tombe de son maître. Etre simple, sobre, précis.

Enfin, interpréter les faits en toute liberté, et, ainsi que le comporte la question, dire ce que l'on *pense*, en le fondant sur ce que l'on *sait*.

---

11. *De la différence entre l'homme et l'animal.* — Alger [**472-652**]. — Bordeaux [**126-180**]. — Grenoble [**138-297**]. — Lille [**38-334**]. — Nancy [**113-156**]. — Rennes [**91-170**].

Ce sujet comporte que l'on indique les principales différences entre l'homme et l'animal et que l'on essaie, pour finir, de dégager la plus importante. Outre le point de vue psychologique, il faudra ici faire intervenir le point de vue moral. Il ne semble pas que l'animal ait le sentiment et la notion de l'obligation, qu'il ait une conscience morale. Ce serait là la différence essentielle. On pourrait terminer la dissertation par une définition de l'homme qui serait celle-ci : L'homme est un animal moral.

---

12. *Les animaux, a dit Bossuet, n'inventent rien. Est-ce vrai ? Et pourquoi ?* — Aix [311-438].

Encore un sujet analogue au nº 11. L'animal n'invente rien. Les évolutionnistes soutiennent qu'il modifie ses instincts : il inventerait donc. En tout cas ces modifications sont si lentes, se font par des degrés si peu sensibles que chaque progrès ne constitue pas une différence appréciable avec l'état précédent et n'est pas une véritable invention. On expliquera cette impuissance par l'absence de raison, et, conséquemment, des deux notions de cause et de but.

CHAPITRE IV

RELATIONS DE LA PSYCHOLOGIE AVEC LES DIVERSES SCIENCES

13. *En quoi la psychologie est-elle nécessaire à la logique, à la morale, à la théodicée ?* — Poitiers [731-732].

A. **Préparation.** — Ce sujet se prépare exclusivement par la réflexion. Du moment où l'on sait bien ce que c'est que la psychologie d'une part, la logique, la morale et la théodicée d'autre part, on voit clairement en quoi la première est nécessaire aux trois autres.

D'abord logique et morale sont des sciences ayant pour objet de déterminer les règles qui doivent guider l'emploi de deux facultés : la raison et la volonté. Elles supposent donc que l'on sait d'avance ce que sont, en elles-mêmes, la raison et la volonté, connaissance qui s'acquiert par l'étude de la psychologie.

En ce qui concerne la théodicée, les meilleures preuves de l'existence de Dieu, ainsi que l'a bien vu Descartes, se tirent de l'âme humaine. D'autre part la nature et les attributs de Dieu ne peuvent se déterminer qu'en partant de la considération de notre propre nature et de nos facultés. Les bases de la théologie naturelle sont donc dans la psychologie.

B. **Composition** : Le plan est nettement indiqué par la donnée, et, pour ainsi dire, fait d'avance.

Introduction : On commence avec raison l'étude de la philosophie par la psychologie parce que cette partie est nécessaire aux trois autres.

1. Utilité pour la logique.
2. Utilité pour la morale.
3. Utilité pour la théodicée.

Conclusion. Le « *Connais-toi toi-même* » de Socrate est la maxime de tout philosophe.

C. **Développement.** — Si j'avais à développer ce plan, peut-être serais-je d'abord un peu embarrassé, car si j'en vois très bien le sens et les divisions, je n'aperçois pas aussi nettement les idées secondaires qui peuvent être suggérées par chacune des trois idées fondamentales. En un mot, je me demande ce que j'ajouterais dans le premier point, par exemple, quand j'aurais dit en quatre lignes qu'il faut connaître la nature de la raison pour en régler l'emploi.

En y réfléchissant, une association d'idées me présente un excellent procédé de développement : il y aura lieu, à cette occasion, de marquer nettement la différence entre la psychologie et les trois autres parties de la philosophie ; l'une étudiant les facultés en elles-mêmes, les autres ces mêmes facultés dans leurs rapports avec un but préconçu, qui est, par exemple, le vrai pour la logique ; la première recherchant des *lois* qui sont, comme toutes les *lois* de la nature, des liaisons de faits ; les autres formulant des *règles* abstraites et impératives, qu'on peut aussi appeler des lois, mais dans un tout autre sens. Voilà la matière d'un développement intéressant, et bien dans le sujet.

---

14. *Quels services la psychologie et la physiologie peuvent-elles se rendre mutuellement ?* — Lille [**141-147**].

A. **Préparation.** — L'on apprend, dans un cours de psychologie, les nombreux avantages que retire le psychologue de l'étude de la physiologie. On sait quelle en est la raison : c'est l'étroite union qui existe entre les phénomènes physiologiques et les phénomènes psychologiques. On vérifie *a posteriori* cette utilité en constatant les progrès considérables qu'a faits la psychologie depuis le moment où elle s'est déterminée à demander pour ses recherches le concours constant de la physiologie. En parcourant les divers chapitres d'un cours, on peut trouver un grand nombre de faits à l'appui de cette opinion. Signalons tout particulièrement les points suivants : sensations et perceptions, images, mémoire (amnésie), sentiments et passions, attention, mouvements réflexes, habitude. Enfin l'on remarque que parmi les grands psychologues contemporains, un bon nombre sont des médecins et des physiologistes. En Allemagne Weber, Fechner ; en France MM. Ch. Richet, Binet, Féré, etc.

Mais la question comporte une seconde partie : remarquons bien qu'on demande quels services les deux sciences peuvent se rendre *mutuellement*. Il s'agit donc de déterminer en second lieu ce que la physiologie doit à la psychologie. A première vue, la réponse ne s'aperçoit pas aussi bien. Pour la trouver, remontons à la première question. D'où vient que le psychologue a besoin d'être, dans une certaine mesure, un physiologiste ? On l'a vu plus haut : cela résulte de l'union étroite des deux ordres de faits. Cette union se manifeste par une double série d'effets : 1° Les faits physiologiques influent sur les faits psychologiques. 2° Inversement, les seconds influent sur les premiers. Voilà l'idée maîtresse de la seconde partie ; en langage usuel, c'est l'action du moral sur le physique. S'il y a dans l'organisme des phénomènes qui soient sous la dépendance de certaines conditions psychiques l'étude des premiers sera fructueuse dans la mesure où l'on connaîtra d'abord les seconds. De tels faits sont nombreux et il y en a des exemples familiers ; je cite, au hasard, et pour indiquer la voie : la rougeur du visage, le bâillement, le rire, les larmes, le tremblement, la syncope, certains troubles digestifs ou circulatoires, les phénomènes d'hypnose. On voit bien à présent qu'un physiologiste a besoin d'être informé des lois qui régissent les états de conscience, comme tels ; que, comme on le dit souvent avec raison, un médecin doit être doublé d'un psychologue.

B. **Composition.** — La disposition des matériaux est si clairement indiquée par le texte même de la question qu'il serait superflu d'y insister. On aura donc le plan suivant.

Introduction. Etroite dépendance des deux ordres de faits, psychologiques et physiologiques.

1. Services rendus à la psychologie par la physiologie.
2. Services rendus à la physiologie par la psychologie.

Conclusions. Progrès simultanés des deux sciences, constatés par leur histoire dans les cinquante dernières années.

C. **Développement.**— Peu de chose à dire : le développement est suggéré par les réflexions qui précèdent. Deux points seulement sur lesquels il est utile d'appeler l'attention : 1° L'introduction, en posant le principe de l'union des phénomènes psychologiques et physiologiques, inciterait à traiter la question de leurs différences et à discuter la célèbre doctrine qui les identifie. Ne pas céder à cette pente,qui conduirait à sortir du sujet; 2° en traitant de l'utilité de la physiologie pour le psychologue, ne pas manquer de dire expressément que le véritable fondateur de la psychologie physiologique est Descartes, comme il appert de la lecture du *Discours de la Méthode*, Ve partie, du *Traité des passions* et du *Traité de l'homme*, ouvrages où la physiologie tient une si grande place : que l'école cartésienne continua les recherches dans le même sens (Malebranche, notamment, 1re partie du IIe livre de la *Recherche de la vérité*), que les psychologues français de la première moitié du XIXe siècle, (Ecole de Cousin, Ad. Garnier, etc.) en séparant les deux sciences, ont réellement interrompu la tradition nationale et cartésienne, reprise à partir de 1860 environ.

---

15. *Quel parti la psychologie peut-elle tirer de l'histoire et de l'étude des langues ?* — Poitiers [147-175] ; [886-422]. — Aix [41-823].

Voir sujet 3 où les idées générales à introduire et à développer ici sont suffisamment indiquées.

Dans le développement, multiplier les exemples. Pour les trouver, recourir au procédé déjà indiqué ; passer en revue tous les chapitres du cours de psychologie, en relevant, chaque fois qu'on les y rencontre, les contributions apportées par l'histoire et par la linguistique.

CHAPITRE V

LA CONSCIENCE

16. *La conscience est-elle une faculté distincte ?* — Bordeaux [8-133].

A. Préparation.— Le véritable sens de ce sujet est celui-ci : Quelle est la nature de la conscience ? On pourrait le poser sous cette forme, et on le fait certainement quelquefois.

Tous les traités fournissent à la question une réponse précise, et d'ordinaire les professeurs en font autant et même avec insistance. Cette réponse est négative, et tout élève de philosophie est renseigné sur ce point : la conscience n'est pas une faculté distincte. Elle est la forme générale que prennent les phénomènes psychologiques quand ils sont aperçus, et en tant qu'ils sont aperçus de l'être en qui ils se passent.

L'élève qui veut traiter le sujet voit ainsi qu'il doit, pour se renseigner, se reporter aux parties du cours où a été défini et expliqué le phénomène psychologique.

Il trouvera aussi d'utiles éclaircissements dans le livre de Fr. Bouillier : *La Conscience en psychologie et en morale*, et dans l'article : *Conscience* du dictionnaire de Franck.

B. Composition. — Cela posé, la composition de la dissertation apparaît logiquement.

1re partie : La conscience n'est pas une faculté distincte. Il en faut dire les raisons. Je vois clairement la première : c'est qu'il n'y a pas de facultés distinctes, question connue et sur laquelle on est fixé aujourd'hui. En voici une autre : quand j'ai conscience de quelque chose, il est évident que ma conscience et la chose dont j'ai conscience ne font qu'un. Autrement je tombe dans cette contradiction : d'un côté ma conscience qui serait réelle et qui ne serait la conscience de rien tant qu'elle ne serait pas remplie par un phénomène; de l'autre côté ce phénomène qui, lui aussi, serait réel sans être conscient, sans être connu de moi.

2e partie : Qu'est-ce que la conscience ? C'est la forme que prennent les faits intérieurs en tant qu'ils sont saisis par moi. En d'autres termes : la propriété qu'ont ces faits d'être aperçus.

C. Développement. — C'est ici un des sujets qui se prêtent le mieux à l'emploi des exemples. On fera bien de débuter précisément par un exemple : J'éprouve tel état (le bien spécifier) et je dis que j'en ai conscience, etc.

Dans le premier point, ne pas étendre outre mesure la discussion sur l'existence des facultés, qui n'est ici qu'accessoire et ne constitue pas le fond du sujet.

Dans le second, multiplier les exemples ; en prendre de plusieurs espèces bien différentes et s'efforcer d'en dégager la vraie nature de la conscience, sans la poser au début. Procéder suivant cette méthode : Quand j'ai conscience de telle chose, qu'est-ce qui se passe en moi ? — Suit l'analyse du fait présenté.

---

17. *Différents sens du mot conscience en philosophie.* — Clermont [139-160].

Conscience psychologique et conscience morale. Sujet traité en entier dans tous les cours de morale. Pour le renouveler, procéder exclusivement par des exemples.

CHAPITRE VI

LES FAITS AFFECTIFS

18. *Distinguer le sentiment de la sensation.* — Poitiers [33-44].

A. **Préparation.** — Le cours ; bien voir les caractères communs et les caractères distinctifs de ces deux formes de la sensibilité. Lire : L. Dumont, *Théorie scientifique de la sensibilité*, et aussi Ribot, *Psychologie des sentiments.* Mais surtout, de préférence à cette préparation par les textes, chercher en soi-même quelques exemples bien caractérisés de sensations (de la vue, du goût, de l'ouïe) et de sentiments (un chagrin, une émotion esthétique, etc.), en relever les traits essentiels, et composer sa dissertation là-dessus. Peu de sujets se prêtent mieux que celui-ci à cette préparation personnelle, parce que les phénomènes dont il traite sont absolument simples, généraux, à la portée de tout le monde.

B. **Composition.** — Le sentiment et la sensation étant deux formes de la sensibilité ont des ressemblances essentielles, et ne se distinguent que par des traits moins accusés, encore que très précis et très réels. On devra donc indiquer d'abord que l'être conscient est capable d'éprouver deux espèces d'états affectifs dont il sent confusément la différence, et qu'il désigne spontanément par deux mots : sensation et sentiment. Ensuite on analysera séparément chacun d'eux ; enfin on conclura en résumant cette double analyse de façon à opposer l'un à l'autre les deux états, et à justifier la distinction que le vulgaire a toujours faite entre eux.

Plan.

Introduction. Tout être conscient est d'abord un être sensible, capable de jouir et de souffrir. Et il éprouve deux espèces de souffrances et de jouissances auxquelles il donne les noms de sensations et de sentiments.

1. La sensation. Ses caractères : état de plaisir ou de douleur que l'on rapporte au corps, et que l'on *localise* dans une région déterminée du corps. Ne se produit qu'à l'occasion du fonctionnement de certains appareils physiologiques : organes des sens et centres nerveux ; provoqué par une excitation physique.

2. Le sentiment. Ses caractères : état de plaisir ou de douleur qui semble indépendant du corps, qui n'est pas localisé dans le corps ; provoqué par une idée, par un état purement psychologique, d'ordre représentatif.

Conclusion. Résumé des différences.

C. **Développement.** — Ce sujet a été traité à une autre époque par un candidat au baccalauréat dont la copie a été bien notée et a valu à son auteur les félicitations du professeur de Faculté qui l'avait corrigée. On reproduit ci-dessous cette copie sans y rien changer, avec ses lacunes, ses insuffisances, ses gaucheries d'expression, en priant qu'on n'y cherche pas autre chose que ce qu'elle est, une copie d'élève. Il a semblé qu'à ce titre elle pourrait intéresser les lecteurs de ce livre, élèves eux-mêmes, plus qu'un développement fait par un professeur.

Sensation et sentiment.

I

Je marche dans l'obscurité et je me heurte brusquement la tête contre un mur. Aussitôt j'éprouve une impression pénible, souvent même d'une extrême violence et que j'appelle douleur.

Je me promène dans la campagne ; il fait chaud, et je souffre d'une soif ardente : autre douleur.

J'aperçois un fruit que je cueille et que je porte à ma bouche. Je ressens aussitôt une impression agréable : la fraîcheur du fruit, sa saveur, son parfum me font oublier la soif et la chaleur ; cet état agréable, je l'appelle plaisir.

Voici maintenant que je continue ma promenade. J'arrive en face d'un site pittoresque et je m'arrête à considérer le tableau qui se déroule sous mes yeux. J'en parcours l'ensemble d'un coup d'œil, puis je repose ma vue sur la verdure sombre des bois, sur la teinte plus claire des prés, sur les villages entourés de leur rideau d'arbres. Je sens alors naître en moi, à l'aspect de ce paysage, un plaisir bien différent, je le remarque, de celui que j'éprouvais tout à l'heure en goûtant mon fruit. J'écoute avec ravissement les voix mystérieuses de la forêt, le chant lointain des oiseaux, le murmure du vent dans les feuillages. Je contemple avec une émotion d'une douceur infinie les prairies illimitées, les grands blés ondulant sous la brise comme les vagues d'une mer de verdure. Voilà une autre espèce de plaisir.

Tout à coup je suis tiré de ma rêverie par le son d'une cloche et je vois sortir du village prochain pour se diriger vers le cimetière le convoi d'un enfant que l'on porte à sa dernière demeure. Je distingue le père et la mère qui marchent en chancelant derrière le petit cercueil, étouffés de sanglots. Les derniers chants ont retenti ; la voix du prêtre a psalmodié les dernières prières, le cortège se disperse et je n'entends plus que les coups de pioche du fossoyeur qui achève sa lugubre besogne. Cette vue m'a ému non moins vivement que la première, quoique d'une autre façon. J'ai senti un peu de la douleur de cette mère, avec elle j'ai pleuré l'enfant qu'elle vient de voir descendre dans la tombe. Voilà une autre espèce de douleur.

II

Il est dès à présent évident que mon premier plaisir et ma première douleur sont différents des seconds. Quelle est cette différence ? Je la sens, je ne la définis pas encore ; mais sans en avoir la notion adéquate, j'en ai une intuition assez vive pour être convaincu qu'elle est réelle. Je me crois donc autorisé à donner d'ores et déjà un nom différent à chacune de ces deux espèces d'émotion. J'appelle la première : sensation, et la seconde sentiment.

Analysons donc chacune pour la caractériser d'une façon plus précise, plus scientifique.

Que m'est-il arrivé quand j'ai éprouvé les états que je viens d'appeler sensations, soit agréables, soit pénibles? Je remarque qu'il y a fallu le conflit d'un corps quelconque avec mon propre corps : j'ai heurté le mur, j'ai goûté un fruit, les vibrations de l'air ont ébranlé en moi les organes de l'ouïe. Sans doute il n'est pas indispensable qu'un corps étranger agisse sur le mien, puisque, si j'ai soif ou faim, ces sensations ne sont déterminées en moi par aucun objet. Mais mon corps, partout et toujours, a été en jeu dans le phénomène de la sensation.

Dois-je croire pour cela que c'est ma tête, mon oreille, ma langue qui ont éprouvé ces sensations et sont le siège du phénomène ? Non, et j'ai de cela une double preuve : d'une part, cette tête, cette langue sont dénuées de toute sensibilité lorsque la communication nerveuse entre elles et l'encéphale est rompue ; d'autre part, il m'arrive — en rêve par exemple — d'avoir une douleur au front ou d'entendre des bruits, alors qu'aucune excitation n'a atteint mes organes. Le pouvoir que j'ai d'éprouver des sensations, pouvoir que j'appelle ma sensibilité physique, est donc une *faculté* de mon âme, et non une *propriété* de mon corps. Pourtant il me semble que c'est ma tête qui a pâti, ma langue qui a joui ; malgré toutes les preuves du contraire, je persiste à sentir dans ces organes les impressions agréables ou pénibles. Comment cela se fait-il ? C'est que je reporte — je localise — la sensation, en vertu d'une habitude invétérée, dans la partie du corps où des expériences postérieures me font voir que le contact avec les autres corps a eu lieu, ou, s'il n'y a pas d'agent externe, dans la région de l'organisme où se sont produites des modifications vitales capables d'exciter mes nerfs. La physiologie m'apprend ici que je rapporte la sensation à l'extrémité, présente ou absente, du nerf qui a fonctionné.

En résumé, la sensation a pour éléments : 1° Un changement dans l'organisme ; 2° Une impression *sui generis*, du moi, qui en est la partie essentielle ; 3° Une localisation.

III

Mais que j'éprouve un sentiment au lieu d'une sensation, et les éléments ne seront plus les mêmes. Quand j'ai ressenti le plaisir esthétique de la contemplation d'un beau site ; quand je me suis senti attristé à la vue d'un enterrement d'enfant, est-ce ma tête, sont-ce mes yeux, mes oreilles, est-ce quelque partie de mon corps qui me semble avoir joui ou souffert ? Non, je ne songe à rien affirmer de tel.

Quelle est donc la cause qui détermine en moi un sentiment ? Recourons encore aux faits que j'ai observés : ils me l'apprendront probablement. Pourquoi ai-je été triste à la fin de ma promenade ? Parce que j'avais vu un cortège funèbre, une femme en pleurs. Cela ne suffit pas : quand j'étais un petit enfant et que je voyais ces mêmes choses, je n'en éprouvais aucune tristesse. C'est qu'alors je ne *savais* pas, je ne *comprenais* pas ce que c'est que la mort. Si aujourd'hui je souffre à la vue d'un tel spectacle, c'est parce que j'ai une idée nette de la mort de l'enfant, de la perte que fait sa mère. De même, au début de ma promenade, lorsque j'ai ressenti un si vif plaisir devant un beau site, étaient-ce la lumière, les couleurs, les sons qui charmaient mon esprit et y faisaient naître le plaisir esthétique ? Non, car tel paysan du prochain village, qui a comme moi des oreilles et des yeux, qui les a même meilleurs, reste froid devant cette campagne où il ne voit que de l'herbe et de l'eau. Si j'ai été charmé, c'est que je me suis fait une idée de ce que c'est que le beau, et ici encore mon intelligence a devancé ma sensibilité et en a sollicité le travail. Bref, la cause du sentiment, c'est le fait représentatif, c'est l'idée.

Résumons ces différences.

Le sentiment est un phénomène de la vie de l'esprit. La sensation est un phénomène mixte ; en tant qu'état de conscience, elle est aussi, c'est évident, un fait psychique ; mais elle a ses conditions dans la vie du corps. Une sensation sans un corps pour la provoquer est un non-sens. Un sentiment est tellement indépendant du corps qu'il entre souvent en lutte avec lui, comme quand l'amour du Devoir, l'enthousiasme moral combattent en nous les appétits physiques [1].

IV

Telles sont les différences. Quelles sont maintenant les ressemblances ?

Le sentiment et la sensation sont deux modes d'une même faculté : la sensibilité. Ils participent par conséquent aux qualités essentielles de cette faculté qui sont : la subjectivité et la relativité.

Sensation et sentiment sont subjectifs, c'est-à-dire qu'ils sont de pures modifications du moi, du *sujet* conscient, sans qu'il y ait en eux, comme élément constitutif et intrinsèque, aucune représentation d'objet. C'est précisément ce qui fait la différence entre la sensation et la perception, la dernière étant l'acte par lequel nous appréhendons un objet. En tant que je souffre ou que je jouis, je ne sors pas de moi-même, je n'ai aucune notion d'un non-moi. Sans doute, quand je me suis heurté la tête au mur, j'ai dit que je sentais un mur. Mais j'ai, en cette simple phrase, exprimé deux choses qui ne sont pas les mêmes : j'ai affirmé *ma* douleur, je me suis dit moi-même souffrant, et j'ai affirmé l'existence, hors de moi, d'un mur, cause de ma souffrance, mais qui n'est pas ma souffrance. Voilà ce que j'entends quand je dis que les deux états sont subjectifs.

En second lieu, ils sont tous deux relatifs, en ce sens qu'ils varient avec les individus, les pays, les époques, les habitudes. Le même fruit mangé par deux hommes n'a pas pour les deux la même saveur, ne cause pas aux deux le même plaisir, ni en quantité ni en qualité. Le même fruit mangé par moi à deux moments ne détermine pas non plus en moi la même impression, apparemment parce que, d'un moment à l'autre, je ne suis pas tout à fait le même : la relativité des états sensibles est ainsi une conséquence de leur subjectivité.

On a dit aussi que le sentiment et la sensation sont passifs. On ferait mieux de dire qu'ils ne sont pas volontaires ; mais l'activité peut se manifester sous d'autres formes que celle de la volonté. Évidemment il ne dépend pas de moi d'éprouver du plaisir ou de la douleur, mais est-ce à

---

1. Le lecteur bien informé remarquera ici de lui-même l'exagération dans laquelle est tombé le jeune auteur de cette composition, en affirmant avec tant d'intransigeance l'indépendance du sentiment par rapport à l'organisme. Cette indépendance n'existe pas, et le corps intervient dans les sentiments tout autant que dans les sensations. L'auteur de la copie a été mieux inspiré en parlant du rôle de l'idée : c'est bien là qu'est toute la différence.

dire que plaisir et douleur soient des faits où n'intervienne aucune activité? Il me semble que c'est nier la sensibilité que d'en exclure toute énergie active. Si je cède à tout venant comme une cire molle, comment pourrai-je éprouver une impression ? L'impression n'est-elle pas corrélative à une réaction plus ou moins consciente de l'activité qui est en moi contre l'action d'une énergie antagoniste ? Si le moi était un être absolument inerte, il ne sentirait rien. C'est parce qu'il est une force, c'est parce qu'il résiste, qu'il possède la sensibilité. Il prend conscience de lui-même en s'opposant aux énergies extérieures, et l'on peut dire qu'en lui la première sensation, comme le premier sentiment, si élémentaires, si vagues qu'on les suppose, sont contemporains du premier effort.

---

19. *Les inclinations et leurs relations avec le plaisir et la douleur.* — Lille [166-174].

A. **Préparation.** — Le cours. Les ouvrages concernant la sensibilité cités au nº 18. Réflexions et observations personnelles destinées à fournir des exemples caractéristiques d'inclinations : famille, esprit de camaraderie ; goûts et prédilections spécialisés vers telle étude, tel art, tel exercice physique.

B. **Composition.** — Je vois que le sujet comporte deux parties : la première expliquera ce que sont les inclinations et en donnera un tableau sommaire ; la seconde traitera de leurs rapports avec le plaisir et la douleur.

Dans la première partie, il y aura une subdivision : *a*) définition de l'inclination ; *b*) classification de nos inclinations.

Dans la seconde, la question posée est la suivante : le plaisir et la douleur résultent-ils des inclinations satisfaites ou contrariées ? Ou bien sont-ce les inclinations qui résultent de plaisirs ou de douleurs préalablement éprouvés? Je sais que les deux thèses ont été soutenues, et que la seconde est celle des empiriques. Il y aura donc une discussion à établir. De l'issue de ce débat résultera la notion précise de la nature de l'inclination.

Plan.

Introduction. — Dans l'étude des phénomènes affectifs, la psychologie rencontre d'abord comme faits fondamentaux les inclinations et les émotions (plaisir et douleur).

1º *a*) L'inclination ; sa définition : tendance qui me porte vers une chose ou m'en détourne.

b) Classification (d'après tous les cours) : corporelles (appétits) et spirituelles.

Les spirituelles se subdivisent en :

Personnelles, sociales, supérieures.

2º Relations des inclinations avec le plaisir et la douleur.

Thèse empirique. Plaisir et douleur (c'. à. d. *expérience*), faits primitifs. Formule : je désire une chose parce qu'elle m'a fait plaisir.

Thèse opposée. Inclination primitive. Formule : une chose me fait plaisir parce que je la désire.

Part de vérité dans la thèse empirique : tous les besoins acquis après expérience, et notamment les besoins factices.

Part d'erreur : si toutes les inclinations dérivaient du plaisir et de la douleur, ces deux faits deviendraient inexplicables (V. sur ce point le sujet 21).

Conclusion. — Un certain nombre d'inclinations, les plus générales, les grandes inclinations, sont innées, précèdent le plaisir et la douleur, et les expliquent. L'être conscient est foncièrement actif, et l'inclination est la première manifestation de cette activité.

C. Développement.— Au début du premier point, avoir soin de présenter la définition au moyen d'un ou deux exemples usuels qu'on ne développera pas trop longuement. Résumer brièvement la classification, car le développement entraînerait trop loin. Discuter clairement, avec méthode ; au cours de la discussion, en exposant la thèse empirique, bien faire voir les relations de cette thèse avec cette autre : nos idées viennent toutes des sens. Dans l'une comme dans l'autre, on pose l'*expérience* comme facteur unique de toute mentalité, et l'on assimile l'esprit à une table rase. Tout en critiquant les excès de la doctrine, mettre en lumière la part de vérité qu'elle renferme. Éclairer tous les points par des exemples ; autant que possible, ne discuter que sur des faits.

---

20. *Analyser le désir et la joie.* — Montpellier [53-236].

Sujet analogue au précédent, plus restreint. On remarque d'abord la substitution du mot désir au mot inclination. Il y a une nuance : un désir est la manifestation déterminée, spécifiée, d'une inclination. Je désire sortir, je désire manger tel mets, ne signifie pas toujours que j'aie l'inclination à sortir, à me nourrir de ce mets. Le désir est accidentel, momentané. Prendre ce sens, le développ· par des exemples, et rattacher le désir à l'inclination dans l'introduction.

En second lieu, il est question de la joie, c'est-à-dire du plaisir, sans qu'on ait à parler de la douleur.

Plan.

Introduction : Les inclinations en général. Le désir.
1° Analyse du désir, ses caractères.
2° Analyse de la joie.
3° Rapports du désir et de la joie (V. sujet 19).

---

21. *Joie et tristesse. Théorie de ces deux émotions.* — Rennes [41-715].
Nature des émotions. — Nancy [191-538]. — Rennes [203-242].
Origine du plaisir et de la douleur. — Besançon [796-804].
Le plaisir et la douleur. En chercher l'origine, la signification et le rôle dans notre vie. — Caen [4-276] ; [55-67]. — Grenoble [195-837]. — Nancy [191-538].

Quatre formules du même sujet. Pour la préparation, v. sujet 19. La troisième formule étant la plus compréhensive, voici quelques renseignements sur le sujet qu'elle pose.

Tout d'abord, on remarquera la division indiquée : origine — signification — rôle. Rendons-nous compte du sens précis de ces trois mots.

Origine : d'où viennent le plaisir et la douleur? Quelles en sont les causes?

Signification : ce qu'ils indiquent dans notre vie physique et psychique ; de quoi ils sont les signes.

Rôle : à quoi ils servent ; leur utilité.

Je remarque ici que ces trois questions devront être posées et résolues dans l'ordre même où elles viennent d'être indiquées, parce que la signification dépend de la cause, et que le rôle dépend et de la cause et de la signification. Les transitions seront ainsi fort naturelles.

Réponses aux trois questions.

a) Causes du plaisir et de la douleur. (Théorie de cours, absolument classique : l'activité ; Aristote, Hamilton, Spencer.) Deux choses sont à considérer dans l'activité :

1° Sa quantité. Activité modérée : plaisir.
Activité surmenée : douleur.
Activité refoulée : douleur.

2° Sa fin. Activité favorisée dans la poursuite de sa fin : plaisir.
Activité contrariée : douleur.

b) Signification : Un état de plaisir est donc le signe d'un déploiement d'activité modérée et conforme aux fins de l'être. Applications à la vie physique, intellectuelle et morale.

Un état de douleur est le signe d'une activité ou surmenée, ou refoulée, ou dirigée vers une autre fin que celle de l'être. Applications.

c) Rôle. (Pour cette partie, v. plus bas, sujets n° 192 et 193.)

Le plan étant ainsi suffisamment indiqué, il n'y a qu'un mot à dire du développement : le sujet est très vaste ; nécessité impérieuse d'être simple, bref, tout à fait concis.

---

22. *Théorie psychologique des sentiments.* — Aix [**151-791**]. — Nancy [**529-848**].

Sujet entièrement de cours.

A. **Préparation.** — Je conseillerais, comme un excellent exercice, de choisir, tout d'abord, un sentiment bien familier que l'on éprouve soi-même, dont on ait la complète expérience, par exemple : mon amour pour ma mère. Ayant choisi ce sentiment, sur lequel on fera toute sa dissertation, revoir son cours, lire ce que l'on aura à sa disposition touchant la sensibilité, en rapportant à l'amour filial toutes les observations générales que l'on trouvera, et en les notant au fur et à mesure.

B. **Composition.** — Guidé par le cours, on construit alors le plan suivant :

Introduction. J'aime ma mère. C'est un sentiment, c'est le plus vif et le mieux caractérisé de mes sentiments. En quoi consiste-t-il ?

1° En une inclination spontanée, innée, que j'avais dès le berceau, et qui m'attirait vers ma mère avant même que je pusse la connaître et l'aimer.

2° En une émotion : le plaisir que j'éprouve à me trouver avec elle, à recevoir ses caresses, etc.

3° En une idée : la notion que j'ai que ma mère est la cause de ce plaisir.

Résumé. J'aime ma mère parce que je suis un être sensible, spontané ment porté vers elle, éprouvant du plaisir par elle, et parce que je suis un être intelligent, qui comprend ce qu'elle est pour moi.

Un sentiment est une forme de l'amour ou de la haine, et cette forme est déterminée par une idée.

C. **Développement.** — Suivre fidèlement son idée, et ne joindre à l'exemple choisi d'autres exemples que quand cela sera nécessaire pour introduire les détails importants auxquels le premier exemple ne se prêterait pas par sa nature même. Par ce procédé, on renouvellera le sujet et l'on pourra employer tous les documents de cours sans faire œuvre servile de copiste.

---

23. *La passion. Ses caractères. Décrire la genèse et le développement d'une passion.* — Caen **[4-45]**. — Lille **[287-535]**. — Montpellier **[47-90]**.

Les termes de la question suggèrent le plan et la méthode pour faire la dissertation. On prendra une passion déterminée, par exemple : l'ambition. On en décrira l'évolution, à partir du moment où elle apparaît dans la conscience, jusqu'à celui où elle atteint son paroxysme.

Au cours de cette description, se bien rappeler qu'une passion est une affection (ou sentiment) développée à l'excès ; que les causes de cette hypertrophie d'un état affectif sont au nombre de deux : 1° Le tempérament physique ; 2° L'imagination. Presque tous les passionnés sont épris d'une chimère que leur imagination a créée, plutôt que d'une réalité ; comme Don Quichotte, ils substituent une princesse à une paysanne. Le plan comportera les points suivants :

1° Naissance de la passion ; au début simple affection modérée.
2° Son développement ; causes de l'intensité qu'elle atteint.
3° Ses effets : *a*) physiques, *b*) intellectuels et moraux.

---

24. *Les idées de Spinoza sur les passions.* — Rennes **[233-356]**.

A. **Préparation.** — Autant que possible, il faut recourir au texte même, lire le III° livre entier de l'*Ethique*, sans oublier la préface de ce livre. Mais comme toute l'œuvre forme un système d'idées tellement cohérent qu'il est presque impossible d'en isoler une partie, l'intelligence de ce livre III n'est possible qu'à qui connaît les deux premiers. Il sera donc nécessaire d'étudier, sinon dans le texte, ce qui vaudrait assurément le mieux, au moins dans un bon livre d'histoire de la philosophie, les bases de la doctrine de Spinoza ; après quoi on lira attentivement son III° livre, en donnant la plus grande attention à la proposition VII, d'où dépend tout le reste ; puis on complétera ses informations en consultant un bon commentaire de Spinoza. On pourra choisir entre les suivants :

Introduction à la traduction des *Œuvres de Spinoza* de Saisset ;
Worms, *La morale de Spinoza ;*
Delbos, *La philosophie de Spinoza ;*
Chartier, *Spinoza.*

Ce dernier est particulièrement recommandé, à cause de sa brièveté et de sa parfaite clarté.

Bien remarquer que Spinoza prend toujours le mot passion dans son sens le plus large, désignant non pas une affection exaltée, portée à un haut degré d'intensité, mais tout sentiment, même le plus calme.

B. **Composition.** — Un sujet de ce genre comprend toujours deux parties : l'exposé de la doctrine ; l'appréciation.

L'exposé doit être clair et complet. Complet ne signifie pas qu'il faille reproduire les idées de l'auteur avec les développements qu'il leur a donnés, ce qui serait à la fois beaucoup trop long et inutile. Il faut discerner les points essentiels de sa thèse, et les expliquer en les enchaînant. Tout l'effort de la composition doit porter sur cet objet : rendre, autant que possible, la suite logique des idées, reconstituer le système.

Dans l'appréciation, il faut avant tout s'efforcer de bien comprendre l'auteur ; mettre en relief ce que l'on reconnaît de vrai, d'acceptable, dans sa thèse ; indiquer librement ce que l'on en rejette, et pourquoi on le rejette. Enfin, s'il y a lieu, marquer brièvement l'influence qu'a pu exercer la doctrine exposée sur les progrès ultérieurs de la philosophie.

Plan.

Introduction. La théorie des passions de Spinoza forme le point essentiel de sa philosophie, et la profondeur de ses vues a valu à cette théorie de résister à bien des critiques et d'être encore aujourd'hui acceptable dans ses grandes lignes.

1. Point de départ de la doctrine : Proposition VII du IIIe livre de l'*Ethique* : « Tout être tend à persévérer dans son être. » Sens : le fondement de la passion, c'est le désir.

2. Du désir naissent le plaisir et la douleur.

3. Quand le plaisir et la douleur sont accompagnés dans la conscience de la représentation de l'objet qui les a causés, ils deviennent amour et haine.

4. Toutes les passions sont des modes de l'amour ou de la haine. Trois classes : 1° Passions dérivées de l'amour ; 2° Passions dérivées de la haine ; 3° Passions dérivées d'une combinaison de l'amour et de la haine.

5. Appréciation. Spinoza aboutit à cette définition : La passion est une idée confuse que l'âme conçoit par le moyen du corps.

a) Part de vérité : 1° L'idée initiale, idée absolument géniale, que la passion dérive du désir ; 2° Cette autre idée, confirmée par tous les travaux de la psychologie moderne, qu'elle a sa base dans les phénomènes physiologiques.

b) Part d'erreur : Spinoza exagère le rôle de l'élément intellectuel. Disciple de Descartes, il définit la passion par l'idée, confondant ainsi l'état affectif avec l'état représentatif.

---

25. *Des passions au point de vue psychologique et au point de vue moral.* — Alger [**83-227**].

La première partie de cette dissertation est identique au sujet n° 23.

La seconde est du domaine de la morale. En voici sommairement le plan : en principe, la passion est moralement mauvaise ; elle paralyse la volonté, pousse l'agent à des excès presque toujours condamnables, est socialement nuisible. Cependant, à la stricte condition qu'elle ne dépasse pas une certaine intensité, et reste sous la direction de la raison et de la volonté, elle peut être et a été quelquefois utile : elle est une force, et toute force, bien employée, peut réaliser le bien. Vauvenargues a précisément soutenu, non sans raison, que toute passion pourrait être bonne si l'on savait la diriger. Cette idée originale et ingénieuse enferme une part de vérité. Il faut toutefois ici se garder de l'exagération, et il semble que Vauvenargues même, entraîné par un optimisme excessif, soit allé un peu loin.

CHAPITRE VII

FAITS REPRÉSENTATIFS SENSATIONS ET PERCEPTIONS

26. *La sensation. Que sait-on de son mécanisme extérieur ? Que peut-on penser de sa nature intime ?* — Aix [**151-863**].

Sujet dont tous les éléments se trouvent dans les cours. On engage vivement l'élève à étudier avec soin le IIIe livre de l'*Intelligence* de Taine, où le mécanisme de la sensation est exposé avec une ampleur et une précision qu'il ne trouvera pas ailleurs.

Le plan est indiqué par le texte. Deux parties : 1° Le mécanisme extérieur : données de la physiologie; 2° La nature intime. Ici, insister sur l'idée suivante : que la sensation *comme telle* est un état purement, exclusivement subjectif, absolument étranger au mouvement, donc non physiologique. Elle est probablement de nature dynamique : une réaction du moi contre une action venant de l'extérieur.

Multiplier les exemples dans le développement.

27. *Des sensations. Leur classification. Méthode pour les étudier.* — Besançon [**74-85**] ; [**104-828**].

Sujet presque analogue au précédent, et à traiter, comme ce dernier, exclusivement par des exemples. Un détail à ajouter : la classification, donnée par tous les cours. Insister sur la question de *qualité*.

En ce qui concerne la méthode, remarquer que l'étude de la sensation nécessite l'emploi de tous les moyens d'information de la psychologie : observation interne, observation externe, psycho-physique et expériences de laboratoire.

28. *Les sens et la conscience.* — Clermont [**66-103**].

Ce sujet oppose l'un à l'autre les deux procédés de connaissance dont nous disposons : les sens, qui nous font connaître le dehors, le monde extérieur; la conscience, qui nous fait connaître le dedans, le moi. Pour se documenter, l'élève fera bien ici de ne recourir qu'à ses réflexions personnelles, et de coordonner les idées que lui aura inspirées ou suggérées l'enseignement qu'il reçoit. Un point essentiel à dégager de la comparaison des deux sources de connaissance est celui-ci : par la conscience, j'atteins *directement*, sans *intermédiaire*, le phénomène lui-même ; par les sens, je ne le puis, car je ne saisis que la modification faite *sur moi-même* par l'action de l'extérieur. Maine de Biran va plus loin et soutient que par la conscience, et spécialement par la conscience de l'effort, je saisis en moi non pas un phénomène, mais la substance même, qui se révèle à moi comme force.

Pour faire la division d'un tel sujet, se demander *en quoi* on pourra opposer les sens à la conscience. On peut effectivement les opposer aux points de vue suivants : La nature ; le mode d'exercice ; la portée.

Dans le développement, faire entrer, autant que possible, des observations personnelles.

---

29. *La localisation des sensations.* — Rennes [34-244].

Sujet de cours exclusivement. Pour le bien traiter, mettre beaucoup de faits, en choisissant ceux qui correspondent à nos divers sens. Le dernier paragraphe sera consacré à tirer de la discussion une définition de la nature purement subjective de la sensation.

---

30. *Théorie générale de la perception extérieure.* — Lyon [548-735].

31. *La perception extérieure.* — Alger [156-178].

32. *Par quels procédés prenons-nous connaissance des objets dans la perception extérieure ?* — Aix [206-294]. — Besançon [4-262].

Sous trois formes différentes, un seul et même sujet, dont tous les matériaux se trouvent dans les cours. L'élève qui réfléchit bien à la question doit voir où en est le nœud, et quelle doit être, par suite, la partie capitale de la dissertation. C'est le problème suivant : comment puis-je passer de la sensation, état exclusivement subjectif, qui est en moi-même, à l'appréhension d'un objet *extérieur ?* De là trois parties bien distinctes qui doivent être traitées.

1° Sensation et perception ; distinction profonde de ces deux états.
2° Comment on passe de l'un à l'autre.
3° Nature propre de l'objet : extériorité ; étendue.

Limiter le développement, la question étant très vaste. Ne parler ni des perceptions particulières à chaque sens, ni des perceptions acquises.

---

33. *Des cinq sens. Des notions que nous devons à chacun d'eux en particulier. Des notions que nous devons à deux ou plusieurs sens.* — Nancy [54-819]. — Poitiers [18-44].

34. *Perceptions naturelles et perceptions acquises.* — Lille [44-334]. — Rennes [29-244].

Deux fois le même sujet. C'est la très importante question des perceptions acquises.

Cette question ne doit être traitée que par des exemples. Il faut que toute la théorie sorte des exemples et ne soit formulée qu'à la fin de chaque paragraphe. Un résumé final en donnera la synthèse.

Bien dégager, dans chaque exemple de perception acquise, les trois éléments :

1° Une perception actuelle d'un sens ;

2° Des souvenirs de perceptions *anciennes* d'*autres* sens qui sont associés à la première ;

3° Un jugement, par lequel j'affirme que l'objet qui, *actuellement*, me cause la première perception, me causerait aussi les secondes, si les conditions requises étaient réalisées.

---

35. *Les perceptions de la vue.* — Rennes [170-317].

36. *Perceptions naturelles et perceptions acquises de la vue.* — Rennes [60-386] ; [278-858] ; [4-73].

37. *De la vue. Part de l'expérience et de l'habitude dans les perceptions dues à ce sens.* — Montpellier [64-176].

38. *Connaissons-nous primitivement par la vue les trois dimensions de l'étendue ?* — Lille [11-334].

Quatre formules du même sujet, qui n'est qu'une application au sens particulier de la vue de la théorie générale des perceptions acquises (V. sujet précédent).

A. **Préparation.** — Le cours. Lire, si possible, la *Théorie de la Vision* de Berkeley, traduite par M. Beaulavon à la suite de sa traduction des *Dialogues d'Hylas et Philonoüs* du même auteur. L'opuscule de Berkeley est fort important. Se documenter sur la célèbre observation du médecin anglais Cheselden et sur celles qu'a faites le médecin allemand Platner ; en général, sur les observations que l'on peut faire dans tous les cas d'opérations de la *cataracte congénitale.*

B. **Composition.** — Il faut d'abord démontrer que les perceptions visuelles sont à peu près toutes acquises ; que nous ne voyons qu'une très faible partie de ce que nous croyons voir.

Cette démonstration se fait : 1° *a priori*, par le raisonnement de Berkeley : l'extrémité seule d'un rayon lumineux agissant sur notre rétine, nous ne pouvons, à l'aide de l'œil, apprécier la longueur de ce rayon, par suite, percevoir les distances et les reliefs ; 2° *a posteriori*, par les expériences faites sur des aveugles-nés opérés, et établissant qu'ils ne perçoivent ni les distances, ni les formes, qu'il n'y a pas pour eux d'*espace visuel.*

Il faut ensuite faire voir comment, par l'expérience, nous associons à nos perceptions naturelles de couleurs des perceptions du toucher (espace, forme, résistance, etc.).

On fera bien de diviser cette partie de la question en deux points correspondant l'un à la vision monoculaire, l'autre à la vision binoculaire.

C. **Développement.** — Encore un sujet à traiter exclusivement par des exemples. Les documents recueillis, théories et observations scientifiques, seront cités à propos des exemples et à titre de confirmations. Le meilleur procédé serait de débuter ainsi : Du haut d'une colline, en pleine campagne, je dis que je vois, assez loin, une petite maison blanche avec une toiture pyramidale en ardoises et une tourelle ronde à gauche. Faire toute la dissertation sur cet exemple seul.

---

39. *Rôle de la mémoire dans la perception.* — Montpellier [**49-217**] ; [**157-219**]. — Rennes [**548-579**].

Exactement le même sujet que celui des perceptions acquises (V. sujets 33, 34 et 282).

---

40. *Chaque sens est-il infaillible dans le domaine de ses perceptions propres ?* — Bordeaux [**69-269**].

Réponse : oui. La question est traitée dans tous les cours de logique et dépend de la théorie des perceptions acquises.

L'erreur n'existe que dans les perceptions acquises et est due exclusivement au jugement (V. sujet 33 et 34).

CHAPITRE VIII

FAITS REPRÉSENTATIFS (Suite)

ASSOCIATION. IMAGES. MÉMOIRE. IMAGINATION CRÉATRICE

41. *De l'association des idées.* — Aix [**15-823**]. — Caen [**75-268**]. — Rennes [**21-715**].

Pur sujet de cours. Beaucoup d'exemples, surtout pour développer les lois. Ne pas oublier que le sujet comporte la discussion de l'associationnisme.

---

42. *Comment se fait la distinction entre les perceptions et les images? Pourquoi, sauf dans le cas de l'hallucination et du rêve, les objets imaginés ne nous semblent-ils pas réels ?* — Caen [**46-210**]. — Montpellier [**223-249**].

On ne peut traiter convenablement ce sujet qu'après avoir étudié et compris les explications et théories d'une parfaite précision qui sont données par Taine dans le 1er volume de l'*Intelligence*. Nous y renvoyons le lecteur, qui ne peut trouver de meilleur guide. Taine, T. I, livre II, chap. I.

---

43. *Les rêves et les états analogues.* — Rennes [96-292].

V. sujet précédent. Les états analogues au rêve sont l'illusion, l'hallucination et la suggestion hypnotique. V. aussi sujet 211.

---

44. *La Mémoire.* — Aix [164-780] ; [263-664]. — Ajaccio [166-358]. — Caen [115-137]. — Lille [34-334]. — Nancy [759-816]. — Oran [81-149]. — Poitiers [18-33].

Sujet entièrement de cours. V. sujet 46, et, pour la mnémotechnie spécialement, voir sujet 222.

---

45. *La reconnaissance des souvenirs. Ses degrés, ses conditions.* — Caen [4-23]. — Nancy [4-6].

46. *Comment se fait la distinction entre les perceptions et les souvenirs? Pourquoi, sauf dans le cas de la réminiscence, les états de conscience remémorés ne nous semblent-ils pas présents ?* — Caen [42-210].

Le même sujet sous deux formules, la seconde plus explicite, et posant la question avec une parfaite clarté. La réponse est fournie par les cours, mais mieux encore par Taine, *Intelligence*, T. II, livre III, chap. I. Ici, comme pour les images, il est indispensable de recourir à cet auteur; un élève doit être certain qu'il ne comprendra jamais bien le mécanisme de la reconnaissance s'il ne l'a étudié là.

Sujet qu'il faut absolument traiter par un exemple. On choisira, dans la vie pratique, un souvenir, très simple, très ordinaire. On le montrera apparaissant à la conscience, et l'on dira pourquoi (évoqué par une association, que l'on précisera). Le mettre en conflit avec les perceptions du moment, et faire voir, d'après Taine, comment celles-ci s'imposent, parce que plus fortes, et rejettent, *réduisent* le souvenir. Celui-ci, dès lors, apparaît comme non-présent, non-actuel. Nous concluons inconsciemment qu'il faut qu'il soit passé. Et cette conclusion acquiert en nous une pleine certitude lorsque nous pouvons relier par une association cet état à un autre notoirement passé. Si, pour une raison quelconque, la réduction ne se fait pas, il y a réminiscence.

---

47. *De la réminiscence.* — Montpellier [23-90].

V. sujet précédent.

---

48. *Comment s'altèrent avec le temps nos souvenirs ? Illusions de la mémoire.* — Nancy [102-106].

Sujet qui sort un peu du cadre des pures questions de cours. Il peut cependant se traiter avec les renseignements fournis par la théorie de la mémoire, et les observations qu'on aura pu faire sur soi-même.

En principe, l'effet le plus radical du temps sur nos souvenirs est de les faire disparaître : c'est l'oubli. Nous n'avons pas à faire ici la théorie de l'oubli, puisque le sujet ne parle expressément que des altérations et des illusions. Mais remarquons que l'oubli peut ne pas être total, l'action du temps peut ne s'exercer que sur une partie d'un souvenir, sur des détails, des circonstances, etc. Ces détails, images élémentaires dont la totalité formait le souvenir global, disparaîtront de la conscience, parce qu'ils auront été moins fortement associés que d'autres aux états ambiants. Cette destruction partielle du souvenir va produire l'un des effets suivants :

1° Souvenir réel, conscient, mais incomplet ;

2° Substitution d'un souvenir à un autre par oubli des différences (cas très fréquent) ;

3° Souvenir inconscient, non reconnu, c'est-à-dire réminiscence.

Les trois espèces d'illusions sont rendues sensibles par un seul exemple. Trois personnes, ayant assisté à une même scène et la racontant plus tard, pourront commettre trois espèces d'erreurs :

La première racontera la chose avec des inexactitudes plus ou moins importantes ;

La seconde racontera une autre scène, également vue par elle, analogue à la première ;

La troisième décrira la scène comme fictive, comme si elle l'inventait, avec la croyance que réellement elle l'invente.

Ce qu'il importe surtout de bien mettre en relief dans le développement de ce sujet, c'est le rôle des associations, et aussi celui de l'attention : ces deux choses expliquent tout.

---

49. *Expliquez le rôle et la nature de l'hypothèse en psychologie en prenant pour exemple les théories que vous connaissez sur la mémoire.* — Montpellier [39-217].

Sujet mixte, appartenant à la fois à la psychologie et à la logique. Il ressortit de cette dernière science en tant qu'il comporte la connaissance de la nature et du rôle des hypothèses dans la science expérimentale. Mais il appartient, pour la plus grande partie, à la psychologie en ce qu'il doit être entièrement traité à l'aide d'un exemple imposé : celui des hypothèses émises pour expliquer les faits de mémoire. On sait que, de ces hypothèses, les plus fameuses sont, dans la psychologie classique, celle des *esprits animaux* et des *traces* imprimées par leur mouvement dans le cerveau, due à Descartes et reprise par Malebranche ; consulter *Recherche de la vérité*, livre II, 1re partie ; dans la psychologie contemporaine, l'hypothèse qui explique les souvenirs par les vibrations persistantes des cellules nerveuses, particulièrement des cellules corticales des hémisphères cérébraux.

Plan.

Introduction. L'hypothèse en général.

1° La psychologie expérimentale, comme toutes les autres sciences du même ordre, procède par hypothèses. Beaucoup de ces hypothèses expliquent les faits psychologiques par les faits physiologiques concomitants.

2° Présenter l'hypothèse des vibrations.

3° L'apprécier. Remarquer qu'elle n'explique pas ce qu'il y a de vraiment original dans le souvenir : l'acte *intellectuel* de reconnaissance.

---

50. *L'imagination créatrice.* — Lyon [80-273].

51. *L'imagination.* — Nancy [143-365]. — Clermont [463-562].

Pur sujet de cours. Outre les documents recueillis en classe, on lira avec fruit : Joly, *L'imagination.* Recourir aussi, pour toute question touchant la puissance créatrice de l'esprit, au IIe livre de la *Recherche de la vérité*, de Malebranche.

En traitant ce sujet, le limiter étroitement, car il est très vaste, de ceux dans lesquels il est dangereux de vouloir tout dire. N'insister que sur les points essentiels, savoir :

En quoi consiste la création (Créer des rapports).

Que l'imagination est la vie même de l'esprit, qu'elle est coextensive à toute l'intelligence.

Ses procédés de création (V. sur ce point le *Cours* de M. Rabier).

Son rôle dans la vie pratique, dans la science, dans l'art (Ce dernier point en abrégé).

---

52. *L'imagination créatrice; son rôle dans la science et dans l'art.* — Besançon [147-155]. — Lyon [282-288].

La partie importante de ce sujet étant la seconde, on insistera très peu sur la première ; on se bornera à définir l'imagination avec quelques exemples, et l'on abordera tout de suite son rôle.

Pour ce qui concerne le rôle de l'imagination dans la science, le sujet a, en logique, une telle importance que l'on devra se reporter à cette partie du présent ouvrage pour traiter le point (V. donc : *Logique*, sujet 334).

Pour la 2e partie, rôle dans l'art, on lira avec fruit : Séailles, *Essai sur le génie dans l'art*, et aussi : Joly, *L'imagination.*

Le meilleur procédé de composition sera de prendre pour exemple un chef-d'œuvre de l'art que l'on connaisse bien et d'en suivre la genèse dans l'âme de l'artiste, en divisant cette évolution en deux périodes : 1° conception de l'idée ; 2° exécution de l'œuvre.

---

53. *Comment l'imagination dérive-t-elle de l'association des idées ?* — Montpellier [20-236].

C'est la nature même de l'imagination qui est en jeu dans ce sujet.

Demandons-nous ce qu'il signifie exactement. D'une part, nous savons ce que c'est que l'association : c'est le pouvoir qu'ont les états de conscience de s'unir les uns aux autres, de telle sorte que si l'un d'eux se présente à la conscience, il tend à y appeler à sa suite ceux avec lesquels il a été uni. D'autre part, nous savons aussi que l'imagination est la propriété de l'esprit en vertu de laquelle, en reproduisant nos perceptions passées, nous les modifions de façon à leur donner l'apparence de produits créés par nous ; que cette modification consiste à en combiner les éléments dans un ordre autre que celui où ils se sont présentés dans la réalité, et souvent à y introduire des éléments empruntés à d'autres perceptions. Nous voilà arrivés à l'association : comment, en effet, se fait cette combinaison nouvelle d'éléments préexistants ? Il est visible qu'elle se fait parce qu'ils s'évoquent, se suggèrent les uns les autres, et cela en vertu d'associations qu'ils ont contractées auparavant dans notre conscience. M. Rabier, dans son *Cours de psychologie*, a montré avec clarté et force cette union des deux fonctions de notre esprit.

On conseille à l'élève qui a ainsi compris le sens du sujet de le développer en empruntant ses exemples aux trois sources suivantes : *la science :* théories, hypothèses, applications industrielles ; *l'art; le langage :* figures du langage, particulièrement métaphores et métonymies.

CHAPITRE IX

FAITS REPRÉSENTATIFS (*Suite*)
ENTENDEMENT DISCURSIF

54. *De l'abstraction et des idées abstraites.* — Clermont [222-771]. — Nancy [33-819].

---

55. *Analyser l'abstraction au point de vue psychologique. Dire quelle en est la valeur logique. Indiquer son rôle dans la science et dans la vie intellectuelle en général.* — Aix [439-812]. — Caen [21-67].

Sujet entièrement de cours. Le second, de même sens que le premier, a l'avantage de fournir le plan. Si je dois faire la dissertation, je suivrai donc exactement l'ordre, très rationnel, des questions qui me sont posées.

1° Analyse psychologique d'une opération d'abstraction ;
2° Valeur logique ;
3° Rôle. — *a)* Dans la science : toute science est abstraite.
b) Dans la vie intellectuelle en général : la pensée; le langage.

Un mot d'explication sur le second point : Qu'est-ce que la valeur logique? Pour répondre à la question, demandons-nous ce que c'est que la logique. C'est la science du vrai et l'art d'y parvenir. La question présente revient donc à celle-ci : quelle est la valeur de l'abstraction en tant que moyen d'arriver à la vérité ? Et l'on comprend aussitôt qu'il y ait là un problème, si l'on remarque qu'une abstraction est un produit de l'esprit, n'a pas de correspondant dans la réalité, que le monde est formé, non d'abstractions, mais de choses concrètes. La solution de cette apparente antinomie est dans la considération suivante : l'abstraction n'est pas un pur produit de l'entendement, une fiction ; elle est un *extrait* de la réalité, contenant, sous une forme *simplifiée* et *clarifiée*, ce qu'il y a d'essentiel dans les choses. Elle est donc un excellent instrument scientifique. Je développer en prenant pour exemple les mathématiques, sciences qui s'élèvent au plus haut degré d'abstraction, et qui ne laissent pas de représenter avec une absolue exactitude les rapports des réalités entre elles.

---

56. *Qu'est-ce qu'une idée générale? Comment s'explique la présence des idées générales dans l'esprit? Quel rôle jouent-elles dans la connaissance?* — Lille **[191-692]**.

---

57. *Comment se forment les idées générales?* — Aix **[694-754]**. — Grenoble **[60-234]**. — Lyon **[81-294]**.

Deux sujets qui peuvent être traités sans difficulté par tout élève muni d'un bon cours. Remarquer simplement que le second ne comportant pas l'étude du rôle des idées générales, on pourra s'étendre davantage sur l'analyse psychologique de l'opération de généralisation qui le constitue en entier. On multipliera les exemples.

---

58. *Abstraction et généralisation. Avantages et inconvénients.* — Dijon **[64-279]**.

Ce sujet implique un rapprochement entre les deux opérations. Il ne faut donc pas se contenter de les définir et de les analyser l'une après l'autre; il faut aussi faire voir leurs rapports. Ces rapports consistent en ce que l'abstraction est indispensable à la généralisation, dont elle est un des moments. C'est donc en analysant la seconde qu'on devra insister sur cette relation.

Un mot du dernier point : les inconvénients. L'inconvénient de la généralisation, c'en est l'emploi abusif qu'on appelle l'esprit systématique. L'inconvénient de l'abstraction, c'est le sophisme connu sous le nom de réalisation des abstractions.

---

59. *Comment l'idée se distingue-t-elle de l'image?* — Bordeaux **[226-309]**; **[172-292]**.

A. **Préparation.** — Sujet très important, très souvent donné, et qui doit attirer spécialement l'attention de tout élève. Pour le préparer, revoir d'abord avec soin les deux parties du cours consacrées l'une aux images, l'autre à la généralisation. Puis bien réfléchir au sens des deux mots. Qu'entends-je quand je dis que j'ai l'image d'un coléoptère? Cela veut dire que je me représente un certain coléoptère déterminé, par exemple un hanneton, que je vois en esprit avec sa forme, ses couleurs, son allure, toutes les particularités qui le distinguent. Et quand je dis que j'ai l'idée, le concept, la notion de coléoptère, je veux dire que je sais ce que c'est qu'un coléoptère, que je puis le *définir :* un insecte muni d'élytres. Quels élytres? Quel insecte? N'importe; le carabe doré avec ses élytres verts, soudés et ovales, le hanneton avec ses élytres bruns, mobiles et rectangulaires, etc. En un mot, ainsi que me le fait voir la théorie de la généralisation, l'idée est une représentation *commune* à un nombre indéterminé d'individus. Cependant je remarque que quand j'ai l'idée du coléoptère, il m'est impossible de ne pas m'en représenter en même temps un bien déterminé, un individu. Sans doute ; mais je vois bien que mon idée est quelque chose d'autre que cette représentation individuelle, car : 1° je puis changer d'image, substituer à celle d'un hanneton celle d'un carabe doré, celle d'un capricorne, sans pour cela que mon idée en soit modifiée ; 2° je me souviens qu'avant d'avoir étudié la zoologie, je n'avais pas l'idée de coléoptère, alors que je me représentais très bien un hanneton ou un carabe. Je conclus donc de ces observations : 1° que l'idée et l'image diffèrent en ce que la première est générale et indéterminée, la seconde particulière et déterminée ; 2° que l'image accompagne d'ordinaire l'idée comme les gravures d'un livre illustré accompagnent le texte. Je vois dès lors les divisions du sujet et l'ordre des idées.

B. **Plan.** — *Introduction.* Poser la question. Tout homme a des images et des idées. Est-ce la même chose ?

1° Nature de l'image.

2° Nature de l'idée.

3° Résumé des différences.

Conclusion. L'image n'est pas l'idée, mais elle l'accompagne toujours.

C. **Développement.** — On se servira exclusivement d'exemples, selon le procédé employé ci-dessus pour trouver les idées. On pourra citer un passage célèbre de Bossuet, *Traité de la connaissance de Dieu et de soi-même*, qui commence ainsi : « Il y a une grande différence entre entendre le triangle et imaginer le triangle. »

En outre, il ne faut pas perdre de vue que l'école empirique et nominaliste soutient l'identité de l'image et de l'idée ; mieux : que l'idée n'existe pas ; qu'il n'y a que le *mot* et les images individuelles suggérées par le mot (Hume, Stuart Mill, Taine). C'est cette opinion que l'on combat plus haut. Il est utile d'y faire allusion, sans toutefois élargir le débat outre mesure.

Aristote a dit : « On ne pense pas sans images. » Comment faut-il entendre cette formule ? — Seconde expression du même sujet.

---

60. *Le jugement.* — Grenoble [57-234]. — Nancy [82-782]. — Rennes [36-386].

61. *Nature et importance du jugement.* — Besançon [173-184].

Pur sujet de cours. Aucune difficulté.

---

62. *De la liaison qui rattache l'attribut au sujet dans le jugement.* — Bordeaux [70-100].

Ce sujet se ramène, pour la plus grande partie, au précédent. Toutefois la question est posée en termes tels qu'on doit évidemment insister sur un point spécial, le rapport affirmé par le jugement. Or l'étude de ce rapport soulève les problèmes suivants : 1° Importance de ce rapport : il est l'élément essentiel du jugement, c'est sur lui que porte l'acte de l'esprit qui juge ; par là le jugement se distingue de la simple perception et de l'association, auxquelles l'école empirique prétend le réduire; en effet, dans la perception comme dans l'association, le rapport disparaît, et l'esprit n'est occupé que des termes (Discussion à faire; exemples). 2° Diverses espèces de rapports, ou liaisons. Ce problème n'est autre que celui des *catégories*. En dire un mot, sommairement, sans entrer dans les détails, le problème étant trop élevé et trop vaste pour être traité à fond ici.

---

63. *La croyance. Comment se distingue-t-elle de la connaissance? Quelle en est la valeur logique?* — Aix-Nice [211-493]. — Rennes [97-137].

Question importante, fort débattue de nos jours et que les travaux de l'école néo-criticiste (Renouvier) ont mise au premier rang des problèmes philosophiques.

Il s'agit ici, qu'on le comprenne bien, de la seule croyance philosophique, et nullement de la croyance religieuse, dont il n'y a pas un mot à dire.

Le sujet comporte, on le voit clairement, deux parties : 1° Qu'est-ce que la croyance? Et en donnant la réponse on dira, par le fait, en quoi elle se distingue de la connaissance. 2° Sa valeur.

Pour la première partie, on trouvera de précieux renseignements dans le *Cours de psychologie* de M. Rabier, chapitre : *Croyance.*

La nature de la croyance philosophique résulte de la théorie du jugement. Juger, c'est affirmer ; ce n'est pas seulement éprouver deux impressions en relation l'une avec l'autre comme quand je sens que ceci est une feuille de papier et que je vois qu'elle est blanche; c'est, de plus, poser cette relation comme une vérité, c'est-à-dire comme indépendante de mes états subjectifs, comme existant en soi. C'est cet acte d'adhésion qui constitue la croyance et fait l'importance du jugement.

Or il y a des choses que le philosophe doit affirmer sans avoir pu ni les constater par l'expérience, ni les prouver par le raisonnement. En effet, il y a, d'une part, des vérités (idées pures) qui ne sont pas d'ordre expérimental, et d'autre part le raisonnement devant toujours partir de certaines données posées comme vraies, à l'origine des raisonnements, il y aura nécessairement des données qui n'auront pas été prouvées. On les admettra parce qu'elles apparaissent comme nécessaires, parce que leur négation entraînerait dans la suite des contradictions insupportables. Elles seront des objets non de connaissance positive, mais de croyance philosophique, c'est-à-dire d'une adhésion raisonnée, fondée sur la constatation de leur nécessité. Au nombre de ces objets de croyance, l'école néo-criticiste place notamment la liberté. Ces considérations indiquent la valeur logique de la croyance. La question est à rapprocher de celle de la certitude morale, traitée en Logique (V. sujet 443).

---

64. *Du raisonnement; son contenu et sa portée. Raisonner, est-ce toujours être raisonnable?* — Dijon [58-279]. — Montpellier [177-37].

La question comprend deux parties : 1° Nature et éléments du raisonnement; ses deux formes : induction et déduction. 2° Valeur du raisonnement.

La seconde partie est souvent donnée sous l'une de ces deux formes:

Rapports du raisonnement et de la raison.
Sens de ces deux vers de Molière :

> **Raisonner est l'emploi de toute ma maison,**
> **Et le raisonnement en bannit la raison.**

La solution de la question est dans la considération suivante : le raisonnement n'est qu'un procédé mis en œuvre par la raison, un outil dont elle se sert. Or on sait qu'avec un bon outil on peut faire de mauvais travail, soit en s'en servant mal, soit en l'appliquant à une mauvaise matière. On déraisonnera notamment : 1° quand on raisonnera sur des données fausses; 2° quand on raisonnera sans idées, en prenant pour idées des mots vides (scolastique du XVe siècle).

---

65. *Le langage.* — Nancy [2-87].

66. *Nature et origine du langage naturel; nature et origine du langage artificiel.* — Clermont [28-103].

67. *Qu'entend-on par signes en général? Signes naturels et artificiels. Quelle est l'origine des signes naturels? Comment s'opère le passage des signes naturels aux signes artificiels? Donner des définitions précises et des exemples à l'appui.* — Caen [21-55]. — Clermont [731-743].

Voici trois formules du même sujet. Prendre pour guide la troisième, qui indique avec précision tous les points à traiter. Les idées se trouvent dans tous les cours.

CHAPITRE X

LA RAISON. — LA PERSONNALITÉ

68. *Qu'entend-on par raison dans l'homme? Quelles sont les conséquences en lui de la présence de la raison?* — Grenoble [115-164].

69. *En quoi consiste la connaissance rationnelle?* — Bordeaux [40-269].

70. *En quoi la connaissance rationnelle diffère-t-elle de la représentation machinale?* — Bordeaux [100-62].

71. *Les premiers principes; leur rôle dans la connaissance.* — Lille [268-289].

72. *Les notions et vérités premières. Leurs caractères. Leur origine.* — Grenoble [256-285].

Cinq expressions du même sujet, sujet de cours dans son entier. On recommande instamment aux élèves d'éviter les formules et de donner à leur composition l'allure la plus personnelle possible, au moyen des exemples. Pour ce qui concerne notamment le sujet 70, on pourra user du procédé suivant : en face d'un phénomène très ordinaire, comme un feu brûlant dans une cheminée, supposer un homme et un chien ; analyser leurs états de conscience, et dégager ceux qui, se manifestant dans l'homme, manqueront à l'animal : que ce feu *pourrait* ne pas brûler (contingence); qu'il a une cause, un but ; que c'est le même phénomène que la combustion de la lampe, etc. Partir de là pour établir la nature et le rôle des idées et principes. Aboutir à une définition de la raison.

---

73. *Le principe de causalité.* — Rennes [4-36].

74. *De l'idée de cause; sa nature, son origine, ses applications.* — Besançon [27-85].

Ce sujet se rapproche de très près des précédents; il en est, en somme, une application à un principe particulier, celui de causalité.

On pourra prendre pour plan la formule 74, très explicite.

Principales applications du principe de causalité : 1° La science, surtout les sciences de la nature (recherche de l'antécédent nécessaire). 2° En métaphysique, une des preuves de l'existence objective du monde extérieur; une preuve de l'existence de Dieu.

Ce sujet ne concerne que l'idée de cause efficiente ; ne pas parler des causes finales.

---

75. *Nature et origine des idées.* — Besançon [261-303]. — Caen [41-268].

Pur sujet de cours. Très vaste; danger de s'égarer dans la seconde partie. Pour éviter ce péril, circonscrire étroitement la discussion. Présenter, en trois paragraphes aussi succincts que possible : *a*) l'empirisme, sous une seule forme, celle que l'on connaîtra le mieux, dont on aura la connaissance *directe*, si possible (Condillac, Taine, Stuart Mill) ; *b*) l'innéisme de Descartes; *c*) les formes *a priori* de Kant. Choisir l'une des trois, pour la défendre, en présentant contre les deux autres seulement une objection décisive pour chacune.

---

76. *Déterminer la signification et l'origine des vérités innées. Indiquer particulièrement la différence entre la conception dogmatique (Descartes, Leibnitz) et la conception critique (Kant) de ces vérités.* — Toulouse [300-778].

Ce sujet comporte, comme le précédent, un court paragraphe initial destiné à exposer la nature des vérités de raison. Mais il diffère du sujet 75 par sa deuxième partie, qui doit être consacrée non à une discussion, mais à une appréciation de deux doctrines, dans laquelle on s'efforcera d'en bien préciser la différence.

Il conviendra donc de concevoir cette seconde partie de la manière suivante.

A. Trois théories expliquent l'origine des principes. Ce sont l'empirisme, les idées innées et les formes *a priori*. La première s'oppose aux deux autres en tant qu'elle soutient que l'esprit, avant toute expérience, est vide (table rase), tandis que les deux autres admettent l'existence d'un élément *a priori* et *inné*. Exposé très succinct d'une doctrine empirique (celle que l'on connaît le mieux) et d'une seule objection décisive.

B. Idées innées et formes *a priori ;* nature de chacune des deux thèses ; leur différence.

---

77. *L'empirisme comme doctrine relative à l'origine des idées. Ses formes principales.* — Clermont [9-416]. — Rennes [145-237].

A. **Préparation.** — Les cours. Lire, si possible : Taine, *Intelligence ;* Stuart Mill, *Examen de la philosophie de Hamilton.* Mais ces grands ouvrages demandent une longue étude ; l'élève est supposé les avoir lus, le premier surtout. Voir, comme lecture plus rapide : Taine, *Philosophes français contemporains*, article *Victor Cousin ;* Ribot, *Psychologie anglaise contemporaine.*

B. **Composition.** — Pour le plan suggéré par le sujet, on conseillera la disposition suivante :

Introduction. Nature de l'empirisme. La formule de la *table rase.*
1° Sensualisme : Locke, Condillac.
2° Associationnisme : Ecole anglaise contemporaine.
3° Évolutionnisme : Spencer.
Conclusion. Place de la doctrine à notre époque.

C. **Développement.** — 1° Poser le sujet par un exemple. 2° Chercher à bien marquer en quoi chacune des deux formes récentes de l'empirisme, soient l'associationnisme et l'évolutionnisme, marque un progrès sur les doctrines antérieures.

L'associationnisme apporte une explication plus plausible, au moins en apparence, de la nécessité.

L'évolutionnisme cherche à expliquer par l'hérédité l'innéité de la raison.

Ce sujet, assez vaste par lui-même, ne comporte pas la critique de l'empirisme.

---

78. *Théorie des idées innées chez Descartes et Leibnitz.* — Poitiers [101-163]. V. sujet 76, 1re partie.

---

79. *La personnalité.* — Clermont [250-253].

80. *L'idée du moi.* — Lyon [50-273].

81. *Origine et nature de l'idée du moi.* — Lyon [57-294]. — Oran [44-149].

82. *L'idée du moi; nature, origine, caractères.* — Aix [145-232]. — Nancy [60-782].

83. *L'identité personnelle. Montrer comment s'en forme la notion et quelles conséquences elle comporte.* — Alger [25-227].

Cinq formules d'un même sujet. Faire le plan d'après les trois derniers : 1° Origine de l'idée du moi. 2° Ses caractères. 3° Ses conséquences. Ce dernier point appartient à la morale et à la métaphysique : questions de responsabilité ; la morale fondée sur la valeur absolue de la personne ; nature de l'âme ; immortalité.

La question de la personnalité est traitée dans tous les cours. Les élèves se trouveront ici en présence de deux conceptions opposées. La première est la doctrine classique de l'unité et de l'identité *absolues* de la personne, impliquant la théorie de l'âme, substance spirituelle et immortelle. La meilleure expression de cette doctrine est dans les œuvres de Victor Cousin et de ses disciples : Jules Simon, Paul Janet, etc. L'autre soutient que la notion du moi ne correspond à aucune réalité substantielle, qu'elle exprime simplement la synthèse de nos états successifs ; elle a pour formulé l'expression de Taine : « Le moi est un polypier d'images. » Elle est une doctrine phénoméniste. On en trouvera l'exposé méthodique dans : Taine, *Intelligence*, T. I, Liv. IV, Ch. III.

Choisir librement entre ces deux conceptions, celle que l'on comprend le mieux, celle qui semble vraie.

---

84. *Décrire les principales altérations de la personnalité. En indiquer les causes.* — Besançon [228-252].

Il est absolument impossible de traiter ce sujet sans avoir lu au moins un des travaux importants qui ont été publiés de nos jours sur la question. J'ajoute ici que, d'une façon générale, cette lecture s'impose, est indispensable à un élève de philosophie. Voici, entre autres, deux ouvrages fondamentaux (le premier plus bref) :

Binet, *Les Altérations de la personnalité.*

Pierre Janet, *L'Automatisme psychologique.*

CHAPITRE XI

L'ACTIVITÉ

85. *Théorie de l'effort.* — Besançon [74-27].

86. *Essayer, par observation personnelle, d'analyser les divers phénomènes psychiques correspondant à l'effort musculaire.* — Nancy [159-197].

87. *Le sentiment de l'effort.* — Nancy [2-65].

88. *Analyser le sentiment de l'effort. En quoi est-il particulièrement instructif?* — Toulouse [99-264].

Préparation. — Ce sujet ne peut être convenablement traité que moyennant la connaissance de travaux importants dont les uns sont difficiles à lire (Maine de Biran), les autres difficiles à trouver (Articles de W. James dans la *Critique philosophique*, épuisés). On espère rendre service aux élèves en leur résumant ici la question. On leur conseille en outre de lire : l'article *Maine de Biran* dans le *Dictionnaire* de Franck ; le livre de M. Gérard sur Maine de Biran ; la *Psychologie de l'Effort* de M. Bertrand.

Le sentiment de l'effort a donné lieu à deux explications opposées. La première, due à Maine de Biran, fait du sens de l'effort un sens spécial, sous le nom de sens kinesthésique. La seconde, qui est de M. W. James, l'identifie avec le sens du toucher (V. les Cours).

Les psychologues discutent encore sur ce point, et le débat n'est pas clos. Cependant la doctrine du sens kinesthésique perd chaque jour du terrain. Des expériences réalisées dans les laboratoires de psychologie physiologique semblent donner raison à M. W. James, à tout le moins ne sont interprétées dans le sens de la théorie adverse qu'avec difficulté.

---

89. *L'habitude.* — Alger (Tunis) [752-767].

90. *De la nature de l'habitude et de ses lois.* — Bordeaux [115-268]. — Montpellier [47-23].

Sujets entièrement de cours. Lire, si possible, la thèse sur l'*Habitude* de M. Ravaisson, réimprimée dans la *Revue de Métaphysique et de Morale*, Année 1894, Tome II, travail tout à fait capital sur la question.

---

91. *De l'habitude et de son influence sur les principales opérations de l'esprit.* — Lyon [196-294]. — Rennes [11-170].

V. le sujet précédent. Celui-ci est plus spécial. En le lisant, je vois que je devrai glisser rapidement sur les généralités : nature et lois de l'habitude. Consacrer la plus large part de mon développement à la seconde partie : influence de l'habitude sur les opérations intellectuelles. Ici, je devrai passer en revue ces opérations en retenant celles d'entre elles où je constaterai une action de l'habitude. Cela me donnera les points suivants :

Perception, les perceptions acquises.

Mémoire, localisation des souvenirs (V. particulièrement l'ingénieuse théorie de Taine sur les *points de repère*).

Abstraction et généralisation, l'habitude d'abstraire et de généraliser chez le savant, le philosophe (scolastique).

Raisonnement, les mathématiciens.

Outre la remarque particulière concernant la mémoire qui figure ci-dessus, on peut dire que, *dans son essence*, la mémoire et l'association sont des formes de l'habitude.

Multiplier les exemples.

---

92. *Y a-t-il des habitudes passives?* — Bordeaux [94-110].

Oui, et ce sont les plus dangereuses. Ce sont celles que vise particulièrement le sonnet sur l'*Habitude* de Sully Prudhomme (dans la *Vie intérieure*) ; ce sont celles qui paralysent la volonté, tuent la liberté et font de l'homme un automate. C'est aux habitudes passives que se rapporte la loi suivante : l'habitude diminue la sensibilité. L'influence de l'habitude sur la partie passive de notre être est étudiée profondément dans la thèse de Ravaisson (V. sujet 90).

---

93. *L'attention.* — Ajaccio [98-277]. — Poitiers [162-298].

94. *Nature et lois de l'attention.* — Bordeaux [92-110].

95. *L'attention. Ses lois, ses effets.* — Grenoble [215-225].

96. *Décrire les phénomènes corporels et psychologiques par lesquels se manifeste l'attention. Causes de l'attention.* — Rennes [43-292].

Ces quatre formules équivalentes posent un sujet dont la matière se trouve tout entière dans les cours. Outre le cours, il faudra se reporter à l'ouvrage fondamental de M. Ribot : *Psychologie de l'attention*, dont la lecture est de la plus grande utilité. La formule n° 96 spécifie un groupe de faits, les phénomènes corporels, dont il faut tenir grand compte, et qu'il est indispensable de faire entrer dans toute théorie de l'attention, quand même, comme il arrive dans les trois données précédentes, le texte du devoir n'en ferait pas expressément mention. M. Ribot a fait de ces phénomènes une étude spéciale très développée. C'est un ensemble de mouvements ayant lieu dans tous nos appareils : respiratoire, circulatoire, vaso-moteur, musculaire, physionomie, etc. ; ces mouvements, dit l'auteur, ont pour caractère d'être *systématisés* entre eux, et de déterminer une *adaptation* de tout l'être physique dans une direction donnée, effet elle-même de la sensation vive qui a provoqué l'attention. Celle-ci n'est, selon M. Ribot, que l'état de conscience synthétique causé par cet ensemble de mouvements. Elle tend donc à l'unité, ou, selon l'expression de l'auteur, au *monoïdéisme*. Cette thèse, un peu exclusive, ne laissant pas assez de place à l'*effort volontaire*, renferme toutefois une très grande part de vérité. Ce sujet se prête particulièrement à l'emploi des exemples et au procédé qui consiste à en tirer les définitions.

---

97. *La distraction.* — Rennes [63-187].

A. **Préparation.** — La distraction est le contraire de l'attention. Il faut donc d'abord étudier cette dernière (V. sujet précédent).

Celle-ci étant définie : tendance au monoïdéisme, avec adaptation des divers organes, la distraction (*distraho*, je tire en deux sens) sera la tendance au polyidéisme, avec mouvements et phénomènes corporels dépourvus du caractère d'adaptation systématisée qui est symptomatique de l'attention. Elle aura pour causes la multiplicité des états de conscience, sensations et sentiments, et la faiblesse de la volonté.

M. Ribot, dans la seconde partie de sa *Psychologie de l'attention*, a fait de la distraction une étude très détaillée, dont la lecture s'impose à qui voudra traiter convenablement le sujet.

B. **Composition.** — Bien que la théorie de l'attention ne soit pas le sujet, il est logique de la présenter (mais très brièvement) pour expliquer la distraction. De là la division :

Introduction. L'attention. Son contraire : la distraction.

1° Description et nature ;
2° Causes ;
3° Effets.

C. **Développement.** — Multiplier les exemples et les observations personnelles. Ce sujet expose à un danger : celui de donner dans l'anecdote, et, qui pis est, dans le comique. S'en garder absolument ; ne pas penser un seul instant au Ménalque de La Bruyère. Se bien persuader qu'on a à faire une étude scientifique, d'un caractère presque médical.

---

98. *Qu'est-ce que la volonté ? Analyse de l'acte volontaire.* — Aix [143-630]. Ajaccio [93-277]. — Montpellier [425-576].

Vrai modèle de sujet de cours. Ne peut être convenablement traité qu'à la condition d'être renouvelé et rendu personnel par le moyen d'un exemple bien choisi et présenté dès le début, conformément aux conseils qui ont été développés au commencement de la Section I.

---

99. *Distinguez à l'aide d'exemples les différentes formes de la liberté que vous pouvez concevoir.* — Toulouse [88-264].

1° Liberté individuelle ou corporelle ;
2° Liberté politique ;
3° Liberté civile ou sociale ;
4° Liberté de conscience ou de pensée ;
5° Liberté morale.

Bien marquer la différence entre la liberté politique et la liberté civile. La première consiste dans la part plus ou moins grande prise par l'individu au gouvernement de la nation, la part de souveraineté de l'individu ; nulle sous un régime autocratique, elle était au maximum dans les républiques de l'antiquité. La seconde, très différente, consiste dans la quantité variable de droits que reconnaît à chacun la constitution de la société où il vit : droits de réunion, d'association, de propriété, de presse, d'exercice d'une profession, etc. On remarquera que ces deux formes de la liberté ne sont pas solidaires et que l'une des deux peut être fort développée dans un État où l'autre serait extrêmement limitée.

Le texte indique qu'il faut employer des exemples : se conformer à cette prescription.

---

100. *Indiquer, sans entrer dans la question de savoir si la liberté est réelle ou non, les caractères essentiels de l'acte libre.* — Bordeaux [82-70].

Voilà un de ces sujets auxquels il faut bien réfléchir, afin d'en comprendre exactement le texte. Je sais que la question de la liberté soulève de grandes discussions. Ce ne sont pas ces débats qu'on me demande d'exposer : que la liberté soit réelle ou non, je n'ai pas à m'en occuper, on me le dit expressément. La question est autre : quels caractères doit présenter un acte pour être dit libre ? En admettant qu'il y ait de tels actes, quels seraient-ils ?

Pour résoudre cette question, je ferai appel, avant tout, à mes réflexions personnelles. Je choisirai un acte à ma portée, que je puis effectuer, que j'effectue souvent, et qui de plus m'apparaisse nettement, positivement comme libre ; je ne prendrai pas pour cela un acte insignifiant, comme manger tel ou tel mets, lever le bras, etc.; de tels actes, parce qu'ils sont insignifiants, n'étant l'objet d'aucune délibération, sont fatals. Je choisirai une résolution réfléchie, comme celle-ci : j'ai décidé de consacrer à peu près tout mon argent de poche à acheter des livres pour me constituer un fonds de bibliothèque. Examinant cette détermination que je crois avoir prise librement, j'y reconnais les caractères suivants :

1° Elle a été prise après réflexion.

2° Elle a été motivée ; je puis dire pourquoi je l'ai prise, et défendre le motif qui m'y a incliné.

3° Elle m'apparaît comme émanant directement de moi-même, comme n'ayant d'autre cause que moi, ma volonté ; le motif qui m'a guidé me fait l'effet d'un conseil, non d'un ordre. J'ai décidé cela parce que je le voulais ; et, conséquence de ce jugement, je m'en déclare responsable.

4° Elle est conforme à mon caractère, pour autant que je puis le connaître. En la prenant, je ne subis pas de contrainte.

5° Je me demande toutefois si elle est contingente, en d'autres termes si, les circonstances étant les mêmes, j'aurais pu décider autre chose. Je n'hésite pas à répondre non, car je vois que l'affirmative me conduirait à de flagrantes contradictions. Si ma résolution a été délibérée, si elle est motivée par une raison que j'ai reconnue valable, si elle est conforme à mon caractère, évidemment je n'aurais pas pu en prendre une autre. Elle n'est pas contingente. Mais, me dira-t-on, si vous ne pouviez pas vouloir autre chose, vous n'étiez pas libre. — Je réponds qu'il faut distinguer : je n'aurais pas pu, sans doute ; mais qui m'en empêchait ? Est-ce une force extérieure ? Est-ce une contrainte étrangère ? Non : c'est moi-même, ma raison, ma conscience morale, mon caractère : je n'ai obéi qu'à moi ; je n'aurais pas pu, parce que je n'aurais pas voulu, étant ce que je suis. Le contraire de la liberté, l'esclavage, c'est la faiblesse. Si je n'ai pas pu choisir un autre acte, par exemple dépenser mon argent en plaisirs, ce n'est pas parce que je manque de force, c'est au contraire parce que je suis trop fort.

---

101. *Théorie de la liberté chez Kant.* — Poitiers [78-163].

Préparation. — *Critique de la raison pure : Dialectique transcendantale,* Livre II, Chapitre II, théorie des antinomies.

Il est difficile à un élève de philosophie d'aborder les ouvrages de Kant sans initiation. Si cependant on veut entreprendre cette étude, à coup sûr intéressante, on lira le chapitre désigné ci-dessus. Comme il est fort long, on pourra se contenter d'en étudier les sections I, II, IV et IX, dans cette dernière, seulement le paragraphe III.

RÉSUMÉ DE LA DOCTRINE DE KANT

La doctrine kantienne de la liberté comprend trois points :

1° Théorie générale des antinomies.
2° L'antinomie particulière concernant la liberté.
3° Solution de cette antinomie.

I. Les antinomies de la raison pure. La raison pure est la faculté en vertu de laquelle l'esprit met des liaisons *a priori* (idées et principes) entre les données sensibles. Ces liaisons sont des *formes* imposées à la matière de l'intuition (V. sur ce point les développements au sujet 76).

La raison pure a deux modes d'exercice. 1° Elle peut opérer sur une matière d'origine expérimentale, sur des données des sens, qu'elle classe et coordonne ; dans la terminologie spéciale de Kant, cela se nomme l'usage *transcendantal ;* il est légitime, et constitue la science. 2° Elle peut opérer en se passant de cette matière, en essayant de s'élever au-dessus de l'expérience, d'atteindre des *choses en soi,* d'aller au delà des *phénomènes,* dans le monde des *noumènes ;* cet usage est dit : *transcendant,* et il constitue la métaphysique dogmatique. Il est illégitime.

Il est illégitime parce que, dans ce cas, la raison s'exerçant sur de pures formes, travaille à vide. L'inanité de cette action se manifeste par des erreurs fatales, des *paralogismes* ou par des contradictions non moins fatales, qui sont les *antinomies.*

Il y a quatre questions, relatives aux choses en soi, sur lesquelles la raison est ainsi amenée à se contredire nécessairement. Voici comment se manifestent ces contradictions : aux prises avec ces problèmes, la raison humaine a trouvé pour chacun d'eux une couple de solutions absolument opposées, et chaque solution se présente appuyée sur des arguments également légitimes, et où la logique ne peut relever la moindre faute : on établit le pour et le contre par des preuves également bonnes. Telles sont les quatre antinomies. La troisième, celle que Kant nomme la plus dramatique, concerne la liberté.

II. L'antinomie de la liberté. Existe-t-il des actes libres, ou tout est-il déterminé ? On peut répondre affirmativement à chaque question ; la première affirmation est la thèse, la seconde l'antithèse.

Thèse : Il y a une causalité libre.

Supposons qu'il n'y en ait pas, et que toute causalité soit déterminée. Dans ce cas tout fait a un antécédent nécessaire, auquel il succède inévitablement. Mais cet antécédent, qui est aussi un fait, a lui-même un antécédent également nécessaire ; celui-ci de même, et ainsi de suite, *en vertu du principe de causalité.* L'enchaînement des causes et des effets forme donc une série qui remonte à l'infini, *n'a pas de commencement*, par conséquent, *n'a pas de cause.* Il faut donc admettre une causalité *initiale* qui ne soit pas déterminée par une autre causalité antérieure, c'est-à-dire une *spontanéité* absolue ayant la vertu de commencer par elle-même une série de phénomènes, par conséquent une liberté transcendantale.

Antithèse : Il n'y a pas de liberté.

Supposons qu'il y en ait. Il y aura donc une espèce particulière de causalité qui commencera *absolument* une série d'états sans que rien l'y ait déterminée. Mais ce premier commencement est inexplicable ; il est un fait qui n'a aucun rapport avec l'état où était, avant son action, la prétendue cause libre qui l'a produit spontanément, un fait qui n'en dérive en aucune façon, et dont, par suite, on ne peut dire qu'elle soit la cause. Si l'on admettait l'existence d'une pareille *rupture* dans la série des phénomènes, aucune *unité* d'expérience ne serait possible, et rien ne serait plus intelligible.

III. *Solution.* C'est cette solution qui contient la conception kantienne de la liberté. En principe, il existe une solution générale des quatre antinomies, et la voici : les thèses et les antithèses sont contradictoires pour l'esprit seul qui oublie la vraie nature du phénomène. Le phénomène est une *représentation*, et il n'existe que *dans une conscience*, dans un sujet. Il ne faut donc jamais dire : les phénomènes *sont* ou ne *sont* pas ceci ou cela ; les phénomènes ne *sont* pas, ils m'apparaissent. En disant qu'ils sont ceci ou cela, je pose des phénomènes *en soi* (alors qu'ils ne sont qu'en moi et par rapport à moi). Or c'est précisément cela : phénomène en soi, qui est contradictoire ; par conséquent une telle supposition doit nécessairement entraîner des conséquences contradictoires. Prenons les phénomènes comme tels, comme représentations dans une conscience, et tout s'éclaircira.

Appliquons ce principe à l'antinomie de la liberté et du déterminisme, et nous en tirerons l'explication suivante : il se peut que les phénomènes, comme tels, soient déterminés, et que les choses (noumènes) soient libres. En d'autres termes, il se peut que le monde et moi-même, en tant que représentés dans ma connaissance, m'apparaissent comme déterminés sans l'être en eux-mêmes. Il se peut que déterminisme, mécanisme, c'est-à-dire causalité, soient des formes *que je leur impose* pour me les rendre intelligibles.

Qui dit causalité dit succession ; qui dit succession dit temps ; il n'y a de causalité que dans le temps. Or qu'est-ce que le temps ? C'est une forme de ma sensibilité. Cette forme, je l'impose à toutes les données des sens pour me les assimiler ; elle n'est autre que la loi même de ma conscience, l'ordre dans lequel je range mes propres états. Cette loi, subjective et nécessaire pour moi (nécessaire parce que subjective) n'a donc aucun empire hors de moi, bien plus, n'a hors de moi aucune signification : les choses en soi, les noumènes, ne sont pas dans le temps. A plus forte raison ces mêmes noumènes ne sont-ils pas soumis à la loi de causalité, ni, par suite, au déterminisme ; du moins il n'y a aucune raison d'affirmer qu'ils y soient soumis : je les connais nécessairement comme déterminés, en tant que phénomènes ; en eux-mêmes, je ne sais pas ce qu'ils sont, mais ils *peuvent* être libres.

Que suis-je moi-même ? Question susceptible de recevoir deux réponses, selon les sens qu'on lui donne en la posant. *Premier sens* : Que suis-je réellement, comme être en soi, comme noumène ? — *Deuxième sens* : Que suis-je *pour moi*, en tant que je me connais ? Il est évident que la seconde question seule comporte une réponse positive, qui est celle-ci : je m'apparais à moi-même, je me connais moi-même comme une série de phénomènes (faits de conscience) reliés entre eux par une *loi*, loi que j'exprime par le mot : *moi* ; cette expression ne signifie rien autre chose, si ce n'est l'unité que j'introduis dans cette multiplicité de faits en les apercevant tous ensemble, d'un seul acte de conscience ; c'est l'unité de mon aperception. Je ne puis les apercevoir, eux qui sont *plusieurs, successifs*, qu'en les reliant les uns aux autres, justement par la causalité. Je suis une série de phénomènes unis par la causalité, c'est-à-dire déterminés. Voilà ce que je connais de moi, voilà ce que j'appelle mon *caractère* ; et puisque la connaissance de ce moi, de ce caractère m'est donnée par l'expérience que j'en prends, je l'appelle mon caractère *empirique*. Dans l'antinomie de la liberté et du déterminisme, l'antithèse, formule déterministe : il n'y a pas de causalité libre, est donc vraie *empiriquement*, parce que, dans l'expérience, la série des phénomènes n'est pensable que comme rigoureusement déterminée. Elle est la formule de mon caractère empirique.

Mais comme noumène, je suis autre chose. Je ne puis pas, c'est évident, avoir l'expérience de ce que je suis comme tel, mais je conçois que je suis autre chose. Je conçois que j'ai un autre caractère ; je l'appelle mon caractère intelligible. Et celui-là peut être libre, je dirai plus, doit l'être.

Pourquoi faut-il qu'il le soit ? Parce que ma conscience morale, c'est-à-dire ma raison appliquée à la direction de mon activité, ma *raison pratique*, me révèle comme fait primordial, universel, l'existence en moi d'un commandement, d'un *impératif* ; cet impératif, avec une autorité absolue, me dit : « Tu dois faire telles choses, éviter telles autres. » Comment un tel ordre s'expliquerait-il si je ne pouvais effectivement exécuter ce qu'il me prescrit ? Si ma nature intime ne possédait pas l'efficace d'une causalité libre, comment cette même nature m'imposerait-elle une obligation que je serais hors d'état d'accomplir ? « Tu dois, donc tu peux. » Voilà la conséquence inéluctable de l'existence en moi d'une conscience morale. Voilà la révélation que je dois à ma raison pratique d'une vérité que ma raison théorique était impuissante à me démontrer.

Celle-ci me disait simplement : il *peut* y avoir dans le noumène une causalité libre, qui serait le propre de mon caractère intelligible. La raison pratique transforme pour moi cette possibilité en nécessité. Elle ne me prouve pas ma liberté : elle m'amène à y croire.

En résumé : mon caractère intelligible, nouménal, n'est pas dans le temps, est supérieur au temps, il est le fond de mon être, et jouit de la propriété de *causalité absolue*, non déterminée, libre ; c'est lui qui par un acte *hors du temps*, détermine la série des *effets* phénoménaux qui, eux, se déroulent dans le temps, et forment mon caractère empirique.

---

102. *Jusqu'à quel point notre caractère moral dépend-il de notre tempérament physiologique ?* — Nancy [48-106].

Cette question est une partie de cette autre, plus générale : Influence du physique sur le moral. Elle est traitée dans tous les cours. Bien remarquer les mots : jusqu'à quel point ? Ils indiquent la réponse juste : 1° Notre caractère moral dépend *en partie* de notre tempérament. Faits nombreux à l'appui. 2° Il n'en dépend pas *exclusivement*. Rôle de la volonté, très important. Sur ce dernier point, V. sujet 161.

SECTION II

DISCUSSIONS

COMMENT ON DOIT CONDUIRE UNE DISCUSSION

La discussion est le plus difficile des exercices que l'on puisse proposer à un élève de philosophie ; c'en est aussi le plus profitable ; il y faut des qualités d'esprit distinguées ; l'élève qui, à l'expiration de l'année, est arrivé à bien mener une discussion de doctrine, peut être certain d'avoir tiré un bon parti de son passage dans la classe de philosophie et d'y avoir mûri son esprit.

Presque toutes les dissertations philosophiques contiennent, en un quelconque de leurs points, une discussion ; il en est un certain nombre qui ne comportent pas autre chose, et dont tout l'objet consiste à instituer un débat sur une question controversée. Ce sont des sujets de ce genre, relatifs à la psychologie, qu'on a groupés dans cette section. Les élèves ont donc le plus grand intérêt à étudier attentivement ces sujets, et à se bien pénétrer des préceptes qui vont leur être donnés à cette occasion. Qu'ils se persuadent bien que cela ne s'acquiert pas du premier coup, et qu'il ne suffit pas d'avoir compris les conseils pour les appliquer : loin de là ! Tout en croyant savoir ce qu'il faut faire, on ne le fait pas, ou on le fait mal. On ne saurait trop les engager à relire attentivement cette théorie de la discussion, chaque fois qu'ils auront à traiter un sujet de ce genre.

Trois conditions doivent être réalisées pour qu'une discussion ait une valeur logique :

1° Bien comprendre la thèse attaquée et l'exposer dans toute sa force.

2° Y discerner ce qu'elle peut contenir de vrai et le mettre en lumière.

3° Présenter les objections avec méthode.

A. **Exposé de la thèse à combattre.**

Il est avant tout indispensable de la bien connaître. Pour cela, il faut recourir aux sources. La plupart des doctrines qui font l'objet des débats entre penseurs de diverses écoles sont exposées en classe par les professeurs, et dans les manuels de philosophie. Il sera toujours très utile de ne pas se contenter de ces résumés, et de consulter directement le texte original. Ce n'est que par la communication immédiate avec un auteur que l'on comprend bien sa pensée : l'intermédiaire le mieux documenté et le plus scrupuleux est toujours infidèle, parce qu'il est un intermédiaire. Quand vous aurez bien suivi l'exposé fait par votre professeur de l'empirisme de Stuart Mill, ce n'est pas Stuart Mill que vous aurez entendu, mais votre maître ; et ce que vous aurez recueilli, c'est l'impression que lui fait Stuart Mill ; or, vous le sentez bien, ce n'est pas du tout la même chose que la *pensée* de Stuart Mill. Donc, avant tout, *lire les textes.*

On aborde alors la discussion proprement dite, et, pour débuter, il faut exposer la thèse à discuter. C'est ici que se manifeste la grande faiblesse de la plupart des travaux d'élèves : l'opinion à débattre y est insuffisamment présentée ; un lecteur non initié ou ne la comprendrait pas, ou la considérerait comme insignifiante et ne supportant pas l'examen. Il faut développer la pensée de l'adversaire aussi largement que possible, dans tous ses détails, avec toutes ses nuances ; il faut surtout lui donner toute sa force, c'est-à-dire l'appuyer de toutes les preuves que l'auteur lui-même ou ses partisans ont pu inventer. En un mot, il faut entrer dans cette pensée, la faire sienne par un effort d'intelligence, se substituer en quelque sorte au défenseur de la thèse, et, provisoirement, l'exposer *comme si on l'adoptait.* Il y a là, à la fois, une question d'intelligence et une question de loyauté. Il est d'un esprit borné de ne pouvoir comprendre les opinions des autres ; ce défaut, qui commence par l'inintelligence, finit par l'intolérance. Et d'autre part on manque de sincérité en réfutant une doctrine dont on n'a présenté que le squelette inerte et impuissant : à vaincre sans péril on triomphe sans gloire.

B. La part de vérité.

Il n'y a pas de doctrine philosophique sérieuse qui soit entièrement fausse. D'abord, si elle l'était, elle n'aurait pas résisté à la critique et bravé l'injure du temps. Et puis toute doctrine importante est d'ordinaire l'opinion d'un homme de génie. Et je sais bien que le génie, pour transcendant qu'il soit, ne confère à personne le privilège de l'infaillibilité ; mais il faut cependant accorder qu'un homme de génie, précisément parce qu'il possède une raison éminente, se trompe moins souvent qu'un autre. Surtout, quand il se trompe, il ne va pas jusqu'au bout de l'erreur, jusqu'à l'erreur totale. C'est précisément ce dont on a l'intuition très nette quand on lit, dans leurs textes, les œuvres des grands philosophes. Telle opinion de Platon ou de Descartes, exposée par un tiers qui ne la partage pas et s'efforce à vous en montrer les points faibles, vous semblait insoutenable, peut-être absurde. Lisez l'œuvre même de l'auteur, et vous serez surpris d'y trouver une thèse plausible, étayée sur des arguments sérieux, éclairée de développements qui vous forceront à réfléchir, et vous amèneront à dire : « Il doit y avoir du vrai ici. »

On s'efforcera donc de dégager de toute doctrine ce qu'elle enferme d'acceptable ; on en fera l'objet d'un développement spécial où on exposera cette part de vérité, et l'on en déduira les conséquences et les applications auxquelles elle peut donner lieu.

C. Les objections.

C'est alors que l'on abordera les objections. On devra avant tout les présenter en bon ordre, et les bien distinguer. Voici, notamment, un défaut à éviter : formuler, l'une avec l'autre, deux objections ; développer la première, y mêler peu à peu la seconde, quelquefois revenir à la première, etc. C'est du désordre, de la confusion. Il faut classer les arguments, les traiter à part, et, quand une question est épuisée, n'y pas revenir.

Dans le nombre des raisons que l'on peut opposer à une thèse, il en est de plus fortes, de plus décisives ; on commencera par elles, et l'on réservera pour la fin des arguments de seconde ligne qui peuvent achever d'abattre ce que la première attaque avait laissé debout.

Mais cela ne suffit pas. Quand on présente à quelqu'un une idée qui contredit les siennes, il a d'ordinaire quelque chose à répondre. Il peut prendre deux attitudes : ou attaquer de front cette idée que vous lui opposez, et s'efforcer de la démontrer fausse ; ou, ce qui est plus habile, modifier sa propre pensée de façon qu'elle puisse se concilier avec l'objection. Celui qui discute la doctrine d'un philosophe a en face de lui un adversaire imaginaire qui, s'il était réel, ne manquerait pas de suivre l'une ou l'autre de ces deux méthodes. C'est à vous de les lui prêter fictivement. Mettez-vous à sa place, voyez ce qu'il pourrait vous répondre, et répliquez à votre tour.

Il n'est rien qui donne plus de souplesse à l'esprit que ces attitudes *successives*. Et puis, l'on apprend ainsi à critiquer ses propres idées, et c'est une qualité éminente : l'homme intelligent est celui qui sait se faire à lui-même des objections.

Tels sont les préceptes les plus généraux auxquels on doit se conformer pour bien discuter une question. On en trouvera, dans chacun des sujets qui vont suivre, des applications concrètes.

CHAPITRE I

LES PHÉNOMÈNES PSYCHOLOGIQUES

103. *La psychologie possède-t-elle les caractères essentiels à une science ? A-t-elle, en outre, quelque avantage particulier ?* — Clermont (66-28).

104. *Les faits psychologiques peuvent-ils être étudiés scientifiquement comme les faits physiques ?* — Besançon [27-828]. — Montpellier [350-450].

Dans ces deux sujets la discussion porte sur ce point précis : La psychologie est-elle une science ?

Pour qu'il y ait science, il faut : 1° un objet ; 2° une méthode ; 3° des lois. Il s'agira d'établir que la psychologie possède ces trois choses.

A. **Préparation.** — On a contesté que la psychologie eût un objet distinct, en soutenant que les phénomènes psychologiques se ramènent à des faits physiologiques. Les arguments en faveur de cette thèse sont dispersés dans une foule de traités et d'articles ayant pour auteurs des savants. On les a résumés dans le sujet suivant (V. sujet 105) spécialement consacré à cette question.

On a aussi contesté la possibilité de sa méthode, au moins de la méthode subjective. Sur ce point les objections ont été formulées par Aug. Comte (Voir : *Cours de philosophie positive*, 1re Leçon). Elles se résument en ces trois thèses :

1° Le même être ne peut être à la fois observateur et observé, sujet et objet ;

2° Observer un fait de conscience, c'est le modifier ;

3° Le psychologue n'étudie que lui-même, c'est-à-dire un individu, un cas particulier ; or il n'y a pas de science du particulier.

Telles sont les thèses connues à combattre.

B. **Composition.**

1° Discussion de la thèse physiologique. La psychologie a réellement un objet.

2° Discussion des objections positivistes. La psychologie a une méthode

3° La psychologie formule des lois. Exemples.

Conclusion : Elle a tous les caractères d'une science.

C. **Développement.** — Restreindre le premier point, ne dire que l'essentiel, pour et contre, car, à lui seul, il fournirait matière à une dissertation. Citer le plus d'exemples possible de lois psychologiques dans le troisième point.

---

105. *Est-il permis de ne voir dans la psychologie qu'une branche de la physiologie ?* — Aix [413-577]. — Poitiers [216-828].

A. **Préparation.** — On peut ramener à trois les arguments sur lesquels on s'appuie pour soutenir l'identité des phénomènes psychologiques et des phénomènes physiologiques :

1° Les découvertes récentes de la physiologie concernant les localisations cérébrales. Il est dès aujourd'hui permis d'affirmer que telle faculté a son siège dans telle circonvolution, dans tel centre. On pourra dans l'avenir étendre cette affirmation à toutes les facultés.

2° Les rapports constatés entre l'état du cerveau et le développement de la conscience chez l'homme. *a)* Les hommes de génie ont d'ordinaire le cerveau plus volumineux ; les races supérieures aussi, et avec plus de circonvolutions. *b)* Les lésions cérébrales, traumatiques ou organiques, provoquent la déchéance de telles ou telles facultés. *c)* Des expériences prouvent que lorsque la pensée est active, le cerveau travaille, et s'use (déchets phosphatés excrétés).

3° Dans la série animale, il y a un parallélisme constant entre le développement du système nerveux et celui de la conscience. Le système nerveux progresse : *a*) en différenciation ; *b*) en concentration. Chaque progrès marqué en ces deux sens est accompagné d'un progrès dans le développement et l'activité des fonctions psychiques.

La conclusion est qu'il n'y a pas deux espèces de phénomènes, mais une seule. Ce qu'on appelle phénomène psychologique n'est que la *face interne* du phénomène physiologique.

En ce qui concerne la critique de ces arguments et les raisons qu'on peut alléguer en faveur de la thèse adverse, on ne peut trouver un meilleur guide que l'excellente petite brochure de M. Hannequin : *Introduction à l'étude de la psychologie.*

La part de vérité, importante, qu'il faut reconnaître dans la thèse des physiologistes est celle-ci : les phénomènes physiologiques sont les *conditions* nécessaires des phénomènes psychologiques. Conséquence : l'étude de la physiologie est indispensable au psychologue.

B et C. — Pour le plan et le développement, aucune difficulté. On recommande particulièrement, dans l'exposé de la doctrine, d'insister sur le troisième argument, le plus important ; dans la critique, de développer surtout l'idée suivante, qui est au fond le seul argument sérieux : l'état de conscience, comme tel, sensation, image, effort, etc., est irréductible au mouvement, n'a rien de commun avec lui.

---

106. *Le cerveau et la pensée.* — Nancy [102-48].

Ce sujet se rapproche de très près du précédent. Il restreint un peu la question : au lieu de traiter des relations entre le *système nerveux* en général et la *conscience* en général, il pose la question limitée des rapports entre l'organe nommé cerveau et l'intelligence.

Cette question est devenue capitale depuis la célèbre assertion de Cabanis : « Le cerveau sécrète la pensée comme le foie sécrète la bile. » Il serait habile de commencer la dissertation par cette citation.

Les détails donnés dans le sujet précédent fourniront de quoi faire la discussion. Mais on trouvera d'amples renseignements dans un ouvrage, presque classique, consacré à l'étude de ce point important : *Le Cerveau et la Pensée*, de Paul Janet. Ce livre est dans toutes les bibliothèques et un élève de philosophie ne peut l'ignorer.

---

107. *Avec quelles précautions et dans quelle mesure le psychologue a-t-il le droit de tirer des observations qu'il a faites sur lui-même des lois générales ? Appuyez votre discussion plus particulièrement sur le cas de Montaigne et sur celui de Descartes.* — Nancy [209-221].

C'est la troisième objection faite par Comte quand il soutient que la méthode subjective n'est pas légitime (V. sujet 104).

En développant l'objection, se servir des deux exemples imposés :

Montaigne et Descartes, deux hommes qui se sont constamment et profondément étudiés eux-mêmes. Or, d'une part, ce sont deux hommes d'une intelligence et d'une culture bien au-dessus de la moyenne ; d'autre part, ce sont deux *esprits* et deux *caractères* très originaux. Leurs études psychologiques risquent donc de n'être que des monographies, *des tableaux* de deux âmes particulières, non des travaux présentant la généralité de l'observation scientifique.

Dans la discussion, on conseille de commencer par montrer la part d'erreur, d'exagération qu'il y a dans l'objection. Cela se fera en développant cette idée que, dans tout homme individuel, il y a l'*homme* universel ; ni Montaigne, ni Descartes, ni aucun autre ne sont en tous points des exceptions ; on trouve en tout individu les grands traits de la nature humaine. La méthode des sciences expérimentales fournit d'ailleurs des procédés pour séparer le général du particulier.

Cependant il y a, à coup sûr, dans l'objection une part de vérité. La dégager en prenant pour exemples les traits absolument personnels que présentent les *Essais*, ou la première partie du *Discours de la Méthode*.

Les conséquences qui s'imposent sont celles-ci :

1° Le psychologue a le droit, en principe, de tirer de ses observations subjectives des lois générales;

2° Mais il a le devoir de contrôler toutes les observations qu'il aura faites sur lui-même par la comparaison avec celles qu'il fera sur d'autres (Méthode objective).

---

108. *Quelle confiance peut-on accorder à la psychologie des peuples primitifs ?* — Besançon [124-251].

Quelques idées concernant cette question : utilité de l'étude des peuples primitifs ; facultés à l'état naissant ; observations précieuses pour la solution des problèmes d'origines, tels que origine du langage, des idées rationnelles, de la religion, du sentiment esthétique, de la conscience morale, des instincts sociaux ; distinction entre l'homme et l'animal. Difficultés : le sauvage est difficilement observable ; il ne comprend pas ; on ne le comprend pas ; il est très dissimulé et menteur ; il est farouche et ne se livre pas. Enfin les voyageurs n'ont pas toujours la compétence nécessaire pour faire de bonnes observations psychologiques. Conclusion : confiance très limitée.

---

109. *La conscience n'est-elle qu'un épiphénomène de la vie physique ?* — Bordeaux [4-128].

Question fort débattue de nos jours. Les partisans de la doctrine qui identifie les phénomènes psychologiques avec les phénomènes physiologiques complètent d'ordinaire leur thèse par l'assertion suivante : la conscience même n'est pas proprement un phénomène, lequel, comme tel, pourrait encore servir d'objet à une science spéciale. Quand un processus nerveux a lieu en moi, l'ensemble des faits physiques, chimiques, biologiques dont il se compose forme *tout* le phénomène ; il se peut qu'il soit conscient ou qu'il ne le soit pas ; cela n'y change rien. Si je dis qu'il est conscient, c'est-à-dire que je l'aperçois, je n'y ajoute absolument rien. C'est une sorte d'éclairage intérieur, de reflet qui le rend visible, sans le modifier. Telle la lueur projetée par une locomotive qui n'ajoute rien à sa force ni à son mouvement. Ainsi la conscience n'est rien ; elle n'est pas un phénomène mais un surplus insignifiant, un épiphénomène.

Un des philosophes qui ont combattu cette thèse avec le plus de force est M. Fouillée. On lira avec profit sa discussion dans : *L'Évolutionnisme des Idées-forces*, Livre III, chap. I. L'idée soutenue et développée par M. Fouillée est la suivante : l'état de conscience type, celui qui est au fond de tous les autres, c'est l'effort. Un sentiment, une sensation, une image, une idée ne sont que des modes de l'effort psychique. Donc la conscience est une énergie, une cause productrice de mouvements ; donc elle n'est pas un pur reflet, un épiphénomène.

---

110. *Faut-il admettre l'existence de phénomènes psychologiques inconscients ?* — Bordeaux [92-94] ; [168-304].

111. *Faut-il définir le fait psychologique par la conscience.* — Bordeaux [114-154].

Cette discussion se trouvant dans tous les cours, les élèves sont certainement en état de la faire d'eux-mêmes. On se bornera à leur indiquer ici quelques sources de renseignements.

Avant tout, le premier texte à consulter est celui du fondateur même de la théorie de l'inconscient, Leibnitz. Ce texte capital se trouve dans l'Avant-propos des *Nouveaux Essais ;* comme l'ouvrage est classique et figure au programme des auteurs pour le baccalauréat, tout élève aura la possibilité de s'y reporter et ne devra pas manquer de le faire. Le passage à lire est dans la première moitié de l'Avant-propos ; il commence par cette phrase :

« D'ailleurs il y a mille marques qui font juger qu'il y a à tout moment une infinité de perceptions en nous.... » ;

Il se termine à l'alinéa débutant par : « J'ai aussi remarqué....» (Trois pages en tout). *Nota.* Leibnitz désigne par le mot *perceptions* tous les états de conscience quelconques ; de plus il ne se sert pas des termes conscient, inconscient, non usités dans la langue du XVIIe siècle ; il dit : perceptions insensibles ou non aperçues, perceptions aperçues.

En second lieu, on trouvera d'amples renseignements dans le grand ouvrage de Hartmann : *Philosophie de l'Inconscient.* Lire seulement la première partie, où l'auteur a présenté tous les faits qu'on peut invoquer en faveur de la thèse.

Enfin on pourra trouver en soi-même un bon nombre de ces faits ; il suffira de les chercher avec méthode. Suivre pour cela l'ordre indiqué par la division classique des cours de psychologie, et passer en revue, dans le dessein d'y relever les exemples d'inconscient, les phénomènes suivants : perceptions (surtout acquises), souvenirs, associations, créations de l'imagination (l'inspiration), jugements et raisonnements, inclinations, sympathies et antipathies, instincts, habitudes, impulsions, motifs et résolutions.

Pour la critique de la doctrine de l'Inconscient et le développement de la thèse adverse, consulter le *Cours de psychologie* de M. Rabier où la question est traitée avec une ampleur et une clarté remarquables.

CHAPITRE II

SENSIBILITÉ

112. *Quelles sont les raisons qui nous autorisent à distinguer l'intelligence de la sensibilité ?* — Rennes [116-312].

Les deux facultés ont été confondues par les cartésiens (V. sujet 24, dernier point du plan).

Il faut d'abord se rendre compte des raisons qui ont pu amener Descartes à faire cette identification. Voici son argumentation : Quand j'ai une douleur ou un plaisir, ces états n'existent pour moi qu'autant que je les *pense*. Avoir une douleur sans penser, sans savoir que l'on souffre, c'est positivement ne pas souffrir. D'autre part, l'âme se définit : une substance pensante. Toute son essence s'exprime par le mot : penser. Elle n'a que cette seule propriété, et tous les états qu'elle peut présenter, toutes les modifications qu'elle peut subir, sont des *pensées*. Seulement, elle est unie à un corps. Dans ce corps ont lieu des faits, qui sont des mouvements, ce qu'on appelle de nos jours des phénomènes physiologiques. Lorsque l'âme est instruite de ces mouvements corporels, de ces états de son corps, lorsqu'elle les pense, cela s'appelle sensation, passion, émotion, etc. Ainsi, ce qu'il y a de proprement sensible dans ces états, c'est la part du corps (en langage contemporain : l'élément physiologique). La partie psychique (l'élément conscient ou subjectif), c'est la *pensée* provoquée par l'état corporel.

Plus simplement : un état affectif est une pensée de l'âme relative à un changement du corps. On remarquera, dans cette théorie, la place importante faite par Descartes à l'élément physiologique de l'état affectif, vue dont la justesse est aujourd'hui confirmée par les résultats de la psychologie expérimentale. C'est la part de vérité de la théorie.

Ayant ainsi compris la pensée de Descartes, on devra l'exposer, l'apprécier, et, dans la suite de la dissertation, marquer nettement les différences entre les faits sensibles et les faits intellectuels. Les faits sensibles sont exclusivement subjectifs, qualitatifs, intensifs, relatifs ; les faits intellectuels comportent un élément objectif, quantitatif, extensif et absolu.

---

113. *Jusqu'à quel point gardons-nous le souvenir de nos sensations et de nos sentiments ?* — Nancy [11-156].

Question délicate, qu'il faut bien comprendre. J'ai reçu un coup qui m'a blessé ; longtemps après, je puis très bien m'en souvenir. J'ai éprouvé un vif plaisir à fréquenter des amis qui m'étaient chers : j'en garde aussi le souvenir toujours présent. Telles sont les apparences. Toutefois en analysant le double phénomène de mémoire qui vient d'être cité, un doute me vient. Je me rappelle en effet le choc qui m'a blessé ; mais qu'est-ce qui réapparaît en ce moment dans ma conscience? Quand j'y regarde de près, je vois que ce sont tous les états *représentatifs* qui ont eu lieu en moi à ce moment : l'endroit, l'objet, mon attitude, le sang qui a coulé, etc. Et la douleur comme telle ? J'ai beau m'examiner attentivement, je crois constater que rien n'en subsiste. Mêmes observations pour le second exemple. Il semble donc que lorsque nous croyons avoir le souvenir d'une sensation ou d'un sentiment, nous n'ayons que les souvenirs des images, idées, jugements, etc., qui ont été liés à ces deux états, sans que ces états eux-mêmes aient été conservés, avec leur tonalité affective.

Voilà le point précis sur lequel il faut discuter.

Cette discussion ne peut s'établir que sur des faits constatés par observation personnelle. On se bornera à indiquer ici un moyen de prouver qu'il subsiste en nous quelque chose des états affectifs *comme tels*. C'est que les effets physiologiques de ces états, effets qui se produisent régulièrement lorsqu'ils ont lieu, accompagnent aussi le souvenir : si je me rappelle avoir savouré un bon fruit, ce simple souvenir, comme le fait réel, provoque dans ma bouche la sécrétion salivaire (Multiplier les observations de ce genre).

Conclusion : L'état affectif est difficilement reviviscent et laisse un souvenir peu intense et très vague ; mais il en laisse certainement un.

---

114. *Les tendances dérivent-elles de l'expérience du plaisir et de la douleur ?* — Bordeaux [111-164]. — Lille [267-283].

V. sujet 19.

---

115. *La nature de l'homme lui permet-elle de s'affranchir véritablement de l'égoïsme et de s'élever à un désintéressement réel ?* — Bordeaux [90-268]. — Caen [44-137]. — Grenoble [68-164]. — Nancy [760-776].

A. **Préparation.** — Ce sujet très important et à la fois très rebattu, c'est la discussion de la célèbre thèse de la Rochefoucauld : L'égoïsme (qu'il appelle l'amour-propre) est l'unique mobile de toutes nos actions.

La première chose à faire est de lire en entier les *Maximes*, ce qui d'ailleurs n'est pas long. On se rendra compte ,ainsi du procédé employé par le moraliste pour justifier son assertion. Ce procédé consiste à passer en revue tous les sentiments, tous les actes humains qui peuvent être réputés désintéressés, à énumérer toutes les vertus, et à montrer que dans chacun de ces sentiments, dans chacun de ces actes, dans chacune de ces prétendues vertus, il y a un fond d'égoïsme, d'intérêt. Ne pas être dupe de l'apparente restriction dont la Rochefoucauld accompagne fréquemment l'expression de sa pensée en disant : presque toujours... le plus souvent... etc.; ce n'est qu'une litote, une simple formule de politesse à l'égard du lecteur.

Connaissant la doctrine, il s'agit maintenant de trouver les arguments qu'on y pourra opposer.

Il y en a de deux sortes : des faits, des raisonnements.

Les faits à invoquer contre la doctrine de la Rochefoucauld sont tous les cas de dévouement, de sacrifice d'où l'intérêt personnel soit évidemment exclu. On remarquera que de tels cas sont fort difficiles à trouver, car dans presque tous les actes en apparence les plus désintéressés un contradicteur de parti pris pourra, en subtilisant, trouver un mobile caché d'égoïsme. Il sera bon, pour éviter cette difficulté, d'écarter systématiquement les traits de dévouement ou d'héroïsme historiques, parce que ces actes, lorsqu'ils ont été accomplis, l'ont été d'ordinaire au grand jour, devant un nombreux public, et laissent ainsi place à une interprétation qui sera toute en faveur de la thèse combattue. Il vaut mieux choisir les dévouements obscurs, les vertus des humbles (celles que recherche et récompense l'Académie française), en un mot les actes dont on ne puisse dire qu'ils aient été accomplis « pour la galerie ».

Les arguments *a priori* consistent dans les divers développements qu'on peut donner de cette idée : si l'égoïsme était universel et exclusif, il n'y aurait pas de société possible, du moins de société durable. On ne conçoit pas la permanence d'une association dont tous les membres, sans exception, n'auraient pas d'autre objectif que d'exploiter leurs co associés.

B. **Développement.** — Dans l'exposé de la thèse, laisser le plus possible la parole à l'auteur lui-même, non pas en faisant de longues citations, ce qui est toujours mauvais, mais en enchâssant dans un exposé personnel ses expressions les plus caractéristiques, entre guillemets. On fera voir ainsi, indirectement, qu'on a compris la force, la précision de sa langue, qu'on apprécie la perfection de forme que ce grand écrivain a su donner à sa pensée.

En citant les faits qu'on croit pouvoir lui opposer, être sobre, éviter l'anecdote et le romanesque.

---

116. *Que faut-il penser de ces deux bases psychologiques du pessimisme : 1° Le besoin et le désir, états permanents de l'homme, sont des souffrances ; 2° le plaisir n'est que la cessation de la douleur ?* — Rennes [112-312].

Discussion du pessimisme portant sur deux points nettement spécifiés. On les examinera séparément. Sur le premier point, on peut contester : *a*) que le besoin et le désir soient des états permanents et universels ; *b*) que le désir soit *toujours* une souffrance.

Le second point, c'est la doctrine classique d'Épicure. On l'exposera et on en montrera l'exagération (Question connue, traitée dans tous les cours).

---

117. *La douleur est-elle stimulante ou déprimante ?* — Nancy [119-284].

Des faits nombreux et familiers sembleraient établir qu'elle est l'un et l'autre. Comment une même cause peut-elle produire des effets opposés ?

La question est obscure ; il y a là, en réalité, plusieurs lois implexes dont les conséquences se composent entre elles. Il faut chercher à les dégager.

D'abord, dans le fait de souffrir, il y a deux choses. Il y a en premier lieu un *changement*, un passage d'un état à un autre, abstraction faite de la *qualité* de ce changement qui est d'être pénible. A ce titre, en tant que changement, la douleur sera soumise aux mêmes lois que le plaisir.

En second lieu il y a que le changement est pénible, et nous savons qu'il l'est parce qu'il contrarie, de façon ou d'autre, l'activité.

Voyons d'abord les conséquences du premier élément.

Tout changement d'état dans la conscience, et particulièrement tout changement affectif *stimule* l'activité s'il est momentané, *la paralyse* s'il se prolonge. Ici le plaisir et la douleur produisent sensiblement les mêmes effets. Les études de psycho-physique ont fait connaître ce que l'on nomme le pouvoir dynamogène des sensations. Toute sensation brusque et forte provoquée chez un sujet augmente notablement, pendant un court instant, sa force physique, et cet accroissement se révèle et se mesure au moyen du dynamomètre.

Première conclusion : En tant que simple changement, une douleur passagère est stimulante ; durable, elle est déprimante.

Considérons maintenant la douleur comme telle, c'est-à-dire comme état pénible opposé à notre nature, contrariant toutes les pentes de notre activité. Il est évident que son premier effet sera de nous solliciter vivement à la fuir, à la faire cesser par tous moyens. Cette loi, combinée avec la précédente, accroîtra d'autant l'effet stimulant de la douleur. C'est par là que la douleur devient le principal facteur du travail, de l'invention, de l'industrie, du progrès social.

D'autre part supposons que la douleur soit violente ; de ce chef, elle tend à occuper le champ entier de la conscience, à réaliser cet état que M. Ribot appelle si justement le monoïdéisme. Si elle se prolonge, même résultat ; dans les deux cas elle interrompt dans la conscience la série des changements pour y substituer un état *monotone* et *permanent ;* c'est dire qu'elle tend à l'inconscient, qu'elle paralyse l'activité.

Deuxième conclusion définitive : La douleur, modérée et passagère, est stimulante ; vive ou durable, elle est déprimante.

---

118. *Quels sont les faits ou vérités psychologiques dont une interprétation arbitraire ou fausse a pu donner lieu à ce paradoxe : La pitié est une forme de l'égoïsme ?* — Montpellier [165-290].

Tout élève sera à même de discuter cette question, après avoir lu la maxime suivante de la Rochefoucauld : « La pitié est souvent un sentiment de nos propres maux dans les maux d'autrui. C'est une habile prévoyance des malheurs où nous pouvons tomber. Nous donnons du secours aux autres pour les engager à nous en donner en de semblables occasions ; et ces services que nous leur rendons sont à proprement parler des biens que nous nous faisons à nous-mêmes par avance. »

---

119. *Sommes-nous responsables de nos passions ?* — Nancy [117-284]

Question controversée. Un grand nombre d'esprits penchent pour la négative (acquittements fréquents dans les cas de crimes passionnels). Quelques-uns affirment que la responsabilité persiste jusque dans la passion ; qu'en tout cas elle existait au début.

On voit facilement les arguments sur lesquels peut se fonder la thèse de la non-responsabilité. Ils se tirent de la nature fatale de la passion. 1° La passion naît malgré nous. 2° Elle contient un élément physiologique (l'influence du tempérament) qui est fatal. 3° Elle renferme souvent aussi des éléments héréditaires. 4° A son paroxysme, elle est presque inconsciente; c'est une force aveugle.

La thèse adverse présente à son tour ses raisons : 1° La volonté peut toujours dominer la passion; nombreux exemples. L'homme qui cède en disant je n'ai pas pu lutter, j'ai été vaincu, allègue un prétexte trop commode ; en réalité a-t-il seulement essayé de lutter? 3° Toute passion, au début, peut être réprimée. Si, à la rigueur, vous n'êtes pas responsable d'un acte accompli sous l'impulsion d'une passion dominante, vous l'êtes pour avoir laissé la passion prendre sur vous cet empire.

CHAPITRE III

INTELLIGENCE
SENSATIONS. PERCEPTIONS

120. *De la sensation et de la perception. Est-il vrai que la sensation toute simple enferme le sujet en lui-même, et comment trouver un « pont » pour rejoindre le monde extérieur ?* — Dijon **[127-144]**.

Cette discussion difficile est du domaine à la fois de la psychologie et de la métaphysique. On se bornera ici à indiquer nettement au lecteur quelles sont les thèses en présence, afin de lui faire bien comprendre la question.

1re *Thèse* : l'Idéalisme. La sensation est une pure modification du moi, un état exclusivement subjectif. Quand je me brûle, tout le phénomène, en tant qu'il est connu de moi, consiste en une douleur d'une certaine qualité de moi connue que j'appelle brûlure. Quand je vois du bleu, tout mon état consiste en ce que je suis impressionné de cette façon spéciale que j'appelle couleur bleue. En d'autres termes, toute sensation se traduit par une proposition où il y a naturellement un sujet, un verbe, un complément. Le sujet, c'est toujours : *je*. Le complément, c'est la sensation elle-même, qui est mon état, qui est moi : je sens une brûlure, je vois du bleu, c'est-à-dire je me sens brûlé, je me sens modifié de la façon qu'on appelle vision de bleu. Donc, je ne sors pas de moi-même ; la sensation toute pure m'enferme en moi.

Cependant je n'en reste pas là. D'ordinaire, je ne dis pas seulement : « Je vois du bleu », ou « Je vois bleu », mais « Je vois *quelque chose* de bleu, un objet *qui est* bleu. » Je dis aussi : « J'ai été brûlé par un objet chaud », etc. Quand je m'exprime ainsi, je traduis, non plus une sensation, mais une perception. Et l'on voit que la différence, très notable, entre les deux expressions, vient de ce que, dans la seconde, j'ai ajouté un élément qui n'était pas dans la première : l'objet, la chose *extérieure*, chose dont j'affirme l'existence *indépendante* de la mienne, en sous-entendant que cette chose doit exister hors de moi, et qu'elle existerait quand même je ne l'aurais pas sentie. Et je considère que cette chose fait partie d'un ensemble existant réellement que j'appelle le monde extérieur, le non-moi.

De quel droit suis-je passé de mes états internes, *les seuls que je puisse saisir*, à des objets externes ; du moi au non-moi ? Où est le pont qui unit ces deux choses : ma conscience et le monde ? Évidemment il n'y en a pas. Mon affirmation est gratuite ; je n'avais pas le droit de la formuler ; j'ai jugé au delà de ce que je savais de source sûre, et j'ai commis une erreur.

2e *Thèse* : le Réalisme. Il y a un pont. Seulement, ce pont n'établit la communication entre le monde extérieur et moi qu'à l'occasion d'une seule espèce de sensations: celles de *résistance*, impliquant corrélativement de ma part un *effort*. Si j'étais un être pourvu seulement des sens suivants : goût, odorat, ouïe, vue, toucher, ce dernier réduit aux impressions de contact et de température, assurément je n'aurais pas la notion d'objets, d'existences distinctes de la mienne, d'un monde extérieur. Mais il n'en va pas de même pour la sensation de résistance : ce qui me résiste n'est pas moi ; cela est de toute évidence.

Voir, pour supplément d'information, sujet 88, thèse de Maine de Biran.

Les idéalistes ne peuvent attaquer la doctrine réaliste que sur un point : il faut essayer de prouver que la sensation de résistance est de la même nature que toutes les autres, ne diffère d'elles en rien, qu'elle est, elle aussi, une pure manière d'être subjective.

L'élève réfléchira à ce problème, agité d'ailleurs avec plus d'ampleur en métaphysique, et choisira librement la solution qui lui semblera plausible.

---

121. *On a dit souvent que ce qui distingue la sensation de la perception, c'est que la seconde implique un jugement. Que pensez-vous de cette théorie ?* — Montpellier [265-269].

122. *Que pensez-vous de cette formule : Les sens ne jugent pas ?* — Bordeaux [131-272].

Même sujet en deux formules. La discussion peut se traiter en se fondant sur la vraie nature de la sensation, état purement subjectif, simple modification du moi, simple conscience d'un changement (V. détails, sujet 120). De là résulte cette constatation qu'effectivement un sens, comme tel, ne juge pas. Que si la perception pose un objet, c'est-à-dire *affirme* une existence indépendante de celle du sujet, en cela, elle juge.

---

123. *Un philosophe grec a dit : « L'homme pense parce qu'il a une main. » Cette formule est excessive, mais on peut démontrer à ce sujet l'importance du toucher, dont la main est l'organe le plus utile.* — Montpellier [235-580].

Il suffit de bien lire la donnée de ce sujet pour en comprendre le sens précis et en voir les divisions. La formule du philosophe ancien, Protagoras, est une formule empirique (V. plus bas, sujet 143, discussion de l'empirisme). On indique nettement ensuite qu'il y a dans cette assertion une part de vérité. Pour la dégager, voir, dans les cours, la question des perceptions du toucher. Prêter la plus grande attention à ce fait que ce sens, à l'aide de la main, nous donne seul l'expérience des trois dimensions de l'espace.

---

124. *Part de l'esprit dans la perception extérieure.* — Besançon [108-251].

Deux thèses en présence.

1re *Thèse.* La perception est un fait simple, irréductible et pour ainsi dire mécanique. L'esprit est comme un miroir : il reçoit l'impression des objets, les réfléchit passivement, n'intervient en rien dans l'opération, n'y manifeste aucune activité, n'y met rien de lui-même (Perceptionnisme de Reid).

2e *Thèse.* La perception est un *acte* intellectuel dans lequel, outre la pure sensation, il faut reconnaître l'intervention de l'esprit, un déploiement d'activité de sa part, et un apport de lui: synthèse de diverses sensations en une seule *représentation*, extériorisation, forme de l'espace. L'objet est une *construction* dont les matériaux sont les sensations, mais dont l'architecte est l'esprit (Se reporter au sujet 120, où la question du « pont » entre le moi et le monde extérieur est connexe à celle-ci).

Discuter avec le plus d'exemples possible. Se garder des formules, et ne pas quitter le terrain des faits.

---

125. *Que connaissons-nous du monde extérieur ?* — Besançon [5-145].

Ce sujet peut être traité soit comme une dissertation de psychologie, soit comme une dissertation de métaphysique.

Pour le traiter au point de vue métaphysique, il faudrait instituer une discussion entre deux systèmes: le réalisme, qui soutient que nous percevons le monde extérieur tel qu'il est; l'idéalisme, qui soutient qu'à nos perceptions ne correspond aucune réalité extérieure, et que toute l'existence de l'objet est subjective (V. sujet 120).

Mais si je veux faire sur cette question une dissertation de psychologie, je dois la concevoir autrement. Je donnerai une analyse du phénomène de la perception, et ce sont mes conclusions qui seront la réponse à la question posée ; il n'y aura plus de discussion à proprement parler ; ma dissertation sera une thèse, appuyée sur des faits, et concluant à une certaine doctrine de la perception.

On conseille aux élèves de traiter le sujet à ce point de vue.

Se servir, d'un bout à l'autre de la dissertation, d'un exemple que l'on aura posé dès le début.

Montrer que le point de départ de toute l'opération, ce sont des sensations *multiples, hétérogènes* et *irréductibles* (en tant qu'elles appartiennent à des sens différents), subjectives ; que les étapes de l'esprit qui fait de ces *multiples* sensations *un* objet sont les suivantes : 1° réunir en une seule notion toutes les sensations, en faire la synthèse ; 2° extérioriser l'objet ; 3° lui assigner une place dans l'espace.

La conclusion, que l'on devra développer largement, parce que c'est là qu'est la vraie question sera : nous ne connaissons du monde extérieur que les sensations qu'il nous donne, des états de nous-mêmes. Nous ne pouvons même savoir par les seules données de la psychologie s'il y a un monde extérieur. La matière est une *idée*, une conception, non une perception.

---

126. *Que pensez-vous de la proposition cartésienne que l'âme est plus aisée à connaître que le corps ?* — Bordeaux [**11-180**]. — Grenoble [**247-334**].

On trouvera dans le sujet 120 et dans le précédent 125 les renseignements nécessaires pour discuter celui-ci qui est du même type.

Objection possible : pourquoi la psychologie, science de l'âme, est-elle moins avancée que la physiologie et la physique, sciences du corps ? L'objection se résout en distinguant entre connaissance intuitive et connaissance discursive ou scientifique. La proposition de Descartes ne porte que sur la première. Inversement, la connaissance discursive du corps est plus facile, parce que le corps est dans l'espace et se prête aux déterminations quantitatives, les seules qui constituent le domaine de la science (V. sujet 753)

CHAPITRE IV

INTELLIGENCE
ASSOCIATION. MÉMOIRE. IMAGINATION

127. *Nos diverses associations d'idées (et on peut en effet ramener à cela toute notre vie psychologique) n'ont-elles, soit au point de vue intellectuel, soit au point de vue moral, que des principes empiriques, ou bien aussi des principes rationnels ?* — Dijon [**120-144**].

On traitera facilement la discussion que comporte ce sujet, du moment où on le comprendra bien. C'est simplement une discussion de l'associationnisme, mais présentée d'une façon ingénieuse.

On sait que l'associationnisme est la doctrine qui soutient que les principes nécessaires de la raison ne sont que des associations indissolubles.

D'autre part ces associations s'expliquent par des causes purement fortuites : la rencontre, par hasard, de deux états dans une conscience ; la répétition, toujours par hasard, de cette rencontre. L'association n'a elle-même que des principes empiriques.

Cela posé, les adversaires de l'empirisme réfutent d'ordinaire l'associationnisme en s'efforçant de prouver que les principes rationnels ne peuvent se ramener à des associations ; qu'ils sont autre chose ; que, dans notre vie psychique, l'association ne fait pas tout.

Or ici, on vous suggère une autre méthode de réfutation. On va faire porter la discussion sur un autre point.

Concédons à l'empirisme que toute notre vie psychique se ramène à des associations ; que, par suite, les principes rationnels sont des associations.

Mais demandons-nous alors si toutes les associations sont empiriques, si la relation qui s'établit entre les deux idées associées est toujours une relation de *fait*, contingente, fortuite ; cela revient à dire : si les lois de Bain expliquent toutes les associations.

On peut soutenir que non. C'était la thèse de l'ancienne école de psychologie française (1re moitié du XIXe siècle ; Ad. Garnier) : Nos idées s'associent en vertu de deux principes : 1° une rencontre de fait dans la conscience (c'est la contiguïté et la similarité de Bain); 2° un rapport de raison, un rapport nécessaire, comme celui de cause à effet. Le nom du village de Valmy peut me suggérer l'image du pays d'Argonne où il se trouve, ou celle de Gœthe qui vit la bataille et la raconta ; et ce sont là des associations purement contingentes, fondées sur les faits. Mais il peut tout aussi bien me faire penser à la Révolution et à tel abus de l'ancien régime qui en est une des causes, ce qui est un rapport rationnel, nécessaire.

Par suite, au lieu que ce soit l'association qui explique la raison, c'est au contraire la raison qui explique un bon nombre d'associations.

On remarquera que le texte du sujet désigne expressément deux ordres d'associations : intellectuelles, morales. Il faut prendre des exemples dans les deux. On sait que l'associationnisme ramène aussi nos jugements moraux à des associations.

---

128. *L'habitude suffit-elle à expliquer l'association des idées?*— Bordeaux [4-109].

V. sujet précédent.

---

129. *L'imagination peut-elle créer quelque chose ? Imagination et mémoire.* — Grenoble [324-459]. — Rennes [201-253] ; [294-825].

L'imagination ne crée rien ; elle se borne à combiner des souvenirs. Toute sa matière lui est fournie par la mémoire.

On tirera un bon parti des exemples fournis par la littérature fantastique, contes et récits décrivant des mondes imaginaires (Voyages dans la lune, etc.) où l'on ne retrouve jamais que ce qu'il y a dans notre monde et dans notre vie, mais seulement dans un autre ordre, souvent à l'inverse.

---

130. *Expliquer et critiquer, s'il y a lieu, ce mot de Gœthe : « Il importe peu que la mémoire nous manque, pourvu que le jugement ne nous fasse jamais défaut. »* — Montpellier [239-613].

C'est la discussion classique de la valeur comparée de la mémoire et du jugement. Deux thèses :

A. La mémoire, faculté purement mécanique, n'a qu'une valeur tout à fait secondaire. Elle peut être, elle est souvent, l'apanage d'un sot. Le jugement seul constitue l'intelligence. Thèse exagérée, n'ayant qu'une part de vérité.

B. Le jugement est certainement la faculté maîtresse de l'esprit ; mais il ne peut s'exercer que moyennant le concours continuel de la mémoire, qui lui fournit des matériaux. Sans cette indispensable collaboration, le jugement n'est qu'un mécanisme fonctionnant à vide. Tous les grands esprits sont d'abord des mémoires amples, présentes, et abondamment meublées. Cette théorie se vérifie par une foule d'observations. La condamnation si souvent prononcée contre la mémoire est injuste; il y a lieu de réhabiliter cette faculté.

---

131. *Y a-t-il une mémoire ou plusieurs ?* — Bordeaux [122-272].

Discussion à établir de la manière suivante : les apparences inclinent à croire qu'il n'y a qu'une mémoire, que c'est une *faculté* unique, que tous les souvenirs sont gardés et réapparaissent indistinctement et en vertu des mêmes causes. L'étude psycho-physiologique du souvenir prouve qu'il en est autrement, que nous avons autant de mémoires que de classes d'états. Les localisations cérébrales, les amnésies partielles suivies du recouvrement des souvenirs perdus établissent cette vérité. Consulter : Ribot, *Maladies de la mémoire.*

CHAPITRE V

INTELLIGENCE

ENTENDEMENT DISCURSIF. RAISON

132. *Expliquez et discutez cette assertion de Stuart Mill : « Les mots sont les forteresses de la pensée. »* — Lyon [259-286].

C'est, purement et simplement, la thèse du nominalisme. Pour l'exposer, il est indispensable d'en étudier l'argumentation ; on la trouvera principalement dans : Taine, *l'Intelligence*, particulièrement Livre I, chap. II ; Stuart Mill, *Examen de la philosophie de Hamilton*, chap. XVII.

La discussion se fait comme celle des rapports du langage et de la pensée (V. plus bas, sujets 134 et 135).

---

133. *Le jugement se ramène-t-il à l'association des idées ?* — Bordeaux [8-16].

V. sujet 62.

---

134. *Rapports du langage et de la pensée.* — Poitiers [235-301].

135. *Penser, est-ce parler intérieurement ?* — Alger [243-790]. — Poitiers [146-158] ; [235-301].

136. *Exposer les faits qui tendent à prouver qu'il peut y avoir pensée sans langage.* — Rennes [302-456].

Discussion qui se trouve dans tous les cours, sur laquelle tous les professeurs insistent et qui ne peut embarrasser aucun élève.

---

137. *Exposer et discuter les diverses théories relatives à l'origine du langage.* — Caen [44-115]. — Rennes [4-199] ; [63-97].

Sujet très connu, traité partout.

Pour mémoire on se bornera à rappeler ici les trois théories les plus connues :

1° Le langage a été inventé par un homme ;

2° Le langage est une révélation de Dieu (de Bonald) ;

3° Le langage est naturel.

C'est cette dernière hypothèse qui rallie aujourd'hui la plupart des esprits. Elle a été présentée et développée avec force par Lucrèce ; ne pas manquer d'étudier le passage, qui se trouve dans le Ve livre, vers 1025-1088.

---

138. *De l'origine du langage et de son rôle dans la pensée.* — Grenoble [11-297].

Sujet qui réunit les deux discussions précédentes. Il conviendra évidemment de resserrer chacune dans de plus étroites limites, afin de ne pas étendre démesurément la dissertation.

---

139. *Descartes a-t-il eu raison de dire que le bon sens est la chose du monde la mieux partagée ?* — Clermont [17-160].

Cette pensée forme la première phrase du *Discours de la Méthode*. Elle pose l'un des points originaux et essentiels, l'un des dogmes de la philosophie cartésienne : l'égalité de la raison en tous les hommes.

La discussion de cette opinion ne doit se faire qu'après qu'on a établi avec précision la signification du mot: bon sens dans la pensée de Descartes.

Or ce mot est susceptible de deux acceptions.

1° Bon sens : sens pratique, acquis principalement par l'expérience ; équilibre des facultés, habitude de juger froidement, sans donner dans les écarts d'imagination. On dit d'un homme qui possède ces facultés : c'est un homme de bon sens. Qualité assez rare, qui est loin, on le sait, d'être la mieux partagée. Ce n'est pas d'elle que veut parler Descartes.

2° Bon sens (pour les cartésiens) : raison pure. Descartes dit ailleurs : puissance de discerner le vrai d'avec le faux. Autrement dit, par le terme bon sens, Descartes indique la présence dans l'esprit d'un petit nombre d'idées très générales, ayant le caractère de la nécessité, et guidant toutes les démarches de l'intelligence. La plus usuelle est l'idée de cause. Sans ces idées, il n'y a pas d'opération intellectuelle possible. Dans ce sens, on peut admettre que tout homme les possède, et appliquer à la raison, comme le faisaient les cartésiens, la parole de saint Jean : « *Lux quæ illuminat omnem hominem venientem in hunc mundum.* » « Lumière qui éclaire tout homme venant en ce monde. »

---

140. *Qu'y a-t-il d'inné dans l'intelligence humaine ?* — Lyon [315-729].

141. *Les sens, quoique nécessaires pour toutes nos connaissances actuelles, ne sont point suffisants pour nous les donner toutes, puisque les sens ne donnent jamais que des exemples, c'est-à-dire des vérités particulières ou individuelles.* — Clermont [526-702]. — Lille [14-147].

142. *La raison n'est-elle que de l'expérience condensée et pour ainsi dire quintessenciée, ou l'expérience elle-même, au contraire, n'est-elle possible que par la raison ?* — Dijon [439-514].

143. *Exposer et discuter la théorie des idées innées et celle de la table rase.* — Aix [98-630]. — Nancy [51-365]; [662-810].

Toutes ces formules présentent un seul et même sujet : la discussion de deux théories relatives à l'origine des idées de raison, celles de l'empirisme et des idées innées. C'est l'un des grands débats de la philosophie.

A. **Préparation.**— Outre les exposés qu'on peut trouver dans son cours et dans les manuels, on fera bien, pour une question de cette importance, de recourir directement aux sources, ce qui est le seul moyen de bien comprendre les doctrines.

Pour l'empirisme, lire l'*Intelligence* de Taine, et l'article : *Cousin*, dans *Philosophes français contemporains*, du même auteur.

Pour la théorie des idées innées : Leibnitz : *Nouveaux Essais*, livre Ier en entier. -- Victor Cousin : *Du Vrai, du Beau et du Bien*, IIe leçon.

Pour éclaircissements sur la théorie de l'innéité, voir sujet 76.

B. **Composition.**— *Introduction.* Poser la question, en ayant soin de bien préciser le point sur lequel porte tout le débat : il s'agit d'expliquer l'origine de la *nécessité* des principes rationnels.

1° Exposé d'une doctrine empirique ;

2° Critique de cette doctrine, d'après les arguments fournis par les partisans de l'innéité ;

3° Exposé de la doctrine des idées innées ;

4° Part de vérité enfermée dans chacune des deux.

Conclusion : Choix d'une des deux doctrines, ou, à défaut, de celle de Kant qui pourra paraître éviter les inconvénients auxquels sont exposées les deux autres.

C. **Développement.** — On remarquera que les deux formules 141 et 142 fournissent chacune un argument contre l'empirisme.

Dans la première, l'argument est celui-ci : toute donnée sensible est un fait ; or tout fait est particulier, *contingent.* De l'expérience, somme de contingences, on ne peut faire sortir la nécessité.

Dans la seconde, c'est le célèbre argument de Kant : l'expérience n'engendre pas la raison, parce que sans la *liaison* des perceptions, l'expérience ne serait pas possible. C'est au contraire la raison qui fonde l'expérience. En plaçant l'expérience avant la raison, l'empirisme commet une pétition de principe.

On fera bien de se contenter de ces deux preuves, qui sont très sérieuses.

On devra chercher à voir ce que l'empirisme y peut répondre. Il invoquera la puissance d'abstraction et de généralisation, le rôle des signes, *substituts abstraits*, la force de l'association, de l'habitude, de l'hérédité. Voir particulièrement l'ingénieuse explication que Taine met dans la bouche d'un mathématicien empiriste dans l'article cité sur V. Cousin. Si l'on y regarde de près, on constatera que partout ce mathématicien substitue l'*universalité* à la nécessité, ce qui n'est pas la même chose. Quand il serait établi qu'*en fait* tous les triangles ont une somme d'angles égale à deux droits (et comment l'établir *en fait* pour *tous* les triangles ?), cela n'équivaudrait nullement à l'idée, seule vraiment rationnelle et mathématique, que cette somme d'angles *ne peut pas* avoir une autre valeur. En fait, tous les corbeaux sont noirs ; cela ne veut pas dire qu'il ne pourrait y en avoir de blancs, qu'il serait absurde de s'en représenter un blanc.

---

144. *Les principes directeurs de la connaissance, suivant qu'on leur attribue telle ou telle origine, se trouvent-ils restreints dans leur application et diminués dans leur valeur ?* — Aix [744-758]. — Dijon [120-127].

Question très intéressante et qui fournit matière à un débat important.

Ici les livres, les cours, les manuels offriraient peu de renseignements ; c'est un de ces sujets où l'élève devra faire appel à ses réflexions personnelles et raisonner par lui-même. On voudrait ici lui suggérer quelques idées.

Quelles sont d'abord les diverses origines qu'on a pu attribuer aux principes ? On sait qu'il y en a trois :

1° L'expérience seule (Empirisme, sous toutes ses formes).

2° L'esprit seul (Idées innées).

3° Une part attribuée à l'esprit, la forme ; une part attribuée à l'expérience, la matière (Théorie criticiste des formes *a priori*).

Remarquons bien en outre qu'il s'agit, dans tout cela, d'expliquer la nécessité.

Si un principe a pour origine l'expérience, il n'est qu'une généralisation de cette expérience, une constatation de faits. Alors, à quoi équivaut-il ? A ceci : jusqu'ici, dans mon expérience et dans celle de tous les hommes qui m'ont précédé et dont j'ai reçu la tradition, les choses se sont passées de telle ou telle façon. Il n'y a jamais eu d'exception constatée. Cette expérience séculaire engendre en moi une tendance très forte, irrésistible même, si l'on veut, à croire qu'elles se passeront toujours de même, à anticiper l'avenir d'après ce que je sais du passé (fondement empirique de l'induction). La science expérimentale se fonde sur ce postulat. Pourtant, ce n'est qu'un postulat. Cette tendance, effet de l'habitude, n'a en soi aucune valeur *logique* ; elle n'est, à aucun titre, une *preuve*. La science est donc précaire. Si demain l'ordre du monde venait à être changé et me présentait des successions de faits autres que celles qu'on a observées jusqu'ici, je pourrais en être étonné, mais cette nouvelle expérience devrait détruire les effets de l'ancienne et me conduire à d'autres principes, à une autre science, à une autre conception du monde. Peu de philosophes appartenant à l'école empirique ont consenti à admettre cette redoutable conséquences de leur doctrine. La plupart, profondément convaincus de la valeur absolue de la science, ont subtilisé pour essayer, malgré la logique, de faire sortir la nécessité de la contingence. Il en est au moins un qui n'a pas reculé devant le scandale, et qui a été bravement jusqu'au bout de la théorie : c'est David Hume. Conséquent avec lui-même, il reconnaît que le principe de causalité, base de toute science inductive, n'a qu'une valeur provisoire, fondée sur la longue durée passée de nos expériences, mais nullement garantie pour l'avenir ; et il dit nettement : Abstraction faite de ce que nous a appris la tradition, et en considérant les choses dans l'absolu, *n'importe quoi peut produire n'importe quoi.* C'est la négation même du principe de causalité.

Essayons donc la solution kantienne, et, portant toujours notre attention sur le point fondamental de la nécessité, demandons-nous ce que cette interprétation de l'origine des principes va nous donner.

Les principes représentent les formes ou lois de mon entendement appliquées à une matière qui lui est fournie par la sensibilité ; et c'est parce que ces formes existent à l'état de virtualités dans l'esprit avant tout usage qu'il en peut faire, qu'elles sont *a priori.* Et pourquoi sont-elles nécessaires ? Parce qu'elles sont les lois de l'esprit, *qui ne peut pas penser autrement.* A l'inverse des autres philosophes, pour qui nécessité était preuve d'objectivité (cela s'impose à moi, donc cela ne vient pas de moi), Kant soutient que si une idée est nécessaire, c'est parce qu'elle est subjective : ne pas pouvoir penser autrement que d'une certaine façon, c'est, dit-il, une conséquence évidente de la constitution de mon esprit.

Conclusion logique. Les principes sont *mes* principes ; ils sont *mes* formes de pensée ; ils ne sont pas les formes des choses. Ils ne s'appliquent aux choses qu'en tant qu'elles sont pensées par moi ; c'est-à-dire en tant que représentations, en tant que phénomènes. Mais leur empire ne s'étend pas aux choses en elles-mêmes. Valeur subjective absolue, puisque ce sont les lois de toute pensée *possible,* de toute expérience *possible ;* valeur objective nulle. Donc la science, qui est l'œuvre de la raison travaillant sur une matière sensible, sur des *phénomènes,* est légitime ; mais la métaphysique, où la raison tente de dépasser le phénomène, de s'exercer sur des idées pures, c'est-à-dire des formes vides, ne l'est pas.

L'élève qui prendra ces considérations pour matière de réflexions et s'efforcera de se les assimiler, y verra plusieurs choses : 1° qu'en effet l'origine qu'on attribue aux principes en peut modifier les applications et la valeur. 2° On pourrait très bien appliquer tout ce qui précède à la morale. 3° Il y a là, si l'on veut, une critique intéressante de l'empirisme *par ses conséquences.* Et c'est un sujet que l'on propose quelquefois.

---

145. *Y a-t-il des idées innées ?* — Aix [82-232]. — Besançon [5-125]. — Rennes [77-237].

A. « *Qu'est-ce que nos principes naturels, sinon nos principes accoutumés ? Et, dans les enfants, ceux qu'ils ont reçus de la coutume de leurs pères, comme la chasse dans les animaux ? J'ai bien peur que la nature ne soit qu'une première coutume, comme la coutume est une seconde nature.* » (*Pascal*) — Aix [799-823]. — Poitiers [135-158].

147. *Les lois de l'association des idées. Peut-on expliquer par elles toutes les opérations de l'intelligence?* — Besançon [52-155]. — Lille [14-141]; [342-368]. — Poitiers [15-175]; [152-159]; [245-295]. — Toulouse [405-736].

148. *Quelles sont les lois de l'association? Jusqu'où s'étend l'empire de ces lois?* — Lille [177-797].

149. *En quoi l'association empirique et la liaison logique des idées diffèrent-elles l'une de l'autre? Quel en est le rôle respectif?* — Aix [161-239]. — Oran [44-81].

150. *Peut-on expliquer par les lois de l'association le principe de causalité?* — Besançon [179-260].

En se reportant aux explications présentées ci-dessus, à propos des sujets 127, 143 et 144, l'élève pourra de lui-même instituer les discussions que provoque chacun de ceux-ci. Le sujet 149 laisse clairement voir que l'association empirique joue un rôle considérable dans la connaissance (part de vérité de la doctrine). Il ne faut jamais perdre de vue, quand on critique l'empirisme, le mot de Leibnitz, adversaire cependant de cette doctrine : « Nous ne sommes qu'empiriques dans les trois quarts de nos actions. »

---

151. *Qu'appelle-t-on une cause finale? Que faut-il penser de l'idée de finalité?* — Aix [22-791]; [26-863].

Un des plus graves problèmes, et aussi une des questions les plus controversées de la philosophie. Un élève ne doit pas aborder un pareil sujet sans une longue et sérieuse préparation. On lui recommande de lire l'ouvrage considérable de M. Paul Janet : *Les Causes finales*, où la question est traitée avec toute l'ampleur qu'elle comporte, et qui se trouve être, par ailleurs, un des livres de philosophie les plus clairs, les mieux à la portée d'un débutant. On trouvera aussi de profondes réflexions sur la finalité dans le *Fondement de l'Induction* de M. Lachelier, 2e partie de la thèse.

On ne peut songer à donner ici une étude détaillée d'un problème aussi vaste. On se bornera à indiquer au lecteur avec le plus de précision possible les deux thèses en présence, et la nature de leurs arguments.

1re *Thèse :* Téléologie. Il y a des causes finales, c'est-à-dire que, indépendamment des actes humains et des produits de l'industrie humaine qui, eux, sont évidemment dirigés par la conception préalable de buts à atteindre, il y a dans la nature un certain arrangement des phénomènes tel que les uns sont des *moyens* destinés à réaliser des *fins* préconçues. Par suite, la nature manifeste l'action d'une ou de plusieurs *pensées* qui y ont ainsi subordonné les moyens aux fins.

Preuves. La doctrine téléologique recherche comme preuves dans les trois règnes tous les faits qui peuvent manifester une subordination de moyens à des fins. Ces faits sont très nombreux, et pour ne s'arrêter qu'aux plus probants, il faut choisir. Voici le criterium qui guide les téléologistes : seront retenus comme preuves les seuls cas dans lesquels un effet *unique*, bien déterminé, et *utile* à l'être ou à l'ensemble, sera produit par le consensus d'un groupe *complexe* d'antécédents, tel que si un seul venait à manquer, l'effet manquerait. On dit alors que cet effet était un but prévu par une intelligence qui, voulant l'atteindre, a d'abord *choisi* les moyens propres à cette fin, puis les a *combinés* dans l'ordre et la mesure nécessaire pour qu'ils produisissent précisément cette fin, et non une autre. Que si l'on se refuse à admettre cette interprétation, on devra professer cette opinion insoutenable : que les moyens en question ont été ainsi groupés et mis en œuvre *par hasard.*

2ᵉ *Thèse :* Mécanisme. La forme actuelle la plus répandue de l'interprétation mécaniste de la nature est le darwinisme. Un darwiniste pose d'abord le principe suivant : dans la nature, étant donnée la concurrence des causes et des êtres, les seuls effets possibles sont les effets *utiles ;* les autres ou ne se produisent pas, ou, s'ils se produisent d'abord, ne tardent pas à cesser d'être, précisément parce qu'ils ne sont pas utiles. Et ce n'est pas leur caractère d'utilité qui les a sélectionnés ; c'est au contraire parce qu'ils ne pouvaient pas ne pas éliminer les autres qu'ils sont demeurés. Le consensus de conditions requis pour produire un de ces effets existe dans la nature et le produit quotidiennement, c'est vrai. Ce n'est pas du tout parce que cet effet a été prévu ; c'est parce que tout autre ensemble de causes, toute autre rencontre de conditions n'aurait rien produit ; dans la totalité des combinaisons possibles, il n'y avait que celle-là qui pût aboutir. Toutes les autres, quand elles se sont produites, ont échoué ; celle-là seule, qui devait réussir, a réussi.

Un téléologiste dira : si la glace n'avait pas un poids spécifique moindre que l'eau, tous les cours d'eau gèleraient jusqu'au fond, et, dans les régions où il gèle, aucune vie aquatique ne serait possible. Puisqu'en fait il y a de la vie dans les eaux, c'est que la faible densité de la glace par rapport à l'eau a été voulue, *en vue* de réaliser la possibilité de la vie.

Le darwiniste dira : si la glace était aussi dense ou plus dense que l'eau, il n'y aurait pas de vie dans les eaux, et voilà tout. Ce n'est pas *afin de rendre* la vie possible que la glace est plus légère ; c'est *parce qu'elle* est plus légère qu'il y a de la vie. En d'autres termes le téléologiste dit : la vie est la *cause* (*finale*, préconçue) de la légèreté spécifique de la glace. Le mécaniste dit : la légèreté spécifique de la glace est la *cause* (efficiente, mécanique, fatale) de la vie.

Et quand il s'agit des êtres vivants, animaux et plantes, on fait intervenir la sélection naturelle.

Le téléologiste dit : tous les animaux polaires sont blancs, *afin* de ne pas être visibles sur la banquise.

Le darwiniste répond : parmi les animaux, primitivement de toutes couleurs, qui ont pénétré dans les régions polaires, les seuls albinos ont subsisté, *parce qu*'ils étaient blancs et invisibles ; les autres ont péri peu à peu.

Telles sont les deux positions prises dans le débat. Les bien comprendre, les étudier toutes deux aussi sérieusement que possible, et choisir celle qui semblera la plus défendable.

152. *Le génie n'est-il qu'une longue patience ?* — Poitiers [147-159].

Question qui n'est pas embarrassante. Un peu de réflexion fait voir que la restriction : n'est que... est le point précis où porte le débat.

Il y a dans le génie (surtout scientifique) un élément qui est la patience.

Il y en a d'autres, avant tous l'imagination, et, en second lieu, la raison.

Et le premier n'est pas le plus important, surtout quand il s'agit du génie artistique ou littéraire.

CHAPITRE VI

ACTIVITÉ

153. *L'instinct est-il perfectible?* — Aix [208-765].

154. *L'instinct ignore-t-il les fins qu'il poursuit ?* — Bordeaux [111-114].

155. *Le problème de l'origine des instincts.* — Besançon [12-147]. — Caen [261-291]. — Lyon [555-766]. — Nancy [157-182].

156. *L'instinct peut-il s'expliquer par une habitude héréditaire ?* — Alger [31-178]. — Nancy [11-113].

Comme toutes les questions d'origine, celle de l'origine de l'instinct est très obscure et très débattue. La discussion s'établit entre les deux opinions suivantes :

1re *Thèse.* C'est celle des philosophes spiritualistes, presque tous téléologistes.

L'instinct est une manifestation de la Providence, ou de l'action de Dieu dans le monde. Il a été conféré par Dieu, lors de la création, à chaque espèce, tel que nous le voyons encore aujourd'hui dans cette espèce : l'animal qui exerce un instinct n'est qu'un automate ; c'est Dieu qui le meut.

Dans cette doctrine, on attribue à l'instinct les cinq caractères suivants, que l'on déclare *absolus :*

Innéité — Uniformité dans l'espèce — Ignorance du but — Fatalité — Fixité (dans le temps) et perfection immédiate.

On trouvera une excellente exposition et une défense habile de cette doctrine dans les deux ouvrages de M. Joly : l'*Insinct ; L'homme et l'animal.* Tous les travaux de M. le professeur Fabre, naturaliste de Montpellier, sont aussi des contributions à cette opinion.

2e *Thèse.* C'est celle de l'école évolutionniste et darwiniste. L'instinct est un ensemble d'actes réflexes et habituels dont l'origine est un premier réflexe très simple, sollicité par un besoin, et qui, s'étant trouvé utile à l'être, s'est conservé et transmis dans l'espèce ; au cours du temps, cet acte s'est compliqué, perfectionné par de lents progrès, légués, eux aussi, à la descendance en vertu de leur utilité (rôle de la sélection).

L'école évolutionniste admettra donc sans difficulté les caractères d'innéité, de fatalité et d'ignorance du but (ces deux derniers, effets de l'habitude). Elle pourra, à l'occasion, contester l'uniformité de l'instinct dans une espèce donnée, et contestera toujours, par principe, la fixité, puisque toute la théorie repose sur la perfectibilité des instincts. C'est là que s'est porté tout l'effort des évolutionnistes: ils ont cherché à rassembler des faits établissant les variations et les progrès des instincts (Voir Darwin. *Origine des espèces*, chap. de l'Instinct).

Telles sont les idées générales sur lesquelles le lecteur est convié à réfléchir et à se documenter. La discussion, en pareille matière, ne peut reposer que sur des faits. Il faut chercher à en présenter qui soient significatif dans le sens de l'opinion que l'on aura adoptée.

En dehors des faits, voici toutefois un argument purement rationnel. intéressant, que ne manquent pas d'opposer au darwinisme les partisans de l'école adverse. Ils attaquent le darwinisme sur le point précis du *premier acte*, origine de l'instinct. Ce premier acte, disent-ils, n'est pas expliqué. Pourquoi a-t-il eu lieu ? Pourquoi tel animal en a-t-il, le premier, éprouvé le besoin ? Par hasard, ce qui n'explique rien. Et si le besoin qui a sollicité l'animal à accomplir cet acte était fortuit, il n'a pas dû se reproduire; comment admettre alors la transmission héréditaire et la fixation dans l'espèce d'un geste que l'animal n'aura fait qu'une fois. ou tout au plus quelques fois, par rencontre ?

---

157. *On a dit que l'homme a moins d'instincts que les animaux. Que pensez-vous de cette opinion ?* — Montpellier **[39-219]**. — Nancy **[155-182]**.

A discuter avec des observations personnelles. Voici quelques idées pour guider l'élève.

1° Cuvier a dit : « L'instinct est en raison inverse de l'intelligence. » S'il en est ainsi, les animaux les plus intelligents (chien, éléphant, singe) doivent être ceux qui ont le moins d'instincts, en prenant, bien entendu. ce mot dans son sens propre et scientifique. On constate d'ailleurs que cela est vrai. L'homme, plus intelligent encore, aura donc moins d'instincts que les animaux.

2° L'homme a cependant des instincts. On les remarque particulièrement chez l'enfant (instincts de nutrition, de conservation), chez le sauvage (instinct d'orientation). L'adulte, le civilisé, en ont moins ; ils remplacent les actes instinctifs par des actes raisonnés. Ainsi, à mesure que l'homme s'éloigne de l'animal, on voit diminuer le nombre des instincts.

3° L'école évolutionniste, par la place considérable qu'elle attribue au réflexe et à l'association dans la vie psychique (Voir sur ce point les idées de Spencer dans Ribot : *Psychologie anglaise contemporaine*) tend au contraire à affirmer la multiplicité et l'importance des instincts dans l'homme.

---

158. *Peut-on réduire l'attention à une sensation dominante, comme le fait Condillac ?* — Poitiers **[135-146]**.

Pour la thèse de Condillac, voir : *Traité des sensations*, livre I, chapitres 1, 2, 3, 4 et 5.

Pour la discussion, très connue, et dont tous les cours fournissent les éléments, insister sur les deux points suivants :

1° La théorie de Condillac ne rend pas compte de l'effort (et par suite de la fatigue) qui accompagne tout acte d'attention ;

2° Si on peut admettre, *à la rigueur*, qu'elle rende raison des actes d'attention spontanée, on doit reconnaître qu'elle n'explique nullement l'attention volontaire.

L'attention n'est pas un phénomène affectif, mais un état *dynamique*. La sensation dominante en est une des causes, et peut souvent en être un effet, ce qui suffit à renverser la théorie.

---

159. *Le désir et la volonté.* — Nancy [86-197]. — Poitiers [147-152]. — Toulouse [4-6].

160. *Distinction du désir et de la volonté.* — Clermont [17-139]. — Montpellier [479-722].

La discussion est faite dans tous les cours. On se bornera à appeler l'attention du lecteur sur deux points importants.

1° Une erreur à éviter. Un grand nombre de traités présentent cet argument : le désir et la volonté ne peuvent être confondus, car la volonté est libre et le désir est fatal. Ceci n'est qu'une pétition de principe. Les empiriques, et en général tous ceux qui identifient le désir et la volonté sont tous déterministes, ou fatalistes (comme Spinoza), et par suite n'admettent pas que la volonté soit libre. C'est précisément pour cela qu'ils la ramènent à un simple désir. En soutenant que la volonté diffère du désir parce qu'elle est libre, on s'appuie donc précisément sur ce qui est en question.

2° Un argument à compléter. On oppose encore aux partisans de l'identification du désir et de la volonté cet argument : désir et volonté diffèrent, puisque souvent ils se combattent (Exemples nombreuxdans la pratique ; théâtre de Corneille). Mais l'adversaire peut répondre ceci : « Ce que vous prenez pour un conflit entre le désir et une prétendue volonté n'est qu'un conflit entre deux désirs. Le plus fort finit par l'emporter. »

Il faut répliquer : sans doute, il y a de tels conflits, et ils sont fréquents. Mais le conflit de la volonté contre un désir se distingue du conflit entre deux désirs par le caractère spécial de l'*effort*. Quand un désir plus violent, plus fort, triomphe d'un plus faible, il ne peut pas y avoir effort, ni regret.

---

161. *Qu'appelle-t-on chez un homme le caractère ? Nous est-il possible de modifier notre caractère ? Si oui, jusqu'à quel point et de quelle manière le pouvons-nous ?* — Aix [149-239]. — Montpellier [224-257].

Sur cette question, la discussion s'établit quand il s'agit de déterminer les éléments du caractère. De l'aveu de tous, on peut désigner comme éléments du caractère : 1° l'hérédité ; 2° le tempérament physiologique ; 3° le milieu et l'éducation.

Arrivés là, les philosophes se partagent. Les uns veulent clore la liste sur ces trois éléments, dont le caractère commun, évident, est la fatalité. D'autres soutiennent qu'il y faut ajouter la volonté. C'est dire que nous pouvons, dans une certaine mesure, modifier nous-mêmes notre caractère.

La question posée ci-dessus indique nettement les points à discuter et l'ordre dans lequel ils devront l'être.

1° La volonté fait-elle partie des éléments du caractère, ou pouvons-nous modifier notre caractère ?

Il est clair que si la réponse à cette partie de la question est négative, la discussion est close par là même. Mais si elle est affirmative, on continuera.

2° Jusqu'à quel point pouvons-nous modifier notre caractère ?

3° Par quels moyens ?

Il semble acquis que la première question doit être résolue par l'affirmative. Il y a des faits positifs qui témoignent en faveur de l'efficacité d'une action de la volonté sur le caractère.

Le deuxième point est délicat. Dans quelle mesure ? La volonté peut-elle beaucoup? Irait-elle jusqu'à être capable de transformer le caractère? On répondra ce que l'on croit vrai, ce que l'on sait. Il y a peut-être des exemples de transformation (à la suite d'une crise morale, d'une épreuve, d'une faute grave comprise et expiée). En tout cas, la volonté peut *beaucoup*, quand on croit à la volonté. Croire que l'on peut, c'est pouvoir.

Sur le troisième point, voici quelques idées :

1° Avant tout, se bien connaître (Importance de la maxime socratique : « Connais-toi toi-même. »).

2° Exercer une surveillance *continue* sur soi-même, car l'action réformatrice de la volonté ne peut être intermittente.

3° Procéder graduellement; s'exercer à vaincre d'abord les petites difficultés, à triompher des petites passions, avant d'engager la lutte contre les grandes.

4° Employer les bonnes tendances à combattre les mauvaises.

5° Mettre à profit l'influence si puissante de l'habitude, grâce à laquelle l'acte le plus pénible au début devient facile par la disparition de l'effort.

---

162. *Les arguments du déterminisme.* — Poitiers [93-298].

163. *L'homme n'est pas un empire dans un empire* (*Spinoza*).— Poitiers [78-101].

Deux discussions du déterminisme, la première portant sur toutes les formes de cette doctrine, la seconde sur une particulière, celle-ci : l'homme est une partie intégrante de la nature ; son activité est régie par les lois fatales du cosmos.

Dans l'un et dans l'autre sujet, il conviendra de donner une large place à l'exposé des doctrines. C'est ici surtout qu'il convient d'appliquer le précepte donné plus haut (Voir plus haut : *Comment on doit conduire une discussion*), d'exposer les doctrines en leur donnant toute leur ampleur et toute leur force.

Pour le premier sujet, ne dire qu'un mot, sans aucun développement, du fatalisme théologique. Développer les trois arguments suivants :

1° L'homme n'est qu'une partie de la nature (matérialisme, Spinoza).

2° La science rejette l'idée de liberté, parce qu'elle ne peut admettre de création d'énergie.

3° L'influence des motifs sur la volonté est déterminante.

Pour la discussion, deux procédés s'offrent au choix :

a) Présenter à chacun de ces arguments les critiques spéciales auxquelles il donne lieu, et résumer à la fin les objections.

b) Exposer simplement les trois thèses ; chercher le point commun par où on les peut réunir (et ce point, c'est la force *du motif*), et faire porter la discussion sur ce point seul. Ce plan est plus difficile à mettre en œuvre, mais plus philosophique.

---

164. *L'homme est-il libre ? Examiner les arguments pour et contre, et conclure.* — Aix [**44**-**780**] ; [**386**-**601**]. — Clermont [**674**-**742**]. — Grenoble [68-**115**].

V. sujet précédent.

---

165. *Même dans l'hypothèse déterministe, peut-on opposer le désir à la volonté ?* — Montpellier [**118**-**290**].

Voir d'abord sujets 159-160.

Du moment où il n'est pas logique de s'appuyer sur l'idée de liberté pour soutenir la distinction du désir et de la volonté, c'est que le déterministe lui-même peut reconnaître cette distinction. La volonté, même déterminée, même « serf arbitre » comme disait Luther, conserve ses deux caractères essentiels qui la distinguent du désir : 1° elle est rationnelle ; 2° elle implique l'effort.

---

166. *Apprécier la preuve de la liberté fondée sur le témoignage de la conscience.* — Ajaccio [**44**-**358**]. — Lille [**19**-**174**].

167. *Preuves directes et indirectes de la liberté. Comment les adversaires de la liberté essaient-ils de les interpréter ? Ne peut-on leur répondre ?* — Dijon [**171**-**293**].

Pour l'exposé des preuves de la liberté, et particulièrement de celle qui se tire du témoignage de la conscience, le meilleur guide et modèle sera : *Le Devoir* de Jules Simon.

Les objections des déterministes contres ces preuves, et la discussion de ces objections se trouvent dans Fouillée, *La Liberté et le Déterminisme*, particulièrement Livre I, chap. III, parag. III et IV ; Livre II, chap. II et III.

La formule n° 167 suggère la division du sujet et la marche de la discussion. 1° Preuves de la liberté. 2° Objections du déterminisme. 3° Réponses à ces objections. On demande de classer les preuves en directes et indirectes. De directes, il n'y en a qu'une : le témoignage de la conscience ou la preuve par le sentiment vif interne. Les autres, indirectes, peuvent être ramenées aux trois suivantes :

1° L'existence de faits sociaux tels que promesses, contrats, parole d'honneur, conseils.

2° L'idée de liberté.

3° Le devoir : « Tu dois, donc tu peux. »

Les objections déterministes sont énumérées ci-après, pour mémoire.

a) Contre la preuve du témoignage de la conscience :

Témoignage illusoire ; ignorance des vrais motifs.

Réplique : c'est précisément quand je connais bien les motifs que j'affirme ma liberté.

b) Contre la preuve par les engagements ou conseils :

Ces faits prouvent au contraire l'influence *déterminante* des motifs.

Réplique : un motif n'est pas déterminant. On peut toujours lui résister. On ne tient pas toujours ses engagements.

c) Contre la preuve par l'idée de liberté :

Cette idée est une construction de l'esprit (V. Fouillée, ouvr. cité, Livre I, chap. I).

Réplique : cette construction est faite après coup par le philosophe. L'idée de liberté existe chez l'enfant.

d) Contre la preuve par le devoir :

La loi morale ne requiert pas nécessairement le libre arbitre et peut se concilier avec le déterminisme.

Réplique : fausse conception de la moralité. Le commandement de la conscience implique le *choix*.

---

168. *La liberté est-elle compatible avec le principe de causalité?* — Bordeaux [110-304].

169. *Du principe de causalité. En préciser l'idée ; en discuter la portée ; examiner l'argument qu'on en tire contre la liberté.* — Alger [230-281]. — Lyon [279-836].

170. *Peut-on appliquer à la conduite humaine le principe que les mêmes causes produisent les mêmes effets ?* — Rennes [11-91] ; [35-317].

Ces trois sujets posent sur un point nettement déterminé la discussion relative à l'existence de la liberté.

D'une part, la raison nous impose le principe de causalité, entraînant les conséquences suivantes :

Pas de fait, d'acte sans cause. L'effet est ce que la cause le détermine à être. Cause donnée, effet donné. Les mêmes causes produisent les mêmes effets.

On en conclut que la liberté est impossible, car l'acte libre est celui qui, les *circonstances étant les mêmes,* aurait pu, ou ne pas avoir lieu, ou être différent en partie de ce qu'il a été ; hypothèses incompatibles avec le principe. L'acte libre doit être *contingent* ; or, en vertu du principe, tout est nécessaire.

Il y a trois voies pour sortir de la difficulté.

1° Soutenir que l'acte libre a effectivement une cause, qui est la volonté ; que cette cause n'est pas d'ordre mécanique, n'appartient pas à la série des phénomènes matériels ; qu'elle n'en est pas moins réelle, efficace.

2° Nier résolument que l'acte libre soit contingent. Ceci conduit à une conception très particulière de la liberté, qui serait : l'acceptation d'une nécessité comprise comme rationnelle, belle et bonne en soi ; le consentement, l'acquiescement aux lois de la nature (Stoïcisme, V^e livre de *l'Éthique* de Spinoza).

3° Soutenir que la causalité efficiente et par suite le déterminisme universel est une conception superficielle, incomplète des choses, suffisante à expliquer l'ordre des *phénomènes* tout au plus. Qu'au-dessus de cette conception il y a celle d'une autre causalité supérieure, la finalité, compatible, elle, avec la liberté, qui plus est, impliquant la liberté (Voir le sujet suivant).

---

171. *La liberté, incompatible avec un déterminisme qu'on étend (peut-être sans raison suffisante) au monde moral comme au monde physique, l'est-elle de même avec la causalité propre au monde moral, c'est-à-dire la finalité ?* — Dijon **[167-293]**.

Ce sujet n'est pas à la portée de tout le monde. Il demande un esprit vraiment philosophique et, de plus, bien informé. Pour le traiter convenablement, il est indispensable d'avoir lu et compris la profonde doctrine développée par M. Lachelier dans la 2e partie de sa thèse : *Du fondement de l'Induction.*

La discussion porte sur le point précis suivant : opposition des deux conceptions de la causalité qui sont la cause efficiente (déterminisme, mécanisme), la cause finale.

Avant tout, une remarque, suggérée par la formule même du sujet : la science positive prend pour postulat que l'ensemble des phénomènes de la nature (monde physique) est soumis à la seule loi des causes efficientes, au déterminisme. Puis elle étend ce déterminisme aux phénomènes de l'âme (monde moral). Cette extension est-elle légitime ? Ne voit-on pas qu'elle implique un postulat qui est le suivant : les deux mondes, physique et moral, sont de même essence, ne sont au fond qu'un seul et même monde. Or voilà ce qu'il faudrait d'abord établir. L'extension du déterminisme physique aux faits psychologiques a toutes les apparences d'une pétition de principe.

Voilà par où il faudra commencer la discussion. Il y a déjà là un sérieux argument, que l'on fera valoir. Mais on ne devra pas s'y étendre trop longuement, puisque la question principale n'est pas là. Quand on l'aura présenté, on dira : il est donc possible que la liberté soit compatible avec le déterminisme, en ce sens que l'empire de celui-ci ne s'étendrait pas au monde moral. Mais laissons cette question ; prenons le parti de ne pas l'examiner, et portons notre attention sur cette autre : la causalité efficiente est-elle la seule forme de causalité ?

Expliquer alors ce qu'on entend par but, fin, cause finale.

Dans cette explication, insister autant qu'on le pourra sur deux points qui vont être indiqués.

1° Le but est une *cause*, en ce qu'il *provoque* et détermine l'acte. Il est même la cause par excellence, en ce qu'il sollicite l'action de la cause efficiente elle-même : le maçon est la cause efficiente du mur ; mais le maçon ne travaille que si on lui commande un mur en vue de telle utilité à réaliser. Mot de Leibnitz : « *Causæ efficientes pendent a finalibus*. Les causes efficientes dépendent des finales. »

2° La cause finale est toujours et nécessairement *une idée*. Il est faux de dire qu'aujourd'hui un certain acte accompli par moi a pour cause *un fait* qui sera réalisé demain. Puisque ce fait n'existe pas encore, il ne peut rien causer. Mon acte d'aujourd'hui a pour cause *l'idée* que j'ai en ce moment du fait que je veux réaliser demain. Ainsi la finalité, c'est la prévision, la subordination des moyens aux fins, bref, la raison.

Voilà la véritable causalité propre au monde moral. La morale même où tout repose sur l'intention selon laquelle nous agissons, sur le but de notre action (intérêt personnel ou devoir), est tout entière régie par le principe de finalité.

D'autre part, sans qu'il soit utile d'insister, le lecteur voit bien que la liberté qui, elle aussi est rationnelle, compatible avec l'existence de motifs compris et acceptés, non seulement n'est pas en conflit avec la finalité, mais même s'accorde avec la finalité. Les deux notions sont corrélatives ; une cause finale est une cause libre. Ce sont les conclusions mêmes de la thèse de M. Lachelier.

---

172. *Le déterminisme scientifique est-il compatible avec le libre arbitre ?* — Bordeaux [**59-292**].

On peut soutenir l'affirmative.

Exposer d'abord le déterminisme scientifique avec le plus de netteté possible. La meilleure méthode sera de présenter et développer le principe de la conservation de l'énergie, afin d'amener cette conclusion : qu'un acte libre est, aux yeux d'un savant, une certaine quantité de mouvement *ajoutée* à la somme des mouvements de l'univers, et ne représentant pas la transformation *nécessaire* de mouvements préexistants, ce qui est contraire au principe. Pour bien comprendre le principe lui-même on recommande de lire les quelques pages du *Traité de physique* de Fernet qui suivent l'exposé de la théorie de l'équivalent mécanique de la chaleur. Les réflexions émises dans ce passage sont à la fois très claires et d'une grande portée.

Cela posé, on peut concilier la liberté avec le déterminisme scientifique par deux voies :

1° Soutenir que la science ne connaît que les phénomènes et leurs lois ou relations, et qu'elle les connaît nécessairement comme déterminés en vertu du point de vue où elle se place ; mais que les réalités sous-jacentes, les choses en soi, peuvent être libres (V. sujet 101).

2° Soutenir que le déterminisme ne s'étend pas au monde moral (V. sujet précédent).

---

173. *Quelle est l'action des motifs sur la volonté ?* — Aix [**548-776**]. — Besançon [**61-184**]. — Lille [**823-838**].

174. *Quel est dans nos déterminations le rôle des motifs ?* — Lille [**19-166**].

175. *De l'action des motifs sur la volonté. Déterminisme et Liberté d'indifférence.* — Besançon [**218-805**]. — Grenoble [**668-672**]. — Poitiers [**15-147**].

Discussion classique du déterminisme psychologique. Un premier point doit être consacré à la question préjudicielle de la liberté d'indifférence.

Reid a essayé de concilier l'existence de la liberté avec le déterminisme psychologique ; il accorde d'une part qu'un motif est déterminant ; mais de l'autre il soutient que nous sommes libres dans tous les cas où nous nous trouvons, *indifférents*, en présence de motifs égaux. Cette prétendue liberté d'indifférence dissimule le plus rigoureux déterminisme. Voir, pour le développement, l'argumentation très serrée, véritable modèle de discussion, dans Fouillée, *La Liberté et le Déterminisme*, 2e partie, Livre I, chap. II. Il faut donc, ou accepter le déterminisme, ou soutenir résolument que l'influence des motifs sur la volonté n'est pas déterminante.

C'est sur ce point précis que portera la discussion. On devra s'efforcer de bien mettre en relief deux points :

1° Nature du motif : simple représentation, idée pure, n'ayant par lui-même aucune énergie.

2° Nature de la volonté : élément dynamique, force propre du moi.

En conséquence de cette distinction, on établira que le motif n'a de force que celle que lui confère la volonté ; qu'il n'est pas choisi parce qu'il est le plus fort, mais ne devient fort qu'après avoir été choisi.

---

176. *On oppose souvent à la liberté la nécessité où nous sommes d'agir conformément à notre caractère. Cette objection est-elle irréfutable ? Comment peut-on y répondre ?* — Montpellier [**37-64**].

Les éléments pour résoudre cette question seront fournis par le sujet 161. S'y reporter. En résumé, on peut répondre à l'objection :

1° Obéir à mon caractère, c'est n'obéir qu'à moi-même; c'est être libre.

2° Je puis, par l'action de ma volonté, modifier mon caractère (V. ici sujet 161).

---

177. *Exposer et apprécier la théorie de Socrate et Platon sur la liberté morale.* — Lille [**148-797**].

A. **Préparation.** — La doctrine de Socrate et Platon est contenue tout entière dans la formule : « Nul n'est méchant volontairement. » Celui qui fait le mal ne le fait que parce qu'il le prend pour le bien ; en effet comme tout *mal* est pour l'agent une cause de *malheur*, on ne peut pas admettre qu'un homme soit sciemment l'artisan de son propre malheur. S'il l'est, c'est à son insu : il se trompe ; ce n'est pas un coupable, c'est un ignorant ; la vertu, c'est la science. On voit que cette théorie revient à une négation pure et simple de la liberté : quand on connaît le bien, on le réalise nécessairement : substitution de l'intelligence à la volonté.

Les élèves qui ont à leur disposition une traduction de Platon feront bien de lire l'exposé qu'il a fait de cette doctrine dans le *Ménon*. Le passage, qui n'est pas très loin du commencement, débute ainsi :

Ménon — Il me paraît donc, Socrate, que la vertu consiste, comme dit le poète, à se plaire aux belles choses et à se les procurer....

Voir aussi les dix dernières pages, environ, du *Protagoras*.

La critique de cette opinion est entièrement contenue dans les vers célèbres d'Ovide :

.....video meliora, proboque ;
Deteriora sequor.....

Je vois le bien, je le comprends, et je fais le mal.

Opinion confirmée par l'expérience de chacun.

B. **Composition.** — *Introduction.* La volonté est éclairée par la raison. Or la raison est la faculté du nécessaire. En résulte-t-il que la volonté soit nécessitée par la raison ?

1° Socrate et Platon ont soutenu l'affirmative. Exposer leur doctrine.

2° Part de vérité : il y a beaucoup de fautes qui sont des erreurs, et qui, par suite, ne sont pas condamnables. Le proverbe : Erreur n'est pas crime, est souvent vrai.

3° Mais il n'en est pas toujours ainsi. Développement du mot d'Ovide.

Conclusion : La culture de l'intelligence est un des facteurs, mais non l'unique facteur, du progrès moral. Elle donne à la volonté la rectitude, mais ne lui donne ni la force, ni la persévérance. Il y faut joindre la gymnastique de la volonté et la formation du caractère.

C. **Développement.** — Le lecteur verra de lui-même que cette dissertation doit être développée avec le plus grand nombre possible d'exemples, de faits et d'observations.

---

178. *La thèse du libre arbitre est-elle indispensable à la morale ?* — Alger [31-156].

Deux opinions en présence.

1° Pas de moralité sans liberté. « Tu dois, donc tu peux » (Kant). Sentiment de l'obligation, responsabilité, satisfaction morale et remords, choses inexplicables dans l'hypothèse déterministe. Cette hypothèse, en outre, légitime le mal, en tant que nécessaire.

2° Il y a une morale déterministe.

Que le mal soit ou non nécessaire, il n'en est pas moins le mal. De même du bien. La raison condamne l'un et approuve l'autre, dans l'hypothèse déterministe, comme elle le fait dans l'hypothèse de la liberté .

D'autre part, si l'acte bon et l'acte mauvais sont déterminés, ils le sont par des causes, par des lois. En connaissant ces causes et ces lois, je puis agir sur elles et en modifier les effets, tout comme, dans l'ordre des phénomènes naturels, connaissant la loi qui régit un fait, je provoque ou j'empêche la réalisation de ce fait en produisant ou en supprimant sa cause. Le déterminisme ne ruine pas plus la morale qu'il ne ruine la médecine.

Pour le développement de cette idée, voir l'excellente petite brochure de Renard : *L'homme est-il libre?* publiée dans la *Bibliothèque utile*.

Voir *Morale*, sujet 550.

SECTION III

APPLICATIONS

Les sujets qui sont réunis dans cette section consistent en des applications des théories de cours à des cas pratiques. Ce sont ceux qui demandent de la part de l'élève le plus d'observations, de bon sens, de qualités personnelles. Ce sont ceux, par suite, dans lesquels il pourra faire le mieux juger de ce que vaut son esprit. On devra s'exercer tout particulièrement à traiter ce genre de questions ; ajoutons que les jurys d'examens tendent à les multiplier de plus en plus, à l'exclusion des sujets de pure théorie, où la mémoire tient trop de place.

Deux conditions doivent être réalisées pour réussir dans ces dissertations : 1° bien posséder les parties du cours qui y correspondent ; 2° ne pas faire entrer ce cours dans le développement.

Donc, en face d'un sujet d'application, l'élève commencera par recourir à ses notes, à ses cahiers, à ses livres, pour se bien remettre en mémoire toute la théorie concernant la question. Cela fait, il fermera livres et cahiers, ne s'en servira plus du tout, et traitera le sujet sur des faits positifs, exclusivement. On ne saurait trop recommander de bien choisir les faits, de ne prendre que ceux qui correspondent exactement au texte du sujet, et qui n'aient rien d'extraordinaire ni d'exceptionnel.

CHAPITRE I

LES FAITS PSYCHOLOGIQUES
LA CONSCIENCE

179. *Expliquer ce qu'on entend par la vie de l'esprit.*— Besançon [150-260].

Quand je dis qu'un oiseau, un chien vit, quand je dis qu'une plante vit, qu'est-ce que j'exprime par là? Il me sera peut-être plus facile de répondre si j'oppose le vivant au non vivant et si je dis : un oiseau perché sur une pierre vit, et la pierre ne vit pas. Qu'y a-t-il dans l'oiseau qui ne soit pas dans la pierre ? Sur cette pierre, il y a aussi de la mousse qui vit. Qu'y a-t-il dans la mousse, qui soit aussi dans l'oiseau, et ne soit pas dans la pierre ?

Il ne me sera pas difficile, je pense, de trouver deux, trois, peut-être quatre caractères précis dont la réunion forme ce que j'appelle la vie. Quand je les aurai déterminés, je passerai à cette autre recherche: mon esprit, c'est ce qui, en moi, sent, pense, veut. Lorsque je sens (une douleur); lorsque je pense (image, jugement, etc.); lorsque je prends parti entre deux actes, se passe-t-il en moi un ou plusieurs des faits que tout à l'heure j'ai relevés comme caractérisant la vie ? — Oui, assurément, ils y sont tous. J'ai donc le droit de dire que l'esprit vit.

On n'a pas l'intention de faire à l'élève, ici, un travail qu'il fera certainement bien de lui-même. On se bornera à lui indiquer ceci, en général : vivre, c'est emprunter à l'extérieur des éléments (nutrition), en rendre d'autres (excrétion) et élaborer les éléments acquis de façon à leur imposer une *forme* stable et spécifique.

---

180. *De l'hérédité psychologique.* — Bordeaux [11-126]. — Clermont [248-628].

Je ressemble physiquement à mon père et à ma mère. Je tiens d'eux un certain nombre de caractères précis : traits du visage, couleur, voix, démarche, taille, aptitudes physiques. Je ressemble aussi à mes grands-parents, et il y a des choses que je tiens d'eux. J'ai remarqué la même chose dans des animaux, et j'ai pu suivre la transmission de certains traits à travers une assez longue série de générations. Je sais que cela s'appelle l'hérédité physique.

Je ressemble aussi à mes parents, à mes grands-parents, à des ancêtres déjà lointains, par des traits qui appartiennent à mon esprit, et non à mon corps; je tiens d'eux des détails de caractère, des goûts, des sentiments, des passions, etc. Voilà l'hérédité psychologique.

Je ferai voir qu'elle existe, par de nombreux exemples.

Je chercherai ensuite dans quelle mesure elle assure la transmission des caractères, et ici, j'aurai à opposer aux premiers faits de très nombreuses exceptions que j'indiquerai avec la même sincérité.

Je tirerai de ces deux séries d'observations les conclusions qui s'imposent : l'hérédité est réelle, non absolue. Elle ne détermine nécessairement ni la forme de l'intelligence, ni la nature du caractère ; enfin, conséquence de tout ce qui précède, elle ne supprime pas la possibilité d'une volonté libre et autonome.

---

181. *De la vie de l'esprit qu'on appelle inconsciente. Par quels procédés peut-on, dans une certaine mesure, se rendre compte du rôle qu'elle joue chez l'homme ?* — Caen [271-367]. — Grenoble [192-193].

Pour renseignements sur l'inconscient, voir sujets 110-111.

Le présent sujet porte sur un point particulier de cette question très générale. Il s'agit ici surtout d'établir par quels procédés on se rend compte du rôle de l'inconscient dans notre vie. Ainsi, tout d'abord, il n'y a pas lieu de s'étendre sur la définition et la nature des faits inconscients, ni sur les théories qui ont pour objet de les expliquer. En second lieu la discussion relative à l'existence de ces faits est absolument hors de question. Il s'agit de leur rôle et de la manière dont on le constate.

Or il y a ici une difficulté. Un état inconscient est un état dont je ne m'aperçois pas, *au moment où il se produit.* Comment donc puis-je savoir, ou comment quelqu'un peut-il me prouver qu'il y a eu en moi un phénomène ? En d'autres termes, où est la différence entre l'état inconscient et le zéro de conscience ?

Il n'y a qu'un procédé : il consiste à trouver en moi d'autres états qui soient des effets positifs de celui que je n'ai pas aperçu. L'existence de ces effets prouvera l'existence de la cause. Exemple : le meunier dit qu'il n'entend pas le bruit de son moulin. *A ce moment* il est impossible de savoir s'il y a en lui un fait d'audition inconsciente, ou s'il n'y a rien du tout, comme il arriverait s'il était sourd. Mais quelques instants après, si l'on arrête le moulin, il s'en aperçoit. Donc il y avait en lui audition inconsciente.

Tous les faits, sans exception, que l'on doit rechercher pour établir l'existence et le rôle de l'inconscient, doivent donc présenter ce caractère : se révéler indirectement par leurs effets.

Voilà dans quel sens doit se traiter ce sujet. Les exemples suivants achèveront de faire comprendre la méthode.

Perceptions inconscientes : j'en rêve la nuit, ou je m'en souviens le lendemain. Rôle de l'inconscient dans le rêve et la mémoire.

Souvenirs inconscients ; réminiscences : je retrouve une association qui me les fait reconnaître.

Associations inconscientes : je saute de l'idée A à l'idée F (coq à l'âne). Un interlocuteur au courant de mes états d'âme habituels me fait remarquer que j'ai dû passer inconsciemment par les intermédiaires B, C, D, E ; je reconnais qu'il en est ainsi.

Motifs inconscients : j'ai pris une décision que je crois être conforme à un motif conscient que je puis alléguer. Plus tard les circonstances me font voir clairement que ce n'est pas ce motif, mais un autre, dont je n'avais pas conscience au moment de la délibération, qui a déterminé mon choix. Toute personne qui exécute dans l'état normal une suggestion imposée pendant une période d'hypnose est dans ce cas.

---

182. *Chercher à déterminer, en s'appuyant autant que possible sur des observations personnelles, le degré d'intelligence de l'animal.* — Alger [472-652]. — Nancy [155-157].

Pour renseignements, voir sujet 10.

Les termes du texte ci-dessus indiquent suffisamment comment il doit être développé.

---

183. *Comment définissez-vous l'homme?* — Clermont [408-451] ; [439-493].

On choisira, suivant les préférences, entre les diverses définitions suivantes :

L'homme est un animal raisonnable.

Dans ce cas il faut refuser à l'animal la possession de la raison pure, de l'idée de nécessité.

L'homme est un animal qui *crée des États* (Vrai sens du ζῷον πολιτικόν : animal sociable d'Aristote).

Dans ce cas soutenir que les sociétés animales sont des groupements d'une autre nature que les *cités* humaines :

L'homme est un animal moral (Notion de l'obligation).

La définition choisie sera appuyée sur des observations ou personnelles, ou scientifiquement établies.

---

184. *Par quels faits se manifeste l'influence du moral sur le physique ?* — Aix [9-827]. — Besançon [61-173]. — Clermont [9-834].

185. *Jusqu'à quel point notre état moral dépend-il de notre état physique ?* — Nancy [205-305].

Ces deux sujets, dont l'un est la contre-partie de l'autre, se traitent par des faits absolument familiers et n'offrent aucune difficulté.

CHAPITRE II

SENSIBILITÉ

186. *Montrer que la joie est une passion et que le plaisir n'est qu'une émotion* — Montpellier [214-254].

Moyennant deux remarques préalables, ce sujet sera très facile à traiter.

1° Le mot passion y est pris dans le sens large, synonyme de sentiment en général, sens de Spinoza (V. sujet 24).

2° Le mot joie désigne un sentiment ; c'est le plaisir accompagné de la représentation d'un certain objet ou état.

La joie s'oppose au plaisir en ce qu'elle est un état d'âme, indépendant du corps, tandis que le corps joue un grand rôle dans le plaisir. Revoir sa famille est une cause de joie ; boire quand on a soif est une cause de plaisir.

---

187. *Distinguer les plaisirs et les douleurs du corps, de l'esprit et du cœur.* — Clermont [386-686] ; [395-706].

Prendre trois couples d'exemples composés chacun d'un plaisir et d'une douleur appartenant respectivement aux trois classes désignées ; les analyser ; relever les caractères par où ils diffèrent. La nuance entre douleur de l'esprit et douleur du cœur est délicate. La souffrance que fait éprouver à un homme de goût la vue du laid est une douleur de l'esprit ; le regret qu'on ressent de la perte d'un être aimé est une douleur du cœur.

Ne pas oublier de faire entrer en ligne de compte les effets du temps et du souvenir sur ces trois espèces d'émotions. Par exemple : le souvenir d'une souffrance physique est plutôt agréable ; le souvenir d'une peine de cœur renouvelle cette peine.

---

188. *Décrivez avec précision celui des sentiments humains que vous avez le mieux observé, et cherchez quelles conditions physiologiques, psychologiques ou sociologiques en favorisent l'éclosion.* — Rennes [405-636].

Sujet essentiellement pratique, où la pleine liberté du choix est laissée à l'élève. Il devra toutefois tenir compte des trois ordres de conditions qui sont désignées, et prendre pour exemple un sentiment qui s'adapte bien à tous trois. On lui conseille de choisir l'un des suivants : pitié, amour maternel, patriotisme, sentiment religieux.

---

189. *Du désir d'estime.* — Montpellier [220-266].

190. *Analyser le sentiment de l'honneur.* — Nancy [568-764].

Voici deux sujets qui ont d'étroites affinités Le désir d'estime est un sentiment plus général que le sentiment de l'honneur. Le premier entre dans le second comme élément, et avec restriction, l'homme mû par le sentiment de l'honneur désirant être estimé *spécialement* de certaines catégories de personnes, et pour certains actes.

Quel parti y a-t-il à tirer pour le développement de l'étude de ces deux sentiments ?

On voit qu'il y a d'abord une analyse psychologique à faire. Ce sont des sentiments complexes, le second surtout: on devra en chercher les éléments. On y trouve à la fois des inclinations personnelles (amour de soi); sociales, désir d'une bonne renommée, besoin de *se classer* dans un groupe spécifié de ses concitoyens ; supérieures (amour du beau et du bien, sentiments moraux). On insistera surtout sur l'élément social.

Il y aura lieu ensuite de dire un mot de l'évolution de ces sentiments et des formes successives qu'ils ont présentées au cours de l'histoire.

Enfin on montrera quels sont les effets : 1° sur l'individu ; 2° sur le groupe social.

Eléments, évolution, effets, tels sont les trois points essentiels à traiter dans toute étude psychologique d'un sentiment ou d'une passion.

---

191. *Effets psychologiques et moraux de la douleur sous toutes ses formes.* — Lille [56-692]. — Nancy [21-538].

A. **Préparation.** — 1° Lire, en s'efforçant de les bien comprendre, les *Nuits* de Musset, et tout particulièrement la *Nuit d'octobre* (Le couplet de la Muse qui commence par : « Poète, c'est assez ! » contient toutes les idées à développer ici). 2° Faire appel à ses réflexions personnelles et à ses souvenirs historiques, en s'appliquant à rechercher ce que la souffrance provoque d'ordinaire dans l'*esprit* et le *cœur* de l'homme.

B. **Composition.** — Bien délimiter le sujet, en remarquant qu'il ne concerne que les effets psychologiques et moraux, par conséquent l'action de la douleur : 1° sur nos idées et nos sentiments ; 2° sur notre conscience et notre caractère moral. De là la division :

Introduction. La douleur n'est pas absolument un mal. Elle produit, *dans l'âme* qu'elle atteint, des résultats qui ne sont pas tous funestes.

1° Effets psychologiques : *a*) Elle nous aide à mieux comprendre, affine notre intelligence. *b*) Elle seule nous fait savourer le bonheur. *c*) Elle est l'inspiratrice de l'art.

2° Effets moraux : *a*) Elle trempe les âmes et donne de la force au caractère. *b*) Elle incline à la pitié.

C. **Développement**. — Ne citer Musset qu'avec mesure, plutôt le commenter. Remarquer que ce sujet, traité par un grand poète, se prête facilement à un développement lyrique, que le style peut, par endroits, se colorer et s'échauffer. Faire effort pour n'être ni banal ni terre à terre, sans toutefois donner dans l'emphase.

---

192. *Du rôle des émotions dans la vie intellectuelle.* — Grenoble [**193-181**].

193. *Du rôle des émotions dans la vie morale.* — Grenoble [**192-181**].

Voir le sujet précédent : Remarquer qu'ici on doit considérer les émotions, c'est-à-dire le plaisir et la douleur.

---

194. *Du cœur. Qu'est-ce qu'avoir du cœur ? Qu'entend-on par un homme de cœur ?* — Clermont [**213-231**].

Sujet que peut traiter facilement tout élève. Prendre le plan signalé plus haut : éléments, évolution (ici ne pas négliger l'influence de l'éducation); effets. Bien distinguer, dans les éléments, la part psychologique et la part morale : l'homme de cœur est à la fois bon dans le sens de tendre et bon dans le sens d'honnête, de ferme devant le devoir.

---

195. *Distinguer la sensibilité de la sentimentalité.* — Grenoble [**21-837**].

La seconde est l'*excès* et l'*affectation* de la première. La première est une qualité précieuse, la seconde un défaut ridicule. Faire le portrait de la personne sensible et de la personne sentimentale. Montrer comment on devient sentimental (Lectures, vie mondaine, vanité, manque de sincérité). On trouvera de bons exemples dans les mœurs, l'art et la littérature de la seconde moitié du XVIIIe siècle (J.-J. Rousseau, Mme de Genlis, Greuze, etc.), époque où la sentimentalité était devenue une mode universelle.

---

196. *Comment et dans quelle mesure pouvons-nous exercer une action sur nos sentiments ?* — Lyon [**91-294**].

Ce sujet est une partie de celui-ci, plus vaste : action de la volonté sur le caractère.

On traitera celui-ci en prenant pour exemple un ou deux sentiments, bien familiers, soit un sentiment que l'on veuille développer, comme celui de l'honneur, et un que l'on veuille atténuer ou détruire, comme l'envie, la timidité.

On montrera que l'action exercée par nous sur de tels sentiments dépend de deux conditions : 1° la connaissance exacte du sentiment, de sa nature, surtout de ses causes ; 2° la volonté ferme, et surtout *continue.*

---

197. *Effets de l'observation intérieure sur les sentiments.* — Nancy [**86-159**].

J'aime ma mère. Si j'observe et si j'essaie d'analyser ce sentiment, d'en chercher les éléments, en un mot si j'y porte attention, en résulte-t-il quelque conséquence pour le sentiment lui-même ? Il me semble qu'oui ; il me semble qu'après avoir réfléchi quelque temps sur ce sujet je trouve que j'aime encore un peu plus et un peu mieux ma mère, parce que j'ai découvert de nouvelles raisons de l'aimer.

Je viens de subir une blessure d'amour-propre, et j'en suis irrité. Si j'observe, en psychologue, cette petite colère, remarquerai-je un effet de mon observation sur l'état lui-même ? Il me semble qu'à mesure que je l'étudie, ma colère diminue et s'évanouit. Etre en colère, c'est être plus ou moins hors de soi ; si je rentre en moi, je me mets dans les conditions les plus défavorables à la persistance de cette passion.

Bien d'autres exemples peuvent servir aux mêmes constatations. En résumé, je vois que l'observation intérieure modifie les sentiments ; tantôt elle les renforce, tantôt les affaiblit.

J'en vois bien d'ailleurs la cause, en réfléchissant qu'il y a dans tout sentiment un élément intellectuel. Et je remarque ici qu'il y a une part de vérité dans la doctrine de Descartes qui identifie le sentiment avec l'idée (Voir, sur ce point, le sujet 112).

Je remarque enfin qu'il y a aussi une part de vérité dans l'objection faite par Aug. Comte contre la possibilité de la psychologie : observer ses états, c'est les modifier (V. sujet 5).

---

198. *Quel profit le cœur peut-il retirer des études philosophiques ?* — Lille [**10-255**].

Il en retire d'abord le profit qu'il peut retirer de toutes les études sérieuses : en vertu de la solidarité des facultés, on ne cultive pas et l'on n'étend pas l'intelligence sans développer en même temps la sensibilité.

Il en retire, en second lieu, un double profit particulier : 1° de mieux se connaître (Importance de la maxime de Socrate : « Connais-toi toi-même. ») par l'étude psychologique des sentiments ; 2° de se former à une discipline morale par l'étude de la partie de la philosophie consacrée à cet objet.

CHAPITRE III

INTELLIGENCE

SENS. IMAGINATION. MÉMOIRE

199. *De l'ordre dans lequel se développent les facultés de l'âme dans le cours de la vie humaine.* — Rennes [4-137].

Chercher à rassembler ses souvenirs, afin de voir quelle réponse ils suggéreront. Contrôler cette réponse par l'observation des enfants. 1re phase : sensibilité physique, sensations, quelques perceptions naturelles, mémoire, associations, mouvements réflexes, instincts ; 2e phase : attention, perceptions acquises, imagination créatrice, sentiments égoïstes et familiaux, abstraction, habitude ; 3e phase : inclinations supérieures, raison, volonté.

---

200. *Enumérer les sens d'après l'importance des services qu'ils nous rendent et des connaissances qu'ils nous fournissent.* — Clermont [213-568] ; [400-625].

Sujet dont tous les cours fournissent les éléments. L'élève, en le traitant, devra s'efforcer de bien préciser par des faits positifs, l'utilité de chaque sens. Bien distinguer le double office d'un sens : 1° nous servir *pratiquement* à satisfaire nos besoins et éviter les dangers ; 2° nous donner la connaissance des objets extérieurs. Le premier de ces deux rôles prime l'autre. C'est pour cet objet que la nature a fait les sens ; *biologiquement*, ils doivent être considérés comme des instruments indispensables à la vie pratique et non comme des appareils d'investigation. Les évolutionnistes expliquent cette loi par le principe de la sélection : les seuls sens pratiquement utiles se sont développés et se sont pourvus d'organes perfectionnés. Inversement, il existe des modes de l'énergie externe (ce qu'on appelle des *propriétés*) dont la connaissance serait d'un haut intérêt au point de vue théorique, et pour la perception desquels nous n'avons pas de sens.

---

201. — *Les perceptions naturelles et les perceptions acquises. Étudier cette distinction en considérant le cas de la perception du relief et de la distance par la vue.* — Rennes [129-258].

202. *Les perceptions naturelles et les perceptions acquises de la vue et du toucher.* — Lille [9-838].

203. *Les perceptions naturelles et les perceptions acquises de l'ouïe.* — Rennes [21-242].

204. *Propriétés des corps qui peuvent être perçues par la vue et le toucher.* — Rennes [270-378].

205. *Des illusions d'optique. En donner des exemples. Chercher comment elles s'expliquent.* — Nancy [185-305].

V. sujet 38, pour les renseignements nécessaires. Tous ces sujets sont du même ordre et se traitent exactement de la même façon.

On choisit un exemple bien caractéristique ; on l'analyse, et l'on en dégage les éléments d'une perception acquise, en présentant les définitions au fur et à mesure. Soit, pour une perception acquise de l'ouïe, l'exemple : j'entends le bruit d'une voiture au loin. Les éléments sont : 1° une perception actuelle propre et spéciale au sens de l'ouïe : celle d'un bruit *faible* avec son timbre. (Perception naturelle) ; 2° des souvenirs de perceptions visuelles, musculaires, tactiles, que j'ai éprouvées autrefois quand il m'est arrivé de percevoir de près, après avoir franchi la distance qui m'en séparait, une voiture en marche ; 3° une association en vertu de laquelle les seconds éléments sont évoqués par le premier ; 4° un jugement par lequel j'affirme que l'objet qui, *en ce moment*, provoque en moi la perception (1) de bruit faible, provoquerait aussi les secondes, si les conditions nécessaires à la production de ces dernières étaient réalisées.

C'est sur ce jugement que repose la possibilité d'erreur. En tenir le plus grand compte pour expliquer les illusions d'optique. Je juge d'après mes habitudes, en quoi j'ai parfois tort, toutes les fois que l'objet est dans des conditions qui sortent de mes habitudes.

---

206. *Éducation des sens.* — Aix [82-294].

207. *L'éducation des sens est-elle possible ? Comment se fait-elle ?* — Aix [593-670].

L'éducation des sens consiste : 1° à leur faire acquérir des perceptions complexes, c'est-à-dire à créer des associations entre les données de plusieurs sens ; 2° à rectifier le jugement qui fait partie de toute perception acquise. Voir, pour ces deux points, le sujet précédent. Traiter celui-ci exclusivement par des exemples, pris pour la plus grande partie parmi les perceptions visuelles.

---

208. *On est arrivé récemment à faire l'éducation d'une jeune fille sourde, muette et aveugle de naissance. On lui a appris à lire, à écrire, à compter, à raisonner. Quelle idée pensez-vous qu'elle puisse se faire du monde extérieur ?* — Aix [153-765].

Ce cas est presque identique à celui de la célèbre Laura Bridgman, morte vers la fin du XIXe siècle, et qui, elle aussi née sourde, muette et aveugle, parvint à un développement intellectuel complet. Elle échangeait des idées avec ses interlocuteurs, d'abord au moyen d'un langage composé de signes tactiles qu'elle s'était créé, plus tard à l'aide de l'écriture.

Si l'on se demande quelles sont les représentations d'un être placé dans ces conditions, il faut tenir compte de deux éléments :

1° Il se représente les objets d'après ce que lui en font connaître les sens, c'est-à-dire d'après les données du toucher, de l'odorat et du goût.

2° Il joint à ces informations personnelles celles qui lui sont communiquées par les personnes qui font son éducation (sous réserve de la façon dont il les interprète). Lire, si possible : Helen Keller, *Sourde, muette, aveugle*. Les renseignements suivants permettront d'éviter les erreurs.

a) Le toucher *seul* donne les perceptions du contact, rugosité, température, résistance (sens musculaire). Il ne donne pas à lui seul la notion d'espace ; il y faut le concours de la vue (observations du médecin allemand Platner. « Aux aveugles-nés, le temps tient lieu d'espace. »). Le sujet en question se fera donc, par les seules données de son expérience personnelle, la notion d'un ensemble d'objets résistants (qualité essentielle du non-moi) sans celle d'espace. Les objets non en contact avec lui n'existent pas pour lui à ce moment même, comme n'existent pas pour nous la nuit les objets silencieux.

b) Il *traduit* dans son vocabulaire subjectif les renseignements qui lui sont donnés sur les objets. Il arrive, par exemple, à *savoir* que tel objet qu'il touche est coloré, ou sonore. Mais ces expressions ne peuvent représenter en lui ce qu'elles représentent en nous. Il y substitue des propriétés qui lui sont perceptibles, c'est-à-dire que ces mots sont, pour lui, des métaphores, comme quand nous parlons d'une couleur chaude ou de sons veloutés.

---

209. *Comment distinguons-nous notre corps des corps étrangers ?* — Nancy **[107-221]**.

Deux moyens nous permettent de faire cette distinction :

1° La cœnesthésie. On sait que ce nom désigne l'ensemble de toutes nos sensations organiques à chaque moment de notre vie, en admettant qu'aucune d'elles n'ait une intensité exceptionnelle, de nature à rompre l'équilibre et à occuper toute la conscience au détriment des autres. Cet ensemble forme comme une résultante dont nous constatons la présence constante en nous, une sorte de bruit intérieur sourd et confus qui accompagne toute notre vie. Or la cœnesthésie présente, par rapport aux autres sensations, celles des sens, proprement dites, cette différence remarquable, qu'elle nous est donnée comme *intérieure*, ayant son siège dans une région de l'espace qui nous apparaît comme appartenant directement au moi, et que nous distinguons ainsi des corps étrangers, en l'appelant *notre* corps.

2° La double sensation tactile. Quand je touche un point de mon corps, par exemple. Quand je pose le doigt sur ma jambe, j'éprouve deux sensations simultanées : mon doigt sent ma jambe et ma jambe sent mon doigt. De tous les corps, mon corps est le seul qui donne lieu à cette dualité d'impressions.

Ce sont ces deux points qu'il faut développer avec des exemples. On y ajoutera ce troisième point : que nous percevons ainsi *directement* notre propre corps, et *indirectement* tous les autres, en tant qu'ils affectent le nôtre.

CHAPITRE IV

INTELLIGENCE
ASSOCIATIONS. IMAGINATION. MÉMOIRE

210. *Si les images et les souvenirs obéissent aux lois de l'association, comment pouvons-nous disposer de nos images, par exemple dans l'imagination créatrice, et retrouver à point nommé le souvenir dont nous avons besoin ?* — Caen [42-46].

Je voudrais d'abord me rendre bien compte du problème qui m'est posé ici.

D'une part on me dit : les images et les souvenirs obéissent aux lois de l'association. C'est vrai ; la psychologie le prouve surabondamment.

D'autre part on me fait remarquer que l'imagination créatrice modifie les rapports des images, et que la mémoire me fait souvent retrouver un souvenir quand il me plaît.

Je vois bien la difficulté. Les lois de l'association sont fatales, comme toutes les lois ; et il y a dans le jeu des images et des souvenirs certaines combinaisons imprévues, œuvres de la spontanéité de mon esprit, quelquefois de ma volonté, qui échappent, semble-t-il, à ces lois. Pourquoi, et comment ?

En principe, les lois sont des lois ; leur empire est absolu, rien n'y échappe, rien ne se fait contre elles. Lorsqu'un fait semble contraire à une loi, il n'y a là qu'une apparence : il est, en réalité, un effet d'une loi, mais un effet singulier, dont la singularité résulte, soit d'un mode particulier d'exercice de la loi, soit, plus fréquemment, de la rencontre de cette loi avec une autre. La question ainsi élucidée, apparaît comme étant du même ordre que celle-ci : comment l'homme peut-il intervenir dans l'enchaînement déterminé des phénomènes de la nature, agir sur ses phénomènes et les faire servir à certaines fins ? Et Bacon a répondu à cette question par le célèbre aphorisme : « On ne commande à la nature qu'en lui obéissant. »

Ainsi je puis affirmer que si mon esprit, soit dans le travail de la création imaginative, soit dans l'évocation des souvenirs modifie l'ordre de certaines associations, c'est en se servant des lois mêmes de l'association.

Pour le faire voir en détail, je choisirai deux exemples appropriés : 1° une création de l'art (scène ou caractère d'un drame, composition d'un tableau) ; 2° le rappel *volontaire* d'un souvenir (les détails d'une question historique dans un examen ; les circonstances précises d'une affaire dont je dois témoigner en justice). Je montrerai qu'il y a, dans tous ces cas, des applications normales des lois de l'association (Voir Rabier, *Cours de psychologie*, chap. Imagination ; Taine, *Intelligence*, Tome II, livre III, chap. I).

---

211. — *Psychologie du sommeil.* — Aix [63-493].

Supposer un homme endormi, et faire sur ce sujet les observations et expériences que l'on peut réaliser sans l'éveiller (y joindre les questions qu'on lui posera après le réveil), afin de reconnaître quels états *psychologiques* ont lieu en lui. Procéder dans l'ordre suivant : 1° états affectifs, sensations, émotions ; 2° états actifs, mouvements ; 3° états représentatifs, perceptions, raisonnements inconscients, mémoire, rêves. Passer rapidement sur les deux premiers points. Insister sur la théorie du rêve.

Remarques importantes. — 1° En ce qui concerne les sensations et perceptions, se défier des apparences, ici fort trompeuses. Il semble qu'il n'y ait dans le sommeil ni sensations ni perceptions ; en réalité il y en a, et *beaucoup*. Seulement les sensations sont sourdes, demi-conscientes, et les perceptions vagues et mal coordonnées. Ce sont les éléments qui constituent *cette moitié* de la matière des rêves, l'autre étant formée d'images.

2° Pour expliquer le rêve, porter tout l'effort de la théorie sur l'illusion qui nous fait prendre les images pour des réalités; cette illusion est la conséquence de l'absence de perceptions *précises* et *fortes*, capables de servir de *réducteurs* aux images (Voir Taine). Ne pas se contenter de signaler cette réduction qui se fait à l'état de veille en disant qu'elle n'a pas lieu dans le sommeil, mais développer la théorie, de façon qu'elle puisse être comprise même d'un lecteur qui l'ignorerait complètement.

Sur la psychologie du sommeil et la théorie du rêve, on consultera avec profit un très remarquable article publié par M. Bergson dans la *Revue rose*, n° du 8 juin 1901.

---

212. *Analysez les sensations et les représentations ou images qui se produisent en vous : 1° quand vous lisez ; 2° quand vous écrivez ; 3° quand vous parlez mentalement.* — Rennes [3-859].

Ceci peut être considéré comme le sujet-type de dissertation où l'élève a tout à tirer de son observation personnelle.

Tout l'art de la composition, dans un tel travail, se ramène à deux conditions : 1° se bien observer soi-même, et ne pas négliger, comme il est si facile et si commun de le faire, des phénomènes souvent très importants, mais peu apparents, qui, par suite, échappent à une inspection hâtive et superficielle ; 2° résumer ces faits et en tirer les lois psychologiques qu'ils révèlent.

Dans le présent sujet, on devra tenir compte des trois principales classes d'images qui se produisent dans une conscience, savoir : des images *visuelles*, *auditives* et *motrices* ou *kinesthésiques*. Par exemple les mots : coup de fusil, lus ou écrits, peuvent suggérer à telle personne l'image visuelle d'un tireur, à telle autre l'image auditive d'une détonation, à une troisième l'image kinesthésique des mouvements que l'on fait pour épauler, viser et tirer.

En outre il faudra porter son attention sur les représentations qui accompagnent les idées abstraites, par exemple se demander : qu'est-ce que *j'imagine* quand je lis ou que j'écris des mots tels que bonté, infini, qualité, forme, rapport, subordonné, consécutif, etc ? La réponse faite, se demander encore si l'*image* que suggèrent ces mots constitue la totalité de l'état intellectuel qui y correspond, *est* toute l'idée ou s'ajoute à cet état comme une illustration au texte d'un livre.

Ne pas oublier non plus les mouvements du larynx et des organes buccaux qui accompagnent la parole mentale, et, très fréquemment, l'expriment inconsciemment, de sorte que le sujet, croyant seulement penser, parle en réalité, plus ou moins distinctement.

Chercher si dans la lecture ou l'écriture rapides on a bien une image pour chaque mot, ou seulement quelques images correspondant aux seuls mots importants. Une personne qui parle avec un étranger dans la langue de celui-ci sans la posséder à fond (ce qui est le cas le plus fréquent) comprend *bien*, sans comprendre *tout*.

Remarquer enfin que les deux premiers points rentrent dans le troisième, en ce sens que la lecture et l'écriture sont des formes de la parole intérieure.

A propos de ce dernier fait, très important, on lira avec intérêt et profit : *La parole intérieure* de M. Victor Egger.

---

213. *Des plaisirs et des douleurs que les hommes doivent à l'imagination.* — Clermont **[194-231]** ; **[200-568]** ; **[332-416]**.

214. *Quel est dans la vie commune le rôle de l'imagination ?* — Montpellier **[186-254]**.

215. *Avantages et dangers de l'imagination : 1° dans la vie intellectuelle; 2° dans la vie morale.* — Grenoble **[95-225]**.

On peut dire de l'imagination ce qu'Ésope disait de la langue : beaucoup de bien et beaucoup de mal. Sans parti pris, les avantages de cette faculté doivent paraître plus importants que ses dangers, et il semble que l'homme lui doive plus de plaisirs que de douleurs.

A titre d'indication générale pour traiter le second des sujets ci-dessus, l'auteur du présent ouvrage croit devoir donner à ses lecteurs le sommaire du cours qu'il développe à ses élèves sur le rôle de l'imagination dans la vie réelle.

L'imagination, c'est la vie même de l'esprit. Elle opère dans les mêmes conditions que la vie physique.

Celle-ci est définie par Claude Bernard : création continue de la forme vivante. C'est un ensemble de mouvements ayant pour résultante d'agréger sans cesse à la cellule organique des éléments empruntés au milieu où elle vit, mais en obéissant à la loi d'une « idée directrice » ou forme imposée, c'est-à-dire que le travail vital n'agrège que des éléments aptes à entrer dans le plan de l'organisme qu'ils doivent compléter. Il en va de même du travail de la force vitale psychique.

Chacun de nos états de conscience tend à devenir le centre d'un édifice d'images, d'idées, de sentiments qu'il évoque par une sorte d'affinité, groupant ainsi autour de lui tous ceux des autres états qui sont de nature à faire corps avec lui, à le compléter. Si l'état initial est affectif, la force d'attraction qu'il exerce est au maximum. Il devient ainsi le centre d'une véritable construction qui s'accroît par des apports continus. Les états appelés forment bientôt autour du premier comme une sorte d'atmosphère réfringente à travers laquelle lui-même et le monde extérieur apparaissent au regard de la conscience plus ou moins modifiés. Il semble, au premier abord, que la poésie soit chose rare ; en réalité elle est un don universel : chacun de nous est le poète de sa propre existence.

Quelques effets de ce travail intérieur : 1° Bonne et mauvaise humeur. 2° Poésie de la nature (Nous projetons nos images sur le monde « Un paysage est un état d'âme. »). 3° Poésie du souvenir. 4° Poésie de l'espérance (Châteaux en Espagne). 5° Poésie du chez soi (Le « home » anglais). 6° Poésie des vulgarités de la vie (C'est l'imagination qui, en évoquant sans cesse la représentation d'un but poursuivi, soutient l'effort quotidien, sans elle insupportable, et donne du prix aux réalités les plus vulgaires).

---

216. « *L'imagination fait la beauté, la justice, le bonheur.* » (*Pascal*). — Poitiers [**105-828**].

Boutade de Pascal. Il y a beaucoup d'excès dans cette assertion. La beauté a ses lois et s'impose fréquemment ; bien plus encore la justice (qu'il faut entendre ici dans le sens de la morale entière) et où l'imagination n'a qu'une faible part. L'assertion est vraie du bonheur, qui est réellement en très grande partie œuvre de l'imagination ; on a dans la vie la part de bonheur qu'on croit avoir. A l'aide des renseignements présentés à propos du sujet précédent, et en tenant compte des restrictions qui viennent d'être formulées, on traitera convenablement celui-ci.

---

217. *Quels sont les éléments psychologiques qui entrent en jeu dans l'invention ?* — Lille [**345-347**]. — Montpellier [**89-49**].

L'invention est l'acte propre de l'imagination. On y trouvera donc avant tout des images, c'est-à-dire des résidus de perceptions. A ce titre, l'esprit le plus inventif sera d'abord celui qui aura acquis le plus de perceptions, en y prêtant attention, en remarquant ce qu'elles ont de particulier : esprit observateur.

De ces images, un certain nombre sont reconnues : la mémoire est un second élément de l'invention. En troisième lieu, les images s'associent pour constituer l'objet inventé ; une force particulière d'association est un autre élément de l'invention.

Enfin pour que l'œuvre naisse viable, pour qu'elle ne soit pas le produit hétéroclite d'une fantaisie désordonnée, il faut que le travail de l'imagination soit aidé par la volonté.

La continuité de l'effort (d'où l'obsession, la hantise) est souvent aussi un trait de l'esprit inventif. Newton disait avoir trouvé sa loi « en y pensant toujours ».

---

218. *Expliquer en quoi consistent les phénomènes de mémoire suivants : Simple réminiscence — Reconnaissance — Souvenir complet.* — Besançon [**175-805**]. — Rennes [**269-456**].

Les cours et manuels fournissent tous les éléments nécessaires pour traiter ce sujet. En outre, voir la théorie de la mémoire dans le 2e vol. de l'*Intelligence* de Taine.

Pour faire la dissertation, prendre un seul exemple et en suivre l'évolution dans les trois phases indiquées.

---

219. *Est-il vrai qu'un excès de mémoire puisse être un danger pour le développement de l'intelligence ?* — Montpellier [157-39].

Oui et non : question de méthode et de volonté. Tel élève, doué d'une mémoire exceptionnellement précise et fidèle, et ne mettant en jeu que cette faculté, après avoir tenu un rang honorable dans les classes inférieures n'est, à la fin de ses études, qu'un perroquet. Tel autre, élève tout à fait distingué, esprit d'élite, possède lui aussi une mémoire prodigieuse, dont il use, et qui lui rend de grands services (V. sujet 130)

En vérité, la mémoire, par elle-même, est un instrument, et, comme tout instrument, ne vaut que ce que vaut celui qui s'en sert.

Il ne faut pas cultiver la mémoire pour elle-même : tout est là.

---

220. *De l'éducation de la mémoire.* — Montpellier [189-266].

La théorie de l'éducation de la mémoire repose sur la connaissance des conditions de cette faculté.

Or on sait que toutes ces conditions se résument en une seule : l'association. Tout ce qui tend à multiplier et à fortifier les associations tend par là même à faciliter et à perfectionner le travail de la mémoire.

C'est donc par le moyen de l'association qu'on fera l'éducation de la mémoire.

Une bonne mémoire est celle qui conserve beaucoup de souvenirs, les évoque facilement, les reconnaît sûrement, les localise avec précision.

On verra quelles sortes d'associations on devra faire contracter à un état pour qu'il présente ces quatre conditions.

---

221. *Appréciez cette thèse de Leibnitz : « Il reste toujours quelque chose dans notre esprit de toutes nos pensées passées, et aucune n'en saurait jamais être effacée complètement. » Quelle en serait la conséquence au point de vue de l'évolution et des changements des goûts, opinions, croyances, etc. ?* — Nancy [107-209].

On voit clairement deux questions à traiter ici : 1° Est-il vrai, comme l'affirme Leibnitz, qu'aucun état ne disparaît complètement de la conscience ? 2° Quelles sont, dans l'hypothèse affirmative, les conséquences de cette persistance des états ?

1re *Question.* C'est une hypothèse plausible. Au fait, quand j'ai oublié (je dis totalement oublié) quelque chose, je ne sais jamais au juste pourquoi. Et entre deux causes d'oubli, je ne sais laquelle est la vraie. L'état oublié peut n'avoir pas été conservé en moi ; ou bien il y est toujours (dans l'inconscient) mais il ne réapparaît pas. La première hypothèse est celle que défend Leibnitz.

2e *Question.* S'il en est ainsi, il y a là un obstacle au changement radical des idées, opinions, goûts, etc. dans un individu. La masse des états anciens persistants forme en nous un élément conservateur, un principe de stabilité, de tradition, qui s'oppose, dans une certaine mesure, à l'évolution du caractère ; et cette résistance serait d'autant plus efficace qu'elle est sourde, inconsciente. De là pourrait venir la répugnance que nous éprouvons souvent à admettre des idées nouvelles, à changer notre manière de vivre. Ce fonds d'idées et de sentiments serait d'ailleurs transmissible par hérédité et pourrait, au moins en partie, expliquer les traditions conservatrices de certaines castes ou de certaines familles, leur résistance quelquefois aveugle, instinctive, au progrès. Et d'un autre côté, dans ce traditionnalisme et cette résistance à l'innovation (dans ce misonéisme, comme on dit aujourd'hui), tout ne serait peut-être pas condamnable : il est bon que le présent ne se détache pas complètement du passé ; une nation n'est forte que par la solidarité des générations successives ; un grand peuple a toujours de fortes racines dans le passé. On sait quelle est en Angleterre la puissance de la tradition : c'est un exemple qu'il est bon de ne pas perdre de vue.

---

222. *De la mnémotechnie. Quels services peuvent rendre les procédés mnémotechniques ? Quelles raisons a-t-on d'en proscrire l'usage ?* — Clermont **[54-771]**.

On peut définir la mnémotechnie : un ensemble de procédés destinés à fixer et rappeler les souvenirs au moyen d'associations généralement artificielles.

Les termes de cette définition indiquent assez clairement ce qu'il y a de bon et de mauvais dans cet art. La mnémotechnie peut être utile en tant qu'elle facilite le travail de la mémoire et nous fournit à point nommé des souvenirs dont nous pouvons avoir grand besoin. Elle est nuisible parce qu'elle est artificielle et mécanique, et dans la mesure où elle l'est.

Or, précisément, il y a mnémotechnie et mnémotechnie. Il est tel procédé ridicule, et qu'il faut proscrire. Mais il en est de plus rationnels, fondés sur des associations ayant une valeur logique, et que l'on peut, par suite, recommander (Les synchronismes, par exemple, en histoire).

CHAPITRE V

INTELLIGENCE
ENTENDEMENT DISCURSIF

223. *Pourquoi est-il plus difficile de fixer son attention sur les idées abstraites ? Cette forme d'attention est-elle naturelle ? Est-elle un produit artificiel de l'éducation ?* — Montpellier **[42-249]**.

Je constate par une expérience quotidienne qu'il est difficile de fixer son attention sur une idée abstraite (Mathématiques, philosophie, surtout logique et métaphysique). Il y faut un effort considérable. L'enfant n'en est pas capable, le sauvage non plus. Cette difficulté doit s'expliquer par la nature de l'attention.

En effet, pour déterminer l'acte d'attention, il est utile, sans être indispensable toutefois, que la conscience soit occupée d'un état affectif. Le phénomène le plus ordinaire d'attention, l'acte d'attention spontanée, est toujours provoqué par une sensation vive. Et sans doute Condillac allait trop loin en définissant l'attention : une sensation exclusive (V. sujet 158]. Mais il y avait dans son opinion une part de vérité.

Or une idée abstraite est dépouillée de tout élément affectif ; c'est un état intellectuel pur. De là son incapacité à fixer notre attention : elle n'intéresse pas notre sensibilité. Elle nous laisse froids. Il n'est pas naturel de s'appliquer attentivement à des abstractions. Mais on y arrive par l'éducation et l'habitude (les mathématiciens se passionnent pour leurs recherches). On sait d'ailleurs que l'habitude crée un besoin.

---

224. *Les jugements absolus et sommaires ne dénotent-ils pas souvent une certaine étroitesse d'esprit ? Donnez des exemples.* — Montpellier **[161-257]**.

Cette dissertation, très pratique, demande de l'esprit d'observation. Tout le monde connaît de ces *décisionnaires* à la parole tranchante, aux aphorismes intransigeants, qui ont sûr toute chose leur siège fait, comme l'abbé Vertot, et prononcent à propos des questions les plus ardues des jugements sans appel. On fera le portrait d'un homme de cette sorte, en relevant les deux traits de son esprit : absolu, sommaire.

On cherchera ensuite pourquoi de tels hommes sont, de l'aveu de tous, des sots, et des sots déplaisants. Ils manquent de deux qualités d'esprit éminentes : souplesse et largeur. Souplesse : ils ne voient une idée que sous une seule face. Largeur : ils ne voient qu'une idée à la fois, et par suite les nuances, les oppositions, les contrastes, les rapports, tout ce qui est l'intelligence leur échappe. Ils ne se font jamais d'objections à eux-mêmes ; ils trouvent tout facile et sont sûrs de tout. L'infinie complexité des choses, les petites contradictions ou oppositions dont le tissu forme la vérité, leur échappent. Ils n'ont ni l'esprit de doute méthodique, ni la modeste et prudente défiance de soi-même qui est la vraie marque d'une intelligence distinguée.

---

225. *Du doute. De son usage légitime; de son excès.* — Grenoble **[95-215]**.

Les réflexions qui accompagnent le sujet précédent permettent de bien traiter celui-ci.

Usage légitime du doute : prévenir les dangers du jugement précipité, sommaire, absolu. Modèle : le doute méthodique de Descartes.

Excès : le scepticisme ; le dilettantisme ; le doute excessif endurcit et dessèche.

---

226. *Qu'est-ce que comprendre ? qu'est-ce que savoir ? Qu'est-ce qu'expliquer ?* — Bordeaux **[59-309]**.

Même question que celle-ci : qu'est-ce que penser ? L'opération par laquelle nous pensons, comprenons, formulons une connaissance ou une explication, c'est le jugement. Or juger, c'est affirmer un rapport entre deux concepts. — Toute la dissertation revient donc à développer : 1° ce que c'est qu'un rapport ; 2° comment on les aperçoit ; 3° comment l'esprit opère des synthèses sur ses représentations élémentaires en les unissant par des rapports (*Cum-prehendo*, saisir ensemble).

Penser, a-t-on dit, c'est unifier. Hamilton disait : « Penser, c'est conditionner ». (*Cum-dare*, mettre ensemble, exprimer des *conditions*, c'est-à-dire des rapports).

L'élève saisira mieux encore ces définitions en se reportant à la partie de la logique qui traite des lois de la nature, et où l'on développe cette idée, qu'expliquer un phénomène c'est le rattacher par une loi (par une *liaison constante*) à son antécédent nécessaire ; c'est, pour employer une expression usuelle, dire à quoi il tient. La science, c'est la connaissance de ces rapports. « Savoir, disait Aristote, c'est connaître les causes. » Avec plus de précision on dit aujourd'hui : c'est connaître les *conditions* des phénomènes.

---

227. *Le langage ; ses différentes sortes et leurs rapports avec les différentes manifestations de l'âme.* — Alger [**25-83**].

Un langage est un système de signes. — De là deux explications à donner :

1° Ce que c'est qu'un signe (théorie de cours, nombreux exemples).

2° Que les signes, pour devenir langage, doivent former *système*, être coordonnés (Exemples).

Cela posé, on fera voir que le langage a pour destination l'expression et la communication de nos divers états d'âme, qu'on peut grouper en deux grandes classes : Les idées et les *émotions*.

On expliquera ensuite que les différentes sortes de signes : visuels, auditifs, etc., sont employées pour former des langages dont les plus usuels sont : parole, écriture, gestes, signaux. On indiquera, exclusivement au moyen de faits connus, à quelles classes de faits psychologiques correspondent plus spécialement ces sortes de langage (Par exemple, le langage des gestes est surtout émotionnel).

CHAPITRE VI

INTELLIGENCE. RAISON

228. *Part de l'hérédité dans le développement de l'intelligence.* — Besançon [**84-252**].

Pour renseignements, voir sujet 180. — Lire, si possible l'*Hérédité psychologique* de M. Ribot.

Traiter le présent sujet en le limitant nettement, ainsi que le comporte le texte, aux faits intellectuels, et procéder par des exemples.

---

229. *Du rôle de la raison dans les divers ordres de connaissance.* — Oran [296-751].

Les divers ordres de connaissance sont : la connaissance sensible ou empirique, la connaissance scientifique, la connaissance philosophique.

Le propre de la connaissance empirique, c'est d'adapter les données de nos sens, conservées par la mémoire et groupées par l'association, à la satisfaction de nos besoins (Idée de finalité appliquée à la pratique).

Le propre de la connaissance scientifique, c'est d'établir des liaisons constantes entre les phénomènes (Lois de la nature ; idée de causalité, déterminisme).

Le propre de la connaissance philosophique, c'est, comme l'a dit Aristote, de chercher les premiers principes et les premières causes, en d'autres termes, la raison dernière des choses : substance, cause première, fins, Dieu.

On voit ainsi en quoi la raison intervient dans chaque ordre de connaissance.

---

230. *Montrer la part de la raison dans l'origine des idées dites d'expérience.* — Alger [169-281].

Ce sujet implique indirectement une réfutation de l'empirisme, celle même sur laquelle a insisté Kant : ce n'est pas l'expérience qui fonde la raison, parce que l'expérience elle-même n'est possible que par la raison.

L'idée fondamentale du sujet est celle-ci : l'expérience est un ensemble de *liaisons* logiques entre les perceptions et les souvenirs de perceptions.

Pour le bien traiter, prendre quelques exemples familiers : travaux d'art faits par de simples ouvriers ; prévision du temps par les marins ; métallurgie des époques anciennes. Montrer, dans tous ces cas, la part de raison qui se joint au pur jeu mécanique des associations. C'est pour cela que les animaux n'ont inventé aucun outil ni industrie.

---

231. *Part de l'expérience et de la raison dans la conduite de l'homme.* — Clermont [194-213].

Voir les deux sujets précédents. Aucune difficulté.

---

232. *Comment se forme et se développe dans l'esprit l'idée de Dieu ?* — Aix [82-145].

L'idée de Dieu procède en nous de deux origines : la raison et la sensibilité. Car Dieu, c'est, d'une part, la cause première, l'explication définitive, la dernière raison de tout ce qui existe. D'autre part, c'est le père céleste, le soutien, le consolateur, surtout le justicier, celui sur qui compte, pour réparer un jour les iniquités de la vie terrestre, l'âme blessée dans ses actes, déçue dans ses aspirations, trompée dans ses espoirs. On pense qu'en réfléchissant bien à ces deux idées fondamentales, surtout en cherchant les *cas concrets* où l'une et l'autre s'appliquent dans la vie humaine, l'élève pourra répondre de façon satisfaisante à la question posée.

En ce qui concerne la seconde partie du sujet, on conseille de lire d'abord le beau chapitre : Destinée humaine, dans les *Mélanges philosophiques* de Jouffroy.

---

233. *La réflexion.* — Rennes [24-356].

Qu'est-ce que la réflexion ? Ré - fléchir, courber une chose de façon qu'elle revienne sur elle-même ; rayon réfléchi. Psychologiquement : pensée qui se prend elle-même pour objet ; conscience réfléchie ; observation de soi-même.

Voilà le sens étroit, d'après l'étymologie. Ce n'est pas le seul. Je dis fréquemment : j'ai réfléchi à un problème, à une proposition qu'on m'a faite. Quand j'étais petit enfant, à chaque étourderie, mes parents me disaient : Tu n'as pas réfléchi. Je vois bien que le sens large, le plus usuel du mot est : penser avec continuité à une même chose. M'appuyant sur les exemples cités, j'ajoute : y penser de façon à la comprendre, à en saisir les éléments (analyse) et à en voir, s'il y a lieu, les effets ou conséquences. Et je constate enfin que cela est difficile, requiert de hautes qualités d'esprit en même temps qu'une certaine force de volonté, et, de plus, que c'est fort utile.

---

234. *Du rôle de l'attention dans l'acquisition de nos connaissances.* — Grenoble [57-60].

V. sujet précédent.

---

235. *La croyance est-elle l'œuvre de la volonté?* — Montpellier [123-580]. — Poitiers [134-301].

236. *Qu'est-ce que la croyance ? Dans quelle mesure la volonté et la passion influent-elles sur la croyance ?* — Montpellier [20-53].

237. *Montrer l'influence du sentiment sur la croyance.* — Rennes [145-77]

238. *Déterminer dans quelle mesure la certitude suppose l'intervention de la volonté.* — Rennes [274-545].

Ces quatre sujets, très voisins l'un de l'autre, soulèvent deux questions très importantes : 1° Nature de la croyance; 2° Influences qui, *en nous*, peuvent s'exercer sur la croyance.

Pour la première question : Nature de la croyance, voir le sujet 63.

Pour la seconde, on trouvera ci-dessous quelques renseignements indispensables.

Deux influences peuvent modifier nos jugements et nos croyances, ce sont celles de la Sensibilité et de la Volonté.

La sensibilité (sentiments, passions) exerce souvent une action considérable sur nos idées. On croit facilement ce qu'on espère. On juge suivant qu'on aime ou qu'on hait ; sympathie, esprit de corps, patriotisme, sentiments de famille, autant de causes d'erreur. L'amour fait trouver belle la personne la plus laide (Molière, *Misanthrope*, Acte II, sc. v, couplet d'Eliante : « L'amour, pour l'ordinaire... ». Imité de Lucrèce, livre IV, vers 1148 sqq). « L'esprit, dit la Rochefoucauld, est souvent la dupe du cœur. »

Quant au rôle de la volonté, il a donné lieu à une théorie fort importante. Les philosophes qui appartiennent à l'école néo-criticiste, notamment Jules Lequier et Renouvier soutiennent que toute croyance, ou, ce qui revient au même, toute certitude est l'œuvre de la volonté, et de la volonté libre. Cette doctrine repose sur la critique des différents criteriums qui ont été proposés pour fonder la certitude. L'école rejette d'abord l'autorité et la tradition, en vertu des raisons généralement invoquées contre ces deux principes. Arrivant au criterium cartésien de l'évidence, les néo-criticistes le rejettent également en se fondant sur le fait connu : évidence du faux, erreurs nombreuses professées en conséquence d'une évidence trompeuse. Quel sera alors le criterium adopté pour la vérité ? — Il n'y a, répond-on, aucun criterium objectif. Est vrai pour moi ce que je veux qui soit vrai, étant sous-entendu que je le veux d'une volonté pleinement éclairée, informée, après mûr examen et délibération. La vérité est mon œuvre, l'œuvre de mon être tout entier, de mon intelligence qui la comprend, de ma sensibilité qui l'aime, de ma volonté libre qui l'instaure et la proclame ; elle n'est plus une certitude imposée, elle est proprement une croyance réfléchie et libre.

Il y a dans cette doctrine une part de vérité, et la voici : toute certitude, toute croyance procède du jugement, et il n'y a pas de jugement sans intervention de la volonté. Descartes avait déjà fort bien marqué cela.

Mais la volonté qui affirme et prononce : ceci est vrai, ceci est faux, est-elle entièrement libre ? N'est-elle pas plutôt ici déterminée par la raison, et son arrêt n'est-il pas dicté par cette faculté ? — Il semble difficile de soutenir le contraire, et de prétendre, par exemple, que si je crois à la vérité d'un théorème de géométrie ou d'une loi de la physique, c'est parce que je l'ai décidé ainsi de mon chef, parce qu'il me plaît que cela soit vrai.

Toutefois, il est une chose, en matière de croyance, que la volonté peut faire librement : c'est de ne pas juger, de s'abstenir, si elle ne se croit pas suffisamment informée.

---

239. *En quoi consiste l'esprit critique ? Montrer comment il s'oppose à la foi aveugle et au doute systématique.* — Aix [149-161]. — Montpellier [130-613].

Critique vient du verbe grec qui signifie juger. L'esprit critique, c'est l'esprit qui juge. Juger suppose une information préalable, un examen : l'esprit critique, c'est l'esprit d'examen. Développer cette définition par des exemples ; le plus éclatant, celui qui s'impose, c'est celui de Descartes. La définition de l'esprit critique, c'est le commentaire des deux premières parties du *Discours de la Méthode*, résumées en ces mots : « Je me résolus de n'accepter pour vraies que les choses qui m'apparaîtraient évidemment être telles. »

Le propre de l'esprit critique étant de juger par soi-même, il est également éloigné de la foi aveugle, qui adhère à une formule sur l'autorité d'un guide imposé, et du doute systématique, sorte de Credo à rebours, reposant, au fond, sur cette contradiction : je veux douter parce que j'*affirme* que le doute est l'état nécessaire de l'esprit, parce que je *crois* à l'infirmité indéfectible de la raison.

---

240. *Qu'est-ce que l'esprit positif ?* — Montpellier [241-299].

Ne pas confondre avec l'esprit positiviste.

Esprit positif : tient compte avant tout des faits. S'appuie sur l'expérience. Se défie par-dessus tout de l'imagination contre laquelle il a un parti pris. Se contente de la réalité, vit dans le présent, tient l'espérance et l'anticipation de l'avenir choses trompeuses. Préfère la science à la métaphysique.

Il y a des peuples chez lesquels ce genre d'esprit est plus commun (Anglo-Saxons, Hollandais, Chinois).

---

241. *Définir, chez un penseur, l'attitude idéaliste.* — Montpellier [240-299].

Idéaliste : qui met l'idée avant le fait. Esprit idéaliste : opposé à l'esprit positif (V. sujet 240). Chez un penseur (philosophe, savant, sociologue, publiciste, historien) l'attitude idéaliste consiste surtout dans une préférence marquée pour les constructions *a priori*, les systèmes d'idées. Peu soucieux des faits, tend à les mépriser ; ne se défie pas assez de l'imagination, et peut parfois prendre ses images pour des idées. Types de cet esprit : Platon, saint Anselme, Malebranche, Fénelon, Vauvenargues, Carlyle, Renan, Michelet.

---

242. *Qu'est-ce qu'un esprit logique ? A quel genre d'esprit peut-on l'opposer ? Dangers auxquels sont exposés les esprits logiques.* — Rennes [21-203].

Esprit logique : esprit de raisonnement. Sens de la preuve. Rectitude, force, plus que largeur et souplesse.

S'oppose à l'esprit intuitif et à l'esprit imaginatif.

Danger : l'abus du raisonnement conduit au système.

Types d'esprits logiques : Spinoza, Kant, Taine.

---

243. *Expliquer et apprécier cette pensée de Montaigne : « Mieux vaut une tête bien faite qu'une tête bien pleine. »* —Alger [135-790].

Plan nettement indiqué par le texte.

Qu'est-ce qu'une tête bien pleine ? C'est un esprit qui s'est meublé surtout de souvenirs : beaucoup de mémoire, masse de faits, quelquefois de formules, entassés. Certains érudits du XVIe siècle ont été des esprits de ce genre.

Qu'est-ce qu'une tête bien faite ? C'est celle où domine le jugement, qui a de la méthode ; qui, avec une raison droite, possède encore assez l'imagination pour être inventive et originale. C'est un esprit où règne l'*équilibre* des facultés.

Supériorité du second : il peut trouver des idées, alors que le premier est réduit à se servir des idées des autres.

---

244. *Montrer l'inégale valeur des lettres et des sciences pour développer l'idée de la vérité et de son importance.* — Rennes [29-34].

Sujet qui ne peut embarrasser personne. On se bornera à mettre l'élève en garde contre un danger : celui de sortir de la question ou de généraliser hors de propos. Qu'il veuille bien remarquer les mots : pour développer l'idée de la vérité. Il verra qu'en effet, ce but étant proposé, la culture scientifique possède sur la culture littéraire une supériorité incontestable. Mais il ne s'agit que de ce but-là.

---

245. *Bien des choses sont obscures pour l'homme, mais rien n'est plus mystérieux pour lui que son propre esprit.* — Poitiers [147-295].

Se connaître soi-même serait la science la plus utile (Se rappeler la doctrine de Socrate). Mais c'est la plus difficile. Pourquoi ? Plusieurs raisons empêchent un homme de se bien connaître.

1° Difficulté de l'observation intérieure ; puissance de réflexion qui n'est pas à la portée de tout le monde ;

2° Complexité des faits de conscience ;

3° Rôle de l'inconscient ;

4° Illusions dues à l'amour-propre, à la vanité, à l'imagination, aux infidélités de la mémoire ;

Toutefois ces diverses difficultés ne sont pas insurmontables et qui les connaît en peut trouver les remèdes.

---

246. *Comment pouvons-nous nous tromper dans nos jugements sur nous-mêmes ? Quels obstacles rendent difficile la connaissance du moi véritable ?* — Aix [457-646].

247. *Pour se connaître soi-même, conformément au précepte socratique, comment faut-il procéder, et quelles règles faut-il suivre ?* — Grenoble [126-334].

V. sujet 245.

---

248. *Rôle des mathématiques dans la culture intellectuelle.* — Clermont [180-628].

V. sujet 244. Appliquer plus spécialement aux mathématiques les idées à développer, en tenant compte des caractères spéciaux de la méthode déductive.

CHAPITRE VII

ACTIVITÉ

249. *La notion d'activité mentale. Dans quelle mesure s'impose-t-elle à la psychologie ? Comment faut-il la concevoir ?* — Montpellier [**42-223**].

Question importante, assez difficile et qui demande beaucoup de réflexion, outre une connaissance sérieuse des phénomènes psychologiques.

Deux idées essentielles à développer.

1re *idée* : Aucun fait psychologique ne se conçoit bien si l'on n'y voit une forme de l'activité mentale.

Cela est presque évident quand il s'agit de l'intelligence.

Tous les phénomènes intellectuels sont des actes de l'esprit, et tous ont ce caractère commun d'être des synthèses. En réfléchissant à la nature de la perception, de la mémoire, de la généralisation, du jugement, du raisonnement, on voit qu'il en est ainsi.

En ce qui concerne la sensibilité, le fonds actif apparaît moins clairement : une sensation, une émotion, plaisir ou douleur, ont bien l'air d'être des états passifs. On sait cependant qu'il n'en est rien, que c'est se mettre hors d'état d'expliquer ces phénomènes que d'en bannir l'activité (Voir sur ce point sujet 21).

2e *idée* : Comment faut-il concevoir cette activité ? C'est à Leibnitz qu'il faut en demander une juste notion. Sa conception de la monade répond précisément à la question qui vient d'être posée. D'abord Leibnitz dit qu'il ne conçoit pas d'autre force, d'autre activité que l'activité mentale. Appliqué aux choses extérieures (forces de la nature), ou ce mot n'a pas de sens et ne représente qu'une abstraction, l'origine d'un mouvement ; ou il signifie dans les corps quelque chose qui soit absolument de la même nature que ce que nous sentons en nous, le principe de nos volitions et de nos efforts. Ce principe, de nature foncièrement immatérielle et psychique, Leibnitz l'exprime par le terme propre : *appétition*. L'activité mentale, c'est l'appétition, c'est-à-dire la tendance à se développer, à continuer son être et à l'étendre, à le répandre, pour ainsi dire, au loin ; l'activité mentale, c'est le désir, c'est la vie interne expansive et spontanée, l'effort pour vivre. C'est cet effort qui constitue le fond de notre être et qu'on trouve dans tout état de conscience. Voir l'*Introduction*, de tous points admirable, dont M. Boutroux a fait précéder son édition de la *Monadologie*.

---

250. *L'automatisme psychologique.* — Clermont [**79-253**].

On sait que notre activité s'exerce sous deux formes : activité automatique, activité consciente. La première est inconsciente, et les faits par lesquels elle se manifeste ont lieu en nous sans que nous en soyons avertis, si ce n'est quelquefois par leurs effets. C'est cet ensemble de phénomènes que l'on embrasse sous le nom général d'automatisme psychologique.

On trouve des faits de cet ordre dans les trois groupes d'états de conscience : affectifs, représentatifs, actifs. Laissant de côté les premiers, peu importants, on devra insister sur les deux autres groupes. L'élève n'aura aucune peine à décrire les phénomènes automatiques qui appartiennent proprement à la classe des actes et sont étudiés comme tels dans tous les cours : mouvements réflexes, instincts, habitudes. Quelques explications lui feront comprendre ce qu'on entend par automatisme intellectuel. Prenons pour exemple la perception.

On sait que la perception est un acte. C'est une synthèse de sensations. Ordinairement, cette synthèse est consciente (ce qui ne veut pas dire volontaire). Sans doute, je n'ai pas conscience des actes élémentaires par lesquels je réunis plusieurs sensations en une seule représentation d'objet, je n'ai pas conscience de l'effort déployé pour faire cette synthèse ; mais j'ai conscience de la synthèse faite, c'est-à-dire de l'objet ; je dis que je le vois, que je le touche, etc.

Or il n'en va pas toujours ainsi.

Certains sujets dont l'énergie psychique est affaiblie, soit momentanément, soit définitivement (états pathologiques, effets de certaines diathèses telles que l'hystéro-épilepsie) ont bien encore des sensations, mais n'ont plus le degré de force psychique nécessaire pour les agréger en des synthèses conscientes qui soient des perceptions. Les sensations existent en eux à l'état diffus, et sont inconscientes. Mais elles n'en exercent pas moins leurs effets réflexes; elles déterminent des actes, provoquent des mouvements : le sujet vit, marche, parle, agit, comme s'il avait conscience, mais est réellement inconscient; il est un automate. Ces phénomènes, et une foule d'autres du même ordre, ont été étudiés expérimentalement par M. Pierre Janet qui les a présentés et interprétés dans son ouvrage remarquable : *L'Automatisme psychologique*. C'est là seulement qu'on peut les bien comprendre.

---

251. *Classer les instincts de l'homme et en indiquer l'origine.* — Besançon [108-124].

Voir sur la question générale des instincts humains, le sujet 157.

Celui-ci, plus spécial, demande une classification. On commencera par dresser une liste de tous les instincts humains, en se servant pour les trouver de ses propres observations. Ensuite, on les classera sous les groupes suivants : instincts de conservation personnelle ; instincts familiaux ; instincts sociaux.

L'origine des différents instincts sera indiquée par leur nature, par la considération du but auquel ils tendent.

---

252. *De l'instinct d'imitation. Son rôle dans la vie intellectuelle.* — Besançon [84-228].

253. *Les lois de l'imitation.* — Clermont [79-250].

L'instinct d'imitation est un des plus généraux de la nature humaine. Chacun le connaît, peut le décrire, en faire voir l'universalité.

Un penseur contemporain éminent, Gabriel Tarde, a fait de ce phénomène et de ses conséquences l'objet d'un ouvrage sociologique : *Les lois de l'imitation*, qui est un des plus considérables de la seconde moitié du XIXe siècle. Selon Tarde, l'imitation est le fait social par excellence, celui auquel se ramènent tous les autres ; un phénomène quelconque de la vie des sociétés, une institution, un changement politique, une mode, une opinion, etc., ne sont que des formes de l'imitation. Il définit, en conséquence, une société : un groupe d'individus qui s'imitent.

---

254. *Peut-on appliquer à l'habitude le mot de Leibnitz : « Le présent est chargé du passé et gros de l'avenir ? »* — Montpellier **[186-214]**.

C'est la loi même de l'habitude qu'exprime cette pensée (bien que Leibnitz ne lui ait pas donné cette application). L'habitude est en nous la survivance d'actes passés, et, en tant qu'elle est durable et indestructible, elle détermine notre activité future. Le montrer par des exemples aussi nombreux que possible, en divisant nettement la dissertation en : 1° le passé dans l'habitude ; 2° l'avenir dans l'habitude.

---

255. *Comment les habitudes naissent-elles? Comment meurent-elles ?* — Lille **[10-198] ; [602-619]**

Tous les cours fournissent les réponses. L'habitude naît de l'acte lui-même ; elle n'est que l'acte se prolongeant. De là l'influence de la répétition qui ne la fait pas naître, mais en favorise les premiers développements. Elle meurt (désuétude) par la cessation de l'acte, soit faute d'occasions, soit impossibilité matérielle, soit action de la volonté.

La seule bonne manière de traiter ce sujet est de supposer qu'on a eu soi-même une habitude qu'on a perdue, et d'exposer comment elle a été acquise, comment elle a disparu.

---

256. *Décrire les effets de l'habitude dans la vie intellectuelle et morale.* — Besançon **[786-798]**. — Grenoble **[72-285]**. — Rennes **[370-857]**.

257. *Montrer l'influence de l'habitude sur le développement intellectuel de l'homme.* — Montpellier **[161-224]**.

Comme pour le précédent sujet (V. sujet 255), procéder par des exemples.

La seconde formule, plus restreinte, ne demande que les effets intellectuels. Les effets moraux (vertu et vice) ne sont à développer que dans la première dissertation.

Ne pas oublier le principe général : les habitudes *actives* sont bonnes ; les habitudes *passives* sont funestes.

---

258. *Analyser un acte volontaire. Le comparer à un acte instinctif, et à un acte réflexe.* — Rennes **[129-201]**.

A l'aide des documents fournis par le cours, il est facile de traiter ce sujet. Se servir exclusivement d'exemples, aussi bien pour l'acte réflexe et l'acte instinctif que pour le volontaire.

---

259. *Montrer que si la volonté a ses limitations, elle a aussi ses triomphes.* — Lyon [**132-286**].

Ce sujet, également simple et familier, se développe au moyen des faits connus où se marque le triomphe de la volonté sur la passion. Allusions au théâtre de Corneille ; mais on préférera les faits réels aux fictions.

---

260. *Quels sont les moyens dont la volonté dispose pour agir sur les passions ?* — Besançon [**150-179**].

J'ai été enclin à la passion de l'envie. Jusqu'à un certain point, je m'y suis abandonné, et j'ai été un envieux : tout succès d'un camarade, tout éloge décerné à un autre, toute supériorité constatée me portait ombrage, et m'incitait à la haine. Je me suis corrigé peu à peu de ce vice ; à force de volonté, je l'ai dompté.

Tout d'abord, j'en souffrais sans bien m'en rendre compte, je ne m'analysais pas, je ne me connaissais pas. On m'a ouvert les yeux, et j'ai commencé à m'étudier moi-même, pour voir, d'abord, si on ne m'avait pas trompé. J'ai reconnu positivement en moi l'existence de ce mauvais sentiment. Tel a été mon premier pas dans la voie de l'amélioration.

Ensuite j'ai cherché à connaître les causes qui me rendaient envieux ; j'ai vu que c'était, au fond, un manque de largeur d'esprit : le succès d'un autre m'était pénible parce qu'il me semblait une atteinte à ma propre valeur. En y regardant de près, j'ai vu qu'il n'en était rien, que ma valeur ne dépend que de moi, de mes actes, de mes efforts, et que je puis faire ce que font les autres : qu'il y a place pour tout le monde.

Connaissant dès lors la cause de ma vilaine passion, je me suis résolu à la combattre, et, pour cela, j'ai pris deux résolutions : 1° chaque fois que je sentirai naître en moi un mouvement d'envie, faire tout ce qui dépendra de moi pour justifier à mes yeux le mérite de mon rival, comprendre qu'il est digne du succès ou des éloges, arriver moi-même à m'associer à ceux qui l'applaudissent ; 2° faire moi-même quelque chose qui soit également approuvable, qui me relève aux yeux du monde et aux miens ; substituer à l'envie, qui est détestable, l'émulation, qui est morale et fortifiante.

Pendant les premiers temps, la lutte a été dure. — J'ai succombé plusieurs fois. Je ne me suis pas découragé. La persévérance a emporté le succès, et j'ai réussi, je l'espère, à arracher de mon cœur une mauvaise passion.

Je reconnais d'ailleurs que ce sentiment n'avait pas encore poussé en moi de profondes racines. Je m'y suis pris à temps. Plus tard, la lutte eût été trop inégale et ma volonté eût couru le risque d'une défaite. En médecine morale comme en médecine physique règne la maxime : « *Principiis obsta.* » Combattre le mal à ses débuts.

Présenter et développer le sujet dans ce sens et sous cette forme, ce qui précède n'étant qu'un canevas, valable seulement à titre d'indication.

---

261. *L'éducation de la volonté.* — Caen [155-291]. — Besançon [75-303].

Il y a une éducation de la volonté : on apprend à vouloir, comme à raisonner, à sentir le beau, à juger une œuvre, etc.

Quelles qualités l'éducation doit-elle faire acquérir à la volonté ?

1° *La rectitude :* savoir ce qu'on veut et pourquoi on le veut. Dépend de l'examen des motifs ; s'acquiert par le développement de la raison, l'habitude de discuter avec soi-même.

2° *La décision :* ne pas prolonger inutilement les délibérations, s'affranchir des scrupules ; s'acquiert en élargissant l'esprit, en comprenant qu'il y a des vétilles qu'il faut savoir négliger. D'autre part cette qualité étant l'opposé de la défiance de soi-même se fortifie par l'exercice même de la volonté, qui nous fait voir de quoi nous sommes capables. Puissance de l'habitude.

3° La persévérance. Ne pas se laisser rebuter par les obstacles. — On y parvient par la lutte même contre les difficultés, et surtout par la conception d'un point d'honneur très noble : j'en viendrai à bout ! Il faut que je sois le plus fort !

Résumé. L'éducation de la volonté, c'est la gymnastique de l'âme.

---

262. *Quelles influences peuvent altérer l'usage de la liberté ?* — Besançon [4-32].

Réponse : la passion, l'imagination, l'habitude.

Développer avec le plus d'exemples possible.

---

263. *Qu'est-ce que le caractère ? Rapports du caractère et du libre arbitre.* — Aix [44-664].

264. *L'éducation du caractère.* — Toulouse [88-99].

Voir les sujets 102, 161, 261.

Rapports du caractère et du libre arbitre, cela signifie : part de la volonté libre dans le caractère, par suite possibilité de faire l'éducation du caractère, qui, au fond, est celle de la volonté.

Le sujet 161 comporte la discussion : la liberté a-t-elle une place dans le caractère ? Ici, pas de discussion à faire ; considérer la chose comme admise, et développer seulement les voies et moyens. Plus la dissertation sera *pratique*, mieux elle vaudra.

---

265. *Être libre n'est rien, a dit un philosophe. Devenir libre : voilà l'idéal. Expliquer et apprécier cette conception de la liberté philosophique.* — Montpellier [121-269].

A. **Préparation.** — Ce philosophe, c'est M. Fouillée. La théorie qu'il résume dans cette maxime forme la conclusion de son livre : *La liberté et le Déterminisme.* Pour la bien comprendre, il est indispensable de lire attentivement cet ouvrage, notamment le IIe livre de la deuxième partie, en entier. A défaut de cette étude directe, que rien ne peut remplacer, voici, au moins, le sens général de la doctrine.

On sait que M. Fouillée est le fondateur d'une philosophie originale et de haute valeur ; celle des *idées-forces*. Le principe fondamental de cette doctrine est celui-ci. L'idée n'est pas en nous une pure représentation, une sorte de lumière dont toute l'essence serait d'être contemplée, d'éclairer. Elle est une source d'énergie, parce qu'en elle est enveloppée une tendance, une appétition, parce qu'au fond d'elle se trouve l'effort. Elle est donc action, elle est une cause de mouvement, elle produit des effets. Par conséquent avoir l'idée d'une chose, se représenter une chose, la comprendre, c'est déjà, dans une certaine mesure, la faire, la créer. Penser, c'est agir, c'est vouloir.

Appliquant ceci à l'idée de liberté, M. Fouillée dira : le conflit du déterminisme et de la liberté est peut-être insoluble. Il se peut que, comme l'a pensé Kant, les arguments des deux adversaires soient de valeur égale ; peut-être n'est-il pas plus possible de démontrer l'existence de la liberté que sa non-existence.

Mais peu importe. Il n'y a aucun inconvénient pratique à cela, parce que la réalité de la liberté ne produirait pas en nous plus d'effet que n'en produira sa représentation. Ayons seulement l'idée, et, par la force propre de cette idée naîtront en nous tous les effets que pourrait engendrer la chose elle-même, à supposer qu'elle fût. Moyennant l'idée de la liberté, nous ferons en tout comme si nous étions libres. Donc, si, en fait, nous ne l'étions pas, nous le deviendrions par là : nous deviendrions libres en croyant que nous le sommes, et en agissant conformément à cette croyance. En résumé, la persuasion où nous sommes que nous *pouvons* vaut mieux que le pouvoir réel, puisque cette persuasion nous soutient, nous excite, nous donne l'initiative et la confiance dans le succès, nous *affranchit* des lâchetés du désespoir ou des asservissements de la passion. Nous marchons vers un idéal qui est la pleine maîtrise de soi-même, et chaque pas que nous faisons dans cette voie est une conquête sur le domaine de l'inconscient, du mécanisme, de l'aveugle et impulsive animalité.

B. **Développement.** — Il serait très mauvais d'essayer de refaire, dans une dissertation, la démonstration de M. Fouillée. Ou l'on se bornerait à copier des centons de son livre ; ou, en le reproduisant après lecture, on n'en donnerait qu'un résumé tronqué et nécessairement infidèle. Il faut s'en inspirer, bien comprendre l'idée qu'il développe, et en chercher, pour son compte personnel, des applications ; montrer, par des faits et des exemples, ce que peut faire dans l'âme d'un homme, l'idée de la liberté, quels progrès moraux elle lui fait graduellement accomplir.

---

266. *Influence de l'habitude sur le caractère.* — Montpellier [189-220].

Revenir toujours à la distinction des habitudes actives et des habitudes passives (V. sujets 92 et 257). Aucune difficulté pour appliquer au caractère les lois de l'habitude.

SECTION IV

RAPPORTS DES FACULTÉS ENTRE ELLES

Ce groupe de dissertations se subdivise en trois autres, parce que le mot rapport peut y être pris dans trois acceptions différentes. Il y a pour les élèves un intérêt majeur à bien distinguer ces divers sens du mot, et à reconnaître, sans hésiter, celui auquel se rattache la question proposée.

1er sens. Ressemblances et différences (bien remarquer que les unes impliquent les autres) entre deux facultés.

Exemple : Rapports entre l'instinct et l'habitude.

2e sens. Services rendus par une faculté à une autre.

Exemple : Rapports de la raison et de la volonté.

3e sens. Action exercée par une faculté sur une autre.

Exemple : Rapports de la pensée et du langage.

Dans cette dernière classe de sujets, on ne devra pas oublier d'examiner s'il y a action réciproque : le cas se présente, en effet, assez fréquemment.

CHAPITRE I

RESSEMBLANCES ET DIFFÉRENCES ENTRE LES ÉTATS OU FACULTÉS

267. *Les trois facultés de l'âme : sensibilité, intelligence, volonté, sont-elles vraiment irréductibles ?* — Lille **[114-283]**.

Je suis un être qui sent, pense et veut. A quelque moment de ma vie que je m'observe, je trouve toujours en moi des faits de sensibilité, de pensée, de vouloir. Exemples.

Ces faits sont-ils réellement différents ? Pour le savoir, j'observerai si je puis les trouver parfois isolés les uns des autres, ou, tout au moins, si leurs variations sont proportionnelles. En les rapprochant deux par deux, je vois : 1° qu'ils sont inséparables ; 2° qu'ils ne croissent ni ne décroissent proportionnellement. Faire cette enquête avec beaucoup d'exemples.

Je suis ainsi amené à penser que ces trois ordres de faits, étant inséparables, ne sont pas réellement irréductibles, doivent être des manifestations différentes d'un seul et même principe. Ce principe, c'est l'effort. L'effort est au fond de toute sensibilité et de toute intelligence (Sur ce dernier point, voir sujet 265, idées de M. Fouillée).

268. *Rapports et différences de la mémoire et de l'imagination.* — Bordeaux [90-115]. — Caen [41-75]. — Lille [71-289].

A traiter par des exemples. — Entrer tout de suite, franchement dans le sujet :

J'étais, il y a un instant, assis, inoccupé, laissant aller mes pensées au hasard de la rêverie. Deux choses ont successivement occupé mon esprit. J'ai revu, en pensée, la cathédrale de Cologne, que j'ai récemment visitée ; puis, au bout de quelques instants, cette image a été remplacée par celle d'un palais fantastique, celui que je rêverais pour y faire vivre la conteuse des Mille et une Nuits, l'ingénieuse Scheherazade.

(Chacun, bien entendu, substituera à ces deux exemples deux autres qui soient réellement *de lui :* un souvenir *précis,* et une image *de fantaisie.*)

En comparant ces deux images, dont l'une est un souvenir, l'autre une fiction, il me sera possible de marquer : 1° en quoi la mémoire et l'imagination se ressemblent ; c'est par la *conservation* et la *reproduction* des états ; insister sur ce fait qu'au fond l'imagination n'invente rien (Tout ce que je mets dans le palais de Scheherazade, je l'ai vu quelque part) ; 2° en quoi elles diffèrent : *a)* La mémoire reproduit fidèlement ; l'imagination modifie les rapports. *b)* La mémoire *reconnaît* grâce à la fixité des associations : l'imagination ne reconnaît pas.

---

269. *Peut-on expliquer la mémoire par l'habitude ?* — Bordeaux [40-69]. — Montpellier [121-265]. — Rennes [218-456].

270. *Montrer la parenté de la mémoire et de l'habitude.* — Rennes [204-378].

271. *Rapports de la mémoire, de l'habitude et de l'association.* — Caen [181-409].

On présentera des exemples choisis convenablement pour amener cette conclusion : mémoire, habitude, association sont, sous des noms différents, un seul et même phénomène ; toutes trois manifestent la même loi essentielle de tout ce qui existe, la tendance à persévérer dans l'être. Avec cette formule : ce que j'ai été, je tends à le rester, on les explique toutes trois. La mémoire, c'est l'habitude intellectuelle ; l'habitude, c'est la mémoire des mouvements.

---

272. *Trouveriez-vous de la ressemblance entre le jugement et le fait de la résolution volontaire ?* — Bordeaux [122-131].

L'élève qui aurait à sa disposition la thèse de M. Léon Brunschwicg : *Essai sur la modalité des jugements,* y trouverait la question traitée avec profondeur, et résolue par l'affirmative. Il y a plus, M. Brunschwicg soutient l'identité de l'acte de jugement et de l'acte volontaire : vouloir, c'est juger.

Pour faire sur ce sujet une bonne dissertation, on choisira un exemple de jugement, un exemple de résolution. Il sera facile de montrer les ressemblances. On en arrive à pouvoir dire indifféremment ou que le jugement est un acte de volonté (Descartes, les néocriticistes. V. sujet 288), ou que l'acte volontaire est un jugement.

Mais on peut cependant trouver des différences : c'est sur ce point qu'il conviendra d'insister. S'efforcer de dégager le caractère différent des deux actes : l'un, le jugement, purement *contemplatif*, l'autre, la volition, *actif*, exertion de force, effort. Remarquer notamment ceci : avoir décidé, après délibération, que tel parti est le meilleur, que c'est celui-là qu'il convient de choisir, en un mot, avoir jugé, ce n'est cependant pas avoir voulu, puisque, si fréquemment, je juge de la sorte, et ne veux pas. Je voudrai quand je *commencerai* l'acte, quand je *m'y mettrai* (initiative). Après le jugement, il y a l'acte même, l'effort. S'en tenir au jugement, ce n'est pas agir (L'enfer est pavé de bonnes intentions).

---

273. *Rapports de l'instinct et de l'habitude.* — Lyon [50-80] ; [546-856].

274. *Ressemblances et différences entre l'instinct et l'habitude.* — Rennes [238-545].

275. *Instinct, liberté, habitude. Définissez ces termes. Expliquez-les par des exemples.* — Clermont [429-585].

L'élève, en observant la règle expressément formulée dans le dernier de ces sujets : se servir d'exemples, les traitera facilement, avec les données de son cours.

---

276. *Parallèle entre la raison et l'instinct.* — Caen [4-21].

S'inspirer de ce que dit Descartes sur ce point dans la 5e partie du *Discours de la Méthode.*

---

277. *L'instinct et l'intelligence.* — Ajaccio [93-98].

Même sujet que le précédent.

---

278. *Différences entre un acte instinctif et un acte volontaire.* — Rennes [36-858].

279. *La volonté et l'habitude.* — Dijon [58-64]. — Lyon [169-836].

Deux sujets qui ne présentent aucune difficulté.

---

280. *La conscience et la personnalité. Étudier les rapports et les différences de ces deux notions.* — Montpellier [738-761].

On devra bien remarquer qu'il y a une très grande différence. La conscience est nécessaire à la personnalité, et tout être qui s'affirme comme une personne a nécessairement conscience de lui-même ; cette notion de personnalité est même pour lui une donnée de sa conscience : c'est là qu'il la trouve. Mais il y a un très grand nombre d'êtres qui sont doués de conscience et qui n'ont ni sentiment ni notion de personnalité.

La notion de personnalité est la synthèse d'un certain nombre d'autres notions élémentaires, savoir : 1° la distinction du moi et du non-moi ; 2° la persistance du moi et son identité (fournie surtout par la mémoire) ; 3° la volonté.

On peut considérer la personnalité comme la forme la plus élevée de la conscience.

CHAPITRE II

SERVICES MUTUELS QUE PEUVENT SE RENDRE LES FACULTÉS

281. *Solidarité des facultés de l'âme. Montrer la part de chacune dans les autres.* — Alger [169-230].

Pour renseignements, lire : Marion, *De la Solidarité morale.*

V. aussi sujet 267. Les renseignements donnés sur ce dernier sujet permettront de traiter celui-ci. On devra le diviser en trois points, savoir : 1° collaboration de la sensibilité et de l'intelligence (sensations, perceptions, intuitions du cœur ; réciproquement, modifications du sentiment par l'idée) ; 2° collaboration de la sensibilité et de l'activité (impulsions, mobiles, volonté et attention modifiant les sentiments) ; 3° collaboration de l'activité et de l'intelligence (attention, volonté réfléchie, liberté).

---

282. *La mémoire dans la perception.* — Lyon [52-288].

C'est, sous une forme appropriée, et en vue de montrer l'union des sens et de la mémoire, la théorie classique des perceptions acquises.

On n'oubliera pas d'ailleurs que, même dans une perception naturelle, il y a une intervention de la mémoire : si je perçois par la vue une couleur bleue (perception naturelle) en tant que je la perçois comme telle, comme couleur bleue, je l'assimile à d'autres états identiques, précédemment éprouvés par moi, et dont j'ai, plus ou moins consciemment, conservé le souvenir. Sur ce point, lire les observations si justes et si précises de Condillac, dans les quatre premiers chapitres du 1er livre du *Traité des sensations.*

Dans la pratique, nous ne percevons *réellement* qu'une très faible partie des choses que nous *croyons* percevoir. Le reste est suppléé par des souvenirs (Nombreux exemples).

---

283. *Montrer le rôle de la mémoire dans l'exercice de nos diverses facultés de connaître.* — Clermont [702-787]. — Lille [114-267].

Le sujet précédent traite du rôle de la mémoire dans la perception. On continuera de même en considérant ce rôle dans l'imagination créatrice (dont les créations ne sont que des souvenirs combinés), la généralisation, le jugement et le raisonnement.

---

284. *Du rôle de l'induction dans le rappel des souvenirs.* — Nancy [117-119].

Induire, c'est conclure de cas particuliers à une loi générale, en considérant ces cas comme des expressions spécifiées et localisées de cette loi.

Cela posé, on doit reconnaître que dans tout acte de mémoire, il y a une part de raisonnement. L'état souvenir, au moment où il nous apparaît, est une image, ce n'est pas encore proprement un souvenir ; c'en sera un quand nous serons parvenus à le reconnaître et à le localiser, c'est-à-dire quand nous l'aurons *distingué*: 1° des états actuels, des perceptions ; 2° des fictions de l'imagination créatrice. Nous ne faisons ces distinctions qu'en raisonnant (inconsciemment, presque toujours ; pas toujours cependant).

Les raisonnements que nous faisons ainsi sont des inductions. De cette constatation que l'image qui nous apparaît n'est pas une perception actuelle, parce qu'elle n'a pas les caractères d'intensité et de précision d'une perception, nous induisons qu'elle doit être passée. Quand nous la localisons en un point déterminé de notre vie, c'est encore une série d'inductions qui nous y conduit. La chose se voit avec plus de clarté quand on l'examine sur un de ces cas ambigus où d'abord, en présence d'un état, nous nous demandons ce qu'il est, si vraiment nous l'avons déjà éprouvé, ou si c'est une invention, un rêve. Lorsque, dans de tels cas, nous parvenons à établir que c'est bien un souvenir, les procédés par lesquels nous y arrivons ont bien le caractère inductif.

Le problème peut se présenter autrement. Je n'ai pas en ce moment dans ma conscience tel souvenir dont j'ai besoin, et que je crois cependant être en moi, à l'état inconscient. Je cherche donc à l'évoquer, c'est-à-dire que je cherche à quelle partie générale de ma vie psychique cet état particulier se rattache : c'est encore bien là une induction.

---

285. *Des services que se rendent réciproquement l'imagination et la raison.* — Grenoble [72-256].

L'imagination fournit à la raison une matière pour son travail. Elle lui suggère les idées ; la raison les classe et les coordonne. Rôle de l'imagination dans la science, principalement dans la science expérimentale : invention des hypothèses.

La raison dirige, modère et régularise la force créatrice de l'imagination. Dans la vie pratique c'est le bon sens ; dans la science c'est la méthode ; dans l'art c'est le goût et la mesure.

CHAPITRE III

ACTIONS RÉCIPROQUES DES FACULTÉS

286. *Influence de la sensibilité sur l'imagination créatrice.* — Lyon [132-259].

V. sujet 215. En général l'activité de ce mouvement vital qu'on appelle imagination créatrice est puissamment favorisée et multipliée par l'action de la sensibilité. Un état de conscience quelconque tend toujours à provoquer autour de lui un agrégat d'images, à devenir le centre d'une sorte d'édifice psychique ; cette tendance est beaucoup plus accentuée pour un état affectif que pour tout autre. L'amour, la haine, la joie, la douleur, le désir, sont essentiellement inventifs et créateurs. La tendance est naturellement à son maximum quand l'état initial est une passion.

Cette action de la sensibilité sur l'imagination se manifeste par mille faits familiers. On ne sera pas en peine d'en trouver de très significatifs dans les cas généraux suivants :

Illusions causées par le sentiment maternel.

Poésie de la nature.

Transfiguration du monde réel aux yeux d'un passionné. Hallucinations de Macbeth. Illusions de l'amour.

Effets du sentiment religieux. Mysticisme.

---

287. *Influence de l'imagination sur notre faculté de sentir.* — Lille [23-535].

Ce sujet est la contre-partie du précédent. Ce dernier se résumait en cette formule : on imagine souvent parce que l'on sent. Ici, nous dirons : on sent parce que l'on imagine, et dans la mesure où l'on imagine.

Il faudra diviser l'étude en deux parties, la première consacrée à la sensibilité physique, la seconde à la sensibilité morale.

Sensibilité physique. — Faits nombreux, très connus, établissant qu'on éprouve des sensations à l'occasion d'objets purement imaginaires. Taine cite l'exemple de Flaubert qui affirmait avoir eu dans la bouche un goût d'encre pendant tout le temps qu'il passa à composer la description de l'empoisonnement de Mme Bovary par l'acide arsénieux. Cette action de l'imagination sur les sens est mise en lumière dans les expériences d'hypnotisme; là, sans exception, toute sensation imaginée est réellement éprouvée par le sujet, et produit dans son organisme les effets physiologiques que produirait normalement la sensation réelle.

Sensibilité morale. — On éprouve des sentiments (amours, haines, etc.) et des passions, simplement parce qu'on les imagine. Dans d'autres cas, nos images viennent modifier des sentiments préexistants. Nombreux faits à l'appui.

---

288. *Déterminer l'influence du sentiment sur la pensée.* — Lyon [52-282].

289. *L'esprit est-il, comme on l'a dit, la dupe du cœur ?* — Lille [71-268].

Deux formules de la même question.

Sujet dont le développement se fait à l'aide d'observations qui sont presque banales. Notre sensibilité modifie nos jugements : c'est un truisme. On porte des jugements différents, souvent opposés, suivant qu'on aime, qu'on hait ou qu'on désire. Le cœur trompe l'esprit, et c'est même une des principales causes de nos erreurs. Quand la passion s'en mêle, il n'y a plus de vérité (Effets, notamment de la passion politique). D'autres fois, le cœur inspire : « Les grandes pensées viennent du cœur. » (Vauvenargues.)

290. *Influence de la réflexion sur le sentiment.* — Montpellier [118-165].

Contre-partie du sujet précédent. S'il est vrai que le cœur guide souvent les actes de l'esprit, il n'est pas moins vrai qu'à son tour, et assez fréquemment, l'esprit modifie les affections.

Le mot réflexion, employé à dessein dans la donnée du sujet, doit être remarqué. C'est en effet par la réflexion, par une attention soutenue appliquée à nos états affectifs, que nous pouvons exercer une action sur eux, les changer en tout ou en partie. C'est même là-dessus que se fonde une des objections d'Aug. Comte contre la possibilité de la psychologie (V. sujets 5 et surtout 104). Ne pas entrer ici dans la discussion de cette opinion. On peut ramener à trois les effets de la réflexion sur un sentiment : 1° tantôt elle le détruit (colère) ; 2° tantôt elle l'atténue (enthousiasme) ; 3° tantôt elle le renforce (orgueil).

291. *Du rôle de l'habitude dans le développement des passions.* — Caen [155-261].

Sujet facile : les faits sur lesquels il repose sont connus. L'habitude, ayant pour loi de créer un besoin, fait naître des passions (alcoolisme) et fortifie celles qui s'étaient déjà développées avant qu'elle prît naissance. Une fois l'habitude prise, la passion devient indéracinable. On constatera par des observations sur des passions telles que celles du jeu, de la boisson, du tabac, de la morphine ; ou, dans un autre ordre d'idées : l'ambition, l'avarice.

Mais il s'agit là d'habitudes passives. L'habitude active peut guérir une passion. Le fumeur passionné qui, par un acte de volonté, a renoncé au tabac, ne tarde pas à ne plus souffrir de la privation. Une habitude inoffensive ou favorable peut en remplacer une funeste, etc.

292. *Influence de l'habitude sur l'activité et sur l'intelligence.* — Bordeaux [59-172]. — Rennes [43-96].

Sur l'activité, loi connue : l'habitude augmente l'activité. En développant, diviser en deux points :

1° L'habitude rend l'acte plus facile, donc plus rapide ;

2° Elle le rend plus précis.

Sur l'intelligence, voir sujet 257.

293. *Rapports de la liberté morale avec l'habitude. A quelles conditions la liberté trouve-t-elle dans l'habitude une ennemie ou une alliée ?* — Dijon [**167-171**].

L'habitude active est l'alliée de la liberté.

L'habitude passive en est l'ennemie.

Exemples et applications *surtout* dans l'ordre moral : habitude du bien (vertu) ; du mal (vice).

---

294. *Rapports de la volonté et de l'intelligence.* — Aix [**32-206**]. — Lyon [**91-196**]. — Paris [**500-883**]. — Rennes [**129-825**].

On voit clairement qu'il y a deux parties du sujet.

1° Action de l'intelligence sur la volonté : théorie des motifs ; leurs relations avec la liberté (ne pas trop étendre la discussion). 2° Action de la volonté sur l'intelligence : rôle de l'attention volontaire, de la persévérance dans l'acquisition des connaissances, principalement dans la science. Part de vérité du mot : le génie n'est qu'une longue patience.

---

295. *L'habitude : son rôle dans la vie intellectuelle et morale.* — Poitiers [**147-245**].

V. sujets 292 et 293.

SECTION V

ANNEXE

On a placé à part quelques sujets, importants ou intéressants à divers titres, et qui ne rentrent dans aucune des classes précédentes.

Les uns consistent en une pensée à développer. Les autres concernent des recherches scientifiques d'ordre spécial, sur lesquelles les élèves, à ce qu'on suppose, auront peut-être besoin de documents difficiles à trouver.

CHAPITRE I

PENSÉES A DÉVELOPPER

Les élèves de philosophie doivent être familiarisés avec cet exercice, classique en seconde et première, et auquel se rattachent beaucoup de dissertations de la première partie du baccalauréat.

Ils savent qu'il faut d'abord s'efforcer de bien comprendre la pensée qui leur est proposée ; ensuite, la rattacher, s'il y a lieu, à l'ensemble des idées de l'auteur ; enfin l'expliquer (et ceci est l'important) par des applications, des faits, des exemples. Souvent, pour conclure, il est bon d'en montrer la portée, les conséquences.

Dans tous les cas, si la pensée semble ou contestable en principe, ou trop absolue, on pourra la discuter.

---

296. *Royer-Collard a dit : « On ne se souvient pas des choses ; on ne se souvient que de soi-même. » Commenter cette parole et en montrer la portée.* — Clermont [**652-742**]. — Oran [**229-751**].

Mot célèbre, cité et expliqué dans tous les cours.

Pour le bien comprendre, remarquons que se souvenir, c'est rappeler à la conscience claire un *état de conscience* antérieurement éprouvé, et le reconnaître. Rappeler un état de conscience : tout est là. Quand il s'est produit pour la première fois, cet état était, sans doute, la représentation d'une chose en moi ; mais, ceci est évident, il n'était pas la chose. Donc, si je me le rappelle, il est clair encore que ce n'est pas la chose que je me rappelle, mais simplement l'état qu'elle a jadis déterminé en moi. En d'autres termes quand je dis : « Je me rappelle la physionomie de mon professeur de 5e », je m'exprime mal. Je devrais dire : « Je me rappelle avoir vu la physionomie du professeur » — ou mieux : « Je me rappelle avoir été un enfant qui voyait et connaissait cette physionomie. » C'est donc bien de moi-même que je me souviens.

La portée de cette observation est considérable. Elle dépasse la psychologie et a des conséquences métaphysiques. Car si, aujourd'hui, élève de philosophie, ayant dix-sept ans, je me souviens de moi-même élève de 5e âgé de douze ans, c'est qu'évidemment je suis *le même* aujourd'hui qu'à cette époque. Le phénomène du souvenir impliquerait donc l'identité de la personne.

Telles sont les idées fondamentales à développer.

---

297. *Apprécier ce passage de Condillac à propos du raisonnement : « C'est un microscope qui nous rend visible l'objet que sa petitesse dérobait à nos sens ; c'est un télescope qui le rapproche quand il est trop éloigné ; c'est un prisme qui le décompose quand nous voulons le connaître jusque dans ses éléments ; c'est le foyer puissant d'une loupe qui resserre et condense les rayons sur un seul point ; c'est enfin le levier d'Archimède qui remue le système planétaire tout entier quand c'est la main de Copernic ou de Newton qui le dirige. » (Langue des calculs).* — Grenoble [11-138].

Texte facile à développer, au moyen d'exemples empruntés aux sciences. On appelle l'attention sur plusieurs points.

1° Condillac rapproche le raisonnement des instruments scientifiques ; il indique ainsi avec précision que le raisonnement est un instrument.

2° Il lui attribue, avec raison, des fonctions opposées : rapprocher l'objet lointain, grossir l'objet trop petit, décomposer et combiner (analyse et synthèse). Suivant que l'on procède par induction ou par déduction, on peut en effet obtenir ces divers résultats. Même une seule de ces opérations donnera lieu aux deux effets, suivant les cas ; la géométrie, toujours déductive, est tantôt analytique, tantôt synthétique.

3° Importance de la remarque finale : la puissance du raisonnement est en raison de la force et de l'étendue de la pensée qui l'emploie. Il en est de même d'ailleurs de tout procédé de méthode ; en tant que procédé, il ne vaut rien par lui-même ; il emprunte sa valeur au génie qui l'applique.

---

298. *« Les principes entrent dans toutes nos pensées ; ils sont nécessaires pour penser, comme les nerfs, les muscles et les tendons pour marcher, sans que nous nous en apercevions. » (Leibnitz).* — Poitiers [93-162].

Cette pensée de Leibnitz est très connue. Elle exprime cette vérité, que la raison intervient *inconsciemment* dans les opérations intellectuelles de toute nature, même les plus simples. On le montrera en les passant en revue :

Perception : identité, causalité, substance.
Mémoire : identité.
Association : causalité, finalité (V. sujet 127).
Imagination : indirectement, par l'association.

Entendement discursif : emploi *conscient* de la raison.

De là résulte une conséquence importante : c'est que quand l'animal, privé de raison, accomplit une des opérations élémentaires qu'il peut pratiquer en commun avec l'homme, par exemple quand il perçoit ou se souvient, ces actes ne sont pas, en lui, exactement ce qu'ils sont en nous, puisqu'il ne s'y mêle aucun élément rationnel. Ce sont en lui des actes exclusivement automatiques. S'il perçoit, comme nous, une pierre, après l'avoir heurtée, cette pierre n'est pas pour lui, comme elle l'est pour nous, la *cause* du choc subi. Et s'il s'en détourne d'avance, c'est en vertu d'un pur réflexe, et non, comme nous, *afin* d'éviter un coup.

---

299. *Expliquer et apprécier cette pensée de Kant : « On peut apprendre le latin dans Cicéron, et il serait ridicule de rejeter son autorité ; mais il n'y a pas d'autorité classique en philosophie. A Platon, à Leibnitz, il est permis d'opposer la raison, que chacun trouve en lui. »* — Montpellier **[240-241]**.

Pensée qui équivaut à la négation du principe d'autorité en matière de philosophie, et aussi de science. Elle affirme le droit de la raison individuelle, le même qui fut revendiqué par Descartes dans le *Discours de la Méthode*, et que formule sa première règle : « N'admettre aucune chose pour vraie que je ne la connusse évidemment être telle. »

Le développement de cette idée soulève la discussion des divers critères de la vérité qui ont pu ou peuvent être proposés (Voir sur ce point : *Logique*, sujets 449-450).

---

300. *En prenant ce mot : « L'esprit souffle où il veut » dans le sens où l'emploie l'usage familier de la langue, ne donne-t-il pas encore fort à penser ?* — Toulouse **[76-778]**.

« *Spiritus flat ubi vult* », dit l'Evangile (Saint Jean).

Dans le langage ordinaire, « l'esprit » signifie encore l'inspiration, mais l'inspiration naturelle, en d'autres termes le travail demi-conscient de l'imagination. Il signifie que telle vocation scientifique, artistique, poétique, tel goût déterminé et impérieux vers une occupation spéciale, telle faculté distinguée, éminente même, se révèlent à l'improviste, en des sujets dont on n'attendait rien de semblable, parfois en des natures frustes et incultes.

On expliquera ces faits par l'analyse du mode de fonctionnement et de la nature de l'imagination.

---

301. « *Accroître sa science, c'est accroître ses douleurs.* » (*Ecclésiaste*). — Poitiers **[134-235]**.

Réflexion pessimiste tirée d'un livre que l'on sait être un des plus amers, des plus désenchantés qu'il y ait. Comme tous les aphorismes des pessimistes, qu'ils viennent de l'Ecclésiaste, de Lucrèce, de Pascal ou de Schopenhauer, celui-ci est certainement exagéré. Mais, non moins certainement, il enferme une part de vérité. On engage le lecteur à réfléchir pour apercevoir ce qu'il y a de vrai, et aussi d'excessif, dans cette affirmation

D'une part, plus on sait, plus on veut savoir; et comme on ne peut pas tout savoir, on souffre de ce désir inassouvi. Toute science est limitée par sa nature même (étude du phénomène) et par les bornes de notre esprit; toute science aboutit finalement à un terme ultime derrière lequel il y a les ténèbres de l'inconnu. On a dit que le plus grand savant était celui qui reculait un peu plus loin que les autres la borne de notre ignorance; on a dit (M. Fouillée) que l'homme, en étendant la sphère du savoir, multipliait ses points de contact avec la nuit. Autant de causes de souffrance (Voir le monologue initial de *Faust*).

Autre idée, à comprendre et à creuser : le bonheur est peut-être l'apanage des simples; il faut, pour le savourer, une certaine fraîcheur de sensation, une certaine naïveté que font disparaître bien vite la culture scientifique et l'inquiète poursuite de la vérité abstraite.

On considérera aussi que l'homme dont la science dépasse un certain niveau ne se sent plus, dès lors, en communion directe et intime avec ses semblables; il est, à un certain degré, un isolé, souvent un incompris. Comme le Moïse de Vigny ou la Cassandre de Schiller, il souffre de sa vie « étrange et solitaire »[1], et le génie lui est un lourd et douloureux fardeau.

Et tout cela est vrai, et il y en a mille et mille exemples.

Mais il n'est pas moins vrai qu'au bout des recherches laborieuses qu'elle suppose, la conquête d'une vérité, fût-ce une vérité fragmentaire et relative, est pour l'homme l'occasion d'une des joies les plus pures et les plus vives dont son âme soit capable. Il n'est pas moins vrai que la vie austère d'un Newton, d'un Kant, d'un Pasteur, ne soit une belle vie, une vie enviable, et que ceux-là sont peut-être, avec ceux auxquels il est donné de mourir pour une idée, les élus de ce monde, ceux qui ont connu la minute suprême du vrai bonheur.

Et puis, en cela comme en bien d'autres choses, les effets dépendent des individus. Le bonheur est essentiellement relatif; il est notre œuvre, bien plus que celle de causes étrangères. La science a des effets divers, suivant les âmes en qui elle se développe. Aux unes elle est le verre d'alcool qui échauffe et enivre, mais brûle, ne fait qu'exaspérer la soif et la rendre inextinguible. Elle est, pour d'autres, ce qu'est, pour le voyageur, la gorgée d'eau limpide puisée à la source de montagne, dont il savoure avec un frisson de plaisir la fraîcheur pénétrante, et qui le réconforte après l'épuisement d'une dure étape : « *De torrente in via bibet : propterea exaltabit caput.* »

CHAPITRE II

PSYCHOLOGIE SCIENTIFIQUE

302. *L'intensité des sensations. Exposer sommairement les recherches qui ont été faites sur ce sujet.* — Rennes **[136-456]**.

303. *Peut-on appliquer à l'étude des sensations la mesure et le calcul ?* — Besançon **[75-261]**.

---

1. Ronsard.

304. *Exposer et apprécier les efforts faits de nos jours pour donner à la psychologie un caractère scientifique.* — Bordeaux **[110-168]**.

Voir d'abord les sujets 2, 3, 4, pour avoir des idées générales sur les méthodes de la psychologie contemporaine, et pour répondre particulièrement à la question posée sous le n° 304.

Les deux autres (nos 302 et 303) sont plus restreintes et portent sur un point déterminé : l'étude psycho-physique des sensations.

C'est surtout à Leipzig que cette étude a été faite. L'école de Leipzig (Weber, Fechner, Wundt) a concentré presque toutes ses recherches expérimentales sur le phénomène de la sensation ; la science qu'elle a créée et à laquelle elle a donné le nom de psycho-physique se compose presque exclusivement de recherches sur cette classe de phénomènes. On trouvera des détails circonstanciés dans le grand ouvrage de Wundt : *Psychologie physiologique* (traduit en français par le Dr Elie Rouvier).

La plupart des travaux originaux sur ces matières sont difficilement accessibles à un lecteur non initié aux mathématiques supérieures. Les calculs auxquels donnent lieu les observations et expériences ne peuvent s'effectuer qu'au moyen d'intégrations d'équations différentielles, et ne sont par suite intelligibles que pour les mathématiciens de profession.

---

305. *Qu'est-ce que la suggestion ? Des recherches récentes faites à ce sujet, pourrait-on tirer quelques indications relatives à l'art de persuader ?* Nancy — **[185-205]**.

Sujet d'actualité. On engage les élèves à y prêter attention, et à se bien convaincre que des questions de ce genre, qui sont, comme on dit, à l'ordre du jour, peuvent leur être souvent proposées, et seront effectivement de plus en plus fréquentes dans les examens.

Comme il s'agit ici d'un ordre de recherches très spéciales et non encore vulgarisées, sur lesquelles les cours ne fournissent que peu ou point de documents, on a résumé ci-dessous les renseignements nécessaires pour mettre le lecteur au courant de la question.

Dans son sens le plus général, la suggestion pourrait être définie : le résultat de l'association des états de conscience.

Soit un état A, qui s'est trouvé, dans ma conscience en contiguïté avec un état B. Désormais, une association s'étant créée entre eux, toutes les fois que l'état A viendra à se reproduire en moi, il aura une tendance à évoquer l'état B, à le faire apparaître à sa suite ; on dira alors que A me suggère B. La suggestion est donc l'acte par lequel un état donné est provoqué dans une conscience. Cet appel peut s'exercer indistinctement sur toute espèce d'états : affectifs, représentatifs, actifs.

Il est toutefois un groupe d'états qui semblent se prêter à cette évocation avec une facilité exceptionnelle : ce sont les images. Si, dans ma conscience, l'état A a été associé à un sentiment S, à un mouvement M, à une idée I, et à une image visuelle V, lorsque A se reproduira, V aura plus de chances que S, M, ou I d'être suggéré, et le sera avec plus de force, de durée et de précision. Dans un sens restreint la suggestion sera donc l'évocation d'une image ou d'un groupe d'images.

Mais, en vertu d'une loi psychologique connue, une image est inséparable d'un mouvement. Elle n'est, dit avec raison M. Fouillée, que la face consciente d'un mouvement, elle est ce mouvement lui-même, en tant que je me le représente, que je le commence dans ma conscience. Imaginer la marche, c'est déjà marcher, c'est inaugurer les processus psychiques nécessaires pour qu'ensuite les jambes se mettent en mouvement. Et si aucune cause ne vient arrêter ou modifier ces processus, quand j'imagine la marche, je me mets à marcher, ou du moins je remue les jambes.

Si donc, par le moyen d'une association, une image m'est suggérée, les mouvements consécutifs le sont par le fait, et, si rien ne s'y oppose, ces mouvements seront exécutés : suggérer l'image c'est suggérer l'action. Prononcez devant un enfant les mots : marche au pas, et aussitôt il se mettra en marche en scandant le pas comme les soldats.

Cela posé nous allons considérer la suggestion dans deux cas : l'un pathologique, l'autre normal. Nous commencerons par le cas pathologique parce que, en vertu de son exagération même, il nous aidera à comprendre l'autre.

L'état pathologique qui donne lieu à des phénomènes de suggestion caractéristiques est l'hypnotisme.

Nous n'avons pas à exposer ici ce que c'est que l'hypnotisme, ni à en faire la théorie physiologique, qui d'ailleurs est encore insuffisamment établie, et en partie conjecturale. Nous dirons simplement qu'un sujet hypnotisé est dans un état nerveux anormal, provoqué en lui par une action extérieure (celle de l'hypnotiseur), ou spontané (comme chez beaucoup d'hystériques), et que cet état le rend apte à subir des suggestions dans des conditions particulièrement remarquables. C'est là le seul point qui nous intéresse, et c'est le seul que nous allons examiner.

J'ai devant moi un sujet dans l'état d'hypnotisme. Je veux lui suggérer une image. J'aurai recours, pour cela, à l'association, et j'ai le choix entre un grand nombre d'associations possibles. La plus usuelle est celle qui existe entre l'image et le mot qui la désigne ; si je veux lui suggérer l'image d'un cheval, je n'ai qu'à prononcer le mot cheval, ou la phrase : voici un cheval. Je puis aussi utiliser l'association qui existe entre l'image d'un acte et celle des instruments qui servent à effectuer cet acte : si, par exemple, je veux suggérer à mon sujet l'image de la pêche à la ligne, je puis, sans lui rien dire, lui mettre entre les mains une canne à pêche toute préparée. Bref, par le moyen d'une association quelconque, j'ai fait naître dans la conscience de mon sujet une image déterminée. Voyons ce qui va arriver.

Mon sujet est hypnotisé, c'est-à-dire dans un état anormal. Et voici, au point de vue exclusivement psychologique, ce que cet état a d'anormal : c'est qu'une image suggérée possède, dans sa conscience, une intensité exceptionnelle ; elle devient exclusive, elle occupe la conscience entière, et en chasse tout le reste. L'état subjectif de mon sujet est entièrement constitué par l'image suggérée, et par toutes celles qui, associées à celle-là, vont apparaître à sa suite. Sensations, perceptions, sentiments, idées, tout va disparaître : l'image, plus forte que tout cela, réduit, repousse, exclut tout ce qui n'est pas elle ; en un mot l'image est une hallucination d'une intensité extraordinaire. J'ai mis entre les mains de mon sujet une canne à pêche, et je lui ai ainsi suggéré l'image de la pêche à la ligne ; dès lors il ne voit plus rien de ce qui l'entoure, cette salle, les meubles, le parquet, les personnes présentes ; il n'entend plus les bruits qui s'y produisent, bref, n'a plus aucune des perceptions normales ; il ne se dit plus qu'il est chez moi, qu'il n'est pas possible qu'il pêche, etc. Il voit une rivière, une ligne, des engins de pêche, se croit pêcheur, et c'est tout.

Et comme l'image, c'est le mouvement commencé, que d'ailleurs il n'y a plus en mon sujet rien qui puisse arrêter les mouvements correspondant à ses images, il va effectuer tous ces mouvements, faire tous les actes d'un homme qui pêche, jeter sa ligne, la retirer, décrocher de l'hameçon un poisson imaginaire, remettre une amorce, etc.

En outre, une image n'étant qu'une sensation sans cause objective, mais bien réellement une sensation, s'accompagne des effets physiologiques qui sont ceux de la sensation. Ces effets seront amplifiés par l'hypnotisme : M. Pierre Janet suggère à un sujet hypnotisé l'image d'un sinapisme appliqué sur la poitrine ; quelques instants après il constate, sur la peau du sujet, la présence de l'ampoule rouge caractéristique que provoque un sinapisme réel. Suggérez à un hypnotisé l'image de l'hiver : il grelotte ; celle de l'été, il entre en transpiration, etc.

Tous ces faits se manifestent à l'instant même où la suggestion a été faite. Mais on peut procéder autrement.

Je puis, par exemple, dire à mon sujet en état d'hypnotisme : « Dans une heure, soit à quatre heures, vous verrez M. X. entrer dans cette pièce. » Quelques instants après, je le fais sortir de l'état d'hypnose et rentrer dans la condition normale ; puis je le prie de rester à causer avec moi. Quand la pendule sonnera quatre heures, il regardera vers la porte, *la verra s'ouvrir, verra entrer M. X., le saluera*, etc. C'est ce qu'on appelle une suggestion à échéance. L'échéance peut être d'ailleurs reculée, avec certains sujets, très entraînés, jusqu'à une époque éloignée, parfois plusieurs semaines, plusieurs mois même.

Conclusion. Au point de vue psychologique, l'hypnotisé est un individu auquel on suggère à volonté des images, qui prend ces images sans exception pour des réalités, effectue tous les mouvements consécutifs et éprouve tous les effets physiologiques correspondants, en un mot : qui *vit* ses images.

Cet état nous présente la suggestion à son maximum de puissance, et produisant tous les effets qu'elle peut produire. Les états ordinaires, normaux, en seront des réductions, à tous les degrés possibles.

Si, dans la conscience d'un homme entièrement sain de corps et d'esprit, je fais naître un groupe d'images déterminées, si, par conséquent, je lui suggère une vision, un acte, un souvenir, une résolution; si, d'autre part, je fais tout ce qu'il faut pour que ces images acquièrent en lui toute l'intensité compatible avec les conditions *normales* de la vie physique et psychique, j'obtiendrai évidemment des effets qui se rapprocheront des effets anormaux observés chez les hypnotisés : ses images seront vives, il tendra à les prendre pour réelles, il y croira dans la mesure où elles ne seront pas contredites par les circonstances ambiantes, et il y conformera ses actes, dans la mesure aussi où il n'en sera pas empêché par des influences dirimantes s'exerçant sur lui. Voilà la suggestion ordinaire, normale, pouvant être pratiquée tous les jours, sur n'importe qui. C'est ainsi, par exemple, qu'on amènera une personne à croire qu'elle aime ou n'aime pas ceci ou cela, à reconnaître un fait fictif pour un souvenir, à accepter, comme choisi librement, un parti, à entreprendre une œuvre, etc. En résumé, on a là un moyen souvent efficace de persuasion.

Il n'est d'ailleurs pas indispensable que les images soient suggérées à la personne par une autre. Si elle a l'imagination assez vive, elle peut se les suggérer elle-même, et les effets en seront identiques. C'est l'auto-suggestion. Les médecins connaissent bien ce phénomène. Une personne ayant lu, par hasard, dans un traité, la description des symptômes de telle maladie, imagine avec force et fixité ces symptômes, les aperçoit en elle, y croit, et, au bout de peu de temps, éprouve réellement tous les accidents qui caractérisent la maladie, tels que fièvre, délire, congestion, accidents digestifs, cardiaques, rénaux, etc. Ces faits permettent d'estimer la puissance de l'auto-suggestion, et en même temps l'influence du moral sur le physique. Et l'on y trouvera aussi, par ailleurs, des éléments pour une explication psychologique du merveilleux.

DEUXIÈME PARTIE

LOGIQUE

La logique étant une science abstraite, toute dissertation sur un sujet de logique doit avoir le caractère d'une étude scientifique, présenter les qualités d'ordre, d'enchaînement rigoureux, d'étroite dépendance des parties qui sont le propre de la science.

En logique comme dans toutes les autres parties de la philosophie, la dissertation ne se développe que par des exemples. Seulement, ici, les faits au lieu d'être pris dans l'observation de la vie pratique, sont empruntés aux diverses sciences dont la logique donne la théorie. Pour faire une bonne dissertation de logique, il est donc indispensable d'avoir présentes à l'esprit les grandes théories scientifiques, les observations et expériences classiques, les recherches des savants et les lois générales aujourd'hui formulées; il faut connaître à la fois l'histoire de chaque science, ses progrès, et les résultats principaux qu'elle a produits à notre époque. On ne saurait trop insister sur cette nécessité, et sur l'intérêt qu'il y a pour l'élève de philosophie à développer en lui la culture scientifique : faute de cette base, la dissertation de logique n'a aucune solidité. Que l'élève se persuade bien de ce précepte : quand on lui demande d'expliquer, d'interpréter un procédé scientifique quelconque, ce qu'on désire de lui c'est la preuve qu'il connaît *directement* ce procédé, et qu'il le comprend. C'est donc sur le procédé lui-même que devra porter tout l'effort de son attention, et non sur les cours qui essaient de le lui expliquer et dont la servile reproduction ne lui sera jamais comptée pour rien.

On a divisé les sujets de logique en cinq chapitres, d'après leur nature et leurs caractères propres, et l'on a disposé ces chapitres dans un ordre qui est sensiblement celui des programmes officiels, savoir :

Logique en général et logique formelle.
Nature de la science en général.
Procédés de méthode.
Sciences particulières.
Certitude. — Vérité. — Erreur. — Sophismes.

CHAPITRE I

LOGIQUE EN GÉNÉRAL ET LOGIQUE FORMELLE

306. *De la logique et de ses divisions.* — Montpellier [**395-432**]. — Nancy [**577-841**].

307. *Définir l'objet de la logique et déterminer la méthode propre à cette science.* — Besançon [**363-422**].

Ces deux sujets peuvent se traiter bien facilement avec les renseignements que chaque élève possède.

Une idée essentielle à mettre en relief : que la logique est par essence la science *de la preuve*. On ne saurait trop insister là-dessus. Le plus grand mérite de Stuart Mill, dans son ouvrage de logique, est d'avoir parfaitement compris et parfaitement fait comprendre cette vérité fondamentale. Ainsi, en logique, rapporter tout à la *preuve*.

La méthode de la logique est évidemment la méthode déductive. Elle est même la science déductive par excellence.

---

308. *Rapports de la logique et de la psychologie.* — Bordeaux [**360-365**].

Deux points bien distincts à traiter.

1° Différences entre la logique et la psychologie. Celle-ci, dans une de ses parties, étudie l'intelligence, en recherche les lois. La logique aussi a pour objet les lois de l'intelligence. Mais il y a une très grande différence entre les deux sciences ; le mot *loi* n'a pas le même sens dans l'une ou dans l'autre.

La psychologie étudie nos états intellectuels pour savoir ce qu'ils sont, quelle en est la nature, le mode de fonctionnement de nos facultés ; elle détermine des lois qui sont, comme dans toute science expérimentale, l'expression de relations constantes, de liaisons entre phénomènes. La logique étudie les mêmes opérations dans leur rapport avec le but qu'elles poursuivent toutes : l'invention de la vérité ; et elle formule des lois qui sont des règles abstraites destinées à guider l'esprit, et qu'il *doit* appliquer dans la recherche du vrai. Développer cela par des exemples.

2° La psychologie est utile au logicien. Pour bien employer un instrument, la première condition est de savoir comment il est fait, quel en est le mode de fonctionnement. Ainsi la classification repose sur la théorie des idées générales. Toute la logique formelle dérive du principe d'identité. La théorie de l'hypothèse s'appuie sur l'étude de l'imagination.

---

309. *Qu'est-ce que la preuve ? Y a-t-il différentes espèces de preuves ?* — Bordeaux [**59-226**].

310. *Qu'est-ce qu'une preuve ? Quels sont les principaux genres de preuves usitées dans les sciences ?* — Rennes [325-354].

Ce sujet est l'un des plus importants qu'on puisse donner en logique (Voir plus haut ce qui est dit de la question de la preuve dans l'Introduction de cette partie). Voici comment on devra procéder pour le bien traiter.

Je dis à quelqu'un qu'il y a, pour atteindre un lieu donné, un chemin plus court que celui qu'il me propose. Mon interlocuteur en doute. « Je vais, lui dis-je, vous *prouver* ce que j'avance. » A l'aide d'un dessin sommaire, je lui fais voir que mon chemin est une droite allant du point où nous sommes au lieu désigné; que le sien se compose de deux droites inclinées l'une sur l'autre, et formant un triangle avec la mienne ; que, dans tout triangle, un côté est plus court que la somme des deux autres. Mon contradicteur s'incline devant cette *preuve*, et reconnaît que j'avais dit la vérité.

Si, pour une raison quelconque, je ne puis me servir de ce moyen, j'en ai un autre à ma disposition. Je ferai faire les deux trajets par mon contradicteur, et il constatera qu'il lui faut plus de temps pour effectuer le sien que le mien. C'est un autre genre de preuve.

Dans un cas comme dans l'autre, qu'ai-je fait ? Comment ai-je déterminé la conviction dans l'esprit de cet homme ? Une proposition par moi avancée lui semblait douteuse, ou même fausse. Je lui ai fait voir qu'elle était liée nécessairement à certaines vérités préalablement admises par lui ; dans le premier cas, à des vérités abstraites, à des idées, qui toutes se ramènent à celle-ci : le plus court chemin d'un point à un autre est la ligne droite ; dans le second cas, à des vérités concrètes, à des faits d'expérience, à des sensations qu'il a éprouvées.

Je définis donc la preuve : l'acte intellectuel qui consiste à rattacher, par une relation nécessaire, une idée douteuse à une autre connue comme vraie.

Et, de ce qui précède, j'infère qu'il y a deux ordres de preuves : les preuves abstraites, ou par raisonnement, ou *a priori*, et les preuves de fait, ou expérimentales, ou *a posteriori*.

En développant ces idées, on devra insister sur ce point capital : la relation qui unit les idées aux preuves doit être nécessaire, telle, par conséquent, que l'esprit ne puisse la révoquer en doute.

Ensuite, abordant la seconde partie du sujet, on expliquera que la connaissance scientifique repose sur la preuve, qu'une science est un système de vérités prouvées.

On recherchera alors quelles sortes de preuves sont requises dans les diverses sciences : preuves de raisonnement dans les mathématiques, preuves de fait dans les sciences de la nature et dans la plupart des sciences morales. On fera remarquer que, cependant, lorsque les sciences de la nature arrivent à un certain degré de développement, et par suite de généralité, elles peuvent substituer le raisonnement à l'expérience, et procéder par la méthode mathématique. Tous ces points seront éclairés par des exemples.

---

311. *Expliquer et discuter cette pensée de Descartes : « Ce n'est pas assez d'avoir l'esprit bon ; le principal est de l'appliquer bien. »* — Aix [12-436]. — Clermont [334-576].

Le meilleur commentaire de cette pensée, c'en est le contexte, dans le

Discours de la Méthode. En lire attentivement la première page d'abord, où se trouve la phrase citée, puis toute la 2e partie.

Tout en reconnaissant, en principe, la vérité de la pensée de Descartes, faire remarquer qu'elle ne doit pas être prise dans un sens trop absolu, que jamais la méthode, si parfaite soit-elle, et si bien appliquée qu'on la suppose, ne peut suppléer aux dons naturels du génie. A ce propos, rapprocher cette opinion du mot célèbre de Bacon : « Une bonne méthode rend tous les esprits égaux, et dispense d'avoir du génie. » Bacon ici, va trop loin ; son assertion, plus absolue et exclusive que celle de Descartes, est fausse.

---

312. *Expliquer la nature et la portée de la logique formelle.* — Aix [672-841]. — Rennes [112-116].

Sujet très simple, composé de deux parties dont la première est traitée dans tous les cours. Pour la seconde, elle consiste à discuter la valeur et l'utilité de la logique formelle. L'idée fondamentale est celle-ci : Cette science, étant purement *formelle*, c'est-à-dire ne concernant que la forme de la pensée et non sa matière, a-t-elle une réelle utilité ? N'est-elle pas un vain jeu de l'esprit, et ne conduit-elle pas à une sorte de psittacisme ? (Décadence de la scolastique, XVe siècle.) Faire remarquer qu'elle repose toute sur le principe d'identité, lequel, s'il n'est pas la loi du réel, est au moins celle du possible ; que, sans doute, une pensée qui se conforme au principe d'identité n'est pas certaine d'atteindre la vérité, mais que, si elle la viole, elle est sûre d'être dans l'erreur ; qu'enfin la logique formelle étant l'art de ne pas se contredire, a, comme telle, une utilité incontestable. Appuyer ce raisonnement par l'exemple du sophisme si commun qui consiste à confondre deux propositions qui ne sont que contraires avec deux contradictoires, et à tirer de celles-là les inférences qu'on ne peut légitimement tirer que de celles-ci.

On pourrait aussi exposer que toute la logique formelle aboutit à la théorie du syllogisme ; puis présenter les objections de Stuart Mill contre le syllogisme, et les réfuter (Voir ci-dessous, sujet 316).

---

313. *La logique de Port-Royal distingue quatre opérations de l'esprit : concevoir, juger, raisonner, ordonner. Les définir et les caractériser par des exemples précis.* — Lyon [370-711].

314. *Théorie de la proposition.* — Alger [364-405]. — Besançon [390-443].

315. *Théorie du syllogisme.* — Lille [386-399] ; [393-417]. — Lyon [140-729].

Voir pour ces trois sujets, absolument techniques, la *Logique de Port-Royal*, et les cours. La théorie des quatre opérations de l'esprit est expliquée très clairement dans le *Cours de philosophie* de M. Fonsegrive.

---

316. *Est-il vrai que le syllogisme se ramène à une pure tautologie ?* — Bordeaux [334-426]. — Lyon [261-384].

Cette objection est célèbre : elle est de Stuart Mill. Il y aurait intérêt à en prendre directement connaissance dans la *Logique* de Stuart Mill, Tome I, Livre II, chap. 3. Elle est présentée et discutée avec d'excellents développements dans le *Cours de logique* de M. Rabier.

---

317. *Usage et abus du raisonnement déductif et du syllogisme.* — Clermont [625-771]. — Rennes [35-170].

V. sujet 312. Les idées essentielles à développer ici y sont toutes indiquées. La décadence de la scolastique au XVe siècle, l'*ars magna* de Raymond Lulle peuvent servir pour montrer les conséquences de l'abus du syllogisme.

---

318. *Examen de cette définition du dilemme donnée par Port-Royal : « Un raisonnement composé où, après avoir divisé un tout en ses parties, on conclut affirmativement ou négativement du tout ce que l'on a conclu de chaque partie. »* — Lyon [374-464].

Dissertation qui ne présente aucune difficulté. La développer au moyen d'exemples. Ne pas oublier de faire voir comment se fait la critique d'un dilemme : elle porte sur la division, et doit vérifier si la division est entière.

CHAPITRE II

NATURE ET CARACTÈRES DE LA SCIENCE

319. *Qu'est-ce que savoir ? Qu'est-ce qu'expliquer ?* — Bordeaux [441-778].

320. *Expliquer cet aphorisme de Bacon : « La vraie science est celle des causes. »* — Alger [340-423].

En rapprochant ces deux sujets, on trouvera que le second donne précisément la réponse à la question posée par le premier.

Seulement, il y a un point délicat : c'est l'explication du mot *cause*.

Au sens philosophique, la cause d'un fait, c'est ce qui rend raison pleine et satisfaisante de ce fait. C'est ce dont la connaissance nous fait *comprendre* entièrement le phénomène, son origine, sa forme, ses caractères, sa destination. Ainsi quand le philosophe cherche la cause du monde et qu'il la trouve dans un être absolu, parfait, créateur et organisateur de ce monde dont les lois ne sont que le reflet de sa raison souveraine, et le dirigeant vers des fins conformes à la perfection même de cette raison ; en un mot quand le philosophe formule ce principe : le monde a pour cause un Dieu, alors son intelligence est pleinement satisfaite, et le problème lui semble avoir reçu sa solution définitive.

Or, si la science cherchait de telles explications, il est certain qu'elle ne les trouverait pas. Nous ne pouvons atteindre les véritables causes, et cela pour deux raisons : 1° c'est une recherche qui irait à l'infini, puisque la cause d'un phénomène est un autre phénomène, qui a lui-même une cause, celle-ci à son tour en ayant une, et ainsi de suite ; 2° la vraie cause des phénomènes, c'est la nature intime des choses. La vraie cause de la combinaison de l'oxygène et de l'hydrogène, c'est la nature, la constitution des deux *substances* ainsi nommées. Or cette constitution des choses en soi nous échappe.

Donc la science n'entreprendra pas de chercher les causes, au sens philosophique et profond de ce mot. Elle cherchera les *conditions* des phénomènes, c'est-à-dire les rapports universels et nécessaires qui les relient entre eux, les *lois* (Idée du déterminisme). Ce qu'elle nomme cause, et ce qu'elle cherche, c'est l'antécédent invariable et inconditionnel d'un fait. Le fait est pour elle *expliqué* quand il est rattaché à cet antécédent.

Et la connaissance de cette liaison constante lui donne la double possibilité de *prévoir* et de *pourvoir ;* par suite, assure l'empire de l'homme sur la nature.

Telles sont, réduites à leur plus simple expression, les idées fondamentales de ce sujet, que l'on développera au moyen d'exemples.

---

321. *En quoi la connaissance scientifique se distingue-t-elle de la connaissance vulgaire ?* — Nancy [335-370]. — Rennes [403-412].

Pur sujet de cours. Insister sur les caractères suivants de la science :

1° a pour objet le général; 2° repose sur la preuve; 3° se compose d'idées formant système.

---

322. *Quelle est la valeur de la distinction établie par certains philosophes entre la science et l'opinion ?* — Besançon [443-453].

C'est Platon qui le premier, mais d'après les idées reçues de Socrate, établit cette distinction. Le *Théétète* principalement est consacré à réfuter l'opinion des sophistes, que toute notre connaissance n'est que l'opinion, fondée sur la sensation. Platon démontre que la véritable science se distingue de l'opinion.

L'opinion a pour point de départ la sensation, soit actuelle, soit conservée dans la mémoire. « Dans l'opinion, dit Platon, l'âme ne fait autre chose que s'entretenir avec elle-même. » (C'est dire que l'opinion est subjective.) L'esprit s'adresse une question : il se demande quel rapport existe entre plusieurs pensées. Pour découvrir ce rapport, il revient sur ses souvenirs : c'est la *réflexion ;* puis il les compare et exprime le résultat de la comparaison dans un jugement. Or tous ces procédés ne suffisent pas à constituer la science : car ni la mémoire, ni la comparaison, ni la réflexion ne créent rien ; ces opérations, loin de constituer la science, la présupposent, et c'est un cercle vicieux que de vouloir l'en faire sortir. La science, selon Platon, c'est l'intuition directe du général, c'est-à-dire de l'Idée, intuition que l'esprit exerce en saisissant sous le voile des apparences sensibles, ou phénomènes, l'Idée qui en forme l'unité et la substance.

Telle est, en gros, la théorie platonicienne. On voit qu'elle se ramène à la distinction entre la connaissance vulgaire et la connaissance scientifique, qui fait l'objet de la dissertation précédente.

---

323. *Peut-on parler, comme on le fait souvent, de la science, ou n'y a-t-il encore que des sciences particulières ?* — Lille [330-417].

Tout l'intérêt et toute la difficulté de ce sujet reposent sur l'opposition entre les sciences et la science ; il faut arriver à de bonnes définitions des unes et de l'autre.

Le plan se trouve ainsi tout indiqué : 1° les sciences particulières; 2° la science en général, la science synthétique; 3° celle-ci est-elle déjà partiellement réalisée ?

Expliquer ce qu'on appelle une science particulière en en présentant plusieurs comme exemples : géométrie, chimie, histoire, etc. ; faire voir qu'elles se distinguent par leurs objets et aussi par leurs méthodes. Donner une définition.

Montrer ensuite que toutes les sciences ont quelque chose de commun : 1° dans leurs objets, qui sont l'ensemble des phénomènes, le monde ; 2° dans leurs méthodes qui ont des procédés communs (hypothèse, déduction, certains postulats tels que celui du déterminisme) ; 3° dans leur esprit, qui est l'application de notre raison à une théorie *positive* de l'univers : explication par les lois, et tendance à l'unité. En conséquence on conçoit, outre les sciences particulières, une synthèse de toutes ces sciences, qui sera proprement la *science.*

Enfin, faire voir, en présentant quelques-uns des essais de synthèse, quelques-unes des grandes théories du cosmos qui se produisent à notre époque, que l'expression absolue : la science, correspond à autre chose qu'un idéal, et représente, dès aujourd'hui, une réalité.

---

324. *Classification des sciences.* — Clermont [520-629]. — Grenoble [129-459].

Sujet traité dans tous les cours et qui ne peut embarrasser aucun élève. On conseille d'insister sur la difficulté du problème, et de ne présenter, comme exemples de systèmes de classification, que ceux de Bacon, Ampère et Aug. Comte.

---

325. *Montrer comment les hommes sont peu portés à rechercher l'explication des faits usuels tels que l'image réfléchie des objets, les marées, etc. Expliquer pourquoi il en est ainsi.* — Rennes [310-354].

326. « *La science est fille de l'étonnement.* » (*Aristote*).— Poitiers [396-423].

En rapprochant ces deux sujets, on voit qu'ils s'expliquent l'un par l'autre. L'étonnement a pour origine la perception d'un fait qui semble en dehors des lois du monde, et paraît ainsi sans cause, ou du moins effet d'une cause inconnue. L'étonnement présuppose donc la conception générale (plus ou moins consciente) d'un *cosmos* régi par des lois fixes (fondement de l'induction).

Il sollicite l'homme à chercher cette cause inconnue, et par là à créer la science.

Or des faits usuels et familiers, précisément parce qu'ils sont tels, qu'on a l'habitude de les voir, ne sollicitent pas la curiosité, parce qu'ils n'étonnent pas. Ils n'étonnent pas le vulgaire, mais un jour ils étonneront un esprit supérieur (Newton voyant tomber une pomme), qui, dès lors, sera amené à en chercher l'explication. Platon dit donc avec raison : « L'étonnement est un sentiment éminemment philosophique, θαυμάζειν μάλα φιλοσοφικὸν πάθος. »

---

327. *Science et croyance.* — Aix [**342-476**]. — Besançon [**344-453**].

Il ne s'agit pas ici de la foi religieuse, mais de la croyance philosophique.

Sur la nature et les conditions de la croyance philosophique, V. *Psychologie*, sujet 63. Voir aussi, plus bas, certitude morale, sujet 443.

---

328. *L'objet de la philosophie est-il le même que l'objet de la science ?* — Caen [**439-444**].

Il faut d'abord s'entendre sur le sens du mot philosophie. Lorsqu'on oppose ainsi à la science la philosophie, on désigne sous ce dernier nom ce qu'Aristote a appelé philosophie première, et qui porte de nos jours le nom de métaphysique.

Pour se bien représenter la différence entre les objets de la science et de la philosophie, il faut partir d'une définition développée des deux idées de phénomène et de substance.

On expliquera ensuite (en justifiant l'assertion par des exemples), que l'objet de la science, c'est le phénomène; que l'objet de la philosophie, c'est ce qu'il peut y avoir au delà du phénomène : la substance ou chose en soi. V. 4e partie, *Métaphysique*, sujets 730 et 757.

On trouvera d'utiles renseignements sur ce sujet en lisant la Préface de la *Psychologie anglaise contemporaine* de M. Ribot.

---

329. *Montrer à grands traits comment les recherches philosophiques ont servi, dans les temps modernes, au progrès des sciences.* — Lille [**391-397**].

Si, comme élève de philosophie, j'avais à traiter ce sujet, je me demanderais d'abord quels sont, dans les temps modernes, les grands philosophes dont la pensée a influé sur le mouvement scientifique.

En les passant tous en revue, il me semble que je pourrais retenir les noms suivants : Bacon, Descartes, Leibnitz, Kant, Comte, les philosophes évolutionnistes.

Je chercherais ensuite à préciser quels services particuliers a rendus à la science pure chacun de ces penseurs, quel genre de recherches il a sollicitées, quels horizons il a ouverts. Je crois que je pourrais définir le rôle de chacun de la manière suivante.

Bacon a été *non pas l'inventeur*, mais le théoricien et le panégyriste de la méthode expérimentale. Les inventeurs sont ses grands contemporains : Képler, Galilée, Léonard de Vinci, Harvey. Lui, a eu le mérite de codifier en des règles explicites des procédés qu'ils avaient inventés et appliqués par l'intuition du génie. En cela il a facilité le travail à d'autres chercheurs postérieurs qui, doués de facultés moins créatrices, ont pu, en appliquant ses règles, réaliser des progrès qu'ils n'eussent point accomplis sans lui.

Descartes a imposé à toute la science moderne la grande conception du *mécanisme*, dont elle a vécu et vit encore. Voir sur ce point capital le dernier chapitre du livre de M. Fouillée sur Descartes.

Leibnitz a influé surtout sur le développement des mathématiques. Personnellement il a inventé le calcul différentiel et intégral, l'un des plus puissants instruments que possèdent les mathématiques ; et c'est par ses conceptions métaphysiques qu'il a été conduit à cette invention. Les deux grands principes de sa métaphysique : principe de continuité, principe des indiscernables, sont la base même de sa théorie des quantités infiniment petites. Dans toute la théorie des monades on retrouve à chaque pas les éléments du calcul différentiel et l'idée de l'intégration [1].

Kant a puissamment contribué à fixer la nature et l'objet propre de la science en séparant le phénomène de la chose en soi. Il a de plus établi nettement la valeur de l'idée de loi, sur laquelle reposent toutes les sciences de la nature.

Auguste Comte a dégagé, après Bacon et Descartes, la notion de science positive. Son *Cours de philosophie positive* est une série d'études sur la théorie de chacune des grandes sciences fondamentales qu'il a d'abord distinguées dans la classification qu'il en a faite. L'esprit positif est l'esprit même de la science contemporaine. De plus, il a presque entièrement créé la sociologie.

Les évolutionnistes, notamment Darwin et Spencer, ont provoqué un mouvement considérable de recherches sur les êtres vivants, sur leurs origines, les affinités qui les unissent, les lois de leur développement. Le « problème de l'espèce », soulevé par eux, a été la source de découvertes importantes. On en pourrait dire autant du grand principe qu'ils ont formulé : « La fonction crée l'organe. »

Je pourrais alors conclure que si certains savants, d'esprit un peu étroit et exclusif, affectent à l'égard de la philosophie une attitude de dédain et font profession de la considérer comme un vain cliquetis de mots et d'entités creuses, ils ont grand tort, et ressemblent, suivant l'expression de Montaigne, « à ces enfants drus et forts, qui battent leur nourrice ».

---

1. Un élève intelligent et ayant du goût pour les mathématiques pourrait se faire expliquer sommairement, par son professeur de mathématiques, ou même par un camarade élève de spéciales, ce que c'est qu'une différentielle et une intégrale. Lisant ensuite une bonne étude sur la *Monadologie*, il verrait clairement l'unité des deux conceptions de Leibnitz.

330. *La philosophie peut-elle se ramener tout entière à une généralisation scientifique ?* — Lille [**323-417**].

Non. Cette assertion est la thèse du positivisme. C'est une thèse étroite et exclusive, qui a pour contre-partie cette autre affirmation intempérante : la science s'étend à tout le domaine de la pensée ; elle est l'alpha et l'oméga.

On présentera et on discutera la thèse, en observant avec soin la règle fondamentale de toute bonne discussion : développer d'abord, dans toute son étendue et avec toute sa force, l'opinion que l'on se propose de combattre (V. 1re partie, section II, Introduction).

Pour critiquer la conception positiviste, on établira qu'en dehors du domaine de la science, il existe un domaine réservé à la philosophie (V. plus loin, sujet 733).

---

331. *La science et l'art.* — Caen [**379-423**].

Si je veux me rendre compte de la nature propre de la science et de celle de l'art, je ne puis mieux faire que d'analyser d'une part une œuvre de la science, d'autre part une œuvre de l'art, pour essayer d'en saisir les différences, et, s'il y a lieu, les ressemblances.

Je choisirai donc d'abord un des travaux scientifiques que je connais et comprends bien : soit une théorie mathématique, soit une expérience notable de chimie, soit une loi, un ensemble de lois de physique, etc.

Je ferai de même avec une œuvre d'art qui me soit familière, un poème comme l'Odyssée, une pièce de théâtre, un tableau, etc.

Seulement, comme je craindrais de me perdre dans des détails inutiles, le sujet étant, *a priori*, très vaste, je limiterai d'abord mes recherches à deux ou trois questions précises comme celles-ci :

Quel but poursuivent les deux genres d'œuvres ?

Quels moyens emploient-elles pour l'atteindre ?

Quelles facultés et opérations psychologiques mettent-elles en jeu ?

---

332. *Les hommes doivent-ils se servir de leur intelligence comme d'un instrument pour cultiver les sciences, ou, au contraire, de la culture des sciences comme d'un moyen en vue du développement de leur intelligence ?* — Clermont [**213-416**].

Admettons que je n'aie pas d'opinion *a priori* sur cette question, et qu'elle m'embarrasse un peu au premier abord. Je n'ai qu'une chose à faire, c'est de me demander quelles seront les conséquences de l'une et de l'autre hypothèse.

1re *Hypothèse.* — Je me servirai de mon intelligence comme d'un instrument pour acquérir la science. Evidemment, c'est un noble emploi de mes facultés, du moins il me le semble. Mais d'abord, est-ce le seul usage possible de mon activité intellectuelle ? Assurément non, j'en connais d'autres, aussi nobles. On me dira que je ne suis pas engagé par là à y renoncer. Si! je le suis, par le fait qu'en devenant un instrument spécial de recherche scientifique mon esprit sera vite incapable d'autre chose. Et puis, faire de mon intelligence un instrument, je n'aime pas beaucoup cela, et ce n'est peut-être pas si noble. Enfin, si j'agis ainsi, quel sera donc le but que je poursuivrai en constituant la science ? Je n'en vois qu'un : les applications pratiques. Il en est d'élevées, de hautement morales, je le sais : le soulagement de la souffrance, l'amélioration du sort des travailleurs, etc. Mais je dois pourtant reconnaître que la plupart des applications de la science sont d'ordre industriel, et qu'en définitive elles se ramènent à ces deux choses : travailler le moins possible (en faisant travailler la nature pour nous) et gagner le plus d'argent possible. Non, décidément tout cela n'est pas noble.

2e *Hypothèse.* — Je prendrai la culture scientifique comme moyen, et pour fin le développement de mon intelligence. Déjà je remarque que cette conduite présente cet avantage de laisser au premier plan ce qui en moi est le plus digne de l'occuper : la raison. Je vois, de plus, que si, ayant pour but la culture de cette raison, j'y subordonne la science, je ne m'engage nullement à employer ce moyen à l'exclusion de tout autre : c'est un moyen, ce n'est sans doute pas le seul, j'en puis joindre d'autres à celui-là, ne pas me spécialiser, ne pas rétrécir de parti pris mon horizon. Enfin, et c'est là le point important, en faisant de la science un instrument qui doit servir au progrès de la raison, il me semble que j'en réalise la véritable destination, qui est d'être désintéressée, de se constituer et de se développer en vue de satisfaire une des plus impérieuses, mais aussi une des plus hautes inclinations de notre nature : le besoin de savoir, *pour savoir.*

Et il me semble qu'en comprenant la science de la sorte, j'ai avec moi tous les grands et nobles génies qui l'ont faite par leur effort infatigable et désintéressé, qui ont eu le culte de la vérité pour elle-même, pour la satisfaction absolument pure que l'homme éprouve à la conquérir.

---

333. *Développer cette pensée du physicien anglais Tyndall : « La science, elle aussi, a ses conservateurs timorés qui regardent l'imagination comme une faculté qu'il faut plutôt craindre et éviter qu'utiliser. »* — Montpellier [389-445].

334. *Du rôle de l'imagination dans les différentes sciences.* — Bordeaux [316-426]. — Clermont [311-576]. — Grenoble [126-247]. — Lille [11-38] ; [34-44]. — Montpellier [430-433]. — Nancy [381-423].

Parmi les conservateurs dont parle Tyndall, il faut placer Bacon qui a dit : « Ce ne sont pas des ailes qu'il faut donner à l'esprit humain, mais des semelles de plomb. »

Contrairement à ces doctrines timorées, on doit soutenir que, dans la science comme en tout, l'invention est le propre de l'imagination, et d'elle seule. Toute science est un système d'idées, suggérées par une première *idée directrice* : celle-ci est le fruit de l'imagination, sans laquelle il n'y aurait donc pas de science (Tous les grands savants ont eu une imagination puissante).

Le rôle de l'imagination diffère suivant qu'il s'agit des mathématiques ou des sciences de la nature.

1° En mathématiques l'imagination sert :

A construire les objets (Figures, nombres, etc., tout cela est construit *a priori*).

A les représenter (Artifices de représentation : géométrie descriptive).

A pressentir dans l'hypothèse d'un théorème la conclusion qui y est contenue (c'est là le triomphe de l'imagination, le génie en mathématiques).

A trouver les procédés de démonstration.

2° Dans les sciences de la nature, l'imagination sert :

A inventer l'hypothèse, point de départ nécessaire.

A trouver les procédés d'expérience nécessaires au contrôle de l'hypothèse.

On ne doit pas oublier cependant que, malgré l'utilité incontestable de son rôle, l'imagination peut avoir, dans la science comme partout, ses dangers, si l'on s'abandonne sans discernement à ses fantaisies : théories aventureuses, interprétations contestables, analogies fausses, etc.

---

335. *Quelles sont les qualités morales indispensables au savant ?* — Nancy [321-370].

Chacun les connaît, peut les exposer et en établir l'importance.

On recommandera seulement ici de ne pas oublier, à propos du courage, que le savant en a besoin dans deux cas très différents : 1° pour affronter les dangers auxquels l'exposent certaines recherches (Voir Sully Prudhomme : *le Zénith*) ; 2° pour braver l'opinion, avancer des théories que tout le monde combat, s'exposer aux critiques, souvent passionnées et injustes, quelquefois à la persécution.

---

336. *Comment et dans quelle mesure la science permet-elle la prévision des faits futurs ?* — Caen [382-407].

Comment ? En ce que la science détermine l'antécédent nécessaire de chaque phénomène et établit entre cet antécédent et son conséquent une liaison constante. Lors donc que l'on peut connaître l'apparition du premier, on prévoit celle du second. En un mot on prévoit par le déterminisme.

Dans quelle mesure ? Dans la mesure où cette liaison a pu être déterminée avec précision, c'est-à-dire dans la mesure où la science comporte le calcul et l'emploi des mathématiques (astronomie, par exemple).

---

337. *Expliquer cette formule : Savoir, c'est prévoir.* — Montpellier [339-775].

V. sujet précédent.

---

338. « *Savoir, c'est pouvoir.* » (*Bacon.*) — Poitiers [371-436].

Voir d'abord au sujet 336 l'explication de la possibilité de prévoir.

Sur le même principe de la liaison des phénomènes, ou du déterminisme, se fonde le pouvoir de l'homme sur la nature. En effet, connaissant la liaison nécessaire entre deux faits, l'homme pourra, s'il a les moyens d'agir sur le premier, agir indirectement par là sur le second, et le faire servir à ses fins. Trois cas peuvent se présenter : 1° Provoquer le premier phénomène pour réaliser le second, s'il est utile. 2° Supprimer le premier pour supprimer le second s'il est nuisible. 3° Au cas où l'on ne pourrait supprimer le premier, faire intervenir des circonstances capables de modifier la relation, et par suite modifier le second. Ce cas est plus fréquent. Nombreux exemples à citer dans les applications mécaniques ou thérapeutiques des sciences.

Le même sujet est souvent présenté sous une autre forme. Bacon a dit : « On ne commande à la nature qu'en lui obéissant. »

---

339. *La science, en acceptant d'être relative et de ne point poursuivre l'absolu, se condamne-t-elle par là à l'impuissance ?* — Montpellier **[337-775]**.

Il est visible que ce sujet comprend deux parties : 1° La science est limitée au relatif ; 2° s'ensuit-il qu'elle soit impuissante ?

La première partie, quoique consistant en une idée importante, peut être présentée brièvement. L'idée fondamentale est celle-ci : la science ne peut se proposer la connaissance de la nature intime des choses ; elle ne saisit ni les substances, ni les causes (V. sujet 328). Ainsi la chose en soi (matière, énergie, atome, âme, vie, etc.), c'est-à-dire l'absolu, lui échappe. Elle est limitée à l'étude des phénomènes, et non pas même des phénomènes à proprement parler, mais des *relations* constantes entre les phénomènes, ou lois. Elle est donc bien la connaissance du relatif.

Est-elle pour cela impuissante ? Les sujets 336 et 338 donnent la réponse à cette question.

---

340. *Qu'entend-on par les lois en général ? Dans quel sens Plutarque a-t-il pu dire que la loi est la reine de tous, mortels et immortels ?* — Alger **[320-423]**.

Le mot loi a plusieurs acceptions différentes, et il est difficile d'en donner une définition générale assez compréhensive pour n'exclure aucun des sens particuliers dans lesquels on l'emploie. Montesquieu, au début de l'*Esprit des lois*, propose cette formule, devenue classique : « Les lois sont les rapports nécessaires qui dérivent de l'essence des choses. » Mais on a souvent remarqué avec raison que cette définition convient beaucoup mieux aux lois de la nature, qui sont en effet des rapports, et des rapports nécessaires, qu'aux lois civiles ou à la loi morale qui sont des impératifs et n'ont pas le caractère de la nécessité.

Le sens général du mot loi est indiqué par son étymologie (*ligare*). La loi, c'est ce qui attache, ce qui enchaîne. Or l'action coercitive exprimée par ce terme peut s'exercer soit sur notre raison, auquel cas elle prend le nom de nécessité rationnelle, soit sur notre volonté, et elle devient alors l'obligation morale. Dans le premier cas, il s'agit des lois de la nature, dans le second, de la loi morale, dont les lois civiles sont une expression appropriée aux diverses conditions de la vie sociale.

Il faudrait, ayant ainsi établi le sens général, expliquer chacune des deux acceptions par des exemples bien choisis ; montrer en détail comment les lois de la nature sont réellement des rapports entre phénomènes, l'*expression de la forme générale* des phénomènes, des *conditions* de leur apparition, et comment ces relations, ou uniformités de la nature, sont nécessaires (de là les applications des mathématiques). Passant ensuite à la loi morale, on expliquerait en quoi consiste l'obligation qu'elle impose à la volonté.

On terminerait par le mot de Plutarque en disant qu'en effet, tous les êtres sont soumis aux lois, expressions suprêmes de la raison soit dans l'ordre physique, soit dans l'ordre moral ; qu'un Dieu même, en tant que raison souveraine et parfaite, doit conformer, ne peut pas ne pas conformer aux lois sa pensée et son action.

---

341. *Qu'est-ce qu'un phénomène ? Qu'est-ce qu'une loi ? La connaissance des phénomènes et des lois peut-elle suffire à l'esprit humain ?* — Alger [843-427]. — Grenoble [346-797].

On voit nettement dans le texte ci-dessus, deux questions distinctes. La première est une question de théorie ; la seconde soulève une discussion.

1re *Question*. — Qu'est-ce qu'un phénomène, qu'est-ce qu'une loi ? Les réponses sont fournies par les explications données au sujet précédent. (Il est bien évident qu'il ne s'agit ici que des lois de la nature).

2e *Question*. — La connaissance des phénomènes et des lois suffit-elle à l'esprit humain ?

Rendons-nous bien compte de la portée de cette question.

La connaissance des phénomènes et des lois, c'est la science positive. On demande donc si la science positive suffit à l'esprit de l'homme. Si l'on répond : oui, qu'exclut-on par là même? On exclut la métaphysique. Ainsi, la réponse affirmative, c'est la thèse du positivisme, celle qui ramène toute la philosophie à une généralisation scientifique (sujet 330).

Le positivisme soutient sa thèse en prétendant que tout ce qui n'est pas objet de science est *inconnaissable*. Bon gré mal gré, il faut donc que l'esprit humain se contente de ce qu'il a, de la science.

Le peut-il ? Est-ce conforme à sa nature ? Le doit-il ? En est-il réduit là ? Questions d'ordre métaphysique qui seront discutées plus loin (V. *Métaphysique*, sujets 735 et 790).

Consulter : Liard, *La métaphysique et la science*.

---

342. *Les lois de la nature admettent-elles des exceptions ?* — Aix [327-476]. — Bordeaux [411-492]. — Lille [147-368].

Question qui a été fort discutée. Il ne semble guère possible aujourd'hui d'y répondre autrement que par la négative.

Pour le démontrer s'appuyer sur des arguments : 1° *A priori*. Les lois sont des rapports fondés en raison, dérivant de l'essence même des choses. Les applications des mathématiques aux sciences de la nature prouvent la nécessité des lois : la physique tend de plus en plus à n'être qu'une branche de la mécanique. 2° *A posteriori*. On n'a, en tous cas, jamais constaté d'exceptions. — Les applications de la science à l'industrie, aux travaux humains, à la prévision, fournissent encore des preuves.

---

343. *Rapports des lois naturelles et des lois civiles.* — Alger [341-427].
V. sujet 340.

---

344. *Comparer les règles de Bacon et celles de Stuart Mill au sujet de l'induction.* — Besançon [327-453].

Les éléments nécessaires pour traiter ce sujet se trouvent, d'une part dans le *Novum organum* de Bacon, d'autre part dans le *Système de Logique* de Stuart Mill.

Mais comme, pour diverses raisons, ces deux textes sont difficilement accessibles aux élèves de philosophie, on va leur présenter ici un résumé succinct des théories des deux philosophes.

I. *La méthode de Bacon.*— Bacon n'a pas inventé l'induction ; les anciens l'ont connue ; Aristote a consacré à cette opération un passage célèbre des *Analytiques*. Mais Bacon l'a réformée, en substituant à une notion fausse l'idée juste qui, depuis, a triomphé.

L'induction aristotélicienne consiste à conclure qu'une propriété observée dans un assez grand nombre de cas d'un genre donné est la propriété de tout le genre. Raisonnement hasardeux, on le voit. Comment s'assurer qu'il n'y a pas d'exceptions, à moins d'avoir passé en revue tous les cas, sans en omettre un seul ? Aristote donne sur ce point une règle empirique : on cherchera à énumérer tous les cas, si possible, ou du moins presque tous, ou les plus notables (τὰ ἔνδοξα). La conclusion, évidemment, ne sera jamais qu'une généralisation précaire. Telle est l'induction antique, ou induction par *énumération*.

Le mérite de Bacon, l'idée originale et féconde de sa réforme, c'est d'avoir substitué à cette opération imparfaite l'induction par *exclusion* ou *élimination*.

Le danger de l'ancienne induction est de rencontrer un cas qui contredise ce que l'on avait jusqu'alors affirmé sur la foi des cas favorables. Trouver un procédé qui démontre qu'un tel cas est impossible, sera conférer à l'induction une certitude absolue. Or ce procédé, Bacon l'a trouvé : il consiste à rejeter ou exclure tous les cas douteux, de façon à ne conserver que les cas où la loi supposée est incontestablement appliquée. Un exemple fera comprendre toute la valeur de la méthode.

Soit à établir qu'un certain phénomène B est l'effet d'une cause déterminée A. Pour y arriver les anciens auraient cherché à énumérer tous les cas observables, ou du moins les plus significatifs, où A et B sont en coïncidence.

Bacon cherchera à exclure tous les cas où l'on aurait quelque raison de prétendre que B est l'effet d'une autre cause que A.

Comment réaliser cette exclusion ?

On y parviendra, pour ainsi dire mécaniquement, en dressant trois *tables* ou listes.

1re *table*, dite de *présence*. On y inscrit tous les cas observés où B est présent, et les circonstances présentes en même temps ; la cause (A ou une autre) y est certainement.

2e *table*, dite d'*absence*. On y inscrit les cas où les mêmes circonstances (en gros) que ci-dessus se reproduisent, mais où B est absent. La cause devra être cherchée parmi les circonstances absentes (A ou d'autres).

3e *table*, dite de *degrés*. On y inscrit les cas où B se présente, mais à divers degrés d'intensité, et l'on note celle ou celles des circonstances qui présentent les mêmes variations (A ou telle autre).

Celle des circonstances qui n'aura pas été éliminée par la comparaison des trois tables, sera la cause cherchée.

II. *La méthode de Stuart Mill.* — Stuart Mill reprend le principe, désormais acquis, de l'élimination. Il propose, pour réaliser l'élimination, trois méthodes, qui sont, sous une forme un peu différente et plus claire, identiques, au fond, aux tables baconiennes. Ce sont les méthodes de concordance, de différence, des variations. Elles sont expliquées dans tous les cours.

---

345. ***Le progrès des sciences doit-il nous faire douter de la certitude de leurs résultats ?*** — Lille [**217-347**].

Il faut d'abord comprendre la question, un peu subtile en apparence : s'expliquer comment le progrès de la science peut devenir une raison de douter de la science elle-même. Simplement parce que l'on peut voir dans chaque progrès la négation des résultats précédemment acquis, la contradiction avec les anciennes théories. La science se renouvelle constamment. L'élève qui lit ces lignes, s'il parle de physique, de chimie, etc., avec son père, ayant fait autrefois ses études, mais ne s'étant pas tenu au courant des travaux récents, déclare que son père a des théories arriérées, qu'il ne sait plus de physique ni de chimie. On comprend donc le scepticisme de certaines personnes, dupes des apparences.

Ce scepticisme n'est pas fondé. On le prouve en étudiant la vraie nature des progrès de la science ; en voyant sur quoi ils portent. Ils consistent :

1° A trouver des relations ou lois nouvelles, à expliquer des faits jusqu'alors incompris, ce qui ne détruit pas les anciennes lois.

2° A généraliser davantage, à faire rentrer plusieurs groupes de faits ou de lois dans une formule plus compréhensive. Toujours pas de contradiction.

3° A interpréter les faits encore mal connus par d'autres hypothèses (par exemple pour la lumière, celle des ondulations ; pour l'électricité, celle des ions). Il y a bien là quelque contradiction entre deux époques successives (il est certain que Lyell contredit Cuvier), mais on remarquera d'abord que la controverse porte sur des hypothèses explicatives, et non sur des faits acquis ; ensuite qu'elle ne porte que sur l'interprétation des faits et non sur les lois déjà découvertes : l'hypothèse électrique des ions n'a pas supprimé les travaux des savants qui ont fondé cette partie de la physique, ni les applications qu'on en a faites.

Développer ces deux points avec le plus d'exemples possible, et conclure que les progrès de la science constituent une *évolution* qui accroît et développe, et non une série de *révolutions* qui détruisent.

---

346. ***Comparer, au point de vue de la certitude et des résultats, la science de l'homme et celles de la nature.*** — Grenoble [**341-797**].

La science de l'homme, c'est là une expression synthétique désignant en réalité un groupe de sciences particulières : psychologie, histoire, anthropologie, sociologie. C'est ce que l'on désigne sous le nom de sciences morales.

Si on compare ces sciences à celles de la nature, on voit tout d'abord que dans les premières la certitude est moindre; à parler franchement, il n'y a ni lois, ni certitude : ce sont sciences laissant place à un coefficient considérable de doute; quant aux résultats (prévision du futur, applications) ils sont également incertains.

Voilà une première idée à développer, avec preuves à l'appui.

Si maintenant on se demande les causes de cette infériorité des sciences morales, on verra que ce sont :

1° L'extrême complexité des phénomènes, et l'implexion des causes qui concourent à la production d'un effet donné ; d'où, difficulté de pratiquer l'exclusion ;

2° La difficulté de l'observation ;

3° L'impossibilité d'employer presque jamais d'autre méthode que celle de concordance ;

4° L'hypothèse de la liberté humaine, introduisant dans les éléments du problème un facteur qui échappe à toute prévision.

Ces diverses raisons sont admirablement développées dans la *Logique* de Stuart Mill, Tome II, livre VI.

---

347. *Faire voir que l'étude des sciences n'est pas seulement utile, mais qu'elle a encore une haute valeur morale.* — Lille **[217-345] ; [348-393].**

Sujet facile à développer. Plusieurs causes donnent à la science sa valeur morale, et les élèves sauront bien les trouver. On veut simplement ici les avertir que l'idée la plus importante, sur laquelle il faut insister est celle-ci : la science est un effort *désintéressé* en vue d'une idée. Voilà ce qui en fait la grandeur morale, et l'utilité pour la formation des caractères.

---

348. *En quoi consiste exactement l'esprit scientifique ?* — Lille **[347-393].**

Question qui se résout en considérant les caractères de la science et de la connaissance scientifique. V. sujets 319, 320, 321.

Qualités fondamentales de cet esprit : méthode, sens de la preuve ; rectitude, imagination encadrée par raison, esprit critique.

CHAPITRE III

PROCÉDÉS DE MÉTHODE

349. *De la méthode générale, de ses règles, de ses procédés principaux.* — Grenoble **[352-354].**

Lire d'abord avec attention la 1re et la 2e partie du *Discours de la Méthode*, qui servira à la première partie de cette question : utilité de la Méthode, sa nature.

En second lieu, donner comme règles les quatre règles mêmes de Descartes.

Enfin ramener les procédés de méthode aux suivants : Définition, Déduction, Induction, Classification. Expliquer rapidement chacun d'eux par un exemple emprunté à l'histoire des sciences.

---

350. *On dit, non sans raison : Tant vaut l'homme, tant vaut la méthode. Ne peut-on retourner cette maxime et dire : Tant vaut la méthode, tant vaut l'homme ?* — Montpellier [104-450].

A développer par des exemples.

1° Tant vaut l'homme, tant vaut la méthode : Galilée, Descartes, Pascal, qui ont créé des méthodes. Archimède, Hipparque, qui avec des méthodes imparfaites (sans algèbre, sans trigonométrie, sans logarithmes) ont fait d'admirables calculs et de grandes découvertes.

2° Tant vaut la méthode, tant vaut l'homme : Travaux de Chevreul, Pasteur, Berthelot. Bien montrer comment leurs découvertes sont issues d'une méthode pratiquée avec suite.

---

351. *Quels sont, dans les temps modernes, les philosophes qui ont le plus contribué aux progrès des méthodes ?* — Lille [355-390].

Bacon, Descartes, Leibnitz (pour les méthodes de calcul), Ampère, Comte, Cl. Bernard, Renan, Taine.

---

352. *Comparer, au point de vue de la méthode, Bacon et Descartes.* — Grenoble [349-354].

Deux idées principales à développer :

1° Tous deux sont également convaincus de la haute importance de la méthode, de sa valeur intrinsèque.

2° Leurs méthodes sont opposées. Bacon, méthode inductive; Descartes, méthode déductive.

Remarquer cependant que Descartes, esprit très large, sait au besoin pratiquer la méthode expérimentale, qu'il est un esprit essentiellement observateur.

Pour renseignements, sur Descartes, le texte même du *Discours de la Méthode*. Sur Bacon, *La philosophie de François Bacon* par M. Adam, ou l'article consacré à Bacon par le même auteur dans son livre classique : *Etudes sur les principaux philosophes*.

---

353. *Expliquer les quatre règles de la méthode de Descartes.* — Aix [386-401].

La meilleure interprétation des règles de la méthode cartésienne se trouve dans le *Descartes* de M. Liard. Pour ceux qui ne pourraient recourir à cet excellent ouvrage, on donne ici le résumé de ses explications.

Les quatre règles sont : 1° la règle de l'évidence; 2° la règle de l'analyse; 3° la règle de la synthèse; 4° la règle des dénombrements.

Occupons-nous d'abord de la première et de la dernière qui sont les plus simples.

La règle de l'évidence est connue : elle substitue à l'ancien criterium de la vérité, l'autorité, un criterium personnel, l'évidence, c'est-à-dire la clarté et la distinction des idées. Par là Descartes fait dans la philosophie une véritable révolution : il affranchit l'esprit humain et inaugure le régime de la libre recherche.

La règle des dénombrements a pour but d'éviter le dangereux sophisme connu sous le nom de dénombrement imparfait.

Sans être plus importantes en soi, les deux autres règles sont un peu plus difficiles à interpréter.

La règle de l'analyse est formulée : « Diviser les difficultés en autant de parcelles qu'il se pourrait et qu'il serait requis pour les mieux résoudre. » Ainsi Descartes analysera les idées complexes pour en dégager les éléments. Mais quel sera le terme de cette opération ? Quand Descartes jugera-t-il qu'il se trouve en face d'un élément indécomposable ? Lui-même le dit dans les *Règles pour la direction de l'esprit :* c'est quand il sera arrivé à des idées dont la clarté sera pour lui absolue, c'est-à-dire à des idées pures, sans aucun mélange d'éléments sensibles, c'est-à-dire, dans l'esprit de Descartes, d'éléments qui viennent du corps. De telles idées sont appelées par lui : *natures simples.* Elles sont le terme de l'analyse. Comme exemple, on peut citer l'analyse que fait Descartes de l'idée du corps ou de matière, dans laquelle il ne trouve qu'une nature simple, c'est-à-dire une seule idée dépouillée de tout élément qui ne soit pas purement rationnel : l'étendue. Donc, en vertu de ce principe fondamental du cartésianisme que le rationnel seul est réel, les corps ne se composent que d'étendue.

La règle de la synthèse est ainsi formulée : « Conduire par ordre mes pensées en commençant par les objets les plus simples pour m'élever comme par degrés jusques à la connaissance des plus composés. »

Mettant en œuvre cette règle, et prenant pour matière précisément ces natures simples, résultats ultimes de l'analyse, Descartes va les combiner entre eux et en former des composés de plus en plus complexes. Et ces synthèses d'idées représenteront la vérité même, puisque rien n'est réel que ce qui est rationnel. Cette opération est le fond même de la philosophie de Descartes : sa méthode est essentiellement synthétique, *a priori*, et l'analyse n'y intervient que comme opération préparatoire, destinée à fournir des matériaux à la synthèse. Le plus remarquable exemple qu'on en puisse trouver dans tout le système, c'est la reconstruction faite par Descartes du monde extérieur tout entier (*Discours*, Ve partie) en partant des deux seules idées de matière et de mouvement.

Ce monde idéal, purement rationnel, géométrique et mécanique, c'est le monde réel lui-même, moins les éléments sensibles, qui n'ont aucune existence objective et ne sont que des illusions de notre faculté de percevoir.

---

354. *Du raisonnement et de ses principales formes. Usage et abus du raisonnement.* — Grenoble [349-352]. — Rennes [310-325].

V. *Psychologie*, sujet 64.

---

355. *Qu'est-ce que raisonner ?* — Lille [351-390].

V. ci-dessus.

---

356. *Qu'est-ce que le raisonnement déductif ? Quel en est l'emploi dans les sciences ?* — Aix [381-421]. — Rennes [24-233].

1re partie : faire la théorie du raisonnement déductif d'après la théorie du syllogisme, mais sans entrer dans les détails techniques.

2e partie : son emploi. A. Dans les mathématiques, où il constitue l'essence de la méthode (V. ci-dessous, sujet 364) ; B. Dans les sciences de la nature (V. sujet 394).

---

357. *Rapports de la déduction avec les idées générales et les classifications.* — Nancy [612-784].

Pour traiter convenablement ce sujet, dont tous les éléments sont dans les cours, il faut revoir avec soin : 1° en psychologie, la théorie de la généralisation et celle du raisonnement déductif ; 2° en logique, la théorie des classifications.

On se rendra compte ainsi, tout d'abord, que généraliser et classer sont une seule et même opération, qui va des individus aux genres, et des genres inférieurs aux genres supérieurs ; opération analytique. On verra ensuite que la déduction est juste l'inverse : elle consiste à affirmer de l'individu ce qu'on affirme du genre, et du genre inférieur ce qu'on affirme du genre supérieur, à descendre du général au particulier, opération synthétique.

---

358. *Induction et déduction. Leur rôle, leur utilité.* — Aix-Ajaccio [44-166].

V. sujet 357, et, plus bas, l'induction, sujet 388.

---

359. *A quelles conditions la précision scientifique est-elle possible ?* — Bordeaux [392-404].

1° En mathématiques elle l'est toujours, c'est l'essence même de ces sciences, parce qu'elles sont abstraites et déductives.

2° Dans les autres sciences les conditions se ramènent à une seule : Possibilité d'exclure tous les cas faux avant de pratiquer l'induction (V. sujet 344). Cette exclusion, à son tour, requiert comme conditions secondaires : 1° des phénomènes relativement simples, où il n'y ait pas de causes implexes ; 2° des phénomènes quantitatifs ; 3° des cas se prêtant à l'expérimentation, et par suite à l'emploi de la méthode de différence ou de celle des variations.

---

360. *La définition, ses espèces, son rôle dans les différentes sciences.* — Bordeaux [308-365]. — Lyon [415-428]. — Montpellier [418-461].

361. *Comparer sur des exemples les définitions géométriques et les définitions empiriques.* — Lyon [316-384].

362. *Qu'est-ce que décrire ? Qu'est-ce que définir ? Distinguer, en prenant des exemples, ces deux opérations, et comparer leur rôle dans les sciences.* — Montpellier [390-424].

363. *Origine des définitions mathématiques.* — Besançon [307-422] ; [422-449]. — Grenoble [337-339].

Sujets dont les éléments se trouvent dans tous les cours. Sur cette importante question des définitions, on recommande instamment la lecture de l'ouvrage capital de M. Liard : *Des définitions mathématiques et des définitions empiriques.* A défaut de ce livre, l'excellent petit *Traité de logique* du même auteur, où il a résumé sa thèse.

---

364. *De la démonstration. Ses règles. Ses diverses espèces.* — Alger [314-405]. — Oran [370-455]. — Rennes [377-410].

Consulter les cours, et la *Logique* de M. Liard citée à propos du sujet précédent.

A propos des espèces, insister sur la différence entre la démonstration analytique et la démonstration synthétique : celle-ci, plus usuelle, va de l'hypothèse à la conclusion ; l'autre part de la conclusion et la rattache à l'hypothèse par une marche régressive. Dans toute la dissertation, donner beaucoup d'exemples.

---

365. *Qu'entend-on par méthode expérimentale ?* — Bordeaux [308-360]. — Nancy [51-143].

Avant tout, pour comprendre le véritable esprit de la méthode expérimentale, il est absolument indispensable d'avoir lu au moins la première partie de l'*Introduction à la médecine expérimentale* de Claude Bernard. Que l'on soit bien persuadé qu'on ne comprendra jamais bien la méthode sans cette étude.

Pour traiter le sujet ci-dessus, poser d'abord le problème :

Etant donné un phénomène A, on se demande quel en est l'antécédent invariable et inconditionnel (Expliquer ces deux mots).

Insister ensuite sur les deux points suivants :

1° Cet antécédent, il est *inutile* de le chercher directement, parce qu'on ne le trouverait pas ; en effet il ne porte aucune marque distinctive entre toutes les autres circonstances concomitantes. Le savant n'a donc d'autre moyen que de *supposer, a priori*, que c'est telle circonstance *a* qui est cet antécédent, c'est-à-dire de procéder par hypothèse. Cette hypothèse lui est suggérée, au moyen d'associations d'idées, d'analogies, par les faits eux-mêmes. C'est là que se manifeste proprement le génie scientifique ; il y a mille individus à qui le fait ne dit rien, contre un, à qui il suggère une idée. Cette hypothèse, il faudra dès lors la contrôler, en chercher la preuve. Ainsi la méthode consiste, non pas à *trouver*, mais à *prouver*. Voilà pourquoi Cl. Bernard l'appelle le raisonnement expérimental.

2° La preuve, à son tour, consiste à établir entre A et *a* une coïncidence *constante* et *solitaire*, c'est-à-dire à prouver que *a* coïncide *toujours* avec A et qu'il est la *seule circonstance* qui coïncide toujours avec A. Cette preuve se fera, *indirectement*, en éliminant toutes les circonstances autres que *a*.

Tel est, réduit à ce qu'il a d'essentiel, l'esprit de la méthode expérimentale.

Au cours de l'exposé, ne présenter aucune idée sans un exemple emprunté à l'histoire des sciences.

---

366. *En quoi la méthode expérimentale diffère-t-elle de l'empirisme ?* — Bordeaux [**371-423**].

En ce qu'elle est un raisonnement, ce qui peut se démontrer par un double exemple.

1° Découverte empirique : Jenner pratiquant l'inoculation du virus variolique parce qu'il a remarqué que les femmes qui, en trayant les vaches, étaient vaccinées par contact, devenaient réfractaires à la variole.

2° Théorie expérimentale de Pasteur sur l'atténuation des virus, qui donne l'explication du fait observé par Jenner, et permet de le généraliser.

---

367. *Décrire les procédés de la méthode expérimentale : tables de Bacon et méthodes de Stuart Mill. Appliquer ces procédés à la démonstration d'une loi psychologique, par exemple : Le plaisir est lié à l'activité.* — Caen [**181-271**].

Pour la théorie, voir sujet 344.

Pour l'application, voici comment il faudra procéder :

Méthode de concordance. — On cherchera deux cas dans lesquels se produise un plaisir quelconque (il n'est pas nécessaire que ce soit le même plaisir) accompagné chaque fois d'un déploiement d'activité et de quelques autres faits psychologiques qui diffèrent d'un cas à l'autre.

Méthode de différence. — On prendra l'un de ces deux cas et on essaiera de montrer qu'en supprimant l'activité, les autres circonstances demeurant les mêmes, le plaisir disparaît.

Méthode des variations. — On montrera qu'en faisant varier entre certaines limites l'activité, on obtient des variations dans l'intensité du plaisir, ce que l'on n'obtient pas, ou du moins ce que l'on n'obtient pas régulièrement, en faisant varier n'importe quelle autre circonstance.

Il va sans dire qu'on n'est pas obligé d'employer les trois méthodes, et qu'on ne trouvera pas sûrement des cas favorables à l'emploi de toutes les trois. On se contentera de ce qu'on trouvera.

---

368. *Commenter ce passage de Claude Bernard : « Le fait suggère l'idée ; l'idée dirige l'expérience ; l'expérience juge l'idée. »* — Clermont [**634-700**]. — Lille [**147-342**].

Les trois moments de la méthode. Voir d'abord sujet 365.

Développer ensuite la pensée d'une façon analogue à celle-ci :

1° Le fait suggère l'idée : Galilée, dans la cathédrale de Pise, voit osciller une lampe, et ce fait lui suggère l'idée de l'isochronisme des oscillations du pendule.

2° L'idée dirige l'expérience. Recherches : expériences entreprises *en vue* de vérifier cette idée.

3° L'expérience juge l'idée : les expériences ont *donné raison* à Galilée.

---

369. *Les opérations de la méthode inductive.* — Alger [**373-375**].

V. sujets 365 et 368.

---

370. *De l'hypothèse. Son rôle dans les sciences. Son utilité. Ses dangers.* — Caen [**330-434**]. — Lyon [**313-711**]. — Nancy [**321-335**] ; [**429-757**]. — Oran [**364-455**] ; [**390-408**]. — Rennes [**256-857**].

371. *L'hypothèse, ses conditions, son rôle dans les sciences et dans la métaphysique.* — Bordeaux [**366-423**]. — Nancy [**409-792**]. — Poitiers [**338-436**]. — Rennes [**377-433**].

372. *De la découverte et de la vérification des hypothèses.* — Lyon [**386-417**]. — Poitiers [**394-459**].

En se reportant au sujet 365, on verra : 1° ce qu'est l'hypothèse ; 2° son rôle : point de départ de toute la méthode ; 3° comment elle se vérifie. Dans le développement on insistera sur ce fait que l'hypothèse est essentiellement œuvre d'imagination, ce qui permettra d'en indiquer finalement le danger et l'abus.

On remarquera qu'en métaphysique, où il n'y a pas de vérification expérimentale possible (seule vérification : le contrôle du raisonnement), le rôle de l'hypothèse est plus large encore que dans la science positive. Tous les systèmes métaphysiques sont de grandes hypothèses.

---

373. *Les grandes hypothèses scientifiques ; leur utilité et leur but.* — Alger [**369-375**].

Prendre pour exemple l'une des grandes théories suivantes :

Hypothèse cosmologique de la nébuleuse. — Hypothèse chimique des atomes. — Hypothèse géologique des causes actuelles de Lyell. — Hypothèse du darwinisme.

Rôle : 1° grouper les faits ; 2° les interpréter ; 3° solliciter et *diriger* les recherches ; donner un plan et une méthode aux investigations (Ceci est leur rôle le plus utile).

---

374. *Distinguer, avec le plus de précision possible, l'hypothèse de l'induction.* — Lyon [**318-464**].

Les deux procédés se distinguent : 1° par leur nature : l'hypothèse est une anticipation de l'imagination, l'induction est un raisonnement ; 2° par leur rôle : l'hypothèse inaugure les recherches, l'induction les clôt.

Exposer ces idées en prenant pour exemple une grande découverte scientifique dont on exposera l'histoire, en insistant sur les deux points en question.

---

375. *Des conditions scientifiques de l'observation.* — Alger [369-373].

376. *Quelles sont les qualités d'esprit du bon observateur ?* — Lille [457-623]. — Montpellier [387-423].

377. *Rôle de l'observation dans les sciences.* — Rennes [364-410] ; [371-433].

L'élève ayant à traiter l'un de ces sujets devra d'abord, pour se documenter, revoir ses cours, et lire la 1re partie de l'*Introduction à la médecine expérimentale* de Cl. Bernard.

Puis il se dira : je connais, par mes cours de sciences, de bonnes observations, des observateurs habiles. J'ai donc des faits précis à citer. J'en choisirai quelques-uns, parmi ceux que je comprends le mieux ; je les exposerai en détail, et j'en dégagerai, point par point, les conditions, les règles, l'utilité de l'observation, les qualités du bon observateur. C'est ainsi seulement que la dissertation n'aura pas l'air d'un chapitre de manuel servilement reproduit.

---

378. *Rôle des instruments dans la méthode expérimentale.* — Rennes [204-270].

M. Rabier (*Cours de logique*) ramène à trois emplois le rôle des instruments :

Augmenter la portée des sens (lunette, microscope, spectroscope).

Augmenter la précision des sens (balance, vernier, pile thermo-électrique).

Suppléer les sens (photographie ; appareils enregistreurs).

Donner beaucoup d'exemples ; insister sur les services considérables rendus par certains instruments : la balance (qui a créé la chimie), le spectroscope, le polarimètre, les applications de la photographie à l'astronomie, les appareils pour la production et l'étude des radiations, etc.

---

379. *La méthode introspective ou subjective en psychologie. Difficultés : remèdes. Lacunes : comment on les comble.* — Caen [331-423].

V. *Psychologie*, sujet 5.

---

380. *Différences entre l'observation et l'expérimentation ; donner des exemples.* — Constantine [390-408].

Les idées essentielles sont dans le 1er livre de l'*Introduction à la médecine expérimentale* de Cl. Bernard.

Elles se ramènent toutes à ces deux points. L'expérience : 1° simplifie les cas ; 2° fait varier les circonstances.

---

381. *Règles de l'expérimentation. Son usage dans les sciences.* — Aix [356-421]. — Nancy [334-423].

382. *Il est souvent question, dans les livres des savants, de belles expériences, d'expériences bien faites, décisives. Expliquer et commenter ces expressions.* — Caen [336-407].

383. *Est-il vrai qu'une seule expérience bien faite suffise à l'établissement d'une loi ?* — Bordeaux [414-458] ; [439-458].

Avec les cours, les traités, et surtout Claude Bernard, on aura toutes les idées nécessaires pour traiter ces sujets. Tout repose sur la question de l'exclusion.

Voici quelques types de grandes expériences décisives :

Expériences classiques de Lavoisier, de Torricelli, de Foucault (pendule du Panthéon), de Fizeau (vitesse de la lumière).

Expérience de Berthelot (synthèse directe de l'acétylène) établissant l'unité essentielle de la chimie minérale et de la chimie organique.

Expériences multiples de Pasteur (dans sa controverse avec Pouchet) établissant que la cause des fermentations, ce sont les germes d'organismes charriés par l'air.

Ces dernières expériences, absolument remarquables, sont exposées en détail dans le *Cours de logique* de M. Rabier, pages 138-139.

---

384. *Quelles sont les sciences qui se servent de l'expérimentation ? Quels avantages en retirent-elles ?* — Lille [405-459]. — Lyon [316-361].

V. sujets 359 et 380.

---

385. *Rôle de l'expérimentation dans l'étude des êtres vivants.* — Rennes [403-415].

Pour faire convenablement cette dissertation, il faut : 1° Avoir lu en entier l'*Introduction à la médecine expérimentale* de Cl. Bernard. 2° Connaître quelques-uns des travaux de la physiologie expérimentale, notamment ceux de Cl. Bernard (Recherches sur l'action physiologique du curare, sur celle de l'oxyde de carbone), de Flourens (Recherches sur les fonctions des centres nerveux), de Charcot (Expériences sur les grandes diathèses nerveuses : hystérie, épilepsie, catalepsie), de Pierre Janet (V. son livre : l'*Automatisme psychologique*).

---

386. *De l'induction.* — Aix [164-601] ; [353-401]. — Clermont [187-686] ; [395-408] ; [608-693]. — Lille [315-399]. — Lyon [372-417]. — Poitiers [15-422]. — Rennes [36-60].

387. *Montrer que l'induction n'est point une simple association d'idées.* — Montpellier [376-423].

Sujets entièrement traités dans les cours.

Lire : *Du fondement de l'induction* de M. Lachelier.

---

388. *De ces deux définitions de l'induction : 1° induire, c'est aller du particulier au général ; 2° induire, c'est aller du conditionné à la condition, laquelle est la plus exacte, et pourquoi ?* — Aix [398-406].

Quelques éclaircissements sont indispensables.

La première définition est universellement connue, et claire par elle-même. La seconde l'est moins : tâchons de la comprendre.

Posons d'abord ce principe, fondamental en matière de philosophie des sciences : la science positive, la science expérimentale est la recherche non pas des causes des phénomènes, mais de leurs conditions (non pas du *pourquoi*, mais du *comment*). Le chimiste et l'ignorant ne savent pas plus l'un que l'autre *pourquoi* l'oxygène et l'hydrogène se combinent et forment de l'eau ; mais le chimiste sait que si, dans un mélange de 2 volumes de H et de 1 volume de O on fait passer une étincelle électrique, il y aura combinaison totale et formation de 2 volumes de vapeur d'eau ; en un mot le chimiste connaît avec *précision* les *conditions* dans lesquelles s'opère le phénomène de la combinaison. C'est-à-dire que, partant de ce phénomène, il a pu déterminer quels sont les autres phénomènes liés à celui-là par un rapport constant, ou loi, les autres phénomènes qui doivent *être donnés* (conditions, *cum-dare*) pour que le premier ait lieu.

Nous pouvons exprimer ceci en ces termes : le chimiste a établi que le phénomène de la formation de la vapeur d'eau est *conditionné* par d'autres phénomènes, qui sont le mélange de 2 volumes de H et de 1 volume de O, l'action d'une étincelle, la contraction des 3 volumes des corps composants en 2 volumes du composé. Ce sont là les conditions du phénomène, et la loi, but de l'investigation scientifique, n'est que l'expression de ces conditions.

Ainsi, dire que le savant procède des faits aux lois, ou du conditionné à la condition, c'est, semble-t-il, exprimer deux formules équivalentes.

Or cette marche des faits aux lois, on l'appelle l'induction. Et comme les faits sont particuliers et que la loi est générale (elle est l'expression générale de tout un groupe de faits), on la définit d'ordinaire : le raisonnement qui conclut du particulier au général. On dira donc aussi bien : induire, c'est aller du particulier au général, ou du conditionné à la condition.

Remarquons cependant qu'il y a une différence entre les deux formules : la première contient explicitement une idée qui n'est pas dans la seconde, ou du moins qui n'y est pas explicitement ; c'est l'idée de général. Quand je dis qu'induire, c'est aller du conditionné à la condition, je n'exprime pas que cette condition est générale, qu'elle est, en tous temps et en tous lieux, celle de tous les faits du même ordre. On me répondra que cela est impliqué dans ma proposition ; que dire condition, c'est dire condition générale ; que si A est condition de B, cela signifie que B *ne peut pas* se produire sans A, donc que partout, toujours, il y a liaison entre A et B. Cela n'est pas absolument certain ; il y a des conditions accidentelles : la combinaison de deux gaz, *en général* possible, peut être retardée ou empêchée par cette condition accidentelle qu'ils sont humides.

Reprenons la question autrement. Mariotte a fait, je suppose, dix expériences sur de l'air avec ses deux appareils, et, dans ces dix cas, il a vérifié que les rapports des volumes d'air aux pressions étaient inverses ; que, *dans ses dix cas*, toujours, le volume d'un gaz, l'air, était conditionné par la pression et par la pression seule.

Si nous définissons l'induction : opération qui procède du conditionné à la condition, Mariotte a fini, et sa science, absolument parlant, se limite aux dix cas observés.

Il est clair que Mariotte ne s'en est pas tenu là, pas plus que ne s'y serait tenu n'importe quel autre physicien. Dans ces dix cas particuliers, *parce qu'il en avait éliminé l'accident*, il n'a vu que le général dont chacun d'eux est une expression déterminée et contingente, et son induction a formulé la loi, *universelle et nécessaire:* Il est de l'essence d'un gaz que les volumes qu'il occupe soient en raison inverse des pressions qu'il supporte.

Il semble donc que la véritable formule de l'induction soit celle-ci : « Induire, c'est aller du particulier au général. » Avec Stuart Mill, on peut conclure : « Induire, c'est affirmer d'une classe un prédicat qui a été trouvé vrai de quelques cas appartenant à cette classe. »

---

389. *Quelles sont les conditions de la légitimité de l'induction ?* — Montpellier [333-445].

Toutes celles qui assurent l'élimination complète des antécédents non nécessaires, c'est-à-dire la pratique rigoureuse de l'une des méthodes de différence ou des variations (V. sujets 344 et 365).

---

390. *Le fondement de l'induction.* — Aix [1-819].— Besançon [314-443]. — Bordeaux [394-427]. — Caen [370-434]. — Constantine [380-408]. — Lille [351-355]. — Montpellier [362-424]. — Oran [370-408].

391. *Comment pouvons-nous être assurés de la stabilité des lois de la nature ?* — Lille [329-397] ; [345-347].

Deux formules du même sujet (On remarquera le nombre de fois qu'il a été proposé par des jurys différents). Autant que possible, lire la thèse de M. Lachelier : *Du fondement de l'induction*, ouvrage capital sur cette matière..

Plan.

Introduction. — Nécessité d'un fondement à l'induction, en tant qu'elle conclut du particulier au général.

1° Pour tous les savants ou philosophes, ce fondement est un principe (ou postulat) : la stabilité des lois de la nature. Mais philosophes et savants se partagent sur la question de l'origine de ce principe.

2° Les uns (empiriques, Stuart Mill) soutiennent qu'il a pour origine la constatation expérimentale de cet ordre. Difficultés : celles de toute doctrine empirique : Comment l'expérience serait-elle possible sans ce principe ? — Science précaire, réduite au passé seul.

3° D'autres constatent que ce principe n'est qu'une expression du principe de causalité, forme ou loi de notre raison, et font reposer l'induction sur le *mécanisme*.

4° Enfin on peut, avec M. Lachelier, soutenir que le mécanisme n'est qu'un aspect des choses, qu'il ne rend pas compte de tout, qu'il n'explique pas l'harmonie entre plusieurs séries de faits parallèles, régies chacune par la loi des causes efficientes, et qu'au mécanisme il faut superposer la conception de la finalité ; que l'univers n'est un *cosmos* que du point de vue de la finalité.

---

392. *L'induction et la généralisation constituent-elles deux opérations essentiellement différentes ?* — Bordeaux [359-404].

On analysera : 1° l'induction ; 2° la généralisation comme procédé psychologique ; 3° la généralisation comme procédé de méthode employé dans les sciences naturelles, le tout en se servant d'exemples. Il sera évident que les trois opérations ne présentent pas de différences essentielles.

---

393. *La déduction et l'induction sont-elles des formes irréductibles du raisonnement ?* — Lille [315-417] ; [347-348].

Elles ne le sont pas, si l'on remarque que l'induction se fonde sur un principe général sous-entendu (V. sujets 390-391). Elle devient alors un véritable syllogisme dont la majeure est ce principe, la mineure, le résultat des expériences, et la conclusion, la loi.

Développer ces trois points par des exemples.

---

394. *Du rôle de la déduction dans les sciences expérimentales.* — Bordeaux [390-427]. — Poitiers [372-459].

Sujet de cours. On conseille aux élèves de ramener le rôle de la déduction dans les sciences de la nature aux points suivants :

1° Vérification de certaines hypothèses (en les considérant comme des cas particuliers d'une loi générale connue) ;

2° Découverte de faits nouveaux, jusqu'alors inaperçus, et révélés par le calcul (découverte de Neptune) ;

3° Applications industrielles ; problèmes.

Les élèves qui savent ce que c'est que la thermodynamique en tireront un grand parti dans cette dissertation.

On ne devra pas manquer de faire remarquer que l'emploi de la déduction suppose une science déjà très avancée, puisque ce procédé requiert, pour point de départ, des idées très générales.

---

395. *De l'analyse et de la synthèse.* — Clermont [187-706] ; [386-408] [493-626] ; [504-688]. — Montpellier [307-432].

Sujet de cours. Bien distinguer les trois sens des deux mots :

1° Analyse : décomposition ; synthèse : combinaison.

2° Analyse : marche du particulier au général (induction) ; synthèse : marche du général au particulier (déduction).

3° Analyse : régression ; synthèse : progression.

Ces trois acceptions une fois distinguées par des exemples, montrer qu'elles dérivent toutes de la première ; c'est là le point intéressant de la dissertation. Faire voir, par exemple, que l'historien qui démontre que Louis XVI est issu de saint Louis en *remontant* de Louis XVI à saint Louis ; le physicien qui, d'expériences particulières, tire une loi générale, et le chimiste qui, analysant l'eau, en tire de l'oxygène et de l'hydrogène, font tous trois la même chose, en ce que tous trois vont de l'effet à la cause, de la conséquence au principe, remontent l'ordre chronologique des faits ou l'ordre logique des idées.

En dernier lieu, indiquer sommairement l'emploi de l'analyse et de la synthèse dans les mathématiques et ensuite dans les sciences de la nature.

---

396. *L'analyse et la synthèse en mathématiques. Montrer comment elles s'appliquent à la démonstration des théorèmes et à la résolution des problèmes.* — Poitiers [326-423].

V. d'abord sujet précédent.

Consulter la *Logique* de M. Liard où la question est clairement traitée.

Pour exemples et applications, chercher des cas correspondant aux idées suivantes.

Démonstration synthétique. 1er sens : démonstration qui combine entre elles plusieurs propositions pour arriver à prouver ce qu'elle se propose de prouver ; 2e sens : démonstration qui part de l'hypothèse du théorème pour aller vers la conclusion.

Démonstration analytique. 1er sens : démonstration qui décompose la proposition à prouver en des propositions élémentaires déjà connues. 2e sens : qui remonte de la conclusion à l'hypothèse.

Pour les problèmes, solution synthétique : combine des propositions connues jusqu'à arriver à ce qu'il faut démontrer. Solution analytique : suppose le problème résolu, *analyse* le résultat supposé, et en dégage les éléments connus qu'il renferme.

---

397. *Quels sont les procédés communs aux diverses méthodes ?* — Lille [329-391].

Les ramener tous à l'analyse et à la synthèse, et voir les deux sujets précédents.

---

398. *Rôle de la synthèse dans les sciences.* — Aix [388-406].

V. sujets 395-396.

Bien indiquer qu'aucune science n'est exclusivement synthétique ou analytique ; que les sciences dites synthétiques sont celles qui emploient *de préférence* la synthèse, parce qu'elles ont pour point de départ des propositions très générales ; ce sont les mathématiques. Dans les sciences de la nature, l'emploi de la synthèse est celui de la déduction (V. sujet 394).

---

399. *La méthode est-elle tout à fait la même dans les sciences physiques et dans les sciences naturelles ?* — Lille [315-386].

400. *Différences et ressemblances entre les sciences physiques et les sciences naturelles.* — Clermont [200-625] ; [455-592].

Chacun connaît les procédés de méthode communs aux deux groupes et les procédés spéciaux à chacun. Ce qu'il importe de bien dégager, c'est la raison des différences qui séparent ces sciences. Cette raison se trouve dans la nature particulière du problème que se proposent les unes et les autres.

Toutes cherchent des rapports ou liaisons nécessaires. Mais ces rapports et liaisons diffèrent suivant qu'on étudie les faits dans leur succession ou dans leur coexistence.

A. *En succession.* — On prend pour objet d'étude les *phénomènes* de la nature, tels qu'on les perçoit, se succédant *dans le temps*, et l'on cherche à déterminer des rapports constants dans leur succession. En d'autres termes, à propos d'un phénomène donné, on cherche son antécédent invariable. On aboutit ainsi à des lois qui expriment des uniformités de succession. Les sciences qui se posent ce problème sont les sciences des phénomènes, ou sciences physiques.

B. *En coexistence.* — On étudie les *êtres* (vivants ou bruts) que l'on constate être composés de parties coexistant *dans l'espace*, et l'on cherche à déterminer les liaisons constantes qui unissent ces parties. En d'autres termes, considérant un organe, on se demande quel autre organe est lié à celui-là par un rapport constant. On aboutit ainsi à des relations qui sont des uniformités de coexistence. Les sciences qui se posent ce problème sont les sciences des êtres, ou sciences naturelles.

Toutes les différences de procédés viennent de là.

Consulter, sur ce point, la *Logique* de M. Rabier, à laquelle sont empruntées les explications qui précèdent.

---

401. *Quels sont les avantages et quelle est la valeur des classifications dans les sciences naturelles ?* — Aix [353-386]. — Lille [425-435].

402. *Des classifications naturelles et des classifications artificielles.* — Clermont [594-617] ; [696-721].

403. *La classification naturelle.* — Clermont [653-742]. — Rennes [321-412] ; [385-415].

404. *Qu'entend-on par caractères dominateurs et subordonnés ? Quels moyens peut-on employer pour les découvrir ?* — Bordeaux [359-392].

Sujets de cours, ne présentant aucune difficulté.

Dans la distinction entre les classifications artificielles et les naturelles, deux points à retenir : 1° Les classifications artificielles peuvent avoir leur utilité, soit dans la pratique (facilité des recherches), soit même dans la science (classification botanique de Linné, qu'il faut citer). 2° Il n'y a pas de limite nette entre les deux espèces de classifications ; telle classification est naturelle par rapport à une seconde, artificielle par rapport à une troisième.

Quant au grand principe de la subordination des caractères (Cuvier), il faut l'expliquer au moyen d'exemples. Faire voir qu'un caractère est dit dominateur par rapport à un autre lorsqu'il est : 1° plus général ; 2° indépendant de cet autre, alors que le second ne l'est pas. Ainsi la moelle épinière est indépendante de la respiration pulmonaire, puisqu'il y a des êtres qui possèdent l'une et non l'autre ; réciproquement poumon n'est pas indépendant de moelle épinière.

---

405. *Montrer la part du témoignage humain dans la formation de nos connaissances. Exposer les raisons que nous avons d'en admettre la valeur, et les conditions que nous devons exiger pour y croire.* — Alger **[314-364]** ; **[568-822]**. — Lille **[384-459]**. — Rennes **[188-636]**. — Toulouse **[147-736]**.

Le plan est suggéré par la question : Place du témoignage ; croyance au témoignage ; critique du témoignage.

Pour le second point, discuter d'abord la théorie de Reid : nous croyons au témoignage en vertu de deux *instincts*, l'un, de véracité, dans le témoin ; l'autre, de crédulité, dans l'auditeur. Réfuter cette explication purement verbale, et y substituer celle-ci : le témoignage est un phénomène ; comme tout phénomène, il a ses *conditions*, sa cause, qui ne peut être que la vérité ou l'erreur. Si nous pouvons éliminer l'erreur, il restera la vérité. Le problème du témoignage rentre ainsi dans celui de la méthode inductive en général.

Dans la troisième partie : critique du témoignage, bien distinguer les deux conditions de compétence et sincérité.

---

406. *Selon Comte, la critique des témoignages peut donner la même certitude que l'observation directe ou l'expérimentation. Expliquer et apprécier cette opinion.* — Aix **[388-398]**.

Beaucoup d'exagération. De nombreux exemples, absolument familiers, montrent combien il est difficile de connaître exactement par le témoignage les faits les plus simples, même contemporains, ayant eu lieu à peu de distance. Causes : l'imagination, l'auto-suggestion ou la suggestion ordinaire, le manque absolu de sens critique du vulgaire, la crédulité. Conclure en montrant quelle large part de conjecture il y a dans l'histoire.

---

407. *Des statistiques : leur objet ; leurs conditions ; leur rôle dans les sciences biologiques et sociales.* — Caen **[336-382]**.

Tout le monde sait ce que c'est qu'une statistique, et qu'elle a pour objet de connaître, en les ramenant à des *moyennes* arithmétiques, les faits qui ont lieu dans certains milieux, surtout dans les sociétés. Toutes les statistiques se servent du même procédé, le *pourcentage* : tant pour cent d'illettrés, tant pour cent de cas de folie, etc.

Dans les sciences biologiques les statistiques sont souvent utilisées par les savants évolutionnistes, qui y ont recours pour établir des faits de sélection, de variations, etc. Elles sont plus spécialement employées encore dans toutes les recherches relatives à l'hérédité.

C'est surtout dans les sciences sociales que les statistiques trouvent leurs applications. Toute la sociologie repose presque entièrement sur elles. Certaines recherches sociologiques : natalité, population, criminalité, se font exclusivement avec des statistiques.

CHAPITRE IV

SCIENCES PARTICULIÈRES

408. *De la méthode géométrique.* — Besançon [413-422]. — Clermont [183-451] ; [386-395]. — Constantine [380-390]. — Oran [370-390].

Pour traiter convenablement ce sujet, puiser ses renseignements dans les cours, et lire le *Traité de l'esprit géométrique* de Pascal. Prendre ses exemples exclusivement dans la géométrie.

---

409. *La méthode mathématique étant la démonstration, quelles sont les propositions que le mathématicien ne démontre pas ?* — Nancy [371-792].

Théorie complète des axiomes et des postulats.
Lire : Pascal, *De l'art de persuader;* Liard, *Logique;* Rabier, *Logique.*

---

410. *Expliquer pourquoi les sciences les plus parfaites sont celles qui font l'usage le plus considérable des mathématiques.* — Rennes [364-377].

L'idée fondamentale à développer dans cette dissertation est celle-ci : la science-type, la science par excellence, c'est la science quantitative. Déterminer les rapports des choses est le but de toute science; le résultat n'est définitif que quand ces rapports sont *mesurés*, c'est-à-dire exprimés en quantités. Par là la science atteint le plus haut degré possible d'abstraction et de généralité. C'est pour cela que les mathématiques, qui ont pour objet propre la quantité pure, sont les sciences les plus parfaites. Les autres sciences, celles de la nature, se rapprochent de cette perfection pour autant qu'il leur est possible d'introduire dans leurs recherches la mesure, le calcul, et aussi le procédé mathématique de la démonstration, dont la clarté et la certitude sont absolues. Prendre pour exemples : la thermodynamique, l'optique, l'acoustique, et toute l'astronomie.

---

411. *Le chef-d'œuvre de l'esprit humain, a-t-on dit, ce n'est pas la science mathématique ; c'est l'application de cette science à l'étude de la nature. Quel est le sens et quelle est la valeur de cette affirmation?* — Bordeaux [342-492].

V. sujet précédent. Les idées qui y sont indiquées suffiront à suggérer les développements pour celui-ci, qui est presque le même.

---

412. *Place de la physique parmi les sciences.* — Rennes [321-403].

Il faut évidemment commencer par définir la physique. Cette définition ne peut se faire que par celle des phénomènes physiques. Celle-ci, à son tour, est assez délicate à formuler, parce qu'il n'est pas aisé de distinguer les phénomènes physiques des phénomènes chimiques. On dit souvent : le phénomène physique est un changement d'état qui ne modifie pas la nature intime des corps ; le phénomène chimique, au contraire, modifie cette nature. Mais connaissons-nous la nature intime des corps ? On a dit aussi : les changements physiques sont temporaires, les changements chimiques sont durables. Mais il y a des phénomènes physiques, tels que l'aimantation, qui sont plus durables que certaines combinaisons chimiques très instables. Au surplus cette difficulté est celle qui se rencontre dans toutes les classifications, où les lignes de démarcation entre les groupes semblent s'effacer lorsqu'on porte son attention sur les cas intermédiaires. On doit donc se contenter d'une formule approximative dans le genre de celle-ci : la physique a pour objet les lois qui régissent les changements d'états des corps, en tant que ces changements, par leur durée ordinairement peu prolongée, semblent ne pas atteindre la constitution intime, l'arrangement moléculaire et surtout les éléments de la molécule.

La physique est une science expérimentale à ses origines, et évoluant, à mesure qu'elle progresse, vers les sciences déductives. Les fondateurs : Galilée, Huygens, Pascal, Newton, ont créé la physique par la voie expérimentale. A notre époque, certaines parties de cette science, d'origine relativement récente (magnétisme, par exemple), sont encore exclusivement expérimentales. Les parties plus avancées (chaleur, optique) sont nettement déductives et procèdent par les mathématiques. On a fondé, dans la seconde moitié du XIXe siècle, une science qui est purement déductive, et qui tend à absorber peu à peu en elle toute la physique : c'est la thermodynamique. En résumé, la physique, à mesure qu'elle progresse, devient graduellement une application de la mécanique.

---

413. *La méthode dans les sciences physiques.* — Aix [105-577]. — Besançon [408-422].

Il s'agit ici d'exposer la méthode des sciences dites des phénomènes (V. sujet 400).

On posera d'abord le problème : étant donné un phénomène A, déterminer son antécédent invariable et inconditionnel (Expliquer ces mots). Puis on établira que le savant ne peut procéder que par hypothèse (V. sujet 365).

On expliquera ensuite la vérification de l'hypothèse par l'expérimentation, en vertu d'une des méthodes de Stuart Mill (V. sujet 344).

Enfin on terminera par l'induction et la définition de la loi.

Le meilleur procédé sera de prendre pour exemple l'histoire d'une grande découverte physique telle que celle de la pression atmosphérique (Pascal et Torricelli).

---

414. *Du rôle de la mesure dans les sciences physiques.* — Bordeaux [383-458]; [439-458].

Sujet qui revient à celui-ci : emploi des mathématiques dans les sciences physiques. Les idées générales sont présentées ci-dessus (sujet 410).

---

415. *La découverte des lois dans les sciences expérimentales.* — Lyon [360-428]. — Rennes [385-403].

V. sujets 344 et 365.

---

416. *Expliquer ce mot de Bacon : « On ne commande à la nature qu'en lui obéissant. »* — Clermont [9-77]; [213-332].

V. sujet 338.

Il y a, dans cette dissertation, un intérêt de premier ordre à bien choisir les exemples, car il en est un certain nombre qui mettent en évidence, d'une façon toute particulière, la vérité du mot de Bacon. En voici quelques-uns : le paratonnerre ; le parachute ; les aérostats ; le pendule compensateur ; le flottement des corps plus denses que l'eau ; l'ascension d'un liquide dans une mèche par la capillarité ; les écluses ; le régulateur à force centrifuge des machines à vapeur ; la vaccination.

---

417. *Quelle est la valeur des lois dans les sciences de la nature ?* — Lille [315-393]; [323-330]. — Lyon [372-386].

Voici une grosse question, jusqu'ici très débattue, et qui donne lieu à des solutions opposées. Un élève de philosophie peut difficilement trancher un débat où s'opposent encore de nos jours les opinions des plus grands penseurs et des savants les plus autorisés. Tout ce qu'il peut et doit faire, c'est de comprendre la nature du problème et la valeur ainsi que la portée des arguments mis en avant dans cette controverse.

Une première école soutient que les lois de la nature sont absolues et nécessaires. Cette opinion se fonde sur les arguments suivants :

1° Possibilité de la prévision et des applications.

2° Substitution graduelle des mathématiques à l'expérience.

3° Fondement de l'induction établi sur un principe *a priori*, conférant par suite à cette opération la certitude absolue.

4° Conception du monde comme un déterminisme rigoureux où tous les faits ne sont que des *aspects* d'un seul et même fait fondamental. Descartes, Leibnitz, d'Alembert, Laplace, Spencer, Taine, représentent cette conception. L'adage de Leibnitz : *« Omnia mathematice fiunt »* (Tout se fait mathématiquement) en est l'expression.

Une autre école soutient que les lois de la nature sont contingentes.

Les uns ne reconnaissent pas aux liaisons qui existent entre les phénomènes le caractère *absolu* de lois ; ce sont plutôt, disent-ils, des tendances. Ils essaient, en conséquence, de montrer qu'aucune loi physique n'est proprement absolue ; prenant pour type, par exemple, la loi de Mariotte, ils soutiennent *qu'en fait* aucun gaz ne s'y conforme absolument ; que les gaz ont une tendance (chez quelques-uns très accusée) à s'y conformer ; qu'en somme il n'y a pas d'applications, à proprement parler, des mathématiques aux lois de la nature.

D'autres, se servant d'une méthode entièrement *a priori*, essaient d'établir par le raisonnement, et en se fondant sur l'essence même des choses, la contingence des lois de la nature. C'est notamment ce qu'a fait M. Boutroux dans sa célèbre thèse.

---

418. *Expliquer cette pensée de Claude Bernard : « Le mathématicien et le naturaliste ne diffèrent pas quand ils vont à la recherche des principes. »* — Montpellier [**360-461**].

On résoudra très facilement la question en pensant que la recherche des principes ne se fait que par la méthode *a priori* ; le naturaliste qui cherche les principes *construit* des hypothèses, et, comme le mathématicien, cherche à en déduire les faits. Prendre pour exemple les théories transformistes ou évolutionnistes contemporaines. L'élève qui lira les *Premiers principes* de Spencer, ou l'*Histoire de la création naturelle* de Haeckel, aura l'intuition de l'identité d'esprit qui existe entre ces œuvres et les travaux des mathématiciens.

---

419. *De la méthode expérimentale dans les sciences biologiques.* — Aix [**540-807**].

V. sujet 385.

---

420. *L'idée de finalité doit-elle demeurer étrangère aux sciences biologiques?* — Aix [**4-504**].

On sait que l'idée de finalité est assez mal vue par les savants, et en général par tous les penseurs formés aux méthodes de la science positive, ce qui s'explique d'ailleurs par le postulat rigoureusement mécaniste de la science expérimentale. Le jugement de Bacon sur ce point peut être considéré comme la formule même de l'opinion qui a cours dans les laboratoires : « Les causes finales, comme les vierges qui se consacrent à Dieu, sont belles, mais stériles. »

On considérera que, dans ce jugement, il y a deux expressions à relever : belles : elles sont un produit séduisant de l'imagination ; sur elles, on construit de beaux développements littéraires, des tableaux brillants, bref, des romans. Et déjà, ici, il y a du vrai : on engage le lecteur qui voudra s'en convaincre à parcourir les *Études de la Nature* de Bernardin de Saint-Pierre, en y cherchant l'étrange abus qu'il y fait de la finalité et les interprétations fantaisistes que lui suggère cette théorie. Mais stériles : elles n'ont jamais servi à rien, si ce n'est à engendrer ou entretenir des erreurs et des préjugés.

Or on demande si cet ostracisme exercé contre la téléologie doit s'étendre jusqu'au domaine propre des sciences des êtres vivants. En admettant qu'elle soit stérile en physique, en chimie, en astronomie, en géologie, la recherche des causes finales l'est-elle autant dans les sciences qui ont pour objet les fonctions et les organes des animaux et des plantes ?

Cela peut se discuter. Qui dit organe (outil, instrument), dit usage, but à atteindre. Qui dit fonction, dit la même chose. L'explication d'un fait peut se trouver dans la considération du but à l'égard duquel ce fait est un moyen. On consultera sur ce point avec fruit les *Causes finales* de Paul Janet. Il y a dans l'histoire des sciences au moins une grande découverte à laquelle l'idée de finalité n'est pas étrangère : celle de la circulation du sang. Un des détails anatomiques qui frappèrent Harvey fut l'existence et la forme des valvules des veines qui sont disposées de façon à empêcher le sang de retourner en arrière, tout en lui permettant de se déplacer vers le cœur. Ces valvules, pensa Harvey, ne *serviraient à rien* si le sang était immobile.

En tout cas les considérations téléologiques doivent être soumises au sévère contrôle de la raison et de l'expérience, et le savant qui les accepte comme procédé propre à lui suggérer des hypothèses ne doit s'en servir qu'avec défiance.

---

421. *Qu'entend-on par sciences morales ? Quels en sont les caractères distinctifs ?* — Aix [356-381].

Sujet de cours ; aucune difficulté.

---

422. *La méthode dans les sciences morales.* — Besançon [307-363] ; [408-413]. — Poitiers [15-386].

On sait qu'il n'y a pas de méthode spéciale pour les sciences morales. Le plus grand nombre d'entre elles, psychologie, linguistique, sciences sociales, emploient la méthode expérimentale. On a reconnu, au XIXe siècle, que les faits sociaux sont des phénomènes de la nature, au même titre que les phénomènes physiques et chimiques, et doivent être étudiés selon la même méthode. On a donc renoncé à l'ancienne *Politique a priori* (dont le type est le *Contrat social*), et on a inauguré dans la science des faits humains la méthode d'observation. Les progrès accomplis depuis ont justifié cette réforme.

L'histoire, en tant que science de faits passés, et, par suite, non directement observables, doit recourir au témoignage. Sa méthode consiste dans la critique des témoignages. On l'exposera d'après les cours.

---

423. *L'histoire est-elle une science ? Si oui, à quel titre ? A quelles conditions ? Quel est son objet ? Sa méthode ?* — Alger [320-340]. — Bordeaux [366-371] ; [442-462]. — Caen [331-379]. — Montpellier [376-387]. — Nancy [334-381]. — Poitiers [15-386].

On peut constater, par le nombre des facultés citées ici, que ce sujet est de ceux qu'on peut proposer fréquemment.

Le plan en est indiqué par le texte même. Tous les points sont fournis d'une part par les cours, de l'autre par l'expérience personnelle de l'élève qui a étudié l'histoire, qui connaît de grands faits historiques, et des historiens célèbres.

Pour traiter le premier point, si l'histoire est une science, on devra discuter la question : les faits humains sont-ils régis par des lois ? Sur ce point, voir les deux sujets suivants.

---

424. *S'il est vrai, suivant la formule d'Aristote, qu'il n'y a pas de science du particulier, comment peut-on concevoir la possibilité d'une science de l'histoire ?* — Montpellier [862-390].

425. *Que faut-il penser de cette opinion de Taine : « La découverte des dépendances constantes entre les faits dans les sciences physiques a donné aux hommes le moyen de prévoir et de modifier jusqu'à un certain point les événements de la nature. Une découverte analogue dans les sciences morales doit fournir aux hommes le moyen de prévoir et de modifier jusqu'à un certain degré les événements de l'histoire. »* — Lille [401-435]. — Montpellier [98-576].

Voici deux sujets qui formulent deux opinions extrêmes. Selon le premier, l'histoire serait un entassement de faits particuliers, et ne pourrait formuler de lois : il n'y aurait pas de lois des faits humains. Au contraire, à en croire Taine, les faits humains seraient soumis à des lois aussi absolues que celles du monde physique : il ne s'agirait que de les découvrir.

La vérité est entre ces deux extrêmes.

D'une part on peut établir qu'il y a des lois dans les événements sociaux. On le prouve par l'expérience des répétitions régulières qu'il est possible de constater. Un mot connu : l'histoire n'est qu'un perpétuel recommencement, est l'expression même de ce fait.

Il y a donc des lois, et on peut constituer une science de l'histoire et des faits sociaux.

Mais cette science pourra-t-elle, comme l'augure Taine, atteindre à la précision des sciences de la nature ? Ira-t-elle jusqu'à prévoir avec certitude ? Jusqu'à exercer, par la connaissance même des lois, une action modificatrice sur les faits sociaux ? C'est fort contestable, pour deux ordres de raisons. D'une part les lois historiques sont moins fixes que les lois physiques ; d'autre part, le fussent-elles autant, les sciences historiques et sociales ne disposent pas des moyens nécessaires pour les dégager et les formuler avec précision.

---

426. *De l'idée de loi naturelle. Y a-t-il des lois naturelles dans les sciences psychologiques et sociales ?* — Bordeaux [816-834]

V. sujet précédent. Il convient d'ailleurs de faire une distinction. Il y a des lois psychologiques, et l'on en peut citer un bon nombre. Elles ont plus de précision, se rapprochent plus des véritables lois physiques que celles des faits sociaux, principalement parce que la méthode de la psychologie est plus parfaite, permet l'élimination des antécédents faux, et, par son alliance avec la physiologie, peut même laisser place à la mesure et au calcul (V. *Psychologie*, sujet 304).

---

427. *Les faits psychologiques sont-ils soumis à des lois ? Ces lois sont-elles de même nature que les lois physiques, logiques et morales ?* — Alger [**341-343**]. — Bordeaux [**390-394**].

V. sujet précédent.

Les lois psychologiques sont de même nature que les lois physiques mais diffèrent des lois logiques et morales, qui sont des règles, non des rapports.

428. *Du degré de certitude qui peut être atteint dans les sciences morales.* — Lyon [**360-415**].

V. sujet 425.

429. *La critique historique. Cette méthode a-t-elle quelque rapport avec la méthode expérimentale ?* — Clermont [**275-585**]. — Nancy [**370-757**].

On exposera la critique historique d'après les cours.

Les rapports entre la critique historique et la méthode expérimentale sont étroits ; il y a même plus que des rapports, il y a identité d'essence. La méthode expérimentale est une *critique*, en tant qu'elle consiste à contrôler une hypothèse. D'autre part, la critique historique procède comme la méthode expérimentale par l'élimination de l'erreur. Telles sont les idées à développer.

430. *Les princip[illegible] d'erreurs en histoire.*— Montpellier [**334-433**].

L'absence de moyens de contrôle pour certains monuments.

L'altération des monuments.

Les difficultés spéciales à la critique du témoignage.

L'impulsion presque irrésistible à assimiler les états d'âme, mœurs, institutions du passé aux nôtres (C'est ce que l'on appelle le manque d'esprit critique).

Les excès de l'imagination.

La partialité.

431. *Rapports de l'histoire avec les sciences sociales.* — Dijon [**620-737**].

V. sujet 435, nature de la sociologie.

432. *De l'induction en psychologie.* — Montpellier [**307-395**].

Si l'on me propose ce sujet, c'est qu'apparemment l'emploi de l'induction en psychologie présente quelques particularités. La psychologie étant une science expérimentale emploie naturellement l'induction : en use-t-elle dans les mêmes conditions que les autres sciences ?

Je constate d'abord qu'elle y sert à une fin inconnue des autres sciences : établir qu'il existe d'autres consciences que la mienne. Je ne puis, en effet, saisir directement les états psychologiques de mes semblables ; si je crois qu'ils sont des êtres conscients, c'est en vertu d'une induction dont l'expérience initiale est ma conscience à moi. J'étends ensuite cette induction aux animaux, en me fondant sur les ressemblances que je trouve entre eux et moi.

En second lieu, en psychologie comme partout, l'induction me sert à passer des faits aux lois. Mais si elle est mise en œuvre sur des faits recueillis par la méthode subjective, évidemment je ne conclus que d'un ordre très spécial de faits à une loi, à savoir de mes états de conscience, à moi sujet observant ; je transporte dans les autres ce qui se passe en moi. Il y a là un danger visible, une source d'erreurs. Aug. Comte en a tiré une objection contre la possibilité de la psychologie (V. sujet 104).

Je conclus qu'en psychologie l'usage de l'induction doit être accompagné de précautions spéciales, plus nombreuses encore que dans toute autre recherche.

---

433. *La méthode expérimentale en psychologie.* — Montpellier [334-430]. — Rennes [371-377].

V. sujets 4, 5, 6, 304.

---

434. *Qu'est-ce que la sociologie ? De la possibilité de constituer une sociologie vraiment scientifique.* — Caen [370-390].

Il n'y a qu'un moyen de savoir ce que c'est que la sociologie : c'est d'en connaître quelques travaux. On cherchera donc à lire telle ou telle œuvre d'un de nos sociologues contemporains, soit Spencer, Tarde, M. Durkheim. On pourra aussi puiser d'utiles documents dans la *Revue de Sociologie.*

Les conditions d'une sociologie scientifique ont été posées par Comte dans le *Cours de philosophie positive*, leçons 48, 49, 50, 51 (Voir aussi, sur ce sujet, la question des lois des phénomènes sociaux ci-dessus, sujet 425).

---

435. *Principales causes de nos erreurs dans les sciences sociales.* — Lille 401-425].

Les difficultés inhérentes à la nature des phénomènes, à la méthode et à nos passions ou préjugés (V. sujets 425 et 430).

---

436. *Mettre en lumière l'importance grandissante du point de vue historique dans certaines sciences philosophiques comme la psychologie, l'esthétique et la morale.* — Poitiers [338-371].

Cela veut dire que ces trois sciences tendent: 1° à chercher leurs documents dans l'histoire; 2° et surtout à étudier le développement historique, l'*évolution* des faits qui sont leur objet. Nombreux exemples.

---

437. *Rôle de l'hypothèse dans les sciences morales et sociales.* — Rennes [617-643].

Procédant par la méthode expérimentale, les sciences morales et sociales doivent, comme les sciences de la nature, user de l'hypothèse.

On fera voir que le rôle de l'hypothèse y est même plus considérable qu'en physique ou en biologie, parce que la détermination des lois, le contrôle et la preuve y étant beaucoup plus difficiles, ces sciences se constituent presque entièrement sur des hypothèses.

Comme exemples on citera, en psychologie, l'hypothèse des vibrations cérébrales (mémoire); celle des idées-forces de M. Fouillée; en histoire, l'hypothèse des races primitives : aryens, sémites, etc.; en sociologie, l'hypothèse de l'imitation de Tarde (V. sujet 253), celle de Spencer sur le rôle de la cérémonie dans la naissance des institutions sociales.

CHAPITRE V

CERTITUDE. VÉRITÉ. ERREUR. SOPHISMES

438. *Quels sont les états de l'esprit par rapport à la vérité?* — Aix [12-311].

439. *De la certitude.* — Aix [55-812]. — Bordeaux [383-458]. — Caen [328-444]. — Clermont [183-493]. — Dijon [142-514].

440. *L'affirmation et le jugement.* — Caen [447-460].

Ces trois sujets, presque identiques, se traiteront sans difficulté au moyen des documents que les élèves trouveront dans leurs cours.

---

441. *Y a-t-il une différence de nature entre les vérités de raisonnement et les vérités de fait ?* — Bordeaux [319-778].

Il n'y en a pas pour l'empirisme, qui soutient que nos idées, même rationnelles, sont le résidu des faits. Il y en a une pour toute doctrine adverse. Discussion, en partant de deux exemples bien caractéristiques.

---

442. *De la certitude propre au raisonnement expérimental.* — Bordeaux [423-462].

Sujet intéressant et important. Se renseigner dans la 1re partie de l'*Introduction à la médecine expérimentale* de Cl. Bernard.

Plan.

1° Définir le raisonnement expérimental d'après Cl. Bernard : contrôle, par le procédé de l'exclusion, d'une hypothèse ou idée expérimentale.

2° La certitude de la preuve dépend de la possibilité d'une exclusion totale. Au moyen d'exemples, faire voir comment cette exclusion, suivant les cas, [illegible] lus ou moins entière.

3° Dans certains cas (rares) l'exclusion est certainement totale; le raisonnement expérimental atteint alors à la rigueur et à la certitude du raisonnement mathématique (V. les expériences de Pasteur, citées dans la *Logique* de M. Rabier, pages 138-139).

---

413. *Qu'entend-on par certitude morale ? Quelles en sont les conditions ? Quelle en est la valeur ?* — Besançon **[314-390]** ; **[322-453]** ; **[491-709]**. — Montpellier **[502-700]**.

Question très importante. Les élèves qui auraient à leur disposition la thèse de M. Ollé-Laprune : *De la certitude morale*, y trouveraient tous les renseignements utiles.

On remarquera que le texte ci-dessus fournit un plan : Nature. Conditions. Valeur. Les quelques éclaircissements qui vont suivre suggéreront les idées nécessaires pour traiter ces trois points.

Je suis sûr d'une chose quand je l'ai vue, entendue, touchée, et que j'ai d'autre part des renseignements sur les conditions dans lesquelles mes sens se sont exercés, renseignements tels que je sois fondé à affirmer que leur fonctionnement a été normal. Toutes les données sensibles dont l'ensemble forme ce que j'appelle le monde extérieur sont pour moi des objets d'une telle certitude.

Je suis encore sûr de ce qui m'a été démontré. Si une proposition m'est prouvée par des raisonnements conformes aux lois de la logique, j'y adhère, j'affirme qu'elle est vraie, encore que l'objet de cette proposition (ainsi qu'il arrive en mathématiques), ne tombe pas sous mes sens, que je ne puisse ni le voir, ni le toucher, etc.

Voilà deux espèces de certitudes, l'une sensible, l'autre rationnelle. Est-ce là toute la certitude ?

Qu'est-ce que raisonner ? C'est prouver une idée par une autre ; c'est établir une identité totale ou partielle entre deux idées dont l'une était douteuse et la seconde certaine : celle-là participera alors de la certitude de celle-ci.

Il suit clairement de là que je ne puis pas prouver toutes les idées : au début de mes raisonnements, je dois prendre pour accordées certaines idées qui fonderont la certitude des autres, et qui, étant premières, ne pourront elles-mêmes être ramenées à des idées antérieures. On ne raisonne pas à l'infini ; on ne démontre pas tout. Ces idées premières, point de départ de tous les raisonnements, sont donc certaines *par elles-mêmes*, c'est-à-dire qu'elles s'imposent à moi avec évidence. Les mathématiciens les appellent des axiomes.

Est-ce là tout ce dont je suis certain ? N'y a-t-il pas des propositions dont je ne doute pas, et qui, cependant, ne sont ni démontrées, ni nettement évidentes ? Soit, par exemple, celle-ci : Jules César a existé. Qui en doute ? Personne, assurément. Est-ce évident ? Non : un fait passé ne peut être évident. Est-ce prouvé ? Par le témoignage, qu'il est toujours possible de contester. Théoriquement, je ne suis pas un insensé en doutant de l'existence de César, comme je le serais si je doutais que deux et deux font quatre. Mais tout le monde me dira qu'en en doutant, je manquerais de *bon sens*. C'est une question de raison pratique. Je dirai alors que, sans pouvoir me démontrer à moi-même l'existence de Jules César, j'en suis *moralement* certain. Je me sers de ce mot moralement, parce qu'il y a, dans les sciences qui traitent de l'homme, dans les sciences morales, et en morale avant tout, un assez grand nombre de vérités qui appartiennent à cet ordre. Je suis ainsi d'accord avec Malebranche, qui dit : « On est certain d'une chose quand on ne peut la nier sans une peine intérieure ou des reproches secrets de la raison. » Cette peine intérieure, bien connue, qui s'oppose à certaines négations, définit justement la certitude morale.

La portée de cette certitude s'étend à une grande partie des sciences morales, et à la morale proprement dite. C'est elle qui fonde la croyance (V. *Psychologie*, sujets 236-237).

La valeur de la certitude morale est la même que celle de la certitude sensible et de la certitude rationnelle. C'est une puérilité de vouloir tout démontrer et d'affecter de ne croire qu'à ce qui est logiquement ou matériellement prouvé.

---

444. *Du scepticisme.* — Aix-Ajaccio [**504-829**]. — Caen [**328-439**].

445. *Un philosophe allemand a dit : « Nous sommes nés dans la croyance ; en elle nous devons vivre et mourir. » Justifier cette pensée en montrant que si le scepticisme est irréfutable logiquement, la nature a voulu qu'il fût impossible pratiquement. Il est nécessaire d'agir ; il est surtout nécessaire de penser, c'est-à-dire d'affirmer.* — Montpellier [**333-389**].

On engage le lecteur à méditer la seconde formule. Il y trouvera absolument tout ce qu'il faut pour traiter le sujet. Son plan, entièrement indiqué, sera :

1° Définition du scepticisme. Quelques sceptiques.

2° Le scepticisme est irréfutable logiquement (on ne peut même pas discuter avec un adversaire qui fait profession de nier la raison).

3° Il est réfutable pratiquement ; il est une attitude impossible à soutenir : 1° parce qu'il faut vivre et agir ; 2° parce qu'il faut penser, c'est-à-dire *juger*.

Les élèves qui auraient à leur disposition les *Sceptiques grecs* de M. Brochard, y trouveraient d'amples et précis renseignements sur la vie et les doctrines de Pyrrhon, Ænésidème, etc. On les engage à étudier aussi Montaigne.

---

446. *Comme on ne peut définir une notion qu'à l'aide d'autres notions, comme on ne peut démontrer une proposition qu'en s'appuyant sur des principes, il y a nécessairement des notions qu'on ne définit pas et des principes qu'on ne démontre pas. Quels sont les caractères de ces notions et de ces principes ?* — Caen [**448-454**].

Ou bien ce sont des propositions évidentes (axiomes) ou ce sont des vérités objets de certitude morale. (V. sujet 443).

---

447. *La vérité.* — Caen [**440-460**].

448. *Qu'est-ce que le vrai ? Montrer à quelles difficultés on est conduit quand on définit la vérité : La conformité de la pensée avec la réalité.* — Caen [446-454].

Le moyen âge définissait la vérité : la conformité de la pensée et de son objet : *adæquatio intellectus et rei.* Mais c'est là une formule qui enferme une véritable contradiction : comment pouvons-nous apprécier cette conformité ? Est-ce que nous pouvons savoir ce qu'est la chose, indépendamment de la représentation que nous en avons ? La conformité de notre pensée avec la chose ne pourrait être appréciée que par un autre être, étranger aux deux termes, et qui verrait à la fois notre pensée et la réalité telle qu'elle est.

A cette doctrine contradictoire on doit substituer celle de l'évidence : la vérité, c'est ce qui est évident, ce dont nous ne pouvons douter sans une abdication de la raison.

Il y a d'ailleurs deux sortes d'évidences : 1° l'évidence immédiate, propriété intrinsèque de certaines propositions absolument claires, comme les axiomes ; 2° l'évidence résultant de la preuve, c'est-à-dire de l'accord de deux jugements (Voir Rabier, dernier chapitre de la *Logique*).

---

449. *Peut-on résoudre le problème de la certitude ?* — Besançon [363-422].

Poser d'abord le problème en définissant la certitude, et en indiquant aussitôt que certitude n'implique nullement vérité ; qu'il y a fréquemment certitude de l'erreur. Donner des exemples.

De là la nécessité d'un criterium.

On a proposé: 1° Le consentement universel; insuffisant en ce qu'il porte sur bien peu de choses, et encore quelques-unes sont-elles des erreurs. 2° L'autorité ; insuffisante en ce que rien ne confère à un homme ni à un groupe d'hommes le privilège de l'infaillibilité. 3° Le sens commun; insuffisant, car d'abord où le trouver dans sa pureté ? Ensuite ce prétendu « sens » des simples n'est d'ordinaire que l'ignorance.

Il faut donc en revenir au criterium cartésien de l'évidence. L'expliquer d'après Descartes. Le discuter : il peut y avoir évidence de l'erreur. Dans ce cas on a recours à la *confrontation* des jugements, à la preuve, à l'évidence collective témoignant de l'accord des bons esprits.

---

450. *Expliquer ce mot d'un philosophe moderne : « En matière de science, l'autorité est sans poids. »* — Montpellier [104-350].

V. sujet précédent.

En développant, faire l'historique du principe d'autorité aux XVIe et XVIIe siècles; montrer quelle place il tenait encore dans la science au XVIIe siècle. Voir notamment les médecins de Molière et toute la pièce du *Malade imaginaire.* On en pourra tirer bon parti.

---

451. *Y a-t-il un criterium de la certitude ? Principales opinions sur ce sujet.* — Clermont [183-408]. — Nancy [520-828].

452. *Énoncer la première règle de Descartes et en faire ressortir l'importance.* — Clermont [**592-694**].

V. sujet 449.

453. *Apprécier les objections faites au criterium de l'évidence.* — Besançon [**322-443**] ; [**327-344**].

V. sujet 449.

454. *Comment l'erreur est-elle possible ? Si le faux peut revêtir les apparences du vrai, comment peut-il y avoir une certitude ?* — Caen [**446-448**].

L'erreur est un fait qui a ses causes connues. V. sujet suivant.

Dans ces conditions, le problème de la certitude peut être résolu ; il s'agit de reconnaître et d'éliminer les causes d'erreurs, ce qui est précisément l'objet de la logique. La certitude se fonde soit sur l'évidence *directe*, soit sur l'évidence *de la preuve* (V. sujet 449).

455. *De l'erreur et de ses causes.*— Clermont [**400-592**]. — Oran [**364-370**].

456. *Causes des erreurs.* — Rennes [**136-302**] ; [**218-269**].

La lecture de la *Recherche de la vérité* de Malebranche, tout au moins la connaissance du plan de l'ouvrage et des idées qui y sont développées permettrait de répondre avec détails à cette question.

On sait qu'on ramène ordinairement les causes de nos erreurs à trois, savoir : l'Imagination ; la Sensibilité ; la Volonté. Pour cette dernière, voir ci-dessous, sujet 460. On donnera de chaque espèce de nombreux exemples.

457. *Les erreurs des sens. Qu'appelle-t-on ainsi ? Causes, nature de ces erreurs.* — Aix [**246-646**]. — Lille [**376-623**].

Sujet absolument classique. On sait qu'à proprement parler, il n'y a pas d'erreurs des sens. Toute erreur prétendue telle est en réalité une erreur de jugement. La démonstration de cette théorie repose sur la distinction entre les perceptions naturelles et les perceptions acquises (V. *Psychologie*, sujet 38). On établira cette distinction, on fera l'analyse d'une perception acquise pour bien dégager le jugement qui y est impliqué, puis on développera quelques erreurs de perception en faisant voir dans chaque cas : 1° que le sens lui-même a réellement éprouvé l'impression telle qu'on la formule ; 2° que le jugement, en attribuant cette impression à l'action d'une réalité *supposée* (et suggérée) a seul commis l'erreur.

458. *Quels sont les moyens dont l'esprit humain dispose pour se préserver de l'erreur, et ces moyens sont-ils infaillibles ?* — Bordeaux [**383-414**] ; [**383-439**].

459. *Comment l'homme peut-il se mettre en garde contre l'erreur ?* — Grenoble [129-324]. — Lille [384-405]. — Poitiers [372-394].

V. sujet 456. Connaissant les causes, on peut appliquer à chacune le remède approprié. Développement par exemples.

---

460. *Théorie de Descartes sur l'erreur. Exposer et critiquer.* — Caen [410-447].

La théorie est exposée dans la *4e méditation ;* celle-ci est reproduite *in extenso* en texte latin et en français dans l'édition classique du *Discours de la Méthode* par M. Rabier.

Quant à la critique, elle devra se conformer aux règles de toute discussion, c'est-à-dire reconnaître d'abord la part de vérité, qui est ici très grande, et en tirer les conséquences pratiques: utilité de l'examen, de la suspension de jugement ; puis présenter les objections, que l'on trouve d'ailleurs dans tous les traités, principalement celle-ci : doctrine trop étroite ; si la volonté était cause de toutes nos erreurs, nous serions responsables dans tous les cas. V. sujet suivant.

---

461. *Un proverbe dit : « Erreur n'est pas crime. » Que faut-il entendre par là et notre volonté n'est-elle pas pour beaucoup dans nos erreurs ?* — Montpellier [360-418].

V. sujet précédent. Celui-ci en est exactement la contre-partie.

---

462. *Une proposition peut-elle être vraie en théorie et fausse en pratique ?* — Bordeaux [423-442].

A la lecture de ce texte tout élève se dira : voici une assertion qui m'est familière. Tous les jours j'entends dire : Théoriquement ceci est vrai ; mais dans la pratique, rien n'est plus faux. Et ce sont des gens de bon sens, des gens d'expérience, qui disent cela, des gens qui, par ailleurs, font profession de se défier de la théorie. Faut-il admettre leur assertion ? Réfléchissons.

D'abord, qu'entend-on ici par théorie ? C'est la méthode de démonstration, le raisonnement mathématique, déductif et *a priori*. Quand on dit d'une proposition qu'elle est vraie en théorie, on veut dire qu'elle est démontrée. La pratique, c'est l'expérience, le mode de vérification *a posteriori*.

Y a-t-il deux vérités ? Impossible de l'admettre. Quand une chose est vraie, elle l'est absolument, elle l'est partout, toujours. Le mode de recherche et d'invention, les procédés de preuve n'y font rien ; l'esprit se refuse à admettre l'opposition de deux *vérités :* c'est une insupportable contradiction. Quand le mathématicien a démontré la vérité de telle proposition, toutes les applications qu'on en peut faire apparaissent conformes à ses déductions et la théorie est confirmée par la pratique.

Mais d'où vient l'opinion citée ? Où peut-elle avoir puisé le crédit dont elle bénéficie aux yeux de tant de gens ? Elle n'est pas fondée en raison, mais les apparences sont pour elle.

La théorie *a priori* est *abstraite :* elle porte sur des cas idéaux, extrêmement simples, dépourvus de toutes les contingences de l'expérience. Elle donne des résultats précis, exacts, absolus.

Portez ces cas dans la pratique : vous allez y introduire de ces circonstances accidentelles que la théorie a dû éliminer de ses calculs, et qui pourront, non pas sans doute infirmer les résultats du calcul, mais les modifier ; la pratique vous donnera une approximation plus ou moins lointaine, suivant les cas, de ce que donnait la théorie. En réalité il n'y a pas contradiction.

Quelques exemples à présenter : les analyses chimiques. Les machines qui ne donnent jamais le travail théoriquement prévu. Le chemin le plus court pour un voyageur n'est pas toujours la ligne droite.

---

463. *Des paralogismes et des sophismes.* — Clermont [**51-562**].

464. *Les sophismes dénommés « non causa pro causa » et « post hoc, ergo propter hoc ». Les analyser et en donner des exemples.* — Lyon [**318-374**].

Sujets dont le développement est fourni par tous les cours. Bien remarquer, dans le second texte, que les deux formules ne désignent qu'un seul et même sophisme.

TROISIÈME PARTIE

MORALE

On prie le lecteur de vouloir bien porter toute son attention sur les deux remarques importantes qui vont suivre.

I. — Dans les compositions de baccalauréat, les sujets de morale tendent, et tendront encore davantage, à être de plus en plus nombreux. L'esprit de l'enseignement philosophique contemporain le comporte : on veut donner à la morale une très grande place ; on pense que le profit le plus clair, le plus réel, qu'un élève puisse retirer de ses études en général, et particulièrement de son année de philosophie, c'est d'avoir affermi sa conscience, compris le sens et la valeur de la vie morale, acquis une claire et forte notion du devoir. Tout naturellement donc, dans un examen qui forme la sanction des études secondaires, on fera porter fréquemment les épreuves sur cet enseignement que l'on juge, avec raison d'ailleurs, essentiel. Depuis 1901, la proportion des sujets de morale, dans l'ensemble, est considérable, et va croissant d'année en année. C'est à ce genre de dissertations que les candidats doivent se préparer avec le plus d'application.

II. — De toutes les parties de la philosophie, la morale est celle où les cours, les traités, les livres en général ont, pour un élève, le moins d'utilité, je dirai davantage : ont le plus de dangers. C'est là que les formules toutes faites, les lieux communs à développements oratoires, sont particulièrement funestes ; c'est là que l'élève doit tout tirer de lui-même. Non pas que les cours et les lectures doivent être bannis ; mais les idées développées devant l'élève par un maître ou puisées par lui dans un livre, ne lui serviront qu'à condition de lui suggérer des réflexions personnelles, de le solliciter à regarder en lui, où il trouvera, s'il le cherche bien, toute la morale. Que l'on comprenne bien ceci : on peut apprendre de la psychologie ou de la logique, c'est-à-dire demander à ceux qui ont fondé ces sciences quelles découvertes ils y ont faites, les recevoir d'eux et se les assimiler. Il serait absurde de dire dans le même sens qu'on *apprend* de la morale, qu'on se documente, qu'on s'instruit avec la morale des autres. On *se fait* à soi-même sa morale, en fortifiant sa volonté et en apprenant à réfléchir sur sa conduite. Dans une dissertation sur un sujet de morale, ce sont ces réflexions, ces jugements, cette culture intérieure que l'élève devra prendre pour matière, en se persuadant qu'il réussira s'il fait preuve, non d'érudition ou de science acquise, mais de valeur morale personnelle ; s'il montre, non ce qu'il sait, mais comment il juge et ce qu'il serait capable de faire, le cas échéant.

SECTION I

MORALE THÉORIQUE

On a divisé les sujets de morale théorique en trois chapitres, correspondant aux trois ordres suivants de recherches : Discussions sur la nature et les principes de la morale ; Examen des systèmes ; Questions de la responsabilité, du mérite et des sanctions.

CHAPITRE I

PRINC[illegible]S DE LA MORALE. NATURE DU DEVOIR

465. *Du rôle des méthodes inductive et déductive dans la détermination des principes de la morale.* — Montpellier **[631-714]**.

Il est bon de se rendre compte que la question de méthode a une importance capitale en morale. C'est sur cette question d'abord que s'établit la divergence entre les écoles, et les oppositions qui se manifestent sur d'autres poin[illegible]s ont leur origine en celui-là.

[illegible] débat s'établit entre l'école inductive et l'école intuitive.

L'école inductive soutient que la morale appartient au groupe des sciences de la nature, qu'elle est une science de faits, procédant par observation, généralisation et induction, comme les autres sciences biologiques ou sociologiques. Elle doit, disent les partisans de cette méthode, chercher ce que font en général les hommes, réunir des observations dûment contrôlées sur leur conduite, leurs actes, leurs désirs, les mobiles de leurs révolutions ; de ces observations, par le moyen de l'induction, elle dégagera des lois, qui seront les lois morales, comme de l'observation des phénomènes la physique dégage les lois de la nature. Quand le physicien a constaté que, dans certains cas bien déterminés, un fait se passe dans telles et telles conditions, qu'il y a entre ces conditions et lui un rapport constant, il formule une loi qui est la généralisation de ses expériences, et cette loi équivaut à ceci : puisque le fait se passe toujours ainsi, c'est qu'il est dans l'ordre des choses qu'il se passe ainsi, qu'il *doit* se passer ainsi. De même en morale ; lorsque, par exemple, on aura constaté que tous les hommes qu'on a pu observer, dans les circonstances les plus diverses où s'exerce leur activité, ont, en fait, cherché leur bonheur, on généralisera et l'on aboutira à cette loi morale : tous les hommes *doivent* chercher leur bonheur.

Tel est l'esprit, telle est la méthode de la morale inductive, préconisée par Stuart Mill dans le premier chapitre de son *Utilitarisme* (Lire cet ouvrage, tout à fait capital).

A cette méthode Mill lui-même oppose la méthode intuitive, qu'il critique.

L'école intuitive soutient que la morale n'est pas une science de faits. Et voici la raison fondamentale qu'elle en donne : il y a entre la loi morale et les lois physiques une différence de nature que méconnaît l'école inductive. Les lois physiques sont bien, en effet, des constatations de faits, des généralisations de l'expérience, des formules qui expriment comment les choses se passent, en sous-entendant, si l'on veut, qu'elles ne peuvent pas se passer autrement, parce que l'essence des choses est telle, parce qu'il y a là une *nécessité* qui s'impose à la fois à notre raison et à notre expérience. Tout autre est la loi morale : c'est un *impératif*, qui commande à notre volonté, qui lui dicte sa conduite, en lui indiquant un idéal à atteindre. Elle ne dit pas comment les choses se passent, mais comment [illegible] *devraient* se passer dans le monde des volontés droites et fortes. Au lieu d'imposer une *nécessité*, elle prescrit une obligation. En d'autres termes, le malentendu repose sur l'interprétation du verbe *devoir*, qui, pour les uns exprime une nécessité (en allemand : müssen) pour les autres une obligation (sollen). La méthode expérimentale pourra bien me révéler qu'*en fait* le bonheur est universellement désiré ; cela n'implique nullement qu'*en droit* il soit désirable.

La morale n'est donc pas, sous peine de déchéance, sous peine de cesser d'être une *morale*, une science inductive. Tout au contraire l'homme trouve dans sa conscience (c'est-à-dire dans sa raison) certaines notions, qui lui apparaissent avec une clarté et une distinction parfaites, et s'appliquent à ses actes possibles. Il a donc, de ces notions, une *intuition a priori ;* il ne les dégage pas d'une expérience quelconque, par voie de généralisation. De ces notions intuitives, la science morale, par la méthode déductive, tirera les applications particulières, les règles de conduite pratiques.

---

466. *L'homme est-il soumis à des devoirs, et, si oui, comment vous y prendriez-vous pour l'établir ?* — Grenoble [539-708].

Je me suppose dans quelques cas précis où une action se présente à moi comme imposée par les nécessités de la vie pratique.

Je constate que, dans chacun de ces cas, il n'est pas indifférent au jugement de ma raison, que j'agisse ou que je m'abstienne, et, si j'opte pour l'action, que je l'accomplisse indistinctement dans tel ou tel sens. En un mot ma conduite m'est prescrite, je me sens et me juge obligé de suivre une règle, je me distingue de l'animal qui suit les impulsions de son instinct précisément par la reconnaissance et le respect de cette autorité.

J'ai ainsi établi *en fait* que j'ai des devoirs.

Mais on peut contester l'autorité de ce commandement intérieur, la légitimité de cette loi. Je vais donc chercher à la justifier, à la fonder *en droit.*

Pour cela j'émettrai successivement plusieurs hypothèses tendant toutes à expliquer comment et pourquoi une volonté humaine est soumise à une loi : nécessité de l'état social, sentiment du bien et du mal, tendance de la nature vers le bonheur, effet de l'hérédité et de l'éducation, volonté divine, ordre imposé par la raison, etc. Je m'arrêterai à celle qui me paraîtra résister aux objections qu'on peut présenter, et rendre le mieux raison des faits moraux.

---

467. *Peut-on concevoir la morale comme une science avec les principes et les méthodes propres à une science ? Ou bien estime-t-on qu'il y a en elle des éléments et des exigences irréductibles à la discipline scientifique ?* — Bordeaux [611-679]. — Dijon [495-552].

V. sujet 465.

Dans les éclaircissements qui accompagnent ce sujet, on verra que les tentatives faites pour donner à la morale une méthode identique à celle de la science positive ont précisément pour effet d'ôter à la morale ce qu'elle a d'irréductible, de proprement *moral*, bref, de la détruire.

On fera la même constatation si, laissant de côté la question préjudicielle de méthode, on examine en elles-mêmes, dans leur esprit et leurs conclusions, les morales scientifiques contemporaines, notamment celles de Spencer, de Darwin, de l'école évolutionniste et transformiste. On se rendra compte que ces essais, de caractère nettement scientifique et expérimental, ne sont nullement des morales, au sens qu'il faut donner à ce mot.

On reconnaîtra ainsi qu'il y a dans la morale, comme telle, des exigences incompatibles avec l'esprit scientifique. En voici quelques-unes, sur lesquelles on invite les élèves à réfléchir : l'idée de fin, qui préside à toute conception de devoir ; l'existence d'un idéal qui n'est pas d'ordre expérimental ; la notion « *sui generis* » d'obligation ; la notion du Droit, et son opposition au fait ; la conception d'un monde moral presque en tout l'opposé de la nature ; l'intervention des notions d'esthétique. Celle des sentiments, du respect, du désir de se sacrifier, etc.

Lire, sur cette discussion : Boutroux, *Questions de morale et d'éducation.*

468. *Définir les expressions : science de la morale, science des mœurs, morale scientifique. Rechercher si elles traduisent une même idée, et s'il y a lieu, marquer avec précision les différences.* — Lyon [642-649].

Non, elles ne traduisent pas la même idée.

L'expression morale scientifique désigne quelque chose de très net : une science positive, fondée sur la méthode inductive, et dont la nature et la valeur sont indiquées en gros aux sujets 465 et 467. S'y reporter.

Des expressions comme : science de la morale ou des mœurs sont beaucoup moins précises. Dans ces formules il ne faut attribuer aucune importance au mot science, ne pas lui donner le sens que tout le monde entend quand on dit aujourd'hui : la science — mais simplement celui d'étude, recherches, considérations, théorie, etc., n'impliquant ni méthode positive, ni doctrine.

La dissertation consistera : 1° à marquer cette distinction ; 2° à établir la discussion indiquée ci-dessus à propos des deux sujets 465 et 467 ; 3° à conclure que la morale ne peut être une science positive ; qu'elle est une recherche d'ordre spécial ayant ses procédés, sa méthode, son esprit à elle, le tout en grande partie irréductible à la méthode et aux conceptions de la science positive.

---

469. *Que pensez-vous des doctrines qui nient le caractère a priori des notions morales ?* — Toulouse [474-707].

Ce sont tous les systèmes de morale empiriques.

On sait ce que c'est que l'empirisme. Se reporter aux sujets de psychologie qui en traitent.

En morale, l'empirisme conduit à l'une des quatre doctrines suivantes : morale du plaisir, de l'intérêt, du sentiment, morale évolutionniste. C'est par ces conséquences qu'il faut apprécier le principe. Voir plus bas ce qui concerne ces systèmes, sujets 548, 558, 560, 561, 562.

---

470. *Quel peut être le rôle de l'hérédité et de l'éducation dans la formation de nos dispositions morales ?* — Rennes [472-518].

Ce sujet comporte une discussion.

Les théories à discuter sont les suivantes : 1° l'hérédité est l'unique facteur de la moralité (évolutionnisme). Voir plus bas, sujet 558 ; 2° la moralité est affaire de milieu et d'éducation.

Bien indiquer ce qu'il y a d'exagéré dans ces théories, qui, prises à la lettre, sont la négation même de la morale.

Par contre, y reconnaître une grande part de vérité. Ici, faire appel à ses expériences personnelles, aux remarques que l'on a pu faire sur soi-même et autour de soi, pour montrer la part très réelle et importante de ces deux facteurs dans la formation de la moralité. Beaucoup de faits : ils sont familiers.

---

471. *Réfuter l'opinion suivant laquelle la distinction du bien et du mal n'est qu'un résultat de la coutume et de l'éducation.* — Grenoble [475-561] ; [495-684]. — Poitiers [635-685].

V. sujet précédent.

---

472. *De l'universalité des notions morales. Discuter les objections du scepticisme.* — Alger [11-652]; [182-652]; [529-588]. — Poitiers [482-548]. — Rennes [470-518].

Deux pensées célèbres de Pascal expriment l'objection : « Vérité en deçà des Pyrénées, erreur au delà. Plaisante justice qu'une rivière borne ! » — « L'entrée de Saturne au Lion marque l'origine d'un tel crime. » Ainsi : 1° dans l'espace ; 2° dans le temps, diversité des opinions morales. Pour le développement voir surtout Montaigne, *Essais*, liv. II, chap. XII *in extenso*.

Il faut discuter cette objection.

Relire d'abord les conseils pour faire une discussion qui ont été donnés en *Psychologie*, Introduction de la section II.

Développer largement l'objection, comme font les sceptiques, en citant beaucoup de faits.

En reconnaître la part de vérité.

Expliquer ces contradictions en faisant remarquer qu'elles n'ont pas pour cause l'absence d'une conscience morale, mais l'insuffisance de culture intellectuelle, le défaut de réflexion, qui font mal interpréter la loi.

Aborder ensuite la part d'erreur et faire les deux critiques suivantes : 1° En admettant que les contradictions des hommes fussent universelles, il y aurait toujours quelque chose de commun entre eux, savoir la notion d'obligation ; tous se sentent obligés à faire ou éviter certains actes, encore que ces actes puissent n'être pas les mêmes. 2° Il n'est pas vrai que les contradictions soient universelles ; au tableau de ces contradictions, il est facile d'opposer le tableau de l'accord de tous les hommes, en tout temps, en tout lieu, sur un grand nombre de jugements moraux. Faire ce tableau.

---

473. *La diversité des théories morales peut-elle nous faire douter du devoir ?* — Alger [505-544]. — Lille [486-498].

Ne pas confondre ce sujet avec le précédent (s'y reporter). Il ne s'agit pas ici des opinions courantes, mœurs, coutumes, etc., mais des théories des penseurs.

Montrer qu'en effet ces théories sont nombreuses et souvent divergentes.

Il y a deux moyens de résoudre la difficulté :

1° Chercher si, sous les oppositions apparentes, il n'y aurait pas souvent un accord latent. Considérer surtout ce fait très significatif : les théories en apparence les plus incompatibles avec l'existence du devoir, avec les notions de sacrifice, dévouement, vertu désintéressée, aboutissent presque toutes à recommander ces vertus comme les plus sûrs moyens de réaliser le bonheur (Épicure, Stuart Mill, etc.).

2° S'appuyer sur cet argument : le fait même qu'un grand nombre de penseurs, d'origine, de milieu, de génie différents, ont consacré leurs efforts à la solution du problème moral, peut être considéré comme un indice très significatif de l'existence du devoir.

---

474. *Quels sont les préceptes moraux essentiels ? Par quelle méthode les établissez-vous ?* — Toulouse **[469-707]**.

475. *Des vrais fondements de la morale.* — Grenoble **[471-561]**.

476. *Pour quel motif devons-nous faire le bien ? Est-ce pour obéir à Dieu ? à notre conscience ? aux exigences de la vie sociale ? Est-ce pour une autre raison ?* — Aix **[327-342]**.

On remarquera que ces trois sujets, encore qu'on les ait à dessein rapprochés parce qu'ils ont d'étroites affinités, ne sont pas identiques. Il y a toutefois presque identité entre le second et le troisième. Le premier seul soulève la question de méthode, importante en morale théorique, traitée par le sujet 465, auquel on devra se reporter.

D'une façon générale il s'agit d'établir les règles fondamentales de la morale, c'est-à-dire les ordres de notre conscience. Le troisième texte suggère quelques idées qui ont été proposées pour justifier l'existence de ces ordres. Discuter et choisir.

On conseille d'adopter le plan suivant :

1° Il y a un devoir. Il se fonde sur la raison.

2° Les commandements essentiels par lesquels il se manifeste.

---

477. *Y a-t-il une évolution dans la morale ?* — Bordeaux **[519-540]**.

Question controversée du progrès moral. Des sceptiques soutiennent qu'il y a des variations incohérentes, sans lois ; des pessimistes, qu'il y a décadence. On peut cependant établir sur des faits bien observés et bien interprétés que le développement de la civilisation est accompagné d'un progrès continu dans la moralité, progrès qui se manifeste : 1° dans la conception de plus en plus claire et précise des devoirs ; 2° dans l'adoucissement des mœurs ; 3° dans la répression des actes nuisibles, la lutte contre le crime ; 4° dans l'atténuation des haines et des défiances internationales. Développer ces divers points en s'appuyant sur tous les faits historiques que l'on pourra connaître, en insistant sur les faits contemporains.

---

478. *Le progrès des mœurs peut-il amener, comme on l'a soutenu, l'affaiblissement de l'idée d'obligation ?* — Lille **[483-503]**.

L'affirmative a pour elle des raisons qui ne sont que spécieuses, par exemple : relâchement des caractères ; habitudes de bien-être ; esprit de subtilité, de casuistique ; esthétisme et dilettantisme ; scepticisme ; affaiblissement du frein religieux ; « struggle for life » ; esprit pratique, le « business-man ». On ne cite tout cela qu'à titre d'indication et pour inviter l'élève à trouver de lui-même, dans le monde contemporain, de prétendus symptômes de l'affaiblissement de l'idée morale.

La négative s'appuie sur des arguments mieux fondés, notamment : tout progrès de la raison doit être un progrès de la moralité ; diminution réelle du nombre des individus qui ne sont que des impulsifs ; progrès de la réflexion et de la connaissance de soi-même ; substitution de la notion de charité à celle de justice ; sens croissant de la liberté, de la valeur de la personne humaine.

---

479. *Le progrès scientifique est-il nécessairement suivi du progrès moral ?* — Lille [499-823]. — Montpellier [160-722].

Il ne faut pas hésiter à répondre non. On a cru, on croit encore dans certains milieux, à la vertu moralisatrice de la science : c'est une illusion. Les faits l'ont prouvé : le développement de la culture scientifique, la diffusion de la science, considérable depuis un siècle et demi, et dont les effets sociaux sont connus de tous, n'ont amené aucune amélioration morale ; s'il y a eu parallèlement progrès moral, ce progrès doit être expliqué par d'autres causes.

Sans doute la culture scientifique développe en nous certaines facultés qui sont des éléments de la moralité. Elle donne au jugement de la rectitude, elle habitue l'homme à raisonner, et tout progrès de la raison et du jugement est un gain pour la conscience morale. D'autre part, la vraie science comporte la recherche désintéressée, le dévouement à l'idée pure, la sincérité, le culte du vrai ; et ce sont encore là de précieuses qualités. La science, assurément, a une valeur morale.

Mais les progrès de la raison n'ont en morale qu'une importance secondaire. Les vrais progrès, ici, sont ceux de la volonté et du cœur. Il ne semble pas que la science y contribue beaucoup. L'esprit scientifique s'allie très bien avec des théories d'une immoralité évidente, ou avec la sécheresse de sentiment, avec l'intolérance, l'esprit sectaire, etc.

D'autre part les effets sociaux du progrès scientifique ne sont pas tous moralement approuvables. Qu'on réfléchisse seulement à ceci : la science a créé l'industrialisme, et par là favorisé la passion du gain, exaspéré la concurrence des individus et des groupes ; indirectement, elle a été un des facteurs de l'étrange état social où nous vivons, des agglomérations malsaines d'hommes dans des centres pléthoriques comme Paris, Londres, New-York, Chicago, etc. ; elle a, pour sa part, et en vertu de ces mêmes faits, avivé les haines sociales et l'âpreté des luttes de classes. Tout cela, on en conviendra, n'est pas moral. Le vieux Rabelais avait peut-être raison de dire, un peu brutalement : « Science sans conscience n'est que ruine de l'âme. »

---

480. *Nature et conditions du progrès moral.* — Lyon [677-710].

Sujet qui ne présente aucune difficulté. Le plan est indiqué : 1° En quoi consiste le progrès ? 2° Quelles sont les conditions nécessaires à sa réalisation ? Que faut-il faire, que faut-il avoir à sa disposition ? Sur le premier point, une subdivision s'impose : *a*) en quoi consiste l'amélioration morale d'un individu (ne pas oublier que la faculté morale par excellence, c'est la volonté ; que le cœur a aussi son importance) ; *b*) en quoi consiste l'amélioration morale de la société (Ici, ne pas oublier que la charité est la grande vertu sociale).

---

481. *Du rôle moral de l'habitude.* — Caen [651-656].

Voir d'abord, en *Psychologie*, les sujets 291-292-293.

Se rappeler qu'Aristote a défini la vertu : l'habitude du bien ; que l'on peut donc définir le vice : l'habitude du mal. Penser, à ce propos, aux effets si connus des mauvaises habitudes, à la paresse, à l'alcoolisme, etc. Dans toute la dissertation, avoir constamment présent à l'esprit le principe fondamental : l'habitude active fortifie la liberté ; l'habitude passive la détruit.

---

482. *Une morale est-elle possible si l'on n'admet d'abord la réalité du libre arbitre ?* — Montpellier [725-727]. — Poitiers [472-548]. — Toulouse [523-695].

483. « *Tu dois, donc tu peux.* » (*Kant*) — Grenoble [597-717]. — Lille [478-503].

En considérant ces deux formules, on voit que la première pose une question et que la seconde donne à cette question une réponse négative. On sait même que Kant, et après lui beaucoup de penseurs sérieux, considèrent l'existence de l'obligation morale comme une preuve très forte (unique pour Kant) de la liberté.

Une réponse contradictoire peut être donnée ; on soutient très bien la possibilité d'une morale reposant sur l'obligation ou sur l'idée du bien dans l'hypothèse déterministe (V. *Psychologie*, sujet 178, et, plus bas, sujet 550).

---

484. *Peut-on concevoir la liberté sans l'existence d'une loi morale ?* — Montpellier [560-661].

Question inverse de la précédente. Celle-ci demandait si la loi morale implique la liberté. Ici on demande si, de son côté, la liberté n'impliquerait pas la loi morale. Pour bien comprendre la question il n'y a qu'à étudier attentivement les deux hypothèses qu'elle propose : 1° je suis libre, c'est-à-dire que j'ai le pouvoir, entre plusieurs résolutions, de choisir celle qui me plaît, et, une autre fois, dans les mêmes circonstances, d'en choisir une autre. Cela étant, je ne trouve en moi aucun commandement, aucune obligation, aucune idée d'un devoir ; la distinction entre actes bons et mauvais n'existe pas ; tout est indifférent ; 2° je suis libre encore, mais ma liberté est réglée dans son exercice par un impératif qui m'ordonne, au nom de la raison, de faire tels actes, de m'abstenir de tels autres. (Des exemples sont indispensables, dans les deux cas.)

Il est facile de montrer que la première conception présente de la liberté une idée fausse : celle d'une détermination absolument ambiguë, indépendante des motifs, irrationnelle, bref la liberté d'indifférence, c'est-à-dire le déterminisme le plus rigoureux ;

Que la seconde hypothèse, au contraire, nous donne de la liberté une notion juste, celle de la détermination rationnelle, réfléchie, consciente. Qu'au surplus l'action de l'obligation sur la volonté n'est ni contraignante, ni fatale, puisqu'elle est réfléchie, puisque enfin, dans la pratique, on peut s'en affranchir, agir dans un autre sens ; que la liberté demeure ainsi entière.

485. *L'obligation morale peut-elle se concilier avec la liberté ?* — Lille [577-705]; [577-707].

V. sujet précédent; la présente question y est résolue dans les dernières lignes.

---

486. *Peut-on à la fois admettre la liberté et croire au progrès ?* — Lille [473-498].

On voit bien la petite difficulté: la loi du progrès semble une loi fatale. S'il y a progrès, on peut représenter l'évolution humaine par une courbe régulière, qui, comme toutes les courbes, n'est que la traduction graphique d'une équation, c'est-à-dire est rigoureusement déterminée dans tous ses points.

On remarquera que la question se rapproche de cette autre, souvent agitée: peut-on admettre qu'il y ait des lois en histoire ou en sociologie s'il est démontré que l'homme est libre ? V. *Logique*, sujet 425, où cette seconde question est touchée incidemment.

La difficulté se résout par la considération de la vraie nature de la liberté. Si l'on soutient que la liberté est la possibilité d'agir sans motifs, de choisir sans justification, en vertu de je ne sais quelle inspiration soudaine et inexplicable; que l'acte libre est imprévisible, donc inexplicable; alors sans doute l'objection a toute sa force. On voit aisément qu'une telle conception de la liberté se ramène à celle du caprice, du hasard, de la liberté d'indifférence, c'est-à-dire, on le sait, du déterminisme. Mais si la liberté consiste à agir conformément à un motif compris, accepté après réflexion, si elle est guidée par la raison, alors les actes libres peuvent parfaitement s'accommoder d'une régularité, d'un ordre qui sont l'essence de la raison même. Et, particulièrement, ils pourront, ils devront même se soumettre à la loi du progrès, qui n'est qu'une expression de la loi morale.

On lira sur ce point avec profit les réflexions de Stuart Mill: *Logique*, Tome II, livre VI.

---

487. *La liberté est-elle le pouvoir de choisir entre le bien et le mal?* — Lille [603-668].

V. sujets précédents, et, en *Psychologie*, tous les sujets qui traitent de la liberté. On peut ici répondre par l'affirmative, et appuyer son opinion sur des exemples.

---

488. *Rapports de la morale et de la psychologie.* — Lyon [491-668].

On peut considérer la vie en général comme présentant trois formes *hiérarchisées :* vie végétative et animale, vie consciente et intellectuelle, vie morale. Celle-ci commence avec l'apparition de certains phénomènes très connus, ceux que l'on résume sous le nom collectif de conscience morale.

Or, pour que ces phénomènes soient possibles, il faut que certains autres phénomènes soient réalisés, qui en sont ainsi les conditions. La vie morale a donc des conditions psychologiques. Elles se résument elles-mêmes dans le mot personnalité.

Il est donc indispensable, pour constituer une morale, de demander à la psychologie la connaissance de ces phénomènes et de leurs lois. La morale a ainsi une base psychologique.

L'élève pourra chercher de lui-même l'analyse de la personnalité, donner les développements nécessaires pour décrire les faits dont elle se compose, et expliquer ainsi en détail ce qui vient de lui être suggéré.

---

489. *Quelle idée vous faites-vous du problème moral ? Sur quel point porte, selon vous, la principale difficulté ?* — Lyon [**541-729**].

On sait que toute la difficulté porte sur l'obligation. Bien établir ce point et discuter largement les diverses solutions proposées.

---

490. *Justifier cette parole de Schopenhauer : « Prêcher la morale, c'est chose aisée. La fonder, voilà le difficile. »* — Lyon [**510-578**].

Ce sujet se rapproche beaucoup du précédent. On fera voir la justesse du mot de Schopenhauer en montrant : 1° combien nombreux sont les hommes qui se contentent d'une vague prédication ; 2° combien de systèmes faux ou spécieux ont été édifiés pour donner à l'obligation morale un fondement. On essaiera de définir celui que l'on considère comme solide.

---

491. *La morale peut-elle se constituer indépendamment de toute hypothèse métaphysique ?* — Besançon [**443-709**]. — Lyon [**488-668**]. — Nancy [**525-706**].

492. *Expliquez et discutez cette pensée de Schopenhauer : « Il faut croire à la métaphysique : voilà le postulat de la morale. »* — Bordeaux [**342-411**].

493. *Apprécier cette pensée de Leibnitz : « Il y a un degré de bonne morale indépendante de la Divinité ; mais la considération de l'existence de Dieu et de l'immortalité de l'âme porte la morale à son comble. »* — Aix [**63-211**]. — Clermont [**183-439**] ; [**395-626**]. — Nancy [**777-785**].

Il est utile d'être informé que cette question soulève un débat historique, celui qui concerne la célèbre théorie de la morale dite « indépendante », dont on a beaucoup parlé au XIXe siècle.

L'élève pourra se renseigner sur cette question en lisant les *Problèmes de morale sociale* de Caro.

Voici la thèse : il y a lieu de séparer la morale de toute recherche métaphysique, comme on l'a fait pour les sciences, mathématiques ou autres. L'union ancienne de la science et de la métaphysique a toujours été funeste aux progrès de la première ; elle attardait le savant à des considérations de substances, forces, fins, etc., qui sont étrangères à la science positive, et pendant qu'on s'épuisait en vaines disputes sur ces entités, on négligeait les seules réalités accessibles à l'homme : les faits et leurs lois. C'est le divorce de la métaphysique et de la science qui a inauguré les progrès de celle-ci.

Il en sera de même en morale. Il faut constituer une morale indépendante, qui se limitera à son domaine propre, comme font les mathématiques ou la physique.

Cette morale ne sera ni matérialiste ni spiritualiste, ni déiste ni athée, pas plus que les mathématiques ne sont tout cela. Elle sera la *Morale*, et cela suffit.

On s'efforcera de bien comprendre cette conception ; puis on l'exposera en lui donnant toute la force dont elle est susceptible. L'exemple des autres sciences, le tableau de leurs progrès depuis le jour où elles se sont constituées en recherches indépendantes en limitant leur objet, en ignorant systématiquement les hypothèses métaphysiques, servira beaucoup au développement.

On passera alors à la critique, et l'on se demandera si cette indépendance de la morale est vraiment possible ; elle le serait peut-être si la morale était une science comme les autres, si elle était une science de l'*abstrait*. Or il n'en est pas ainsi : elle est la science de l'homme, et comme telle elle rencontrera nécessairement sur son chemin ces problèmes qu'on lui conseille de fuir. Qu'on se demande s'il est possible de se constituer à soi-même un système cohérent sur la nature du devoir, la liberté, le bonheur, la sanction, sans que ce système implique des conceptions arrêtées sur l'ensemble de l'univers, sur l'âme, la vie, Dieu. Problème du libre arbitre, problème de la personnalité, problème du bien, problème de l'optimisme et du pessimisme, problème de la justice immanente, autant de questions qui sont à la fois des questions de morale et des questions de métaphysique. Le moraliste ne peut s'en désintéresser : ou bien il les suppose résolues d'avance, c'est-à-dire qu'il prend pour postulats certains dogmes métaphysiques qu'il admet comme vrais et qui vont orienter ses recherches ; ou bien le cours même de ces recherches lui présentera tour à tour ces problèmes et l'amènera à les résoudre.

On trouvera facilement, dans les systèmes de morale contemporains, des exemples de ces deux cas.

---

494. *Faut-il lier le sort de la moralité à celui des croyances religieuses ou des systèmes philosophiques ?* — Alger [543-581].

Cela fait deux questions.

On peut, on doit séparer la morale des dogmes religieux, qui ne reposent pas sur la même base et ne s'adressent pas aux mêmes facultés : la religion est affaire de foi ; la moralité, de raison.

Quant à ce qui est des systèmes philosophiques, c'est une question de mesure. Sans doute si l'on met la morale dans une dépendance étroite d'un système et qu'on en fasse comme une province de ce système, on risque de la rendre solidaire des vicissitudes du système lui-même, à commencer par celle-ci : toute conception métaphysique est une grande hypothèse ; si la morale en dépend absolument, elle sera aussi hypothétique, ce qui, évidemment, est la ruine d'une morale.

D'autre part il n'est pas possible d'opérer entre la morale et la philosophie générale une scission entière (V. sujet précédent). La morale a des points communs avec la métaphysique sans en dépendre absolument.

495. *Y a-t-il une morale compatible avec le matérialisme ?* — Dijon [467-552]. — Grenoble [471-684].

496. *Quelle a été, quelle devrait être, selon vous, la morale du matérialisme ?* — Nancy [568-571].

Il y a une morale célèbre dans l'histoire du matérialisme : c'est celle d'Épicure (V. plus bas, sujet 545). On peut la prendre pour type d'une morale matérialiste : c'est un système hédoniste qui, comme tel, n'a de la morale que le nom. Encore prescrit-il la pratique des quatre vertus cardinales, du renoncement absolu, de l'ascétisme, comme moyens de réaliser le bonheur, sans que d'ailleurs ces prescriptions soient parfaitement conséquentes avec les principes de la philosophie matérialiste.

On peut démontrer que cette dernière est absolument incompatible avec toute morale vraiment digne de ce nom, c'est-à-dire avec toute règle de la volonté impliquant l'obligation et la distinction *a priori* du bien et du mal. Tout ce qu'elle peut produire, ce sont des recettes empiriques de conduite destinées soit à assurer (si possible) le plaisir individuel, soit à garantir la société contre les tentatives du crime.

---

497. *Destinée de l'homme. Peut-elle avoir son entier accomplissement dans la vie terrestre ?* — Alger [529-588].

Un très grand nombre de philosophes, en analysant les éléments de cette idée : destinée de l'homme, ont cru y découvrir des raisons d'immortalité. Voici quelques-unes de celles qui ont été développées.

L'âme humaine conçoit un idéal de vérité et de beauté qu'elle ne peut atteindre en cette vie (*Phédon*). « *Sentimus, experimur nos esse æternos* » (Spinoza).

Le perfectionnement moral n'a pas de terme ; celui qui, par un effort continu de sa volonté, s'est élevé vers la sainteté, peut toujours poursuivre ce progrès, et il n'y a aucune raison pour qu'il soit limité dans le temps (Kant).

Le même perfectionnement moral ajoute à notre être une valeur qu'il n'avait pas d'abord. Cet accroissement de mérite est notre œuvre, un capital que nous avons accumulé : il serait inique que nous en fussions dépouillés.

Enfin l'insuffisance notoire des sanctions de la vie terrestre constitue une dernière raison d'admettre une vie future où la justice trouvera toutes les satisfactions auxquelles elle a droit.

Sur la question de la Destinée, ne pas manquer de lire le célèbre chapitre qui y est consacré dans les *Mélanges philosophiques* de Jouffroy. On recommande aussi l'article *Destinée* du *Dictionnaire des sciences philosophiques* de Franck.

---

498. *L'art a-t-il une fin morale ?* — Lille [473-486] ; [604-641].

Question fort débattue. Les moralistes inclinent vers l'affirmative ;

beaucoup d'artistes penchent vers la négative ; quelques-uns même sont nettement hostiles à toute ingérence de la morale dans l'art. Ce sont, naturellement, les défenseurs de la fameuse formule : l'art pour l'art.

D'une part il est certain qu'une œuvre d'art qui vise à un but moral, qui symbolise une idée morale, qui fait de la prédication, cesse à peu près nécessairement par le fait même d'être de l'art. Le moindre inconvénient qui puisse en résulter pour elle est d'être froide, ennuyeuse (peinture édifiante, romans moralisateurs, pièces à thèse, etc.).

D'autre part une œuvre immorale peut-elle avoir le caractère de la beauté ? On objectera les comédies d'Aristophane. Que perdraient-elles à la suppression de quelques grossièretés ? Ce n'est assurément pas par là qu'elles nous charment, ni même qu'elles nous semblent spirituelles. Y a-t-il un art immoral ? C'est douteux ; en tout cas on en trouve difficilement des échantillons.

La vérité est que l'art ne doit pas se donner comme fin la diffusion, la représentation même d'idées morales ; mais qu'en restant dans les limites de sa nature, qui est de réaliser la beauté, il est indirectement moralisateur, en ce qu'il élève l'âme et surtout l'habitue à la contemplation désintéressée.

---

499. *Quels sont les rapports du beau et du bien?* — Besançon [**592-654**]. — Lille [**479-823**]. — Nancy [**501-712**].

Plan.

1° Le beau et le bien ne peuvent être identifiés, parce que : *a*) il y a des choses belles qui n'ont aucun caractère moral (indifférentes) ; *b*) il y a des actes moralement très bons qui n'ont aucun caractère esthétique.

2° Le beau peut aider au développement de la moralité par l'élévation de nos facultés (V. sujet précédent).

3° Inversement l'acte moral, quand il comporte un certain déploiement d'effort et atteint l'héroïsme, a une grande beauté intrinsèque.

Sur la beauté morale, voir : Ch. Lévêque, *La Science du Beau*.

---

500. *Faut-il proscrire toute considération de l'autorité en morale?* — Paris [**294-883**].

On sait que, d'une façon générale, le principe d'autorité est banni de la philosophie comme de la science.

Mais cet ostracisme n'est rigoureux que dans les parties de la philosophie qui ont pour objet la découverte et la preuve de la vérité, parce qu'en matière de vérité ou d'erreur, nul homme ne peut prétendre à l'infaillibilité.

On comprendra qu'il n'en soit pas tout à fait de même en morale, parce que la loi morale s'applique à la volonté, que le sentiment y occupe une place, et que le respect, l'exemple, la suggestion jouent un rôle considérable dans la pratique. Il y a une efficacité réelle dans l'action d'une âme morale sur les autres.

---

501. *Part de l'expérience dans la détermination des lois morales.* — Nancy [499-712].

La morale n'est pas une science de faits et ne repose pas sur l'expérience (V. sujet 465).

Néanmoins l'expérience ne peut en être complètement bannie. La distinction du bien et du mal se fait *a priori* en général, mais ces deux notions risqueraient de demeurer dans la conscience à l'état abstrait si elles n'étaient en quelque sorte vivifiées par de nombreuses applications. Telle est l'idée générale à développer. Comme points de détail on se rappellera : 1° que l'expérience de la vie nous aide considérablement à nous former l'idée du devoir ; 2° que certaines vertus (indulgence, tolérance, pitié) ne s'apprennent qu'à l'école de la vie ; 3° que la douleur nous révèle le devoir ; 4° qu'il faut certaines circonstances déterminées pour amener l'homme à se poser le problème de sa destinée (Voir Jouffroy, *Mélanges philosophiques*, article *Destinée humaine*) ; 5° que la responsabilité et les sanctions apparaissent aussi très clairement dans la pratique ; 6° qu'il faut souvent avoir vécu, éprouvé, réfléchi sur des actes et des cas concrets, pour saisir la différence de nature entre l'utilité ou le sentiment et le devoir ; 7° que ce que l'on appelle la *Morale en action* a une grande efficacité dans la constitution de nos idées morales et dans la formation d'une conscience ; 8° que le précepte socratique : « Connais-toi toi-même » est une invitation à l'expérience.

---

502. *Peut-on trouver dans la solidarité le principe de la morale ?* — Lille [553-688]. — Montpellier [443-700]. — Poitiers [530-564] ; [530-590].

Un très grand nombre de penseurs contemporains ont prétendu fonder la morale sur la solidarité. Ils y ont même vu des avantages considérables : renouveler la morale, lui donner une base ferme, positive ; l'affranchir, par là même, des contestations auxquelles est soumise toute doctrine dont le principe est une idée *a priori* ; mettre le fondement de la morale à la portée de toutes les intelligences, même de celles qui n'ont aucune habitude de la spéculation métaphysique. C'est là la préoccupation essentielle d'hommes fort distingués, conscients de la très grande importance sociale du problème moral et du besoin qu'ont les masses de se rattacher à quelque principe clair et solide, dans le désarroi actuel des croyances et des dogmes (Lire, si possible, le livre de M. Léon Bourgeois : *Solidarité*). Les élèves de philosophie se rappelleront ici quelle place tient cette idée de solidarité dans le cours de morale qui leur a été fait en troisième ; ce souvenir leur fera comprendre l'importance qu'on attache aujourd'hui à cette idée et le rôle qu'on espère lui faire jouer dans l'enseignement officiel et dans l'éducation.

Ce qui a le plus contribué à mettre cette idée à l'ordre du jour, c'est la place qu'elle tient dans la philosophie évolutionniste. Toute la morale de cette doctrine repose sur le principe de la solidarité. La question étant considérable, on ne saurait trop engager les élèves à recourir aux sources, et à lire les *Bases de la morale évolutionniste* de Spencer.

La raison capitale qui s'oppose à ce que l'on prenne la solidarité pour base de la morale, c'est que la solidarité est un fait. Ce fait lui-même n'est pas primitif, il est une conséquence de la division du travail : c'est parce que le cordonnier ne sait pas faire son pain ni le boulanger ses souliers que le boulanger et le cordonnier sont solidaires l'un de l'autre. On montrerait de même que le progrès dans l'évolution des êtres organisés consiste dans une solidarité croissante de leurs parties, laquelle est elle-même l'effet de la division du travail physiologique (Fable : les *Membres et l'Estomac*). Or on ne fonde pas la morale sur un fait : une prétendue morale de faits n'est qu'un système utilitaire ; et, dans la réalité, toutes les morales de la solidarité sont utilitaires.

La seconde raison est que la solidarité est un fait fatal. Elle résulte, on vient de le dire, d'une loi nécessaire : celle de la division du travail ; cette loi s'exerce indépendamment des volontés humaines ; l'évolution des organismes aussi bien que celle des sociétés est nécessitée par la constitution même des êtres. Ceux-ci se solidarisent progressivement, mais ce n'est pas parce qu'ils le veulent ; les progrès de leur adaptation ne sont donc pas des progrès moraux. Et de plus dans cette loi imposée du dehors, loi cosmique par excellence, il n'y a pas de principe d'obligation : il y a seulement une contrainte, ce qui est juste le contraire.

Mais, dira-t-on, si, à un moment donné, l'homme arrive à un certain degré de développement intellectuel, et prenant conscience des liens qui l'unissent à tous ses semblables (à tous ? même aux Papous ? aux sauvages du haut Congo ?) en arrive à vouloir cette solidarité, à y collaborer, ne sera-ce pas alors qu'elle deviendra morale ? Je réponds : pourquoi la voudra-t-il ? Il n'y a qu'un seul motif plausible : c'est qu'elle lui est utile.

Le principe de la solidarité se ramènera toujours, quoi qu'on fasse, à cette formule égoïste : j'ai besoin des autres, et si je travaille pour eux, c'est parce que je sais que c'est travailler pour moi. A-t-on bien médité le dernier tercet du fameux sonnet de Sully Prudhomme ?

> Je connus mon bonheur, et qu'au siècle où nous sommes
> Nul ne peut se vanter de se passer des hommes ;
> Et depuis ce jour-là, je les ai tous aimés.

Depuis ce jour-là ? — Vous voyez bien que vous ne les aimez pas pour eux-mêmes. Que l'on considère la différence qui sépare la solidarité de la charité, don gratuit de soi-même, vraie vertu désintéressée.

La troisième raison est que la solidarité est un fait social. Si c'est elle qui fonde la morale, celle-ci aussi sera un ensemble de faits sociaux. Depuis le XVIIIe siècle toute une école a pris pour devise : la question morale est une question sociale. Il n'y a pas d'idée plus fausse ni plus funeste. Il n'y a pas non plus d'idée qui soit plus nettement contradictoire : si la morale résulte de l'organisation sociale, sur quoi donc se fonde la société ? Peut-on comprendre le groupement des individus et la formation des sociétés autrement que par l'idée du droit ? Et dès lors comment ne voit-on pas que la morale préexiste aux sociétés, qu'elle en est la justification et la raison d'être ? Bien plus exacte est la formule inverse : la question sociale est une question morale.

Conclusion. La solidarité est une vertu. Mais elle n'est une vertu qu'à condition qu'il y ait avant elle un principe moral, une idée, qui fonde l'obligation, commande le respect, et place le mérite et la vertu où ils doivent être : dans l'intention. Si l'on prétend au contraire que la solidarité même est ce principe, il n'y a plus à proprement parler de morale, et le pacte social lui-même devient une association précaire et immorale d'intérêts, une compagnie d'assurances, dans laquelle il faut, avant tout, prélever le dividende des actionnaires.

---

503. *Quels sont les rapports de la morale théorique et de la morale pratique ?* — Lille [478-483].

Aucune difficulté. Ce sujet sera traité convenablement moyennant la connaissance, acquise par les cours, de ce que sont la morale théorique et la morale pratique.

---

504. *Définir et analyser la conscience morale. D'où lui vient son autorité ?* — Aix [4-420]. — Aix-Ajaccio [444-829]. — Besançon [539-664]. — Clermont [395-688]. — Grenoble (598-684). — Nancy [556-568].

Ce sujet comprend trois parties :

1° Définition de la conscience. La faire au moyen d'un exemple.

2° Analyse. Ne pas oublier que cette analyse doit être double, le contenu de la conscience n'étant pas le même avant et après l'acte. Bien distinguer, dans ces deux moments, les idées et les sentiments.

3° Autorité. Ici, une discussion, car l'autorité de la conscience dépend de l'origine qu'on lui attribue. Or, sur ce point, quatre hypothèses ont été émises :

a) La conscience s'explique par l'expérience et l'association ;
b) Elle est le résultat de l'hérédité ;
c) Elle se ramène à un sentiment ou instinct ;
d) Elle est la raison même appliquée à l'action, ou raison pratique.

Son autorité, toujours contestable dans les trois premières hypothèses, n'est assurée que par la quatrième.

---

505. *Conscience psychologique et conscience morale. Différences et rapports.* — Alger [473-544] ; [588-679]. — Montpellier [596-668]. — Poitiers [596-668].

Sujet familier, traité dans tous les cours.

---

506. *Décrire et expliquer le sentiment de l'obligation.* — Lille [540-549].

Ce sujet se ramène au n° 504, en supprimant tout ce qui, dans la conscience, ne concerne pas l'obligation. La discussion du paragraphe 3, notamment, doit être ici intégralement reproduite.

---

507. *Exposer et critiquer les différentes théories sur l'origine et la valeur de la conscience morale.* — Caen [524-577].

V. sujet 504.

---

508. *Rapports de la conscience morale avec la culture morale.* — Grenoble [567-720].

Il faut d'abord bien définir les deux termes.

La conscience est la faculté naturelle par laquelle l'homme se reconnaît obligé de faire certains actes qu'il appelle le bien, d'en éviter certains autres qu'il appelle le mal.

La culture morale, c'est le développement voulu, méthodique, des différentes facultés élémentaires dont se compose la conscience ; c'est l'habitude acquise volontairement de bien juger les actes et d'éprouver des sentiments moraux délicats. Elle s'acquiert : 1° par l'instruction générale, le développement de l'intelligence, la substitution du raisonnement à l'impulsion, la réflexion ; 2° par la pratique.

La culture morale n'est donc possible que par la préexistence de la conscience : la culture suppose la conscience et ne la crée pas.

Seulement elle la développe. Sans culture la conscience n'est qu'embryonnaire, et, de plus, faillible, chancelante, obscure. Par la culture elle s'affermit et s'éclaire. L'apparente immoralité de la vie de certains hommes ou de certaines races tient plus souvent au défaut de culture qu'au défaut de conscience.

---

509. *Qu'entend-on par un motif moral ?* — Bordeaux [527-582].

Théorie générale des motifs.

Parmi les motifs, un certain nombre présentent un caractère particulier : celui d'être obligatoires et de nous apparaître comme étant bons en eux-mêmes, représentant le bien. Ce sont ceux-là qui sont les motifs moraux.

Explication de leur caractère moral : ils ne le tirent ni du plaisir, ni de l'utilité, ni du sentiment, mais d'un jugement de la raison qui les déclare *bons en soi*. Cette valeur intrinsèque du motif dépend de son rapport avec la valeur de la personne humaine prise comme fin morale absolue.

---

510. *Parts respectives de l'idée et du sentiment dans l'action morale.* — Lyon [490-578].

Des philosophes (Hutcheson, Smith, J.-J. Rousseau) ont soutenu que l'action morale est déterminée uniquement par le sentiment. Réfutation de cette doctrine.

D'autres (stoïciens, Kant) veulent que le sentiment soit entièrement banni de la morale, et prétendent que son intervention ôte à l'action tout son mérite. Thèse également fausse par son excès.

La vérité est entre les deux. A l'idée appartient la première place : c'est elle qui fait la moralité de l'acte. Le sentiment intervient comme adjuvant de l'idée, levier puissant pour faciliter l'acte. Il a d'ailleurs sa valeur intrinsèque : on ne fait rien en morale sans l'amour. Le devoir n'est pas seulement l'obligation d'obéir à la loi par respect (comme le voulait Kant) mais encore par amour pour cette loi.

---

511. *Rapports de la loi morale et des lois écrites.* — Grenoble [592-668].

Une manière intéressante de poser la question serait de citer le fragment célèbre de l'Antigone de Sophocle où l'héroïne oppose à la loi invoquée contre elle par Créon les « lois non écrites » dont elle se réclame.

CRÉON

Toi qui penches la tête vers la terre, conviens-tu d'avoir fait ce qu'on t'impute, ou le nies-tu ?

ANTIGONE

Oui, je conviens de l'avoir fait ; je suis loin de le nier.

CRÉON

Réponds-moi sans détour, en peu de mots : connaissais-tu la défense que j'avais faite ?

ANTIGONE

Je la connaissais. Pouvais-je l'ignorer ? Elle était publique.

CRÉON

Et cependant tu as osé transgresser cette loi ?

ANTIGONE

C'est que Zeus ne l'a pas publiée ; c'est que la justice, qui habite avec les dieux infernaux, n'a point imposé aux hommes de pareilles lois. Et je ne pensais pas que tes décrets eussent assez de force pour faire prévaloir la volonté d'un mortel sur les lois des dieux, *qui ne sont pas écrites*, mais *immuables :* car elles ne sont ni d'aujourd'hui, ni d'hier ; elles existent de toute éternité, et personne ne sait quand elles ont pris naissance.

(Sophocle, *Antigone.*)

Les rapports de la loi morale avec les lois positives sont dans tous les cours l'objet d'un développement important. Bien remarquer le caractère suivant des lois positives : visant seulement à l'utilité sociale, n'ayant d'autre but que l'intérêt de la société, elles enferment toujours une part plus ou moins grande d'arbitraire. Elles reposent presque toutes sur la loi morale, sans doute, mais en tant que cette dernière, sous la forme de justice principalement, peut être considérée comme un principe de sauvegarde sociale.

---

512. *De la nature et du caractère de la loi morale. D'où lui vient son autorité absolue ?* — Grenoble [547-624].

Pour la première partie, on dégagera les caractères de la loi morale en l'opposant aux lois de la nature et aux lois positives. Le point essentiel à développer est celui de l'obligation, que l'on définira : Autorité absolue (en ce sens que la raison ne permet pas de la discuter) mais *sans contrainte.*

Pour la 2e partie, voir sujet 504.

---

513. *De l'obligation morale ; son principe, ses conditions ; ses conséquences.* — Alger [532-542]. — Nancy [527-609].

V. sujets 504, 511, 512.

---

514. *Le mot loi et ses différentes significations.* — Dijon [142-439].

V. sujets 511 et 512. Lire le premier chapitre de l'*Esprit des lois* de Montesquieu, dont on pourra se servir comme entrée en matière, et remarquer que sa définition : « Les lois sont les rapports nécessaires qui dérivent de la nature des choses » ne s'applique vraiment qu'aux lois naturelles ; les lois civiles et la loi morale ne sont pas des rapports, mais des impératifs, et ne sont pas nécessaires.

---

515. *Y a-t-il des devoirs plus ou moins obligatoires que d'autres ?* — Bordeaux [530-669].

L'obligation est égale pour tous les devoirs ; il y a seulement des devoirs stricts et des devoirs larges, et la différence porte non sur l'obligation, mais sur les circonstances dans lesquelles le devoir doit être accompli. Exposer la question en commençant par définir l'obligation et prendre des exemples caractéristiques.

---

516. *Montrer que le vrai sentiment auquel on reconnaît la présence de la loi morale, c'est le respect.* — Montpellier [543-590].

Cette observation est de Kant, et elle a, dans sa doctrine morale, une grande importance. Pour bien renseigner le lecteur, on reproduira ici le passage essentiel de la *Critique de la raison pratique* où il est question du respect.

Ce sentiment (le respect) est d'une nature si particulière qu'il paraît être exclusivement aux ordres de la raison, et même de la raison pure pratique.

Le respect s'applique toujours uniquement aux personnes, jamais aux choses. Les choses peuvent exciter en nous de l'inclination et même de l'amour, si ce sont des animaux, ou aussi de la crainte, comme la mer, un volcan, une bête féroce, mais jamais de respect. Une chose qui se rapproche beaucoup de ce sentiment, c'est l'admiration, et l'admiration, c'est-à-dire l'étonnement, peut s'appliquer aux choses, aux montagnes qui se perdent dans les nues, à la grandeur, à la multitude des corps célestes, à la force, à l'agilité de certains animaux. Mais tout cela n'est point du respect. Un homme peut être aussi pour moi un objet d'amour, de crainte ou d'une admiration qui peut même aller jusqu'à l'étonnement, et cependant n'être pas pour cela un objet de respect. Fontenelle dit : « Devant un grand seigneur, je m'incline ; mais mon esprit ne s'incline pas. » Je puis ajouter : devant un homme de condition inférieure, roturière et commune en qui je perçois une droiture de caractère portée à un degré que je ne me reconnais pas à moi-même, mon esprit s'incline, que je le veuille ou non, et si haut que j'élève la tête pour ne pas lui laisser oublier ma supériorité.

Le respect est si peu un sentiment de plaisir qu'on ne s'y laisse aller qu'à contre-cœur à l'égard d'un homme. On cherche à trouver quelque chose qui puisse en alléger le poids, une raison quelconque de blâme pour se dédommager de l'humiliation qui a été causée par un tel exemple. Les morts eux-mêmes, surtout si l'exemple qu'ils donnent paraît ne pouvoir être imité, ne sont pas toujours à l'abri de cette critique. Bien plus, la loi morale elle-même, dans sa majesté solennelle, est exposée à ce que les hommes tournent contre elle les efforts qu'ils font pour se défendre du respect. Pense-t-on qu'il faille attribuer à une autre cause notre désir de rabaisser la loi morale à notre penchant familier ? que nous prenions toutes les peines possibles pour faire de cette loi un précepte favori de notre propre intérêt bien entendu, pour d'autres raisons que pour nous débarrasser de ce respect effrayant qui nous montre si sévèrement notre propre indignité ! Par contre, il y a si peu en cela un sentiment de peine que, si l'on a une fois renoncé à la présomption et donné à ce sentiment de respect une influence pratique, on ne peut se rassasier de contempler la majesté de cette loi, et l'âme croit s'élever d'autant plus qu'elle voit cette loi sainte plus élevée au-dessus d'elle et de sa nature fragile. Sans doute de grands talents et une activité proportionnée à ces talents peuvent produire aussi du respect ou un sentiment analogue ; cela est même tout à fait propre à leur être offert ; or il semble qu'en ce cas l'admiration soit identique avec le respect. Mais si l'on y regarde de plus près, voici ce qu'on remarque : quand il s'agit de faire, dans l'habileté, la part du talent naturel et de la culture acquise par le travail, le résultat demeure toujours incertain ; alors la raison nous représente cette habileté comme étant probablement le fruit de la culture, partant comme un mérite qui rabaisse notablement notre présomption, nous fait des reproches à ce sujet, et nous impose un exemple à suivre dans la mesure où il nous est approprié. Ce n'est donc pas simplement de l'admiration que ce respect que nous manifestons pour une telle personne, et qui, à proprement parler, s'adresse à une loi que son exemple nous présente.

Le respect pour la loi morale est donc le seul mobile moral qui soit incontesté ; et ce sentiment ne s'applique à aucun autre objet qu'au principe de cette loi.

(Kant, *Critique de la Raison pratique.* Livre I, chapitre III.)

---

517. *Définir les termes : intention, fin, moyen. Montrer l'importance au point de vue moral des idées qu'ils expriment.* → Montpellier [605-687].

Si j'ai à traiter ce sujet, il me semblera, à première vue, facile : le plan en est indiqué ; j'ai de plus à définir trois termes familiers, et dont je connais bien le sens ; enfin je vois clairement que les trois idées, ou plutôt les deux idées (moyen et fin étant termes corrélatifs) qu'ils expriment ont en morale des applications incontestables, alors qu'ailleurs on en peut discuter la valeur (Par exemple celle de l'idée de finalité en sciences).

Toutefois, j'entrevois une petite difficulté : celle de donner de l'unité à ma composition. Il doit y avoir une relation entre ces termes, et cette relation, il faut que je la détermine et que je la pose tout d'abord ; sinon ma dissertation se composera de pièces juxtaposées, et je passerai d'un paragraphe à un autre au hasard, sans transition, sans enchaînement logique. Il faut donc réfléchir sur ces trois termes.

Qu'est-ce que l'intention ? — *Intentio*, de *intendere :* action de tendre vers quelque chose ; j'ai l'intention, en travaillant, de faire plaisir à mes parents et de leur obéir ; ma volonté, déterminée au travail, *tend* vers ce but. Ainsi l'intention n'est pas la volonté : c'est la *direction* de la volonté vers tel but déterminé. Cela étant, j'aperçois maintenant l'unité que je cherchais : tout se ramène à l'idée de fin ; la morale repose sur cette idée ; le devoir, c'est une certaine fin à réaliser ; la valeur morale d'un acte consiste dans l'intention, c'est-à-dire dans la direction de la volonté vers la fin qui est le devoir. Il faudra donc tout d'abord poser et définir cette notion fondamentale.

Au cours du développement je devrai penser qu'il ne faut pas donner à l'intention seule une valeur exclusive, et qu'un proverbe dit judicieusement : l'enfer est pavé de bonnes intentions.

J'aurai aussi à étudier les relations de la fin et des moyens, et à laisser voir le sophisme qui consiste à soutenir que la fin justifie les moyens. V. sujets 524, 525, 526.

---

518. *Le sentiment du devoir.* — Rennes [470-472] ; [529-579].

Décrire ce sentiment. En montrer la force et l'importance, faire voir que, cependant, il ne fonde pas la morale.

Il sera utile d'expliquer que chez beaucoup d'hommes peu cultivés, le devoir se révèle plutôt par le sentiment que par une idée concrète et des jugements.

Un exemple caractéristique de sentiment moral nous est fourni par de pauvres ouvriers d'un four à chaux des Pyrénées. L'un d'eux étant descendu dans le four pour se rendre compte de je ne sais quel dérangement, tombe asphyxié ; un autre se précipite à son secours et tombe. Une femme témoin de l'accident appelle à l'aide ; d'autres ouvriers accourent. Pour la troisième fois un homme descend dans le four incandescent et succombe aussitôt. Un quatrième, un cinquième sautent et succombent. Il n'en restait plus qu'un : il s'avance et va sauter, lorsque la femme qui se trouvait là s'accroche à ses vêtements, et à moitié folle de terreur, le retient sur le bord. Un peu plus tard, le parquet s'étant rendu sur les lieux pour procéder à une enquête, on interrogea le survivant sur son dévouement irréfléchi, et un magistrat entreprit avec gravité de lui démontrer l'irrationnalité de sa conduite. Il fit cette réponse admirable : « Mes camarades se mouraient : il fallait y aller. »

(Guyau, *Esquisse d'une morale sans obligation ni sanction.*)

---

519. *L'idée de devoir ; ses caractères ; son fondement.* — Alger [529-577]. — Bordeaux [477-540]. — Rennes [590-611].

520. *Du devoir. En indiquer le principe et les caractères.* — Clermont [324-629]. — Nancy [451-828].

Bien remarquer qu'il s'agit ici de l'*idée* et non du sentiment.

Les caractères essentiels de l'idée de devoir sont les suivants : 1° elle est un impératif ; 2° cet impératif est *catégorique*, non *hypothétique ;* 3° il est obligatoire, non nécessaire (autorité sans contrainte).

Le principe en doit être cherché dans la raison pratique, et non dans le plaisir, l'intérêt ou le sentiment (V. sujets 504 et 512).

---

521. *Le devoir n'est-il pas aussi ce qui nous est le plus véritablement utile ?* — Lille [627-680].

Sujet très facile à développer ; exclusivement par des exemples.

Se rappeler que les utilitaires reconnaissent implicitement cette vérité, puisque tous leurs systèmes concluent à la pratique de la vertu (Épicure, Bentham, Stuart Mill).

---

522. *Expliquer ce mot de Schopenhauer : « Le devoir, c'est ce qui est contraire à la nature. »* — Montpellier [526-572]

La vie morale constitue un ordre de choses supérieur à la nature, et comme un quatrième *règne* au-dessus des trois autres.

La nature est étrangère, indifférente à la moralité. Elle suit ses lois, qui sont fatales ; elle obéit à un déterminisme inconscient ; dans l'ordre des phénomènes cosmiques, bien et mal sont des termes dépourvus de sens.

Écoutons la nature parler par la bouche du poète :

Elle me dit : « Je suis l'impassible théâtre
Que ne peut remuer le pied de ses acteurs ;
Mes marches d'émeraude et mes parvis d'albâtre,
Mes colonnes de marbre ont les dieux pour sculpteurs.
Je n'entends ni vos cris, ni vos soupirs ; à peine
Je sens passer sur moi la comédie humaine
Qui cherche en vain au ciel ses muets spectateurs.

Je roule avec dédain, sans voir et sans entendre,
A côté des fourmis les populations ;
Je ne distingue pas leur terrier de leur cendre ;
J'ignore, en les portant, les noms des nations.
On me dit une mère, et je suis une tombe.
Mon hiver prend vos morts comme son hécatombe.
Mon printemps ne sent pas vos adorations. »

C'est là ce que me dit sa voix triste et superbe ;
Et dans mon cœur alors je la hais et je vois
Notre sang dans son onde et nos morts dans son herbe
Nourrissant de leurs sucs la racine des bois.
Et je dis à mes yeux qui lui trouvaient des charmes :
« Ailleurs tous vos regards ! Ailleurs toutes vos larmes
Aimez ce que jamais on ne verra deux fois ! »

Vivez, froide nature, et revivez sans cesse
Sous nos pieds, sur nos fronts, puisque c'est votre loi ;
Vivez, et dédaignez, si vous êtes déesse,
L'homme, humble passager, qui dut vous être un roi.
Plus que tout votre règne et que ses splendeurs vaines
J'aime la majesté des souffrances humaines.
Vous ne recevrez pas un cri d'amour de moi.

(A. de Vigny, *La maison du berger.*)

Telle est la nature extérieure. Quant à ce que, dans l'homme, on appelle la nature, c'est l'ensemble des instincts et impulsions qui accompagnent et souvent sollicitent les fonctions de la vie végétative et de la vie animale. Non seulement ces tendances et actes sont indifférents à la morale, mais ils lui sont fréquemment contraires. Le « cri de la nature » réclame impérieusement la satisfaction intégrale de tous nos besoins ; le cri de la nature, c'est l'appel à la jouissance physique ; c'est aussi la voix de l'égoïsme : l'écouter, lui obéir, c'est faire triompher en nous la « bête humaine ».

Et cette pratique a eu cependant ses théoriciens : on a préconisé la vie « selon la nature »[1], les instincts et les sollicitations de la « bonne nature ». On a opposé cette vie à celle que recommandent comme seule bonne les enseignements des philosophes et les dogmes des religions morales : cette vie morale, on l'a qualifiée d'artificielle, de fausse, de contre nature ; par un optimisme trop confiant, on a dit et répété que cela seul est bon qui est conforme à l'ordre dont nous voyons autour de nous le spectacle, et que toute règle de conduite humaine doit se résumer en cette formule : le libre épanouissement des forces et des facultés que la nature nous a données. Au nombre des partisans notoires de cette doctrine, il faut citer Rabelais et Molière. Rabelais n'a jamais attaqué de principe ou de doctrine avec plus de violence que celle qu'il personnifie sous le nom d'*Antiphysis* (contre nature). Auteur de toutes les contraintes, conseillère de pratiques funestes, cause de souffrances, de déformation physique et mentale, complice de réaction et d'ignorantisme, Antiphysis est chargée de tous les crimes. Et Rabelais lui oppose la libre vie selon la nature, celle que l'on mène en l'abbaye qui est son Utopie, la plantureuse Thélème, dont l'enseigne est : « Fais ce que voudras. » De même Molière, dont l'inspiration, sur ce point, est toute rabelaisienne ; Tartuffe entier peut être considéré comme un plaidoyer en faveur de cette doctrine (Voir, sur cette question, les détails intéressants et les réflexions de M. Brunetière, à propos de Rabelais et de Molière, dans ses *Études sur la littérature française*).

Les idées qui précèdent, on le verra bien, ne sont pas une dissertation ; elles serviront simplement de guide pour en faire une : c'est à ce titre qu'on les propose ici aux réflexions du lecteur, en vue de lui faire bien comprendre la pensée de Schopenhauer — et en l'avertissant qu'il ne faut pas toutefois en exagérer la rigueur.

---

523. *De la dignité humaine comme principe de la morale.* — Toulouse [482-695].

On sait quelle place tient dans la morale de Kant, cette notion de la valeur absolue de la personne humaine. Elle suggère à Kant sa maxime finale : « Traite toujours la personne humaine, en toi-même et dans les autres, comme une fin, jamais comme un moyen. »

Présenter d'abord l'idée de l'obligation morale, et la bien préciser. En déduire ce qu'elle implique : une volonté à laquelle la raison impose un impératif. Conclure de là que l'idéal moral, c'est, comme l'a justement défini Kant, la bonne volonté, c'est-à-dire la volonté prenant pour règle de se soumettre en toute circonstance à l'impératif ; en d'autres termes, la volonté décidée à devenir de plus en plus fidèle à la direction de la raison, à être raisonnable et libre. Or raison, volonté, liberté, c'est précisément la synthèse de ces trois termes qui constitue la personne humaine. Donc le principe de la morale est la valeur absolue de la personne. Développer ensuite la maxime de Kant citée plus haut, en y joignant cette

---

1. Ne pas confondre toutefois cette formule, dans le sens qu'elle a ici, avec la maxime stoïcienne : vivre conformément à la nature, qui est fort différente, le mot nature, pour les stoïciens, signifiant raison, ordre, lois.

autre, de même sens : « Agis toujours comme si tu étais à la fois législateur et sujet dans le royaume des volontés libres et raisonnables. »

Prendre des exemples qui feront voir qu'en effet tout acte conforme à ces deux maximes est bon, comme est mauvais tout acte qui leur est contraire.

---

524. *Sur quoi est fondée la dignité humaine ?* — Caen [507-577]. — Montpellier [700-726].

V. sujet précédent.

---

525. *Apprécier la valeur de la maxime : Fais ce que dois, advienne que pourra.* — Nancy [491-706].

Visiblement, deux parties à traiter dans le sujet.

1° Fais ce que dois. Sens de cette formule. Qu'est-ce que le devoir ? Comment se révèle-t-il à nous ? Double caractère d'absolu et d'obligation.

2° Advienne que pourra. L'agent moral n'a pas à s'occuper des conséquences de son acte, mais de l'acte lui-même : c'est-à-dire que l'impératif est catégorique, non hypothétique. Sinon, il lui arriverait soit de négliger un acte bon, dont les conséquences peuvent être funestes, soit de faire le mal en vue d'un bien futur, ce qui est mettre en pratique la maxime immorale : la fin justifie les moyens. Dans cette seconde partie, beaucoup d'exemples.

---

526. *Que pensez-vous de cette maxime : La fin justifie les moyens ?* — Besançon [548-825]. — Clermont [141-702]. — Montpellier [522-572].

On démontrera facilement l'immoralité foncière de cette maxime. Elle est celle de Machiavel, et ce que l'on appelle le machiavélisme n'est pas autre chose que la théorie qui justifie tous les actes, même les crimes, quand ils sont commis en vue du bien de la chose publique. On voit aussi que cette maxime se confond avec la fameuse *raison d'État*, si souvent invoquée dans l'histoire. C'était encore la doctrine de certains casuistes, de ceux qu'attaque Pascal dans *les Provinciales*, les Sanchez, les Vasquez, les Lessius, qui ont excusé les pires manquements au devoir, lorsque ces infractions leur semblaient avoir pour but le triomphe de la religion (*ad majorem Dei gloriam*). C'est ainsi qu'ils sont allés jusqu'à justifier l'assassinat politique.

A cette détestable maxime on opposera le précepte : fais ce que dois, advienne que pourra (V. sujet précédent).

---

527. *La valeur morale de l'intention.* — Aix [606-728]. — Bordeaux [509-582] ; [577-640]. — Nancy [513-609] ; [531-698].

V. sujets 515 et 524. C'est l'intention qui fait la valeur morale de l'acte, mais à deux conditions :

1° Que l'intention porte sur l'acte lui-même et non sur ses conséquences ; faire le bien pour le bien.

2° Que l'intention soit efficace et réfléchie ; efficace, c'est-à-dire accompagnée d'effort, d'un commencement au moins d'exécution ; réfléchie, que l'on sache bien ce que l'on veut faire et si ce que l'on veut faire est réellement bon. La réalisation de cette dernière condition permet seule d'échapper à la condamnation prononcée par le proverbe : l'enfer est pavé de bonnes intentions. Ces bonnes intentions qui conduisent en enfer sont, les unes, des intentions paresseuses, je travaillerai demain...., les autres des intentions irréfléchies, le pavé de l'ours.

---

528. *Peut-on réduire toute la morale à la maxime stoïcienne : « Abstine, sustine : Abstiens-toi, supporte ! » ?* — Paris [**642-835**].

En général quand on demande si telle formule peut être acceptée comme une bonne et complète expression de la loi morale, voici le criterium qui permet de donner une réponse juste : chercher si la maxime proposée s'applique à tous les devoirs, notamment à ceux de dignité personnelle et à ceux de charité ; si elle comporte le dévouement, l'esprit de sacrifice, l'amour, le don gratuit de la personne pour le bien des autres, on peut être assuré qu'elle est bonne.

Ici, il faudra évidemment expliquer le sens de la maxime, et exposer la théorie de la résignation stoïcienne. Toutefois, il n'y a pas lieu de faire pour cela un exposé dogmatique complet du stoïcisme : la doctrine de la résignation a été professée par d'autres que par les stoïciens ; elle est celle de toutes les âmes hautes que la vie a blessées, quelquefois de certaines âmes orgueilleuses. A ce double titre, elle a été la doctrine d'Alfred de Vigny (*Les Destinées, Servitude et grandeur militaires, Journal d'un poète*). Pour l'exposer, le mieux est d'imaginer la vie et les pensées d'un personnage fictif de cette tournure d'esprit.

Quant à la critique, on voit clairement ce que cette morale donne à l'âme : hauteur, noblesse, force, esprit de renoncement. On voit bien aussi ce qui lui manque : amour, charité, libre expansion. Au fond, morale d'orgueilleux et d'égoïste

---

529. *Qu'est-ce que le bien ? Du bien en soi et du bien moral. Différences et rapports.* — Alger [**472-588**] ; [**497-588**] ; [**519-577**]. — Nancy [**22-848**]. — Rennes [**518-579**].

Sujet très important, assez difficile et demandant des connaissances et de la réflexion.

A. **Préparation.** — Des lectures sont indispensables pour acquérir les idées nécessaires au développement de ce sujet.

On conseille notamment : Malebranche, *Morale* (très recommandé); Cousin, *Du Bien*, dans *le Vrai, le Beau et le Bien ;* Janet, *Morale* livre Ier ; Jouffroy, *Cours de Droit naturel*, surtout le 3e volume.

Voir également, si possible : Platon, *République* livre VI, vers la fin, page 325 de la traduction Saisset, où l'idée du bien en soi est très nettement présentée.

B. **Plan.** — Poser d'abord le sujet par deux exemples où l'idée de bien sera présentée, une première fois dans le sens de bien absolu : la raison, la réflexion sont des biens ; celui qui les possède est meilleur, contient plus de bien que celui qui en est privé ; — une seconde fois dans le sens moral : l'honnête homme agit toujours de manière à faire le bien.

1er *paragraphe.* — Définition du bien absolu. Y arriver, comme Malebranche, par l'idée de perfection et le progrès des êtres en perfection.

Le bien en soi ou absolu est une idée de raison, idée connexe à celles de vrai et de beau, et qui se ramène à l'idée d'être, de plénitude d'existence.

2e *paragraphe.* — Définition du bien moral : ce qui est conforme à l'obligation.

3e *paragraphe.* — Comparaison. *a*) Différences. Le premier est absolu, le second relatif. Le premier existe en soi et par soi, le second n'est qu'une forme de notre volonté, celle qu'elle prend lorsqu'elle agit avec l'*intention* de se conformer à la loi morale. Un acte donné peut avoir une grande valeur morale, être par suite très élevé dans l'ordre des biens moraux, et d'autre part être très loin du bien absolu. *b*) Rapports. Le bien absolu est l'idéal dont le bien moral se rapproche de plus en plus dans la pratique. Pour toute une école (Malebranche, Cousin, Jouffroy), c'est l'idée *a priori* du bien absolu qui fonde l'obligation. Kant, refusant aux idées rationnelles toute valeur objective, laisse le bien absolu en dehors de sa morale, et soutient que c'est, au contraire, l'obligation qui fonde le bien moral.

---

530. *Du principe kantien d'après lequel la seule chose moralement bonne est la bonne volonté.* — Bordeaux [515-669]. — Poitiers [502-564] ; [502-590].

Pour le sens que donne Kant à l'expression : bonne volonté, voir sujet 523.

Discuter la théorie : il n'y a ni choses bonnes, ni choses mauvaises en elles-mêmes ; l'acte, que Kant appelle la matière de la moralité, est indifférent : le même acte peut être bon ou mauvais selon l'intention de l'agent qui l'accomplit. La seule chose bonne est donc la bonne volonté, c'est-à-dire la volonté qui se conforme à l'obligation.

Objections possibles : 1° Pourquoi tel acte apparaît-il à ma raison comme obligatoire, s'il n'est pas bon en lui-même ?

2° Est-il possible de soutenir que les actes, abstraction faite de la volonté, sont indifférents ?

3° Cette théorie a conduit Kant à un excès de formalisme très apparent dans sa morale et qui en constitue le défaut le plus grave.

---

531. *Avons-nous naturellement la notion du bien et du mal ?* — Nancy [527-698].

Même question que celle de l'origine de la conscience morale (V. sujet 504).

Hypothèses possibles : Si nous n'avons pas naturellement cette notion, elle nous vient ou de l'expérience, ou de l'éducation, ou de l'hérédité, ou du milieu social. Discuter et choisir. A propos de la dernière hypothèse, qui prend pour formule : la question morale est une question sociale, voir ce qui est dit de cette thèse, sujet 502.

---

532. *Le mal est-il purement négatif et s'oppose-t-il au bien comme le néant à l'être ?* — Alger [513-542].

Leibnitz a soutenu cette opinion dans sa *Théodicée*. Il y a, selon lui, trois espèces de maux :

Le mal métaphysique, ou imperfection de tout être créé.

Le mal physique, ou douleur.

Le mal moral, ou transgression de la loi morale.

Or, 1° le mal métaphysique est la seule cause des deux autres. C'est parce que je suis un être imparfait que je suis exposé à la douleur et enclin à la faute. 2° Le mal métaphysique n'est rien de positif : c'est simplement l'*imperfection*, la privation d'une certaine quantité d'être, le fait que je n'ai pas, en tant que créature, tout ce que possède le créateur ; c'est une pure négation.

Le mal moral étant une conséquence du mal métaphysique participe donc de ce caractère, est lui-même négatif.

Telle est la conception à discuter. Elle est étroite. Grande part de vérité ; assurément un très grand nombre d'actes contraires à la loi s'expliquent par le manque ou de volonté, ou d'intelligence. Mais il y a aussi de tels actes qui sont le résultat d'une détermination positive, demandant un effort, et accompagnée de la claire conscience du mal commis

533. *Dans quelle mesure devons-nous prendre notre propre bonheur pour fin de nos actions ?* — Lille [540-560].

534. *Apprécier cette pensée d'un contemporain : « Le but de l'humanité n'est pas le bonheur : c'est la perfection intellectuelle et morale. »* — Poitiers [584-700].

535. *Quels sont les éléments essentiels du bonheur ?* — Lille [23-287].

536. *Rapports du devoir et du bonheur.* — Grenoble [583-647].

537. *Que signifie ce mot d'un moraliste que le meilleur moyen de manquer le bonheur, c'est de le chercher ?* — Toulouse [551-575].

538. *Jusqu'à quel point notre bonheur dépend-il de nous-mêmes ?* — Nancy [21-191].

La question du bonheur est à la fois psychologique et morale.

Au point de vue psychologique le sujet n° 537 donne l'idée juste. Le bonheur est chose essentiellement spontanée ; il faut le cueillir quand il fleurit, mais ne pas le chercher, sous peine de le manquer, cela pour deux raisons : 1° la recherche du bonheur est fort laborieuse, et, dût-elle aboutir, le succès ne paierait pas les efforts dépensés ; 2° en cherchant le bonheur, on l'imagine d'avance, on l'escompte, et quand vient l'échéance on trouve ce que l'on touche inférieur à ce que l'on avait rêvé ; déception inévitable. « L'ambition déplaît quand elle est assouvie », a dit Corneille.

Au point de vue moral, il est certain qu'il ne faut pas faire du bonheur la fin de notre vie : ce serait la morale hédoniste, qui, à proprement parler, n'est pas une morale. Mais si, comme la conscience le prescrit, on donne à ses actes pour but l'accomplissement du devoir, on réalise par le fait toutes les conditions de bonheur qui sont en notre pouvoir. Car, à bien prendre, il n'y a qu'un seul bonheur absolument pur, une seule joie que ne gâte pas le « *Surgit amari aliquid* » de Lucrèce : c'est la satisfaction du devoir accompli, cette satisfaction qui a mis un sourire sur les lèvres de Socrate mourant. Dire que l'homme de bien, le juste, est toujours heureux, qu'il l'est complètement, ce serait peut-être aller un peu loin et professer un optimisme excessif ; mais on peut, sans crainte d'erreur ou d'exagération, affirmer qu'un tel homme n'est jamais complètement malheureux.

---

539. *Sur quel principe repose l'idée de droit ?* — Besançon [504-664]. — Caen [569-570]. — Grenoble [466-708].

Sujet traité dans tous les cours.

---

540. *Rapports du droit et du devoir.* — Aix [419-807]. — Bordeaux [477-519]. — Caen [608-650]. — Lille [506-549] ; [533-560].

On peut émettre sur les relations du droit et du devoir trois hypothèses :
1° Le droit se fonde sur le devoir. Dans ce cas tout devoir donnerait lieu à un droit ; inadmissible (on n'a pas droit à la charité).
2° Le devoir se fonde sur le droit. Inadmissible ; conception beaucoup trop étroite du devoir.
3° Le droit et le devoir dérivent tous deux, mais dans des conditions différentes, d'un même principe : la dignité de la personne humaine.
Voir Janet, *Morale*. La question y est magistralement discutée.

---

541. *Expliquer et apprécier cette formule : « L'homme n'a d'autre droit que celui de faire son devoir. »* — Lyon [489-729].

Formule trop étroite. J'ai certainement d'autres droits que celui d'exiger la possibilité d'accomplir mes devoirs. J'ai droit au respect de ma personne, dans sa vie, ses biens, sa liberté, sa conscience, son honneur, dans les engagements qu'on a pris envers elle, également. Tout cela dépasse beaucoup la sphère de mes devoirs.

CHAPITRE II

EXAMEN DES SYSTÈMES DE MORALE

Tous les sujets qui figurent dans ce chapitre comportent une discussion.

On devra, à propos de chacun d'eux, se reporter à ce qui a été dit de la discussion en général et de ses règles, dans l'Introduction qui précède la section II de la *Psychologie*. On renouvelle ici instamment le conseil de commencer toujours par un exposé fidèle et détaillé du système que l'on se propose d'examiner.

---

542. *Les divers systèmes de morale, qu'il faudra énumérer et caractériser, sont-ils inconciliables ?* — Alger [**513-532**].

Pour énumérer les systèmes, il faut commencer par les classer. Voici une classification méthodique de ces morales.

Nous établirons d'abord deux grandes divisions dont la première comprendra tous les systèmes qui donnent à la loi morale un contenu (qui ne peut être qu'un des motifs possibles de nos actions); la seconde contiendra les systèmes de morale sans matière, réduite à une pure forme.

Dans la première classe se trouveront les morales du plaisir, de l'intérêt, du sentiment, de la raison.

Dans la seconde les morales de Kant, de Fichte et des néo-criticistes.

On peut subdiviser les groupes de la première classe, et l'on obtient finalement le tableau suivant :

Systèmes de morale	à contenu	Plaisir	Hédonisme pur.	Aristippe.
			Eudémonisme.	Épicure.
		Intérêt	Utilitarisme.	Bentham. Stuart Mill.
			Évolutionnisme.	Spencer.
		Sentiment	Sentiment ou sens moral.	Hutcheson. Rousseau.
			Sympathie	Adam Smith.
		Raison	Vrai	Clarke.
			Beau	Ravaisson.
			Bien	Malebranche. Janet.
			Ordre universel.	Jouffroy.
			Morale stoïcienne.	
	formels : Kant. Fichte. Néo-criticistes.			

Ce tableau est destiné à fixer les idées une fois pour toutes sur l'ensemble des systèmes. Il va sans dire que dans le présent sujet, il n'y a pas lieu de tenir compte des subdivisions, et qu'il faut se borner à mentionner les grands systèmes.

On demande de les caractériser, c'est-à-dire d'en indiquer le principe. C'est ce qu'il faudra faire très brièvement. On dégagera donc nettement pour chaque système le fondement : plaisir, intérêt, etc. sur lequel il s'établit. Il sera bon, pour achever de caractériser la doctrine, de donner la formule la plus concise et la plus compréhensive à la fois que présenteraient ses partisans pour résumer la loi morale.

Reste à traiter la question capitale : ces systèmes sont-ils irréductibles ?

1re *réponse.* — Kant a soutenu que les systèmes qui donnent à la loi morale un contenu, quel que soit ce contenu, se ramènent tous à l'hédonisme. Même les morales rationnelles, celles qui ont combattu avec acharnement les doctrines du plaisir et de l'intérêt, sont au fond, et inconsciemment, des doctrines du plaisir et de l'intérêt. En effet elles s'accordent toutes à poser d'abord le bien en soi, ou absolu, et à déclarer que, comme tel, dès qu'il est connu de nous, il est évidemment obligatoire ; qu'il y a contradiction à reconnaître qu'un acte est bon et à soutenir qu'on n'est pas obligé de le faire. Kant demande pourquoi. Il nie qu'il y ait, entre la bonté intrinsèque de l'acte et l'obligation, ce rapport logique, et il ajoute : si vous poussez un défenseur de cette doctrine jusque dans ses derniers retranchements, vous l'amènerez finalement à vous dire que s'il faut faire le bien, c'est parce que notre bonheur en résultera, dans cette vie ou dans une autre. Il est donc un hédoniste ou un utilitaire inconscient. Ainsi, selon Kant, il n'y aurait que deux systèmes moraux irréductibles : le plaisir d'une part, l'obligation de l'autre.

2e *réponse.* On peut soutenir que Kant s'est trompé ; que le bien, en tant que bien, est obligatoire par lui-même, essentiellement, et qu'il est, de nature, irréductible à tout mobile d'ordre sensible. On peut encore prétendre, ainsi que l'a fait M. Janet, que c'est au contraire la doctrine de l'obligation, de Kant lui-même, qui se ramène à celle du bien ; qu'en dernière analyse, si un acte nous semble obligatoire, c'est parce qu'il est raisonnable, bon en soi.

Restent donc, en tout, deux morales inconciliables : la morale empirique (plaisir, intérêt, sentiment) et la morale rationnelle.

En regardant de plus près on s'aperçoit que tous les hédonistes et utilitaristes, d'Épicure à Stuart Mill, s'accordent à recommander comme le seul moyen d'arriver au bonheur la pratique des principales vertus : tempérance, justice, charité, dévouement, etc. Il ne faut pas cependant s'y tromper : ces prétendues vertus, conçues comme moyens de réaliser le bonheur, ne sont plus des vertus, ont perdu tout caractère moral. Le principe de l'hédonisme et de l'utilitarisme demeure inconciliable avec l'idée de devoir.

---

543. *Peut-on expliquer par l'éducation et la coutume l'origine des idées morales ?* — Alger [494-581]. — Montpellier [516-590].

Cette opinion est au fond de tous les systèmes empiriques. Les utilitaires la soutiennent ; la plupart des matérialistes également.

Pour la discuter, expliquer d'abord comment on peut la rendre vraisemblable. Reconnaître ensuite la part de vérité : influence considérable de l'éducation et des mœurs. Présenter enfin les objections contre le principe : 1° La difficulté n'est que reculée, car d'où viennent ces maximes transmises par l'éducation et passées dans les mœurs ? 2° Comment expliquer l'universalité de ces coutumes, leur force irrésistible ? N'est-ce pas, indirectement, admettre l'existence dans la nature humaine d'une conscience morale ?

---

544. *Peut-on expliquer par l'association des idées le sentiment de l'obligation morale ?* — Alger [473-505].

Tous les associationnistes soutiennent que la conscience morale est un résultat de l'association. Le principe est le suivant : nous associons nécessairement l'idée d'un acte, d'une conduite, à la représentation des conséquences que nous avons vues suivre cet acte, cette conduite, soit que nous ayons nous-mêmes éprouvé ces effets, soit que nous les ayons constatés chez d'autres hommes. Peu à peu se constituent en nous des associations indissolubles entre chaque mode d'agir et ses effets ordinaires. Ceux-ci étant ou avantageux ou nuisibles, nous en arrivons donc à formuler les jugements suivants : tel acte est bon, tel acte est mauvais. Et, toujours en vertu de l'association, l'idée du premier nous suggère un sentiment d'approbation et une impulsion à le pratiquer ; l'idée du second fait naître l'impulsion contraire.

Discuter cette thèse, en se demandant si ce sont bien là les caractères de la loi morale, de l'*obligation*. Ne pas oublier cet argument : ce qu'une association a fait, une autre peut le défaire.

---

545. *Comment expliquer que la morale d'Épicure, prenant l'enseigne du plaisir, aboutisse à un morne et froid ascétisme ?* — Rennes [238-274].

Cela s'explique par les idées particulières d'Épicure sur le plaisir. On connaît la célèbre distinction, fondamentale dans son système, du plaisir en mouvement et du plaisir en repos. C'est de là qu'il faut partir. Tout l'effort de la démonstration doit porter sur la critique du plaisir en mouvement ; il faut montrer, avec Épicure, que ce n'est pas le vrai plaisir. On doit donc choisir l'autre qui, on le sait, se définit par l'absence de douleur. En réalité il n'est pas exact de dire qu'Épicure prend l'enseigne du plaisir ; c'est l'enseigne du *bonheur* qu'il faut dire, et ce n'est pas du tout la même chose ; sa doctrine n'est pas l'hédonisme, mais l'eudémonisme. Partant de là, toute la suite des idées apparaît claire et logique jusqu'à sa conclusion : l'ascétisme. Voilà dans quel sens il convient de développer sa doctrine.

On en trouvera un excellent et très simple exposé dans le petit livre de M. Marcel Renault : *Épicure.*

---

546. *Comparez la morale du plaisir et la morale de l'intérêt en vous servant de votre connaissance des principaux systèmes hédonistes et utilitaires de l'antiquité et des temps modernes.* — Lyon [273-856].

Au fond l'hédonisme et l'utilitarisme ne diffèrent guère, parce que le principe de l'intérêt (satisfaction de nos besoins) se ramène facilement au plaisir.

Les systèmes de morale désignés par ces deux termes forment une série qui part du plaisir pur, sans intervention de réflexion, de calcul, de prévoyance, pour aboutir aux doctrines savantes de l'intérêt bien entendu, de l'intérêt général, de la solidarité. Voici, en ne prenant que les systèmes classiques, comment on peut constituer cette série :

Le pur hédonisme de l'école cyrénaïque ;
L'eudémonisme d'Épicure ;
L'utilitarisme de Bentham ;
L'utilitarisme de Stuart Mill (avec la considération de la *qualité* des plaisirs) ;
La morale évolutionniste.

---

547. *De l'intérêt et du plaisir. Peuvent-ils servir de fondement à la morale ? Quelle est leur place dans la vie humaine ?* — Grenoble [512-624].

Discussion dont tous les éléments sont fournis par les cours.

Pour bien marquer la place de l'intérêt et du plaisir dans la vie, après avoir établi que cette place n'est pas la première, qu'ils ne sont pas le but de la vie, se servir de la célèbre distinction de Kant entre les impératifs de la prudence et de l'habileté (impératifs hypothétiques) et l'impératif catégorique.

---

548. *La morale utilitaire.* — Aix [173-776]. — Alger [608-712]. — Besançon [526-525]. — Lyon [30-735]. — Poitiers [472-482]. — Rennes [39-579].

549. *Qu'y a-t-il de vrai et d'incomplet dans la morale utilitaire ?* — Aix [577-701]. — Lille [506-540].

Pour étudier la doctrine, le mieux est de lire le court et substantiel ouvrage de Stuart Mill : *L'Utilitarisme.*

Pour les appréciations et la critique du système sous ses différentes formes, on trouvera d'amples détails dans Guyau : *La Morale anglaise contemporaine.*

---

550. *On a soutenu que tous les philosophes déterministes sont, en morale, utilitaires, et que tous les moralistes utilitaires sont déterministes. Cette opinion est-elle fondée ? Quelles conséquences peut-on en déduire ?* — Rennes [670-713].

Encore que cette opinion ait été professée par un grand nombre de très bons esprits, on peut soutenir qu'elle n'est pas fondée.

Elle a certainement pour elle les apparences. Il semble que si l'on nie la liberté on se contredise en affirmant que l'homme reste soumis au devoir. Car, dit-on, comment devrait-il faire ce qu'il ne peut pas faire ? « Tu dois, donc tu peux », disait Kant.

Remarquons d'abord que si ce raisonnement est victorieux, il vaut autant contre un système utilitaire que contre la morale du devoir. Si l'on considère le déterminisme comme ayant une puissance telle qu'il engage fatalement la volonté, pour chaque cas, dans une voie donnée, il sera tout aussi inutile de dire à l'homme : « Cherche ton intérêt » que de lui prescrire : « Fais ton devoir. » Dans l'un comme dans l'autre cas, il répondra : « Je fais ce que je peux, et je n'ai pas le choix. » Bien plus : le raisonnement vaudrait contre toute intervention de l'homme dans les phénomènes de la nature, qui, eux, sont certainement déterminés ; il vaudrait contre l'ingénieur qui endigue un fleuve, contre le constructeur qui pose un paratonnerre sur un édifice, contre le médecin qui soigne une maladie. A ce compte, et sous prétexte que tout est déterminé, l'homme n'aurait plus qu'à se croiser les bras et à attendre du hasard des rencontres la satisfaction de ses besoins de tout ordre.

Évidemment c'est mal comprendre le déterminisme.

Être déterministe c'est soutenir qu'un fait ne se produit que moyennant la réalisation de certaines *conditions* (idée des *lois*) ; que toute addition ou suppression dans ces conditions entraîne soit la suppression, soit une modification dans le fait conditionné. C'est donc donner à l'homme, par là même, la possibilité de modifier, jusqu'à un certain point, la nature des phénomènes, par l'introduction ou le retrait de conditions, « de commander à la nature en lui obéissant. » (Bacon).

Une détermination volontaire est un fait ; comme tout fait, celui-là sans doute est donné quand sont données ses conditions. Or ces conditions sont : mon caractère, les circonstances, les motifs et mobiles que j'ai présents à ma conscience. Si je prends ou perds une habitude, voilà mon caractère modifié : si je réfléchis, si je m'instruis, si je consulte une autorité, voilà tel motif jusqu'alors inaperçu de moi, qui devient prépondérant ; dans l'un comme dans l'autre cas, voilà ma résolution modifiée. Et, qu'on le remarque bien, elle l'est par le fait du déterminisme même.

En un mot le déterminisme bien compris admet parfaitement la possibilité d'une direction consciente de la volonté et de la conduite par l'intervention des motifs. Un déterministe peut donc adopter telle morale que ses réflexions et ses études lui feront regarder comme la meilleure : il n'est nullement engagé, de par ses principes, dans les rangs des utilitaires

V. *Psychologie*, sujet 178.

Lire le petit livre déjà cité : Renard, *L'homme est-il libre?*

---

551. *De l'intérêt social comme principe moral.* — Grenoble **[704-724]**. — Toulouse **[537-575]**.

552. *L'intérêt général. Ses rapports avec l'intérêt personnel. Peut-on faire à l'intérêt général une place, et quelle place, dans la vie morale ?* — Dijon **[467-495]**.

Bien remarquer qu'il s'agit ici de l'intérêt général. Les deux sujets ont ceci de commun qu'ils posent tous deux la question : quelle est la place de l'intérêt général dans la morale ? Lui attribuer le rôle de principe avec Spinoza, Bentham, Stuart Mill, c'est professer que la question morale est une question sociale (V. sur ce point, sujet 502). C'est de l'utilitarisme. Dans la morale du devoir, l'intérêt social a une place : il représente un motif moral d'action, un devoir particulier, et donne lieu à une vertu.

En outre le sujet 552 soulève le problème des rapports de l'intérêt général avec l'intérêt particulier. La plupart des utilitaires (Bentham, Stuart Mill) prennent pour postulat ce principe optimiste qu'il y a solidarité entre ces intérêts, que tout ce qui est utile à l'individu est utile au groupe, et réciproquement. Il y a lieu de discuter, avec des faits, cette opinion fort contestable. Voir, sur ce point, la critique approfondie de Guyau dans *La Morale anglaise contemporaine*, principalement Livre III, chap. I et II.

---

553. *Rapports et différences entre ce que l'intérêt nous conseille et ce que le devoir nous ordonne.* — Lille **[502-688]**.

554. *Jusqu'où l'utilitarisme réussit-il à motiver les actes que la conscience commune regarde comme moraux ?* — Bordeaux [644-650].

555. *On a souvent remarqué que les doctrines utilitaires et la morale du devoir, différentes dans leurs principes, s'accordent sur le terrain des prescriptions pratiques. Cherchez et discutez les raisons de cet accord.* — Lyon [155-766]. — Rennes [7-733].

556. *Le devoir est-il toujours d'accord avec l'intérêt ?* — Nancy [504-568].

Bien marquer cet accord entre les conclusions de l'utilitarisme et celles de la morale du devoir : c'est un fait très significatif (ascétisme d'Épicure, philanthropie de Bentham, préceptes de dévouement, de charité désintéressée de Stuart Mill).

Une fois l'accord *apparent* constaté, en discuter la réalité. Il n'est qu'apparent. Raison fondamentale : chez les utilitaires, tout précepte de vertu est, au fond, intéressé, et signifie simplement que la pratique des vertus reconnues comme telles par l'universalité des hommes est le *meilleur moyen* de vivre heureux. C'est l'extension du proverbe : en payant ses dettes, on s'enrichit. C'est l'aphorisme : le désintéressement est, à tout prendre, ce qui fait le mieux les affaires de l'intérêt. Vertu intéressée, vertu égoïste : quelle contradiction ! Et combien ne trouve-t-on pas dans la vie de cas où vraiment on n'a pas d'intérêt à être honnête ? S'efforcer de faire une discussion très serrée, sur le terrain des faits.

---

557. *Dialogue entre un utilitaire défendant la morale de Bentham et un partisan de la morale de Kant.* — Montpellier [505-618].

C'est exactement, sous forme de dialogue, le sujet n° 553 (s'y reporter et bien remarquer l'opposition des deux verbes : conseille, ordonne. Voir ensuite le sujet 547). On met aux prises, dans ce dialogue, un disciple de Bentham avec un Kantien, c'est-à-dire avec un partisan de la morale la plus rigoureuse, la plus dégagée de toute intervention des mobiles sensibles et intéressés : ce contraste est évidemment voulu, il faut en tenir compte. Cela permettra à l'utilitaire de critiquer les excès et les lacunes de la morale de Kant, et de rétablir dans leurs droits légitimes le sentiment, la considération de l'avantage personnel, nullement immorale quand elle n'est pas en opposition avec le devoir.

Dans le dialogue, observer les règles suivantes : 1° suivre un plan, faire discuter méthodiquement les principaux points des deux doctrines, sans confondre les idées ; 2° couper le dialogue, éviter les tirades, ne pas faire dégénérer une conversation en conférence ; 3° garder toujours un ton et un style absolument littéraires ; pas de trivialités, de plaisanteries, encore moins d'injures. Les interlocuteurs sont des *philosophes*.

---

558. *La morale évolutionniste.* — Besançon [559-573].

Lire, s'il se peut, les *Bases de la morale évolutionniste* de Spencer, et le chapitre concernant cette même doctrine dans *La Morale anglaise contemporaine* de Guyau.

Dans l'exposé, bien mettre en relief et bien enchaîner les idées fondamentales dans l'ordre suivant :

1° Principe général de l'évolution ; le passage de l'homogène à l'hétérogène, ou la différenciation progressive des êtres.

2° Adaptation progressive des êtres par suite de leur différenciation.

3° Solidarité. La morale apparaît avec la conscience de la solidarité.

4° Progrès de la solidarité ; ils consistent dans la réalisation d'un équilibre de plus en plus stable entre les deux tendances fondamentales de la nature humaine : l'égoïsme et l'altruisme.

5° Influence de l'hérédité.

6° Avenir de la morale : harmonie parfaite de l'égoïsme et de l'altruisme, triomphe de la solidarité.

Pour l'appréciation : 1° dégager le principe, qui est nettement utilitaire, le bonheur ; 2° montrer que l'évolution est une loi *fatale*, donc non morale.

---

559. *La morale positiviste.* — Besançon [558-573].

De tous les philosophes contemporains, Auguste Comte est peut-être celui qui a le plus contribué à répandre cette idée que la question morale est une question sociale.

Tout en accordant, dans ses préoccupations de penseur et de réformateur de la société, une très grande place à la morale, Comte n'a jamais considéré qu'on dût en faire une science particulière, encore moins qu'on en fît l'objet de recherches théoriques, d'étude de principes. D'une part il n'y a pas dans ses œuvres de traité de morale ; ses idées sur ce point sont disséminées dans tous ses écrits ; d'autre part elles ont un caractère éminemment pratique : Comte n'a jamais pensé qu'il y eût un intérêt quelconque à chercher sur quoi se fonde le devoir, ce que c'est que la conscience, la responsabilité, etc. Sa morale est une prolongation de la sociologie : on sait l'importance qu'il attachait à cette science et aux applications pratiques qu'on en peut faire ; il comptait sur ces applications pour réformer progressivement l'état social et amener l'ère du bonheur universel. La morale en est une à ses yeux : c'est bien une des questions sociales, pas autre chose.

Toute la morale, selon Comte, repose sur un sentiment : l'altruisme. Il est la fin de la vie humaine, et toute la loi morale tient dans cette formule : vivre pour autrui. Ennemi des recherches théoriques, Comte ne songe pas à justifier ce principe par des raisonnements *a priori*. Il se borne à constater les faits. Toute l'évolution humaine, dit-il, se résume dans les progrès de l'altruisme ; il est la civilisation même : il est le fait social primitif, donc, à plus forte raison, le principe moral. Et les progrès de ce sentiment ont été provoqués par deux causes concourantes : d'une part le développement organique des sociétés, les faits économiques tels que l'échange, la division du travail, qui ont rapproché les hommes comme par une action extérieure ; d'autre part les progrès de la réflexion qui les ont amenés à comprendre de mieux en mieux les bienfaits de la société. L'altruisme a pris naissance dans la famille, et aujourd'hui encore c'est la famille qui en est la meilleure école. Le progrès normal des choses l'a étendu ensuite au petit groupe social formé d'un agrégat de familles, et c'est ainsi qu'est né le patriotisme. Un progrès ultérieur a enfin permis à l'homme d'étendre son horizon, de reculer au delà des frontières nationales les limites de sa sympathie, et de s'élever de l'amour de la patrie à l'amour de l'humanité. Sous cette dernière forme, l'altruisme est parfait, et quand l'amour de l'humanité sera le sentiment prédominant et universel, la morale aura atteint son couronnement.

Dans l'application, c'est-à-dire dans la morale pratique, Comte fera tout converger vers ce but : le développement de la vie sociale ; toutes les vertus, vertus personnelles, familiales, etc., sont subordonnées à la vertu par excellence qui est le dévouement à la société. Il en résulte une conséquence importante : c'est que l'individu est entièrement sacrifié au groupe. L'idée la plus surprenante de la morale de Comte, très cohérente d'ailleurs avec l'ensemble du système, c'est la négation absolue du droit. Pour Comte l'idée de droit est une idée fausse et funeste : fausse, parce qu'elle part de la conception erronée qui attribue une valeur absolue à la personne, funeste en ce qu'elle fournit à l'individu un prétexte de révolte contre la discipline sociale. L'individu n'a pas de droits, sinon ceux que lui confère l'État, et qui sont une délégation des droits de l'État omnipotent ; il n'a que des devoirs.

On n'oubliera pas que les idées morales qui viennent d'être brièvement résumées se complètent, dans le système positiviste, par la religion de l'Humanité, religion inventée par Comte et qui tenait une si grande place dans les idées qu'il conçut pendant la seconde période de sa vie, sous l'influence de Clotilde de Vaux.

On ne saurait trop engager les élèves à lire l'excellent petit livre consacré au *Positivisme* par M. Cantecor, et auquel sont empruntés, pour leur parfaite précision, quelques-uns des détails qui précèdent.

---

560. *La sensibilité est-elle appelée à régler nos actions? Quel est son rôle légitime en morale ?* — Lille **[533-540]**. — Montpellier **[484-661]**. — Poitiers **[612-668]**.

561. *Examen des doctrines qui fondent le devoir sur le sentiment moral.* — Grenoble **[471-475]**. — Lyon **[633-676]**.

562. *Peut-on fonder une morale sur la sympathie ?* — Clermont **[51-463]**. — Poitiers **[587-591]** ; **[668-707]**.

Sujet entièrement de cours et ne présentant aucune difficulté.

Ne pas oublier de revendiquer pour le sentiment une place en morale, et de critiquer l'excès de rigorisme des philosophes qui l'en ont banni (Les stoïciens — Kant).

---

563. *Quels sont les traits de la morale de Platon qui ont le plus contribué à sa gloire ?* — Lille **[607-660]**.

On peut ramener à quatre les traits vraiment admirables de la morale platonicienne. Ce sont :

1° La critique du plaisir ;
2° La doctrine de l'union de la sensibilité et de la raison ;
3° La théorie de l'imitation de Dieu ;
4° La théorie du bonheur.

1° *Critique du plaisir.* — Elle forme la plus grande partie du *Philèbe*; elle est admirable à la fois par la souplesse et l'ingéniosité des arguments, et par la profondeur des observations psychologiques qu'on y trouve. L'idée maîtresse de cette critique est celle-ci : Le plaisir est une *quantité*, quelque chose de susceptible de plus ou de moins, donc quelque chose d'indéfini, de multiple, d'indéterminé, essentiellement variable, fugitif, relatif, ne pouvant servir de base à la *science* de la vie. Il est impossible de donner par une analyse une idée de cette discussion ; on ne peut que conseiller au lecteur de se procurer le volume de la traduction de Platon qui contient le *Philèbe*, et de le lire en entier.

2° *Union, dans la vie morale de la sensibilité et de la raison.* — Dans le *Philèbe* encore, Platon ayant réfuté la doctrine du plaisir demande si l'intelligence seule serait le souverain bien, par suite le principe de la morale. Que serait une vie toute de raison, dont serait exclu tout élément de nature sensible ? Avec une grande largeur d'esprit, Platon répond que personne ne consentirait à vivre en ayant toute la sagesse, toute la science, toute la mémoire possibles, si l'on y mettait pour condition qu'il n'éprouverait jamais ni plaisir, ni douleur, qu'il serait absolument insensible. Cette vie d'un être apathique est incomplète, ne se suffit pas à elle-même : le bien en soi doit être un mélange harmonieux de la raison et du plaisir. Comme on le voit, Platon a compris les droits du cœur, et donné au sentiment sa place légitime dans la vie morale.

3° *L'imitation de Dieu.* — Toute la philosophie de Platon a pour terme cette conception que la réalité, l'être, c'est l'unité et le bien ; la matière, le phénomène, le multiple, le mal, sont pour lui termes synonymes entre eux, et synonymes encore de cet autre : le non-être. Ce qui confère à chaque chose individuelle la part d'existence, de réalité qu'elle peut avoir, c'est sa participation à l'Unité et au Bien en soi. La seule réalité vraiment pleine, dégagée de tout élément de négation, c'est donc le Bien en soi, l'Idée des idées, l'Unité suprême, Dieu. Par conséquent, pour une âme humaine, la réalisation du bien, la vertu, ce sera la conformité aux Idées (la science parfaite) et, en dernier lieu, la ressemblance avec Dieu. Ressembler à Dieu (ὁμοιοῦσθαι τῷ θεῷ) voilà la dernière formule de la morale platonicienne. On réalise ce précepte, dans la mesure du possible, par la justice, la sainteté, la sagesse, surtout par l'*équilibre* que l'on fait régner, à force d'empire sur soi-même, entre les puissances de l'âme. Au surplus, lorsque l'on comprend ce bien suprême et qu'on s'attache à le contempler, il exerce sur nous une telle attraction que cette harmonie se réalise d'elle-même, comme à son appel. Le sage est ainsi l'homme dont l'âme est harmonieuse : « ὁ σόφος μουσικός. »

4° *Théorie du bonheur.* — Le sage que l'on vient de définir est toujours heureux, car le bonheur, c'est le sentiment de la perfection. Polus demande à Socrate si le Grand Roi est heureux. « Je n'en sais rien, répond Socrate, car je ne connais ni sa science, ni sa vertu. Celui qui est bon est heureux ; celui qui est méchant, fût-il le Grand Roi, est malheureux. » Toute la doctrine platonicienne du bonheur, toute la morale même peut se résumer dans ce mot admirable : « Tu souffres d'une injustice ? — Console-toi : le vrai malheur, c'est d'en faire. »

---

564. « *Il suffit de bien juger pour bien faire.* » (*Descartes*). — Poitiers [502-530].

565. *Exposez et discutez la théorie contenue dans la maxime célèbre de Platon :* « Οὐδεὶς κακὸς ἑκών. *Nul n'est méchant volontairement.* » — Caen [750-855].

V. *Psychologie*, sujet 177.

---

566. *Peut-on fonder la morale sur l'idée du beau identifiée avec l'idée du bien ?* — Poitiers [600-700].

On a plus d'une fois proposé l'idée de beau comme principe moral ; cette conception tient notamment une certaine place dans la doctrine stoïcienne.

Les idées générales concernant cette question ont été exposées à propos du sujet 499 (s'y reporter).

Il y aura lieu d'insister sur le danger qu'il y a à identifier le bien avec le beau ; cela conduit à d'étranges aberrations morales : par exemple à excuser, à approuver même des actes notoirement criminels en considérant qu'ils comportent une certaine beauté. On se rappellera le mot célèbre : « Qu'importe l'action, pourvu que le geste soit beau ? » — Le mal, le crime, peuvent effectivement présenter parfois un certain caractère esthétique (Voir le Satan d'Alfred de Vigny dans *Eloa*).

---

567. *Dépeindre l'état d'âme du stoïque.* — Grenoble [508-720] ; [703-716].

568. *La morale stoïcienne. Ses défauts ; ses beautés ; son influence.* — Alger [405-822]. — Clermont [200-213]. — Nancy [190-764] ; [496-571] ; [504-556].

Pour traiter convenablement ce sujet, il serait indispensable d'avoir lu de nombreux passages du *Manuel* d'Épictète et des *Pensées* de Marc-Aurèle. Ce n'est que par ce contact direct avec les textes qu'on aura la notion et surtout l'impression vive de l'âme stoïcienne. On pourrait y joindre la *Mort du Loup* d'Alfred de Vigny, dont l'inspiration est toute stoïcienne.

Pour exposer la doctrine, partir, comme Épictète lui-même, de la distinction fondamentale entre les choses qui ne dépendent pas de nous et celles qui en dépendent. Faire la théorie de la volonté en s'appuyant sur la conception métaphysique qu'en ont eue les Stoïciens : la volonté humaine, partie de la Volonté ou Force, ou *Raison séminale* immanente au monde et le mouvant, âme du monde à la fois rationnelle et énergique, en *tension* dans toutes choses (conception panthéiste). Amener ainsi la formule : ζῆν ὁμολογουμένως τῇ φύσει : vivre conformément à la nature; c'est-à-dire conformer sa volonté aux lois du monde et vouloir ce que Dieu veut. Dans la pratique, *abstine, sustine : abstiens-toi, supporte.* Le sage, résigné, comprenant tout et détaché de tout, vit heureux, acceptant les destins : *ducunt volentem fata, nolentem trahunt;* les lois fatales du monde conduisent doucement celui qui s'y laisse aller, et entraînent celui qui résiste.

Dans sa nouvelle : *Sérénus,* M. Jules Lemaître a merveilleusement résumé en quelques lignes toute la doctrine stoïcienne. Voici ce court et substantiel passage ; on gagnerait à le relire assez souvent pour pouvoir le citer de mémoire au besoin.

Une intelligence est immanente au monde. Elle y crée l'ordre à tous les degrés ; le sage est sa plus haute expression sur la terre. La vertu est la conformité de la volonté à l'ordre universel. La justice et la raison tendent à régner dans le monde. Si le mal nous paraît triompher, c'est que nous ne voyons pas tout et que nous n'occupons qu'un moment de la durée. Abstenons-nous, souffrons. Cherchons notre joie en nous. Après la mort, ou nous vivrons d'une vie supérieure dans une région éthérée, ou nous rentrerons au sein de Dieu. — J'aimais cette philosophie de détachement et d'orgueil, et je vivais superbement en moi, fier de me sentir complice des fins sublimes de l'univers.

Les lacunes de la morale stoïcienne : sécheresse, tendance à l'égoïsme, dureté, mépris du sentiment, ont été indiquées avec précision par La Fontaine dans quelques vers qu'on peut prendre pour un modèle de critique :

Ils (les Stoïciens) retranchent de l'âme
Désirs et passions, le bon et le mauvais
Jusqu'aux plus innocents souhaits.
Contre de telles gens, quant à moi, je réclame :
Ils ôtent de nos cœurs le principal ressort :
Ils font cesser de vivre avant que l'on soit mort.

La Fontaine, *Fables, le Philosophe scythe.*

Bien remarquer le vers :

Ils ôtent de nos cœurs le *principal ressort.*

L'observation psychologique est d'une parfaite justesse.
Droits et rôle du sentiment en morale.

---

569. *Quelle différence y a-t-il entre la morale stoïcienne et la morale chrétienne ?* — Caen [539-570].

Exposer les deux morales (V. sujet précédent), et comparer. La grande différence est dans la charité, l'amour du prochain ; surtout la charité active, les œuvres. La morale stoïcienne est une morale d'orgueil ; la morale chrétienne, une morale d'humilité.

---

570. *Exposer la morale de Descartes d'après le Discours de la Méthode.* — Caen [539-569].

571. *La morale provisoire de Descartes. Que lui manque-t-il pour qu'on en puisse faire une morale définitive ?* — Nancy [496-568].

On lira d'abord la 3e partie du *Discours de la Méthode.*

Descartes y explique la nécessité qu'il y a pour lui à se constituer quelques règles de morale *provisoires*, au moment où il va renoncer à toutes ses opinions et croyances et faire table rase de tout ce qui est entré jusqu'alors en son esprit.

Il formule alors ces règles qui sont au nombre de quatre. On remarquera facilement que, sur les quatre, trois sont des maximes pratiques de conduite destinées à assurer le repos et à faciliter les conditions de la vie, et n'ont nullement le caractère de préceptes moraux : il ne s'agit dans ces trois règles, ni de devoir, ni d'obligation, ni de conscience. Une seule est une règle de morale : « Tâcher plutôt à me vaincre que la fortune, et changer plutôt mes désirs que l'ordre du monde. » Si l'on examine de près cette maxime, on en reconnaîtra les affinités avec la morale stoïcienne : c'est la doctrine de la résignation, de la conformité de la volonté à l'ordre universel (V. sujet 568).

Il manque à cette morale cartésienne un principe d'obligation ; même dans la maxime où elle se rapproche du stoïcisme, elle conserve un caractère de philosophie exclusivement pratique ; elle est un art plutôt qu'une science de la vie.

---

572. *L'ordre universel peut-il servir de base à la morale?*— Montpellier [522-526].

La doctrine qui fonde la morale sur l'ordre universel est celle de Jouffroy (*Cours de Droit naturel*). En voici un résumé très sommaire.

Tout être a sa fin. Cette fin résulte de sa nature même et se conçoit *a priori* par l'étude de l'être (La fin d'un couteau est de couper, et résulte de la nature, forme et matière du couteau). La fin de chaque être est son bien propre (un couteau est bon s'il coupe bien). L'univers étant la totalité des êtres, il existe un bien universel ou bien suprême qui se compose de la totalité des biens particuliers, mais en tant seulement que ces biens, ou fins, s'accordent et concourent au même but. Ainsi le bien suprême, c'est l'harmonie universelle. Chaque être a donc pour fin dernière de collaborer, dans la mesure de ses facultés, à la réalisation de cette harmonie. De là le principe : « Développe en toi chaque tendance dans la mesure où elle concourt à réaliser l'ordre universel. »

On reconnaîtra l'élévation de cette morale et les heureuses conséquences pratiques qu'elle peut avoir dans certains cas.

Toutefois on peut y faire les objections suivantes :

1° Je ne me connais pas assez bien moi-même pour connaître avec certitude ma fin propre ;

2° Je ne connais pas non plus l'essence des autres êtres ni, par suite, leurs fins ;

3° Toutes les fins, étant naturelles, se valent. Comment choisir ? Et pourquoi préférer l'ensemble à l'individu ?

---

573. *La morale criticiste.* — Besançon [558-559].

Tous les ouvrages d'histoire de la philosophie, tous les traités de morale, tous les cours présentent de bons exposés de la morale de Kant. On ne croit pas qu'il soit utile ici de refaire une fois de plus ce qui a été déjà souvent fait, et qui est, au surplus, à la portée de tout élève.

---

574. *Expliquer ce jugement de Kant : « Le devoir est la nécessité d'obéir à la loi par respect pour la loi. »* — Aix [744-758].

V. sujets 516 et 573. Il ne s'agit pas ici, évidemment, d'analyser le sentiment du respect et de faire porter le développement sur ce point ; ce serait mal comprendre le sujet. Le véritable sujet consiste à exposer la nature de l'obligation, selon Kant, et à démontrer que, d'après le système de morale kantien, c'est par respect pour l'impératif émanant de la raison pratique, et non pour d'autres motifs, que nous devons agir.

On expliquera comment cette formule a conduit Kant à exclure de sa morale la sensibilité, et à lui imprimer un caractère de sécheresse et de rigorisme qui la rend à la fois paradoxale et rebutante. On rétablira le sentiment dans ses droits ; on montrera qu'il a une place légitime en morale ; à la formule trop étroite de Kant, on substituera cette autre, plus compréhensive : le devoir est la nécessité d'obéir à la loi par respect et par amour pour la loi.

---

575. *Exposer et discuter les formules kantiennes de la loi morale.* — Toulouse [537-551].

On sait que ces formules sont au nombre de trois :

1° Traite toujours la personne humaine, en toi-même et en autrui, comme une fin et non comme un moyen.

2° Agis toujours comme si tu étais à la fois législateur et sujet dans le royaume des volontés libres et raisonnables.

3° Agis toujours de telle sorte que la maxime de ton action puisse être érigée en règle universelle.

L'important, dans ce sujet, est de bien dégager le fondement commun de ces trois règles : la théorie de l'impératif catégorique et de l'autonomie de la volonté.

---

576. *Expliquer la formule de Kant : « Agis toujours en prenant la personne humaine, en toi et dans les autres, comme fin, jamais comme moyen. »* — Clermont [311-334]. — Lyon [697-830]. — Montpellier [98-425].

V. sujet précédent. Développer celui-ci par des applications, en faisant voir :

1° Que toutes les fois qu'on prend la personne humaine, *a*) en soi, *b*) en autrui, comme moyen, on commet des actes que la conscience universelle réprouve ;

2° Que toutes les fois qu'on prend la personne humaine, *a*) en soi, *b*) en autrui, comme fin, on pratique la vertu.

CHAPITRE III

RESPONSABILITÉ. SANCTIONS

577. *De la responsabilité morale.* — Aix [105-413] ; [549-701]. — Alger [519-529] ; [585-679]. — Bordeaux [527-640]. — Caen [507-524]. — Lille [485-705] ; [485-707]. — Nancy [806-841].

578. *Caractères et conditions de la responsabilité morale.*— Lyon [490-510]. Sujet de cours. Aucune difficulté.

---

579. *Rapports de la liberté et de la responsabilité.* — Rennes [39-548] ; [518-529].

Prendre, pour traiter ce sujet, l'exemple d'un acte accompli dans des conditions telles que l'agent s'en reconnaisse positivement responsable, sans restriction.

Analyser les conditions psychologiques de la résolution volontaire qui a déterminé cet acte. Parmi ces conditions, on trouvera : 1° La raison. L'acte a été décidé après examen et sur des motifs clairement conçus. 2° La liberté. L'agent est certain d'avoir *voulu* l'acte, de l'avoir choisi entre plusieurs autres, ou, tout au moins, d'avoir choisi l'acte alors qu'il eût pu s'abstenir, de n'avoir subi, dans ce choix, aucune contrainte, en un mot d'avoir été libre. Dans toute autre hypothèse, il n'en accepterait pas la responsabilité.

Objection. Cette certitude peut être illusoire (Développer, citer des exemples). *Réponse.* Peu importe. Si je me crois sincèrement libre, je revendique l'acte comme étant de moi, je l'approuve, et par conséquent je le ferais au cas où réellement je serais libre. C'est ici que la croyance à la liberté produit les mêmes effets que la réalité de la liberté.

Conséquences. 1° Dans tous les cas où j'ai conscience de n'être pas libre, il n'y a pas pour moi de responsabilité. 2° Ma liberté peut n'être que partielle ; je puis être libre en ce qui concerne certains actes, et ne l'être pas relativement à certains autres. Si, par exemple, je subis la pression d'une autorité extérieure, cette autorité peut ne s'étendre qu'à une partie de mes actes. Il y a donc des responsabilités partielles, en raison des variations ou intermittences de la liberté.

---

580. *Démontrer que l'homme est responsable des actes accomplis sous l'impulsion de la passion, et concilier cette vérité avec le principe des circonstances atténuantes.* — Montpellier [123-235].

V. *Psychologie*, sujet 119.

En principe on peut établir qu'il n'y a pas de passion absolument fatale ; qu'on peut toujours, par la réflexion, le raisonnement, la connaissance de soi-même, la gymnastique de la volonté, arriver à maîtriser les impulsions passionnelles; qu'un impulsif est un homme qui ne *veut pas* réfléchir. Si donc nous sommes responsables de nos passions, si nous pouvons agir sur elles, nous sommes responsables des actes qu'elles ont déterminés.

Toutefois, la difficulté de résister à une passion étant ordinairement fort grande, la responsabilité est atténuée; de là la légitimité de la considération des circonstances qui peuvent accroître cette difficulté, et que l'on nomme, pour cette raison, circonstances atténuantes.

On présentera le plus grand nombre possible d'exemples. On insistera sur l'erreur morale et le danger social qui résultent de la négation de la responsabilité en cas de « crime passionnel ».

---

581. *La responsabilité devant la conscience et la responsabilité devant la société.* — Alger [494-543].

Je suis entrepreneur de travaux. Mes ouvriers, en quittant le soir un chantier sur la voie publique, ont négligé d'éclairer au moyen d'une lanterne l'obstacle qui barre un trottoir. Un accident s'y produit : je suis condamné à une amende parce que la loi me déclare responsable de ce que font les ouvriers commandés par moi. Cependant, en mon âme et conscience, je ne me sens nullement coupable : l'accident n'a pas été voulu par moi. Si j'en ai la responsabilité *légale*, je n'en ai pas la responsabilité *morale*.

On trouverait facilement un second exemple où le cas inverse se produirait, où je me sentirais moralement responsable, alors que je ne le serais pas devant la loi.

Les deux responsabilités : morale et légale ne sont donc pas identiques.

C'est qu'elles n'ont pas le même principe: elles ne sont pas déterminées par la même loi. L'une correspond à la *loi morale*, l'autre aux *lois civiles*. De là les principales différences :

1° La responsabilité morale porte sur les intentions ; la responsabilité légale sur les faits, les intentions étant inaccessibles.

2° La responsabilité morale n'existe qu'autant que l'agent connaît clairement ce qui est son devoir ; la responsabilité légale n'admet pas l'excuse de l'ignorance : « Nul n'est censé ignorer la loi. »

3° La responsabilité morale s'étend à tous les actes qui ont un caractère moral ; la responsabilité légale s'étend aux actes qui touchent à l'intérêt social et sont désignés par la loi.

---

582. *Une responsabilité collective est-elle possible ?*— Bordeaux [509-527].

La loi admet la fiction d'une responsabilité collective, et condamne, par exemple, solidairement, plusieurs individus ayant coopéré à une même infraction. Il est facile de montrer que la même solidarité ne peut exister en matière de responsabilité morale, la responsabilité morale se fondant sur la libre détermination de l'agent, qui est un individu : la conscience de chacun est essentiellement personnelle. Développer au moyen d'exemples.

---

583. *Rapports de la responsabilité et de la solidarité.* — Grenoble [536-647].

Il faut bien comprendre la question. Il y a ici un petit problème à la fois psychologique et moral. En deux mots, le voici : avoir la notion et le sentiment de la solidarité, c'est comprendre et sentir que l'on est étroitement uni avec d'autres individus appartenant au même groupe, à la même société dont on fait soi-même partie ; c'est avoir conscience de la dépendance où l'on est à l'égard de ces individus. Si j'ai une idée claire et un sentiment fort de la solidarité sociale, je sens que chacun de mes actes, d'une part atteint, intéresse les autres membres de la société, d'autre part est, dans une certaine mesure, déterminé, voulu, conditionné par eux. Je ne fais pas tout à fait ce que je veux : jusqu'à un certain point je fais ce que font les autres, ce que veut la communauté ; c'est une sorte d'action collective qui se substitue en partie à la mienne. La solidarité aurait donc pour effet de diminuer à la fois l'initiative individuelle et la responsabilité.

Des faits connus tendent à corroborer cette opinion. L'individu qui fait partie d'un groupe étroitement constitué et où règne une solidarité puissante (l'élève dans l'internat, l'ouvrier dans un syndicat, etc.) est partiellement annihilé par ce groupe. Ses actes sont dictés par l'intérêt général ; ses résolutions sont celles du groupe plutôt que les siennes. Et quand une mesure quelconque est prise, quand, en vertu de cette mesure, des actes sont accomplis par tel ou tel membre, on voit s'évanouir les responsabilités, et l'on n'a plus affaire qu'à une collectivité anonyme qui se dérobe si l'on cherche à l'atteindre. Et des actes très graves sont ainsi produits presque inconsciemment par l'ensemble, devant lesquels eût hésité ou reculé la responsabilité claire et pleinement consciente des individus (Les grèves, les gouvernements insurrectionnels présentent de cela de nombreux exemples).

C'est une raison à ajouter à d'autres pour combattre la doctrine qui fait de la solidarité le fondement de la morale (V. sujet 502).

---

584. *Montrer que l'homme fait est responsable de son caractère.* — Montpellier [690-692]. — Poitiers [534-700].

Nous sommes dans une certaine mesure responsables de notre caractère, dans la mesure précisément où notre volonté peut agir sur lui (V. *Psychologie*, sujet 161).

---

585. *La responsabilité et la sanction.* — Alger [577-679]. — Clermont [275-429] ; [625-707].

Sujet de cours. Bien préciser les deux définitions de responsabilité *morale* et sanction *morale*. Consacrer un paragraphe à montrer que la seconde est conséquence de la première.

---

586. *La sanction naturelle.* — Rennes [639-648].

Sujet de cours. Le développer avec le plus d'exemples possible.

---

587. *Quelle est l'efficacité des diverses sanctions ?* — Poitiers [562-591].

L'idée générale à développer est celle-ci : chacune des sanctions est réelle, efficace dans une certaine mesure, mais insuffisante. Comme les diverses sanctions sont au nombre de quatre (deux naturelles, physique et psychique ; deux sociales, lois et opinion), il y aura lieu de répéter quatre fois cette double constatation.

A chaque fois, l'élève devra faire appel à son expérience personnelle et présenter nettement les cas qu'il a pu observer, dans un sens ou dans l'autre. Soit, par exemple, la sanction légale ; on cherchera un premier groupe de faits établissant que, dans certains cas, les lois atteignent réellement le coupable et le punissent dans la mesure où il a transgressé le commandement moral. Puis on présentera une seconde série de cas où la loi est notoirement impuissante, tantôt parce qu'elle ne peut atteindre le coupable, tantôt, ce qui est pire, parce que le coupable la tourne ou s'en sert pour faire le mal : tel Tartufe expulsant *légalement* Orgon de sa propriété. Pour chacune des huit parties de la dissertation, on devra avoir ainsi des faits concrets à citer.

La conclusion qu'on tire ordinairement de cette étude, c'est la nécessité d'une sanction supérieure ou divine dans une vie future.

---

588. *Du mérite et du démérite. Définir ces deux notions, en établir les fondements et les conséquences.* — Alger [472-529] ; [497-529] ; [505-679].

Sujet de cours. Aucune difficulté. Ne pas manquer d'indiquer que les conséquences du mérite et du démérite étant les sanctions, l'immortalité de l'âme se trouve en être ainsi une conséquence indirecte.

---

589. « *Je n'ai pas de mérite à cela, dit-on souvent, je n'ai fait que mon devoir.* » *Croyez-vous qu'on peut faire plus que son devoir, et que l'accomplissement de certains devoirs n'est pas méritoire ?* — Lyon [599-679].

Il suffit de lire avec attention la question, d'en bien peser les termes, pour voir la réponse qu'elle comporte : cette réponse est suggérée. C'est la vérité même : tout devoir est méritoire. Ce qui peut rendre cette dissertation intéressante, c'est le développement des deux idées suivantes :

1° Le vulgaire se trompe souvent en attachant son admiration à ce qu'on appelle les actions d'éclat. Beaucoup de ces actions ne sont pas aussi méritoires qu'elles le paraissent. Bien des circonstances en peuvent diminuer la valeur morale ; une impulsion irraisonnée (quelquefois regrettée aussitôt), le désir de paraître, la « galerie », un intérêt plus ou moins caché, l'occasion, etc. Tel s'est dévoué une fois qui ne recommencerait pas, instruit par l'expérience.

2° Inversement le vulgaire se trompe en refusant son admiration à des actes plus ordinaires, à des vertus plus modestes, mais très méritoires parce qu'elles sont absolument désintéressées, étrangères à tout esprit de profit ou de réclame, et surtout parce qu'étant répétées, quotidiennes, elles demandent la continuité de l'effort, la persévérance, qui est bien ce qu'il y a de plus méritoire au monde. Il est beaucoup plus difficile de faire « son petit devoir » tous les jours pendant quarante ans, que de risquer sa vie une fois devant cinq cents personnes et plus dans un incendie, une bataille, etc.

---

590. *Expliquer et discuter ces deux maximes d'Aristote : « La vertu est une habitude. — La vertu est un milieu entre deux extrêmes. »* — Montpellier [516-543]. — Poitiers [502-530]. — Rennes [519-611].

Commencer par la seconde maxime, parce qu'elle n'est pas entièrement juste. Il y a beaucoup de vertus qui sont un milieu entre deux extrêmes : modestie, économie, vrai courage, tempérance, etc. ; voilà la part de vérité. Mais les plus hautes et les plus nobles vertus, celles auxquelles on atteint par le dévouement, le sacrifice, l'héroïsme sous toutes ses formes, sont elles-mêmes des extrêmes.

Passer à l'autre maxime, qui est tout à fait juste, et en montrer la vérité par des exemples. Joindre à la formule cette image d'Aristote lui-même : « Une hirondelle ne fait pas le printemps ; un acte isolé conforme à la loi ne fait pas non plus la vertu. » V. sujet précédent, la valeur morale de la persévérance.

---

591. *Des caractères de la vertu.* — Poitiers [562-587].

592. *Théorie de la vertu.* — Besançon [499-654]. — Clermont [400-455] ; [452-694]. — Grenoble [511-668].

V. les deux sujets précédents.
La question est d'ailleurs traitée dans tous les cours.

---

593. *Si la vertu est une habitude, si d'autre part toute habitude est automatique, d'où vient que l'on attribue du mérite à la vertu ?* — Aix [207-670]. — Montpellier [691-718].

La difficulté se résout par la distinction entre les habitudes actives et les habitudes passives (V. *Psychologie*, sujets 92, 293). L'habitude passive détruit peu à peu la liberté, et c'est d'elle que Sully Prudhomme a dit :

Et tous ceux que sa force obscure
A gagnés insensiblement
Sont des hommes par la figure,
Des choses par le mouvement.

Au contraire, l'habitude active, conformément à la loi : l'habitude développe l'activité, est un auxiliaire de la liberté. Or, c'est elle qui constitue la vertu. Avoir une habitude de ce genre, c'est se mouvoir spontanément vers le bien comme vers une fin naturelle, le réaliser sans effort ; ce n'est pas là de l'automatisme, c'est l'absence de toute contrainte, la pleine liberté.

On pourrait, dans le développement, prendre l'exemple de deux hommes dont l'un, âme chancelante et conscience douteuse, livré aux sollicitations de la passion ou de l'intérêt fait tantôt le bien, tantôt le mal, n'a pas l'habitude du bien, n'est pas vertueux, n'est pas libre (Le *Félix* de Corneille). L'autre (*Sévère*) se meut naturellement dans le bien comme dans son élément, le pratique avec aisance, sans effort, mais avec une pleine maîtrise de lui-même ; il a l'habitude du bien, il est vertueux : c'est celui-là qui n'est pas un automate, jouet des influences ambiantes, mais vraiment un homme libre.

---

594. *Preuves morales de l'immortalité de l'âme.* — Clermont [402-617].

Ces preuves sont de deux ordres, correspondent à des idées différentes, et il importe de les bien distinguer :

1° La première se tire des considérations auxquelles conduit l'étude de la loi morale et de la nature de la personne morale. Elle se résume en ceci : la destinée d'un être moral, par le fait même qu'il est l'agent d'un progrès indéfini, est illimitée dans le temps (V. sujet 497. V. aussi : Kant, *Critique de la Raison pratique*, les Postulats.)

2° La seconde preuve se tire de l'insuffisance des sanctions naturelles et sociales et de la nécessité d'une vie ultra-terrestre où la justice recevra satisfaction (V. sujet 587).

La première preuve est beaucoup plus forte, plus philosophique que la seconde. C'est sur elle qu'il convient d'insister.

SECTION II

MORALE PRATIQUE

Le lecteur pourra, par la simple inspection des chiffres, constater que les sujets de morale pratique sont relativement fort nombreux : il y en a ci-après 135, contre 129 sujets de morale théorique ; et sur ce nombre de 135, beaucoup ont été donnés plusieurs fois, soit dans différentes facultés, soit dans la même.

Il y a, de nos jours, une tendance très marquée à orienter l'enseignement de la philosophie vers les questions sociales ; la conséquence immédiate de cette tendance, c'est la fréquence, dans les examens, de compositions touchant à cette partie de la philosophie. Il est bon que les élèves en soient avertis, qu'ils sachent bien que cet ordre de questions est pour eux de la plus haute importance, et que cette importance ne manquera pas de croître encore dans l'avenir.

Ainsi, non seulement les questions de morale, mais les questions sociales aussi doivent attirer leur attention. Les jeunes gens ne doivent pas vivre dans un monde idéal, ni rester étrangers aux réalités de la vie quotidienne. Dans la mesure où leur âge et leur esprit le comportent, ils doivent s'intéresser aux graves problèmes politiques, sociaux, économiques qui s'agitent dans le monde contemporain ; ils doivent s'initier à ces questions qui, demain, se poseront devant eux à leur entrée prochaine dans la vie active, et dont la solution, peut-être, dépend d'eux.

C'est dire qu'un élève préparera utilement ses examens et complétera ses cours en cherchant dans des lectures et des entretiens quelques idées, au moins des notions générales sur ces matières. Il ne devra pas craindre de lire les articles de fond de quelques grands journaux tels que le *Temps*, les *Débats*, etc. ; des articles de revues touchant les questions sociales ou économiques, des ouvrages de vulgarisation tels que les cours élémentaires d'économie politique ; il acquerra encore d'utiles notions en étudiant de très près cet ordre de questions dans son cours d'histoire contemporaine ; enfin il parlera de ces choses avec les hommes compétents, et se fera initier par eux à l'intelligence des principaux problèmes du jour, auxquels jusqu'alors son âge et ses études l'ont tenu étranger.

On ne saurait recommander trop instamment aux élèves de se

familiariser avec ces idées. Il y a ci-dessous un certain nombre de sujets soulevant des questions absolument pratiques et sur lesquelles, ainsi qu'ils pourront le constater, le cours d'un professeur, l'enseignement de la classe, ne fournissent aucun renseignement. Et, je le répète, ce genre de sujets sera celui qui, de plus en plus, s'imposera à leur étude dans l'avenir.

CHAPITRE I

QUESTIONS GÉNÉRALES

595. *Enumérer et définir brièvement les devoirs fondamentaux.* — Rennes [642-788].

Sujet entièrement traité dans tous les cours. Adopter la division classique des devoirs en : personnels, familiaux, sociaux, religieux. Insister sur la valeur morale des devoirs de charité.

---

596. *Le devoir est-il toujours et nécessairement pénible à accomplir ?* — Bordeaux [679-700]. — Poitiers [505-668].

Faire appel à son expérience personnelle, et se demander si tous les devoirs que l'on accomplit demandent un effort et sont pénibles.

On ne manquera pas de trouver un premier groupe de devoirs qui sont aisés à accomplir parce qu'on y est porté par un sentiment naturel qui les facilite, supprime l'effort, les rend même aimables : devoirs de famille, devoirs de patriotisme (*dulce est pro patria mori*), travail appliqué à des objets vers lesquels nous entraîne un attrait puissant, etc.

Un second groupe est composé de devoirs qui, au début, ont pu sembler pénibles à remplir, et qui, aujourd'hui, s'accomplissent aisément : on reconnaît là un effet de l'habitude.

Enfin, tel devoir est difficile pour l'un qui ne l'est pas pour l'autre : c'est que le second est un homme doué d'une conscience droite et d'une volonté forte, deux facultés qui se perfectionnent par l'éducation.

Ainsi qu'on le voit, cette dissertation comporte des conclusions sur le rôle en morale du sentiment et de l'habitude, et sur l'éducation de la volonté.

---

597. *Discuter cette opinion de J.-J. Rousseau, qu'il suffit, pour apprendre les lois de la vertu, de rentrer en soi-même et d'écouter la voix de la conscience dans le silence des passions.* — Grenoble [483-717].

On sait que Rousseau est : 1° un apôtre de la nature ; 2° un partisan de la morale du sentiment. Ce sont là les deux doctrines qui lui ont dicté la maxime qu'on doit discuter.

Comme apôtre de la nature, Jean-Jacques pense, à l'encontre de Schopenhauer (V. sujet 522), que le devoir, c'est ce qui est conforme à la nature.

L'homme est naturellement bon : c'est la civilisation qui le pervertit en faisant de lui un être artificiel et dépravé (Lire le *Discours sur l'origine de l'inégalité*). On sait que, dans *Emile*, Rousseau ne connaît d'autre procédé d'éducation morale que de laisser agir la nature toute seule dans l'âme de l'enfant.

Comme partisan de la morale du sentiment, Rousseau admet que la conscience est un instinct, une inclination à la fois irrésistible et infaillible qui conduit l'homme sûrement au bien pourvu qu'il se laisse faire et ne contrarie pas l'action de cette puissance.

Telles sont les bases de sa doctrine.

Après l'avoir exposée en s'efforçant de la bien faire comprendre, on devra reconnaître et dégager la part de vérité qu'elle enferme. Assurément la conscience, la distinction du bien et du mal, l'attrait spontané vers le bien, sont des réalités indéniables.

Mais on critiquera ensuite l'évidente exagération de la thèse. Ce sont les mots : « Il suffit de... » qui impliquent cette exagération. Déjà Rousseau semble appeler la critique quand il dit : « dans le silence des passions. » Ce silence, comment l'obtenir ? N'est-ce pas déjà une partie de l'œuvre morale, et qui demande toute une éducation ?

Et puis la distinction du bien et du mal est-elle toujours si claire ? Et la force nécessaire pour accomplir le devoir, l'avons-nous toujours ? Non ; il ne suffit pas d'écouter la voix de la conscience, et tel l'entend très bien qui ne sait pas la suivre ni lui obéir. Il y faut encore, et c'est ce que Jean-Jacques a oublié, la culture morale, l'éducation de la volonté et très souvent aussi, le ferme propos de résister aux sollicitations égoïstes ou passionnées de la nature.

---

598. *Le sens moral est-il perfectible ? Des meilleurs moyens de le protéger et de le développer.* — Grenoble [504-684].

Il n'est pas douteux que le sens moral soit perfectible. On peut le prouver en montrant les progrès de la moralité : 1° dans l'espèce, au cours du développement des civilisations ; 2° dans l'individu, par le fait de l'éducation et l'action de la volonté personnelle.

Comme moyens de perfectionnement du sens moral on peut recommander : la connaissance de soi-même, fondement de la discipline de Socrate ; l'habitude ; la réflexion ; l'éducation de la volonté (V. *Psychologie*, sujets 161, 260, 261).

---

599. *Expliquez et discutez cette assertion : « Si l'empire de la justice nous paraît dur, c'est que nous ne remarquons pas assez combien la règle de la conduite humaine, la raison, est indispensable, et que nous ne savons pas nous rendre compte des désordres qu'entraîne partout et toujours le sentiment pris pour mobile exclusif des actes. » (Renouvier : Science de la morale).* — Lyon [589-679].

Je remarque qu'il y a dans ce texte toutes les idées nécessaires pour traiter le sujet : il suffit de les classer.

Dégageons d'abord l'idée fondamentale, celle qui constitue le sujet même : l'empire de la justice, c'est-à-dire simplement la pratique des devoirs essentiels, paraît dur. En réalité il ne l'est pas pour qui sait vivre moralement.

Voilà le sujet ; le développement consiste à préciser les raisons de cette illusion ; car si l'on en connaît les causes, on devra pouvoir s'en garantir. Or ces causes sont indiquées. Classons-les.

1° Nous avons d'ordinaire deux espèces de motifs qui nous déterminent à agir : ce sont le sentiment et la raison.

2° Le sentiment est un principe de désordre. On voit tout de suite pourquoi : il est *variable, intermittent, relatif* ; il se contredit ; il est presque toujours aveugle. L'homme qui agit sur les sollicitations du sentiment est un impulsif ; sa conduite est incohérente, et quand il essaie d'obéir à un ordre de sa conscience, cela lui semble pénible parce qu'il ne raisonne pas et n'a pas l'habitude de la méthode et de l'ordre.

3° La véritable règle de la conduite humaine, c'est la raison ; cette faculté, appliquée à nos actes, devient la raison pratique. Celui qui prend l'habitude de suivre les conseils de la raison ne trouvera jamais difficile l'accomplissement d'un devoir, parce qu'il en comprendra la nécessité et la beauté. L'empire de la justice ne sera pas dur pour lui : il lui semblerait au contraire pénible de s'y soustraire et d'être un sujet révolté « dans le royaume des volontés libres et raisonnables ». — Toutefois l'action du sentiment peut et doit intervenir pour éviter les excès d'une justice exclusivement rationnelle.

---

600. *« On ne fait jamais le mal si pleinement et si sûrement que quand on le fait par conscience. »* (*Pascal*). — Poitiers [566-700].

Rapprocher cette pensée de la célèbre maxime de Socrate et Platon : « Nul n'est méchant volontairement. » (V. sujet 565). Cette dernière formule est certainement exagérée ; non moins certainement elle contient une part de vérité, et c'est précisément cette part sur quoi porte la pensée de Pascal. On fait quelquefois le mal par ignorance, avec la persuasion que l'on fait le bien ; on le fait « en conscience ». Et alors on le réalise avec une ampleur et une sûreté déplorables (Le pavé de l'ours). Voilà ce que veut dire Pascal. C'est un fait d'observation familière que l'on devra illustrer de nombreux exemples pris dans la vie commune.

On en tirera cette conséquence que l'éducation morale est indispensable, et l'on indiquera comment il faut la faire, comment on doit éclairer la conscience, apprendre à l'homme à discerner le bien réel des actes qui n'en ont que l'apparence. (Lui apprendre surtout à réfléchir, à ne pas céder au « premier mouvement ».)

---

601. *Bentham a-t-il eu raison de dire que le bonheur consiste dans la plus grande somme de plaisirs possible ?* — Aix [164-386].

V. sujets 533 à 538.

Le développement de celui-ci n'est qu'un commentaire du « *Surgit amari aliquid* » de Lucrèce (V. le passage du poète).

Il faut s'efforcer de prouver par les faits que la vie de l'homme de plaisir est : 1° fatigante ; 2° ennuyeuse ; que le seul bonheur réel et pur est celui que nous goûtons par la conscience du devoir accompli. « Il n'est pas un homme digne de ce nom, dit Stuart Mill, qui ne préfère la condition de Socrate mourant à celle d'un pourceau satisfait. »

---

602. *Montrer, en évitant la déclamation, que la richesse ne fait pas le bonheur.* — Lille [255-619].

Ce sujet se rapproche du précédent. On recommande d'éviter la déclamation. Il serait, en effet, facile de tomber dans ce vilain défaut. Deux modèles peuvent être proposés à qui voudra garder le ton simple et rester dans les limites du goût. Ce sont Horace et La Fontaine. Le dernier a traité le sujet dans la fable si populaire : *Le Savetier et le Financier.* La relire et s'inspirer surtout de ces vers, si profonds et si vrais dans leur sobre élégance:

Il retourne chez lui. Dans sa cave il enserre
L'argent, *et sa joie à la fois.*
Plus de chants : il perdit la voix,
Du moment qu'il gagna ce qui cause nos peines.

Horace est revenu cent fois sur cette idée au cours de ses œuvres. C'est un des lieux communs qu'il affectionne le plus. On recommande tout particulièrement aux élèves qui peuvent la lire dans le texte l'ode célèbre qui porte le numéro 13 du 2e livre dans les éditions classiques (16 dans les éditions complètes) : *Otium divos rogat....*

---

603. *Expliquer la maxime : « Fais à autrui ce que tu voudrais qu'on te fit. »* — Lille [487-668].

Il ne semble pas qu'on puisse éprouver d'embarras pour développer ce sujet. Bien remarquer qu'il repose sur l'idée de la valeur absolue de la personne, et qu'il est à rapprocher de la formule kantienne : « Traite toujours la personne humaine en toi-même et en autrui, comme une fin, et non comme un moyen. »

---

604. *Quel rôle la pensée de l'avenir joue-t-elle dans la vie ?* — Lille [498-641].

Il est facile de constater que ce rôle est double.

Dans certains cas, la pensée de l'avenir est une cause de troubles, en ce qu'elle nous inspire des inquiétudes et des craintes.

Dans d'autres cas, beaucoup plus nombreux, cette pensée est salutaire : elle guide nos actions, organise notre conduite, nous donne un plan de vie, nous conseille le travail, l'épargne, nous console des maux présents par l'espérance de compensations futures, et, comme la plus jeune sœur des Danaïdes désespérées, nous invite doucement à recommencer le labeur ingrat de chaque jour en nous faisant entrevoir le but lointain de nos efforts. A ce titre, la pensée de l'avenir a une haute valeur morale.

---

605. *Appliquer à la morale ce mot des anciens juristes : L'état de doute est une certitude qu'il n'est pas permis d'agir.* — Montpellier [517-687].

606. *Qu'est-ce que le doute? Quand avons-nous, logiquement et moralement, le droit de douter? Peut-il arriver que le doute soit un devoir?* — Aix [527-728].

On pensera au proverbe connu : dans le doute, abstiens-toi. On cherchera à bien préciser les conditions du doute légitime, lequel, en effet, justifie l'abstention ; on montrera qu'il faut se garder de l'excès et ne pas prendre pour prétexte un doute facile à dissiper, en vue d'éviter des devoirs onéreux ou pénibles. Ce sujet est essentiellement pratique, ne demande ni recherches, ni érudition, mais simplement du bon sens.

---

607. *Expliquer la distinction entre les devoirs positifs et les devoirs négatifs.* — Clermont [626-678]. — Lille [563-660].

608. *Qu'appelle-t-on devoirs stricts et devoirs larges? Sur quel fondement repose cette distinction ?* — Alger [548-712]. — Caen [540-659]. — Clermont [386-693].

Ces deux sujets sont traités dans tous les cours et absolument classiques. On les a rapprochés ici, parce qu'il y a une relation entre eux.

D'abord tous deux correspondent à une classification des devoirs reposant sur le même principe, celui de la forme des devoirs. On consacrera donc, dans chaque dissertation, le premier paragraphe à établir qu'il y a deux systèmes de classification des devoirs : 1° selon leur matière ; 2° selon leur forme. On expliquera la différence des deux systèmes. Enfin, laissant de côté le premier, qui n'est pas ici en cause, on dira que la classification selon la forme donne les deux divisions suivantes : devoirs positifs et négatifs, ou : devoirs stricts et larges.

On développera alors celle des deux divisions que comporte le sujet.

Mais ici on tiendra compte d'un autre rapport qui est celui-ci : la plupart des devoirs stricts sont négatifs ; la plupart des devoirs larges sont positifs.

Enfin on fera remarquer que cette double division correspond encore à la suivante : devoirs de justice (stricts, souvent négatifs) ; devoirs de charité (larges, presque tous positifs).

On montrera que les premiers sont insuffisants. Ils ont pour formule générale : ne fais pas à autrui ce que tu ne voudrais pas qu'on te fît. Ils ont besoin d'être complétés par les seconds dont la formule est : fais à autrui ce que tu voudrais qu'on te fît.

Au cours du développement du second sujet, insister sur cette remarque importante que les adjectifs : strict et large ne s'appliquent pas à l'obligation (toujours stricte) mais aux circonstances dans lesquelles le devoir doit être accompli.

---

609. *Peut-il y avoir conflit entre nos devoirs ?* — Nancy [513-527].

610. *Qu'appelle-t-on un cas de conscience ? En donner des exemples. N'a-t-on pas abusé quelquefois des cas de conscience ? Qu'est-ce qu'un casuiste ?* — Poitiers [723-729].

Sur la question du conflit des devoirs, consulter Janet, *Morale*, Livre II, chap. VI. Le sujet y est traité avec les plus intéressants développements.

Pour trouver des exemples de cas de conscience, les chercher dans la littérature dramatique ; la plupart des situations tragiques consistent en des cas de conscience : Oreste, Œdipe, Philoctète, Hamlet, Andromaque, Horace, etc.

La casuistique est une doctrine morale fondée au début du XVIIe siècle par des jésuites dont les principaux sont : Escobar, Sanchez, Vasquez, Lessius. Cette doctrine consiste essentiellement à essayer de ramener toutes nos déterminations volontaires à des cas de conscience, à multiplier ces cas outre mesure. Lorsque je prends une résolution, que je me décide à accomplir un acte qui me paraît un devoir, on peut toujours, moyennant un peu, parfois beaucoup de subtilité, trouver un autre devoir antagoniste que j'ai dû négliger pour le premier. Que si, au contraire, je me suis abstenu du premier, il sera alors vraisemblable de soutenir que c'était pour obéir à l'autre, et je serai excusable ; je le serai toujours, quelle que soit ma conduite, si l'on arrive à établir qu'il y avait conflit de devoirs ; que je me trouvais dans un cas de conscience. Le but des docteurs qui inventèrent cette singulière morale était de se montrer des directeurs de conscience, des confesseurs indulgents, de ne pas rebuter ou décourager les pénitents, d'attirer à la religion des fidèles et de conquérir des âmes à Dieu. C'étaient de très sincères chrétiens, des croyants très fermes et eux-mêmes très austères ; le relâchement de leur morale ne doit être expliqué que par l'excès de leur zèle et les habitudes de subtilité que donnait aux esprits de ce temps la pratique de la théologie et l'enseignement d'une scolastique ergoteuse et purement formelle. En leur âme et conscience, ils croyaient agir « pour la plus grande gloire de Dieu », selon la devise de leur ordre. Ce sont ces théologiens et leur dangereuse doctrine que Pascal a attaqués, avec la vigueur que l'on sait, dans les *Provinciales*.

CHAPITRE II

LA PERSONNE. LA FAMILLE. LA PATRIE

611. *L'homme a-t-il des devoirs envers lui-même ?* — Bordeaux [467-679]. — Rennes [519-590].

Il y a lieu de poser la question, puisqu'on a pu soutenir que l'homme n'a pas de devoirs envers lui-même.

Essayons de nous représenter les raisons qu'on a pu alléguer en faveur de cette thèse.

On a dit d'abord qu'il y avait contradiction à soutenir qu'on peut être obligé envers soi-même, comme si l'on pouvait être son propre créancier.

Une seconde objection est celle-ci : l'existence de devoirs envers nous-mêmes serait une atteinte à notre liberté.

Voilà les objections à développer. On les réfutera facilement en montrant qu'il n'y a nulle contradiction à déclarer qu'on doit respecter la personne humaine en soi-même aussi bien qu'en autrui ; que d'autre part les devoirs envers nous-mêmes, loin d'être une atteinte à la liberté, en sont au contraire la sauvegarde : toute infraction à ces devoirs a pour premier effet de compromettre cette liberté. Citer de nombreux exemples.

---

612. *Quels sont les devoirs de l'homme envers lui-même ?* — Alger [671-711]. — Nancy [357-784]. — Poitiers [560-668].

Sujet entièrement de cours.

---

613. *Rapports de la psychologie et de la morale. De la connaissance de soi-même et de la sage direction de soi-même.* — Grenoble [683-740]. — Montpellier [130-239].

Les rapports de la psychologie et de la morale peuvent s'entendre dans des sens différents. On peut d'abord se demander en quoi la psychologie, comme science, peut être utile à la science de la morale ; si l'étude de la conscience morale, du devoir, de la responsabilité peut être facilitée par la connaissance de la nature et des lois des phénomènes psychologiques. Ce n'est pas là la question posée ici ; on le voit bien par la seconde phrase du texte.

Le présent sujet est plus restreint et plus spécial. On y doit parler des rapports de la morale *pratique* avec la connaissance de soi-même, ce qui n'est pas la même chose que la science psychologique : c'est la psychologie pratique, l'art de s'observer, de se connaître. En un mot le sujet consiste à montrer que Socrate avait raison en faisant de la maxime : connais-toi toi-même, la base de sa morale. Deux points essentiels à développer : 1° la connaissance de nous-mêmes nous fait connaître nos devoirs et les occasions où il nous est possible soit de les appliquer, soit d'y faillir ; 2° elle nous indique les moyens de nous diriger, d'être maîtres de nous, ce à quoi se ramène toute la morale personnelle. On multipliera les exemples pour chacun de ces deux points.

---

614. *Du suicide.* — Aix [799-821].

Tout élève a à sa disposition les éléments nécessaires pour traiter ce sujet, devenu un lieu commun. Ne pas manquer de lire les deux plaidoyers pour et contre, dans *la Nouvelle Héloïse* de J.-J. Rousseau, 3e partie, lettres XXI et XXII.

Méditer ce mot de M. Boutroux : « L'homme qui se tue est celui qui croit que sa vie ne peut plus lui servir qu'à vivre. »

---

615. *Devoirs envers la sensibilité. Doctrines erronées sur cette question.* — Rennes [7-733].

Considérer successivement la sensibilité physique et la sensibilité morale.

1° Sensibilité physique : devoir de tempérance. Dangers de l'intempérance ; son immoralité. Un mot de l'alcoolisme.

Doctrine erronée à critiquer : le mépris, la proscription des satisfactions des sens, de la jouissance physique même modérée et honnête, l'ascétisme. Faire la part du plaisir physique dans une vie morale bien comprise.

2° Sensibilité morale. Devoir : cultiver les bons sentiments, les inclinations généreuses. Réprimer les autres. La volonté doit gouverner les passions.

Doctrines erronées à réfuter (deux excès opposés) : 1° celle qui bannit le sentiment de la morale (Kant et les stoïciens) ; 2° le dilettantisme qui fait du sentiment le but de la vie.

---

616. *Peut-on, doit-on réagir contre la douleur morale ?* — Nancy [622-689].

On le peut, avec de la volonté, et en mettant à profit les lois de l'habitude. On se servira utilement aussi de la diversion produite par le travail.

On le doit parce qu'une douleur à laquelle on se laisse aller déprime les facultés, paralyse l'activité ; parce qu'enfin céder à la douleur est lâche (stoïcisme).

---

617. *Pourquoi est-ce un devoir pour tout homme de développer son intelligence ?* — Clermont [402-594]. — Rennes [437-643].

618. « *Ce qui contribue le plus à rendre la vie peu satisfaisante, a dit Stuart Mill, c'est le manque de culture intellectuelle. Un esprit cultivé trouve matière à un intérêt inépuisable dans tout ce qui l'environne.* » *Étudiez cette pensée, et dites si, à votre avis, elle peut être admise sans restriction.* — Montpellier [505-557].

En considérant : 1° le principe de la dignité humaine ; 2° l'importance de la raison dans la moralité (V. sujet 599), on verra clairement les motifs qui font à tout homme un devoir de cultiver son intelligence.

Le second sujet doit commencer, comme le premier, par une démonstration de cette vérité. Il comporte, en outre, l'exposition de cette autre idée que la culture intellectuelle est un élément de bonheur. Mais on peut remarquer qu'il suggère une discussion : peut-on admettre l'opinion de Mill sans restriction ? On se bornera à indiquer au lecteur que la restriction suggérée ici vise les dangers moraux du pur intellectualisme : égoïsme, vie contemplative, esprit critique, quelquefois scepticisme, dilettantisme, etc.

---

619. *Parmi les satisfactions que l'homme éprouve à s'instruire, quelles*

sont celles qui vous paraissent le plus dignes d'être recherchées, et pourquoi ? — Lille [255-602].

Voici un sujet qu'on peut prendre pour modèle entre tous ceux qui peuvent le mieux solliciter la réflexion et apprendre à faire un plan.

Je me suppose élève de philosophie ayant ce sujet à traiter. Il me semble que je m'y prendrais de la manière suivante :

Tout d'abord, mon attention se porte sur ces mots : Parmi les satisfactions. — Je me dis alors : En effet, on trouve à s'instruire plusieurs espèces de satisfactions, et de plusieurs ordres ; c'est un fait d'expérience ; moi-même, depuis que j'ai commencé mes études, j'ai éprouvé de ces satisfactions. Poursuivons. — On me demande ensuite de faire un choix et de dire celles que je préfère. Ce choix, je ne le puis faire utilement que si j'ai d'abord énuméré tous les avantages quelconques de l'instruction. Établissons cette liste :

1° Possibilité de se créer une position élevée et lucrative.

2° Possibilité d'appliquer les connaissances acquises et de commander à la nature (Bacon).

3° Jouissance résultant de la satisfaction du besoin de connaître et de comprendre.

4° Sentiment de la supériorité qu'on a sur l'ignorant.

5° Disparition des préjugés, qui sont des causes de vaines craintes, d'inquiétude (Lucrèce).

6° Dérivatif précieux aux peines et aux ennuis de la vie matérielle.

7° Détachement des ambitions vulgaires « *Suave mari magno* ».

8° Élargissement et ennoblissement de la conscience morale.

9° Possibilité de faire profiter les autres des connaissances acquises, d'être plus utile à ses semblables, de mieux servir son pays.

Je m'arrête. J'en trouverais probablement encore d'autres, mais il faut se borner.

Mon choix, à présent, sera facile à faire. Je vois bien que je dois mettre au premier rang celles de ces satisfactions qui correspondent aux chiffres 3, 8 et 9.

Pourquoi ? Évidemment parce que ce sont les trois seules satisfactions qui aient une valeur morale et soient entièrement dégagées de tout sentiment égoïste.

---

620. *De la dignité personnelle. Quelles sont les qualités morales qu'elle enveloppe et qu'elle excite ?* — Dijon [431-737].

Un peu de réflexion suffira à faire trouver ces qualités morales. On donnera des exemples pour les développer.

---

621. *Qu'y a-t-il de vrai dans la maxime stoïcienne : « Le sage seul est libre. » ?* — Poitiers [744-802].

Sujet très facile à traiter. On prouvera aisément la vérité de la maxime en partant d'une bonne définition de la sagesse. Ne pas confondre sagesse avec science. Sans doute la sagesse comporte la culture de l'intelligence ;

mais avant tout elle signifie : philosophie pratique, maîtrise de soi, hégémonie de la raison ; or ce sont là les conditions mêmes de la liberté. On pourra citer comme exemple l'esclave Epictète, plus réellement libre que le maître nominal qui avait acheté son corps, non sa volonté.

---

622. *Jusqu'à quel point notre physionomie exprime-t-elle notre caractère ?* — Nancy [616-689].

Dissertation mixte, à la fois psychologique et morale. La traiter très simplement, en s'efforçant de n'y faire entrer que des faits observés. Il y a une part de vérité : le moral moule en quelque sorte le physique. Mais il ne faut pas exagérer, et la relation est loin d'être une loi. La Fontaine nous apprend qu'il ne faut pas « juger des gens sur l'apparence ». Il faut au contraire se défier de l'opinion des prétendus « physionomistes » qui vous classent *a priori* un homme dans telle catégorie, le déclarent fripon, hypocrite ou loyal sur l'inspection de son regard ou de sa démarche : on sait si l'événement infirme souvent leurs condamnations téméraires.

---

623. *D'où vient que nous avons des devoirs envers les animaux ? Quels sont ces devoirs ?* — Lille [376-457].

A proprement parler, nous n'avons pas de devoirs *envers* les animaux. Nous avons des devoirs *qui concernent* les animaux, mais qui sont des devoirs envers nous-mêmes. Les animaux n'étant pas des personnes, nous ne pouvons avoir de devoirs directement envers eux. Mais la dignité de notre propre personne serait lésée si nous nous laissions aller à leur infliger ou la mort, ou des souffrances inutiles. Nos devoirs concernant les animaux ont donc leur principe dans notre dignité personnelle. On les énumérera facilement, en tenant compte des exceptions légitimes.

---

624. *De la famille. Sa nécessité au point de vue moral et social. Devoirs des membres de la famille.* — Grenoble [512-547].

625. *Devoirs particuliers de la famille. L'éducation.* — Clermont [77-317] ; [200-400] ; [585-707].

Deux sujets de cours. Lire l'excellent livre de Paul Janet : *La Famille.* On recommande d'insister tout particulièrement sur le rôle social de la famille.

---

626. *Qu'est-ce que la patrie ? Qu'est-ce que l'amour de la patrie ?* — Clermont [395-493] ; [607-678]. — Nancy [667-673].

627. *Quelles sont, avec la diversité des conditions humaines, les différentes formes de l'amour de la patrie ?* — Lille [521-680].

628. *D'où vient que nous avons des devoirs envers la patrie, et quelle en est la formule ?* — Clermont [180-248].

629. *Du patriotisme. Des devoirs qu'il impose et des déformations dont il est susceptible.* — Clermont [324-520].

630. *L'idée de patrie. L'amour de la patrie peut-il se concilier avec l'amour de l'humanité ?* — Aix [98-143].

631. *Qu'est-ce qu'une nation ? Qu'appelle-t-on esprit national ?* — Montpellier [465-714].

La question de la patrie soulève quatre grands problèmes :
1° L'idée de patrie. Qu'est-ce qu'une patrie ?
2° Fondement du patriotisme. Ses déformations.
3° Nature et forme des devoirs envers la patrie.
4° Conflit du patriotisme et des devoirs envers l'humanité.
Sur le premier point, lire la conférence de Renan : *Qu'est-ce qu'une nation ?*

---

632. *Fondement des devoirs sociaux.* — Besançon [675-682].

Ce sujet ne présente pas de difficulté et peut être très bien traité avec les réflexions personnelles de l'élève. Évidemment il faut d'abord définir les devoirs sociaux : devoirs particuliers qui obligent chacun de nous envers les membres de la société dont lui-même fait partie sans préjudice de ceux que nous avons envers tout homme en tant qu'homme.

Comme fondement de ces devoirs, on pourrait proposer la solidarité sociale. Mais la solidarité, fait incontestable d'ailleurs, et d'une haute importance, peut difficilement prendre une valeur morale absolue (V. sur ce point sujet 502). On établira avec plus de solidité les devoirs sociaux sur les deux bases suivantes : 1° services reçus par l'individu de la communauté, dette contractée par lui ; 2° sentiments naturels, très légitimes, héritage du passé (V. sujet précédent) qui nous portent vers nos compatriotes plus spécialement que vers d'autres hommes.

---

633. *Donner une définition précise des mots : Société, État, Patrie, Gouvernement, et esquisser une théorie des devoirs qui dérivent de l'idée de patrie.* — Lyon [561-676]. — Nancy [781-815].

Société, État, Patrie désignent tous trois le même groupe d'hommes, mais à trois points de vue différents.

1° Société : le groupe d'individus unis en vertu de l'instinct social, et en vue de s'entr'aider mutuellement.

2° État : le même groupe, en tant qu'il a des besoins communs à satisfaire (défense, communications, etc.) et des fonctions communes à accomplir, en tant encore qu'il a dû, en conséquence de ces besoins et de ces fonctions, créer des *institutions*.

3° Patrie : le même groupe en tant que des sentiments d'amour se sont développés d'une part entre les individus qui le composent, d'une autre entre ces mêmes individus et le sol, la région où ils vivent, d'une troisième part, entre ceux de ces individus qui composent le groupe à un moment donné et les générations antérieures ou futures avec lesquelles ils se sentent solidaires (V. sujet précédent).

Le mot gouvernement a une acception plus restreinte. Il désigne la partie du groupe à laquelle a été déléguée l'autorité nécessaire pour diriger le groupe lui-même, assurer l'unité des services publics, garantir l'ordre et la sécurité.

Pour les devoirs envers la patrie, voir le sujet précédent.

CHAPITRE III

QUESTIONS SOCIALES, ÉCONOMIQUES, JURIDIQUES

634. *Aristote a dit : « L'homme est l'ami de l'homme. » Hobbes a écrit : « Homo homini lupus : L'homme est un loup pour l'homme. » Lequel des deux philosophes s'est le plus approché de la vérité ?* — Clermont **[368-700]**.

Il faut bien que ce soit Aristote, puisqu'il y a toujours des sociétés. La sympathie naturelle de l'homme pour l'homme se prouve par l'existence et la durée des groupements sociaux ; elle se prouve en second lieu par la psychologie, qui établit l'existence en nous d'instincts sociaux et de sentiments altruistes ; en troisième lieu par l'étude des animaux et de leurs sociétés ; enfin par la morale, qui nous révèle, dans la conscience, la présence de la notion de devoirs sociaux, de solidarité, de charité, de fraternité. La joie qui accompagne, dans une âme noble, le sacrifice de son intérêt, de sa vie même au bien d'autrui, est un indice sûr que l'homme n'est pas l'ennemi né de ses semblables.

---

635. *Qu'est-ce que l'État ? Son rôle dans les sociétés humaines ?* — Poitiers **[471-685]**.

Pour la définition de l'État, voir ci-dessus, chapitre II, sujet 633.

La formule qui est présentée là ne doit servir que pour fixer les idées : il faut se garder de la reproduire telle quelle, car elle serait peu significative et pas assez explicite. La notion de l'État est très complexe et se laisse difficilement embrasser dans une expression concise. Il faut, au lieu d'essayer d'en donner une définition nécessairement incomplète et obscure, en présenter la genèse. On montrera qu'en vertu de la réunion de plusieurs hommes en un groupe social, il se produit dans ce groupe des besoins nouveaux qui n'existaient pas chez les individus isolés : défense et organisation de la communauté, relations entre ses membres, relations avec les groupes similaires, etc. Pour satisfaire à ces besoins, des *fonctions* nouvelles se manifestent. Il se constitue ainsi un corps d'idées, de sentiments, de tendances, d'instincts, qui a pour substrat, non tel ou tel individu isolé, mais le groupe lui-même, et le groupe considéré non pas seulement à un moment donné, mais à tous les moments de sa durée, puisque, en tant que groupe, il est permanent, alors que ses unités composantes, les individus, sont temporaires. Il se forme ainsi, par la synthèse de ces états communs, une personnalité unique, supérieure aux personnes individuelles dont l'association forme le groupe. Une telle personne se nomme une « personne morale ». Tel est l'État.

La seconde partie de la question, concernant le rôle de l'État, n'est pas moins complexe.

Ici, deux écoles sont en présence. La première étend au maximum les droits et attributions de l'État ; la seconde, au contraire, les réduit jusqu'à supprimer presque entièrement son intervention.

Selon les partisans de la première doctrine, le rôle de l'État dans une société est presque illimité. La plus grande partie des faits de la vie sociale sont sous sa juridiction : c'est lui qui doit être chargé de tous les services d'intérêt général ; c'est lui qui doit tout entreprendre, tout diriger officiellement, tout faire. Il se substitue aux individus, les absorbe, supprime en eux toute initiative, prévoit, agit, veut et pense pour eux. C'est l'État-Providence. Les individus sont ses instruments : ils sont tous *fonctionnaires*. Dans les rêves de certains théoriciens de cette école l'État serait seul propriétaire, seul industriel, seul commerçant, seul entrepreneur de travaux, seul dépositaire de la fortune publique, seul artiste, directeur de spectacles, producteur et dispensateur de jouissances intellectuelles, etc. Beaucoup de socialistes n'ont pas d'autre idéal. Il est superflu de s'arrêter aux multiples inconvénients d'un tel régime : le moindre n'en est pas l'absolu despotisme, l'annihilation de l'individu, l'ingérence continuelle et insupportable d'une autorité officielle dans la vie privée, la tyrannie anonyme d'une entité insaisissable, omniprésente et irresponsable.

La doctrine opposée n'est pas moins exagérée. Ses partisans prétendent que toute action de l'État est nuisible, tyrannique, et doit être proscrite. Il faut laisser à l'initiative individuelle tous les actes de la vie sociale, même ceux qui ont le plus nettement le caractère d'actes publics, et ne sont accomplis que dans l'intérêt exclusif de la communauté. Dans le régime préconisé par ces théoriciens, pas de justice officielle, pas d'armée, pas de police, aucune administration, pas de travaux publics : des particuliers ou des sociétés librement constituées assument toutes les fonctions, exécutent toutes les œuvres, se chargent de tous les services. Le service suprême lui-même, le service de direction, le gouvernement est supprimé par les plus intransigeants disciples de cette école, qui, pour cette raison, s'intitulent *anarchistes*. De telles utopies n'ont pas besoin d'être réfutées.

La vérité est dans une opinion intermédiaire : l'État ne doit ni ne peut tout faire ; ce n'est pas une raison pour soutenir qu'il ne doit rien faire. Il y a un certain nombre de services publics que l'État accomplit mieux que les particuliers, parce qu'il a plus d'autorité, plus d'unité de vues, plus de régularité dans l'action, et une impersonnalité qui est quelquefois une condition de succès. En dehors de ces fonctions qui reviennent raisonnablement à l'État, il faut laisser le reste aux particuliers, individus et associations. Les meilleurs esprits sont d'accord pour laisser à l'État les services suivants : Défense (armée et police), Justice, Relations internationales, Finances, Postes, Instruction publique (au moins dans une certaine mesure ; on peut discuter le droit de monopole), Assistance publique. On fera une courte discussion à chacun de ces articles.

D'une manière générale, il y a intérêt à ne pas multiplier outre mesure les attributions de l'État. S'il y a certaines choses qu'il fait bien, il en est beaucoup d'autres qu'il fait mal, et qui lui coûtent infiniment plus cher qu'aux particuliers. Au surplus la nature essentiellement démocratique de l'État contemporain lui impose une extrême modestie ; M. Leroy-Beaulieu, dans son *Traité élémentaire d'économie politique* en a nettement indiqué les raisons.

D'abord, dans tout régime démocratique, l'État est représenté par des individus élus, et, le plus souvent, élus par le suffrage universel. Or, pour des raisons multiples et faciles à dégager, le suffrage universel ne porte pas toujours ses choix sur les hommes supérieurs : d'une part ceux-ci se tiennent à l'écart, craignant ou méprisant la popularité, redoutant les agitations et les déboires des luttes électorales ; d'autre part, le vulgaire ne va pas les chercher parce qu'il les ignore, ne les comprend pas, ou souvent parce qu'ils l'offusquent. L'État représenté par les élus du suffrage universel, est une image fidèle de la nation même ; il est composé, en majorité, d'hommes ordinaires, ni plus ni moins distingués, intelligents et honnêtes que la masse d'où ils sont sortis : cette élection n'est pas une sélection.

D'un autre côté, dans un régime où l'on gouverne avec les majorités, le personnel de l'État, le personnel dirigeant surtout, est souvent renouvelé ; les programmes ne le sont pas moins. Il en résulte que l'État moderne n'a pas beaucoup de suite dans les idées : chaque ministère défait une bonne partie de ce qu'avait fait le cabinet précédent. Quel est le préfet qui connaisse bien son département ? Le régime parlementaire étant le gouvernement des partis provoque fatalement des fluctuations, une sorte de jeu de bascule qui tour à tour amène au pouvoir des hommes dont les idées et les maximes sont antagonistes, sans compter l'antagonisme des personnes, plus irréductible encore et plus funeste. Telles sont en gros les raisons que l'on doit considérer pour ne pas étendre au delà d'une limite assez étroite les droits et prérogatives de l'État.

---

636. *A quels signes reconnaît-on qu'un peuple est sauvage, civilisé ou demi-civilisé ? Quels sont les droits et les devoirs des peuples civilisés vis-à-vis des autres ?* — Rennes [188-405].

On pense qu'un élève de philosophie peut, avec ses connaissances acquises et ses réflexions personnelles, traiter convenablement ce sujet.

---

637. *Peut-on assigner à la poésie et aux arts une fonction sociale ?* — Nancy [655-679].

Malherbe disait qu'un poète n'est pas plus utile à l'État qu'un bon joueur de quilles. C'était probablement une boutade ; en tout cas l'opinion serait fort exagérée et fausse. Non moins exagérée dans le sens opposé était celle de Victor Hugo qui assignait au poète un rôle social prépondérant, faisant de lui une sorte de pontife, de mage, un voyant, un inspiré, conducteur et éducateur des foules, dépositaire de toute sagesse, de toute science, et, par suite de toute autorité.

Sans aller aussi loin, on doit reconnaître à l'art et à la poésie une fonction morale et sociale très réelle ; cela s'explique par l'origine même de l'art, qui est fondé sur les lois de la sympathie et de la transmission des émotions. L'art crée un lien de plus entre les membres d'une même société, et aussi entre sociétés différentes. L'admiration qu'une époque éprouve pour les chefs-d'œuvre d'une époque antérieure est un des plus puissants agents de solidarité entre les générations successives. L'influence de ce que chaque peuple appelle ses classiques sur l'évolution de ce peuple est énorme. C'est presque toujours par l'art et la littérature qu'une société agit sur une autre, qu'une nation cultivée s'impose à une nation barbare, la civilise et la conquiert pacifiquement. « *Græcia capta ferum victorem cepit :* Vaincue, la Grèce conquit son farouche vainqueur. » Voilà quelques idées, lesquelles pourront en suggérer d'autres. On les trouverait toutes dans le beau livre de Guyau : *L'Art au point de vue sociologique.*

---

638. *Quelles modifications subissent nos droits et nos devoirs en passant de l'ordre naturel dans l'ordre politique ?* — Grenoble [641-653].

L'idée fondamentale de cette dissertation apparaît clairement à qui veut bien réfléchir à la différence entre les deux ordres, naturel et politique. Le second se superpose au premier et y ajoute un élément nouveau : la communauté d'action et le gouvernement. En conséquence, les droits et devoirs naturels, qui ne concernent que les individus, en tant que personnes, vont, en passant dans l'ordre politique, se trouver modifiés : 1° par la rencontre et le conflit des droits et devoirs des autres individus : 2° par les nécessités du gouvernement et de l'ordre social. C'est ainsi, par exemple, que l'individu possédant un droit absolu de liberté de conscience et par suite de pratique, verra, dans la société, ce droit limité par la nécessité de respecter les consciences et les pratiques de ses concitoyens, ou l'ordre de la rue, etc. En résumé la justice sociale est loin d'être la justice absolue et idéale.

---

639. *L'obligation sociale.* — Rennes [586-648].

Pourquoi la société nous oblige-t-elle ?

A quoi nous oblige-t-elle ?

Telles sont les deux questions qu'enferme ce sujet. On les résoudra assurément sans peine.

---

640. *Y a-t-il contradiction entre l'état de nature et l'état de société ?* — Bordeaux [527-577].

Hobbes et Rousseau soutiennent l'affirmative, le premier parce qu'il prétend que les hommes sont naturellement hostiles les uns aux autres (*homo homini lupus* : l'homme est un loup pour l'homme); le second parce que, sans admettre cet instinct de guerre universelle, il pense que l'état de nature comporte pour l'homme l'isolement d'où résultent l'entière liberté, la moralité et le bonheur. Tous deux s'accordent à affirmer que l'état social n'est pas naturel, et qu'il repose sur une entente, un *contrat* consenti par les hommes à un certain moment. Le développement de ces idées se trouve dans le *Discours sur l'origine de l'inégalité* de Rousseau.

On réfute ces deux philosophes et l'on établit qu'il n'y a pas contradiction entre l'état de nature et l'état de société :

1° *A priori*, par l'existence de l'instinct social *a*) dans l'homme, *b*) même dans l'animal ;

2° *A priori* encore, par l'impossibilité où se trouverait l'homme de subsister en dehors de la société ;

3° *A posteriori* en établissant que nulle part on n'a trouvé l'homme isolé, que partout et toujours on l'a vu constituer des groupes sociaux.

---

641. *Sur quel fondement repose la société ?* — Grenoble [638-653]. — Lille [498-604].

V. sujet précédent et sujet 634.

---

642. *L'idée de progrès.* — Lyon [468-649]. — Paris [528-835]. — Rennes [595-788].

1° Qu'est-ce que le progrès ?

Décomposer l'idée en progrès économique et industriel, progrès intellectuel, progrès moral.

2° Y a-t-il progrès ? La réalité du progrès est niée par diverses écoles, notamment par les traditionalistes : de Bonald. On l'établira par l'examen des faits. Sur la réalité du progrès moral, voir sujet 477.

---

643. *A quels signes reconnaît-on le progrès dans la nature et dans l'humanité ?* — Rennes [437-617].

Spencer définit le progrès (ou l'évolution) : le passage d'un état relativement homogène à un état hétérogène. Le progrès, c'est donc la différenciation, la complexité croissante. Il y a progrès quand on passe du rayonné à l'insecte, parce que l'insecte a un organisme moins homogène, plus différencié, plus complexe que le rayonné De même une nation européenne contemporaine manifeste un progrès considérable par rapport à une tribu sauvage parce qu'elle est plus hétérogène et plus complexe que la tribu. Voir Spencer, *Premiers principes* ; voir aussi Ribot, *La psychologie anglaise contemporaine*, article *Spencer*, chap. I.

Cette définition purement mécanique du progrès s'applique bien à la nature, incomplètement à l'humanité. A ce progrès tout matériel et fatal se superpose, dans l'homme, le progrès moral, dont il faut montrer la nature et prouver la réalité.

---

644. *La division de l'humanité en nations est-elle un obstacle au progrès ?* — Bordeaux [554-650].

Elle peut sembler un obstacle en ce qu'elle soulève des compétitions et provoque des guerres qui souvent déterminent un recul dans l'évolution. Toutefois, malgré ces apparences, la division des nationalités est plutôt favorable au progrès, parce qu'elle détermine la concurrence, favorise les échanges, met en valeur les aptitudes diverses. La guerre elle-même, au moins dans ses résultats, a pu parfois être un élément de progrès (L'Allemagne depuis 1870).

645. *Pourquoi et de quelle manière l'individu doit-il se subordonner à la société ?* — Lille [663-678].

Deux ordres de droits sont en présence : les droits de l'individu, les droits de la société dont il fait partie. Or il y a fréquemment antagonisme : quels sont ceux qui doivent céder ? Les droits individuels, et il est facile d'apercevoir les raisons qui justifient le sacrifice de l'individu : c'est, pour le dire d'un mot, que l'individu ne vit que par le groupe.

Voilà la première idée à présenter.

La seconde consiste à déterminer les principaux sacrifices que l'individu est obligé de faire à la société. On en trouvera facilement le nombre et la nature.

646. *Les progrès de l'action gouvernementale et ceux de la liberté individuelle peuvent-ils être simultanés et concourants ?* — Aix [246-457].

Il faut, avant tout, bien comprendre cette question, et pour cela se faire une idée précise de ce qu'on entend par action gouvernementale.

Le mot gouvernement, pris dans son sens le plus large, comme il faut le prendre ici, désigne l'ensemble des personnes qui, dans un État, sont investies d'une portion quelconque de la puissance publique ; ont, à un titre quelconque, une fonction directrice et possèdent une autorité. L'action gouvernementale, ce sont les actes de ces représentants de l'autorité.

Or, à l'égard de cette action, les choses peuvent différer considérablement avec les pays, les constitutions, l'organisation politique, les mœurs. Il y a des États où le nombre des représentants de la force publique est faible, où leur autorité est limitée et ne s'étend que dans un rayon fort restreint (par exemple les États-Unis). Il en est au contraire où leur nombre est plus élevé, leur puissance plus étendue, leur ingérence dans la vie des citoyens plus fréquente (France, Allemagne). D'une manière générale, l'État tend à empiéter sur les prérogatives de l'individu, et les gouvernements élargissent progressivement leur sphère d'action, en assumant peu à peu des fonctions auparavant réservées à l'initiative individuelle, en dirigeant, réglementant, contrôlant les œuvres des particuliers. Voilà ce que l'on appelle les progrès de l'action gouvernementale.

Par certains côtés cette extension des prérogatives du pouvoir, quand elle est modérée, quand elle ne prend pas une allure despotique ou tracassière, a certainement du bon. L'action gouvernementale, c'est, en somme, l'administration, et l'administration, avec ses traditions, ses méthodes, son contrôle, ses garanties de capacité et d'intégrité, rend aux individus de grands services ; elle les dispense surtout d'une foule de soucis absorbants (notamment ceux de la sécurité, de l'ordre public, de l'hygiène, etc.) et laisse ainsi le champ libre à leur activité dans d'autres directions. L'administration intelligente et consciente de son rôle, protège ; et toute protection, si elle est en apparence une tutelle, se traduit finalement par un accroissement de liberté.

Autre considération : l'extension illimitée de la liberté individuelle a pour effet de provoquer le conflit des droits des individus, de rendre ce conflit aigu et permanent. Il en résulte que l'individu se trouve beaucoup plus gêné dans l'exercice de ses droits et le développement de son activité par les droits et les activités antagonistes de ses semblables qu'il ne le serait par la restriction souvent peu sensible que subiraient ses propres droits du fait d'une action gouvernementale tant soit peu intense, du moment, bien entendu, où elle n'est pas tyrannique, ni surtout arbitraire. Le citoyen de l'Amérique se plaint de n'être pas libre à Paris ; il déplore la contrainte imposée par la police qui barre une rue dangereuse, qui l'oblige à prendre un numéro au bureau d'omnibus, à faire une déclaration de séjour, à ouvrir sa malle, etc. — Mais le Français qui va à New-York regrette ce Paris où il lui est possible de monter dans un tramway et de s'y asseoir sans être obligé de conquérir sa place de haute lutte, d'essuyer les coups de coude et les bourrades des compétiteurs brutaux, d'y être bousculé, empilé, étouffé. Il considère que sa liberté est singulièrement restreinte dans un pays où l'on ne trouve pas un domestique ou une bonne qui consente à cirer les chaussures de ses maîtres, et où ceux-ci doivent subir cet étrange refus, parce que les syndicats de serviteurs, fonctionnant en toute liberté, l'obligent à accepter leurs clauses restrictives !

Ces quelques réflexions, qui ne prétendent point constituer une dissertation, mais simplement orienter les idées pour arriver à en faire une, peuvent se résumer en ceci : les progrès d'une action gouvernementale raisonnée et inspirée par un esprit vraiment libéral, peuvent se concilier avec le libre déploiement des facultés et activités de l'individu.

---

647. *Rapports du devoir personnel et du devoir social.* — Grenoble [536-583].

1° Les devoirs personnels sont la condition des devoirs sociaux ; on ne pratique bien les seconds qu'en observant d'abord les premiers.

2° Presque toutes les infractions à la morale personnelle ont des conséquences sociales ; telles sont notamment l'intempérance, l'alcoolisme, la débauche.

3° Il peut y avoir conflit entre le devoir personnel et le devoir social. Dans ces cas c'est le premier qui doit céder (V. sur ce point le sujet 645).

---

648. *La solidarité sociale.* — Rennes [586-639].

1° Expliquer ce que c'est que la solidarité en général.

2° La solidarité sociale. Elle est une conséquence de la division du travail. Ses effets.

3° Sentiments et devoirs qui en résultent. — Terminer en disant sommairement qu'elle ne peut servir à fonder la morale (V. sujet 502).

---

649. *Rapports de l'autonomie morale de l'individu avec la solidarité sociale.* — Lyon [468-642].

Sens de la question : la dignité de la personne humaine, sa valeur absolue, qui est le fondement le plus solide qu'on ait pu assigner à la morale, ont leur source dans ce que Kant a appelé l'autonomie de la volonté, c'est-à-dire dans ce fait que la volonté s'impose à elle-même la loi morale, et qu'elle ne la reçoit pas du dehors. Ainsi l'autonomie de l'individu est la condition primordiale de la moralité de ses actes.

Or l'étroite solidarité qui unit entre eux les membres d'une société semble une atténuation, et, dans plus d'un cas, une négation de cette indépendance de la volonté individuelle.

Voilà le conflit à résoudre.

On le posera d'abord en le rendant sensible par plusieurs exemples bien appropriés.

On le résoudra en remarquant que l'autonomie de l'individu demeure indemne s'il accepte la solidarité comme un devoir, au même titre que tous les autres devoirs, au lieu de se la laisser imposer comme un fait. Le conflit est insoluble et l'autonomie individuelle irrémédiablement compromise si mes volitions prennent la forme suivante : je veux tel acte parce qu'étant, de fait, solidaire de tous les membres de mon groupe, et le groupe le voulant lui-même, je ne puis pas ne pas le vouloir, à moins de me séparer du groupe. Mais l'indépendance de la volonté sera sauvegardée si je dis : je veux tel acte parce que je le crois de nature à resserrer la solidarité sociale, laquelle je veux en général et en principe, en tant que je la considère comme un devoir.

Dans le premier cas c'est la solidarité qui fonde le devoir, doctrine utilitaire, morale empirique (sujet 502).

Dans le second cas c'est le devoir qui justifie la solidarité et l'impose.

---

650. *En quoi consiste la liberté politique ?* — Bordeaux [554-644].

Pour la définition de la liberté politique et sa distinction d'avec la liberté sociale, voir *Psychologie*, sujet 99.

Développer à l'aide d'exemples. Ces exemples seront pris soit dans l'histoire (cités helléniques, Hollande au XVIIe siècle, Suisse) soit plutôt dans le monde contemporain. On cherchera à montrer, dans les constitutions de quelques États, les éléments de liberté politique qui y sont contenus.

---

651. *Faut-il aimer la liberté ? Est-on d'autant plus heureux qu'on est plus libre ?* — Caen [481-656].

En rassemblant ses souvenirs historiques, chacun peut constater que les hommes assemblés en sociétés n'ont jamais rien tant aimé que la liberté ; que la recherche passionnée de la liberté a été le mobile de presque tout ce qui s'est fait de grand dans le monde.

Ont-ils eu raison ?

Cette liberté qu'ils ont si ardemment revendiquée, c'est la liberté politique, et aussi la liberté sociale (V. sujet précédent). Et il est déjà possible de prouver que la conquête de cette double liberté, l'affranchissement du citoyen, est un ennoblissement, un accroissement de dignité : comparer le libre citoyen d'une cité hellénique au sujet du Grand Roi, que le premier a si facilement vaincu.

Mais la liberté politique et la liberté sociale ont leurs origines dans la liberté morale et en dépendent (Expliquer et développer). C'est donc cette liberté qu'il faut aimer ; c'est elle qu'il faut tout d'abord chercher à réaliser. C'est la liberté morale qui fait le devoir, et, indirectement, par le devoir, c'est elle qui fait le bonheur. Oui, l'on est d'autant plus heureux qu'on est plus libre, à condition qu'on entende par ce mot libre non pas l'indépendance à l'égard des contraintes extérieures, mais l'affranchissement des contraintes du dedans. Notre bonheur, comme notre malheur, est en nous.

---

652. *De la liberté de conscience. Expliquer en quoi elle consiste et montrer qu'elle est le fondement de toute liberté.* — Alger [11-472]. — Clermont [296-742].

Ce sujet ne présente aucune difficulté. On définira la liberté de conscience : liberté d'adhérer à telle opinion, à tel dogme qui me semble raisonnable, qui m'est prouvé ou que je crois évident (Rappeler ici Descartes). Rattacher aussitôt cette liberté à la liberté morale proprement dite, et montrer qu'elle se confond avec elle, que la liberté de conscience est la première application de la liberté morale.

Théoriquement, toutes les autres libertés se fondent sur celle-là ; on le prouvera facilement.

Dans la pratique on montrera que les régimes despotiques ont toujours commencé par priver l'homme de sa liberté de conscience, et que la conquête de cette liberté a toujours été le premier pas dans la voie de l'affranchissement (Les publicistes du XVIIIe siècle, Voltaire).

---

653. *L'État et les devoirs du citoyen envers l'État.* — Clermont [403-742]. — Grenoble [638-641].

Pour la notion de l'État, voir sujet 635, la première partie seulement.

Ramener les devoirs du citoyen aux quatre suivants : obéissance à la loi, impôt, service militaire, vote. Insister sur le premier.

---

654. *Fondement des devoirs sociaux.* — Besançon [499-592].

655. *Quelles sont nos principales obligations sociales ?* — Nancy [637-679].

Sujet de cours. On peut d'ailleurs se reporter aux sujets 645 et 653.

---

656. *De l'obéissance à la loi. Quel en est le principe ? A-t-elle des limites ?* — Caen [481-651].

Le principe, c'est que la loi est l'expression de la volonté nationale (Bossuet, parlant de la loi dans les cités grecques, la définissait : la raison même, reconnue par tout le peuple). Or la volonté nationale, c'est le *Souverain*. Il n'y a pas d'autre autorité que la loi. Citer la prosopopée célèbre du Criton : les lois interdisant à Socrate de fuir, parce que nul n'a le droit de s'insurger contre la loi, même mal appliquée.

Après cet exposé théorique, on fera voir quels sont les inconvénients pratiques du mépris de la loi ; que c'est la négation même de l'ordre social, l'anarchie.

Reste la grosse question des limites de l'obéissance à la loi. Ici les avis se partagent ; les uns n'admettent ni limites, ni exceptions ; les autres pensent que dans certains cas, on est fondé à refuser l'obéissance à la loi, c'est à savoir : quand la loi est injuste, évidemment.

Chacune de ces deux théories a ses inconvénients.

La première conduit à l'acceptation de tous les despotismes, à l'abdication du droit primordial de toute conscience : celui de refuser son adhésion au mal et de se faire complice de l'iniquité.

La seconde tend à ériger l'individu en juge de la loi et à substituer à l'autorité de cette dernière les inspirations, les caprices et les scrupules de la conscience individuelle. Ne trouvera-t-on pas toujours, à propos de chaque prescription légale, des oppositions formulées en ces termes : ma conscience m'interdit d'obéir ?

Convenons qu'il n'est pas de société possible sans le principe d'une obéissance absolue et illimitée à la loi. Mais ajoutons : pourvu que ce soit la loi qui commande. En réalité le despotisme, le pouvoir tyrannique et s'exerçant par des moyens injustes a toujours été la violation même de la loi. Charles X, par les ordonnances, avait violé la Charte. Le coup d'État de 1852 fut une violation de la loi. Les insurrections légitimes sont celles qui sont faites pour défendre la légalité contre les entreprises de la violence et de l'ambition.

---

657. *Parmi les devoirs envers la patrie figure l'impôt. Que doivent faire les législateurs : 1° pour que ce devoir soit le moins pénible possible pour celui qui doit le remplir ; 2° pour que l'impôt soit également réparti ?* — Poitiers [658-666].

Quelques renseignements relatifs aux deux questions spéciales que contient ce sujet.

I. Pour que l'impôt soit le moins pénible possible au contribuable, il faut :

1° Qu'il ne soit pas vexatoire. Un impôt peut être vexatoire soit dans sa matière, soit dans sa forme. Dans sa matière : les objets auxquels il s'applique. Le contribuable admet difficilement qu'on lui fasse payer certaines choses qui lui apparaissent comme indispensables à la vie et de domaine commun ; sous l'ancien régime le droit sur le sel, à notre époque la contribution des portes et fenêtres sont de ce nombre. Dans sa forme, l'impôt est vexatoire quand il est inquisitorial, quand il oblige l'agent du fisc à venir chez l'imposé, à y exercer des perquisitions, faire des enquêtes, etc. Ce qu'on appelle dans les contributions indirectes « l'exercice » présente ce caractère ; un impôt sur le revenu global le présenterait aussi.

2° Qu'il ne comporte pas, de la part de l'imposé, de versements trop considérables d'un seul coup. Un contribuable qui fournit chaque année au trésor une somme de 1.000 francs, par exemple, s'il est dans une situation modeste, trouvera exorbitant de verser ces 1.000 francs en une seule fois, même en deux, en quatre fois. C'est pour cela que les impôts indirects ont été institués et sont maintenus. A chaque achat de denrées de consommation, l'acheteur, sans y penser, verse une somme minime au trésor : il la donne pour un morceau de savon, un kilo de café ou de sucre, une main de papier, un paquet de bougies, un fût de vin, une boite d'allumettes, etc. Au bout d'une année, il a ainsi déboursé, par petites fractions, une somme considérable. S'il lui avait fallu ajouter cette somme au total, beaucoup plus faible, des cotes qu'il paie chez le percepteur, cela lui eût paru insupportable.

II. Pour que l'impôt soit réparti d'une manière aussi équitable que possible, il faut y faire contribuer chacun dans la mesure de ses moyens.

Cela n'est pas facile, parce que l'État ne connait pas bien tous les moyens des particuliers.

La propriété foncière ne peut se dissimuler ; celle-là n'échappera pas à la taxe et ne demandera de la part de l'administration aucune enquête vexatoire. Mais il n'en est pas de même de la propriété mobilière. Comment savoir quels sont les revenus d'un rentier qui n'a que peu ou point d'immeubles, dont toute la fortune est en portefeuille ? Ne lui est-il pas bien facile de la dissimuler, ou, au besoin, de placer ses fonds à l'étranger ?

En ce qui concerne cette matière, deux systèmes sont en présence : l'impôt sur *les revenus*, qui fonctionne actuellement en France, et l'impôt progressif sur *le revenu* que l'on a déjà plusieurs fois proposé de substituer au premier. Dans le premier, ce sont les divers revenus qui sont frappés : contribution foncière d'une part, droits de mutation des propriétés, patentes d'autre part, taxe sur les diverses valeurs, actions, obligations, titres de rente, etc. De la sorte l'imposé acquitte de part et d'autre, sur ses revenus, les droits qui forment sa contribution. On se plaint que ce système laisse une grande inégalité entre la part contributive de chacun : évidemment, on n'atteint pas ainsi tous les revenus, il s'en faut de beaucoup, et les plus riches ne sont pas toujours ceux qui paient le plus. Voilà pourquoi un certain nombre d'hommes politiques voudraient remplacer ce système par celui de l'impôt global et progressif.

Expliquons d'abord ce dernier mot.

C'est un fait d'expérience que les charges ne pèsent pas sur un individu suivant une proportion exacte avec sa fortune. Un millionnaire qui a 40.000 francs de revenu dépense sans s'en apercevoir une somme de 1.000 francs ; un modeste fonctionnaire vivant avec un traitement de 4.000 francs trouvera déjà lourde une dépense de 100 francs. Un préposé des douanes dont le revenu est à peine de 1.000 francs ne peut pas, sans en souffrir, dépenser 25 francs. Voilà le fait. Si donc on veut que l'impôt soit juste, si on veut réellement frapper le riche dans la mesure de ses moyens, il ne faut pas se contenter d'une taxe simplement proportionnelle au revenu ; si vous demandez à celui qui a un revenu de 2.000 francs 2 ½ pour cent de son revenu, soit 50 francs par an, et si, proportionnellement, vous ne demandez que 500 francs à celui qui a 20.000 francs de rente, 5.000 francs à celui qui a 200.000 francs de revenu, évidemment votre impôt est inégal sous une fausse apparence d'égalité. Il faut donc que la taxe soit progressive, c'est-à-dire qu'on en accroisse le *taux* à mesure que le revenu s'élève ; que si, par exemple, on demande 2 ½ pour cent à un revenu de 2.000 francs, la taxe pour un revenu de 10.000 soit de 3 pour cent, de 4 pour cent pour un revenu de 20.000, etc.

En second lieu, on demande que l'impôt soit établi non pas sur *les revenus*, mais sur la *totalité du revenu* de chacun, comme on dit : sur son revenu global. C'est ici que surgissent les plus grosses difficultés : sans vouloir entrer dans la discussion, on indiquera simplement ici qu'elles consistent à établir pour chacun le chiffre de ce revenu global. En dehors des fonctionnaires, comment l'État peut-il se rendre compte des revenus d'un particulier, comment savoir ce que gagnent un médecin, un industriel, comment savoir ce que touche un rentier qui a une foule de petites valeurs en portefeuille, qui les change, vend et achète suivant les cours, fait des opérations à terme, place à l'étranger, etc ? Ne faudrait-il pas, pour que l'État fût renseigné, qu'il établit un véritable régime inquisitorial, pénétrât dans la vie privée des particuliers, dans leur bureau, leur ménage même ? Et voit-on le champ ouvert aux dénonciations, aux délations ? Pour réaliser un progrès très problématique dans la voie de l'équité, on rendrait sûrement l'impôt vexatoire et intolérable.

Telles sont, en abrégé, les questions que soulève l'impôt, et dont on a voulu seulement indiquer ici la nature et l'importance, sans prétendre en fournir la solution.

---

658. *Pourquoi est-on obligé de voter ?* — Poitiers [657-666].

Sujet ne présentant aucune difficulté.

---

659. *Théories diverses sur le droit de propriété. Fondement véritable de ce droit.* — Caen [540-608]. — Poitiers [668-707].

On peut ramener à quatre les théories concernant le fondement de la propriété.

1° La propriété se fonde sur le droit du premier occupant.

2° Elle se fonde sur l'utilité sociale : pas de société possible sans le droit de propriété.

3° Elle se fonde sur la loi : est propriétaire quiconque possède un *titre* légal de propriété.

4° Elle se fonde sur le travail : on est propriétaire de toute chose sur laquelle on a exercé un travail quelconque, si simple et élémentaire fût-il.

On peut d'abord remarquer que ces théories ne sont pas exclusives les unes des autres, et qu'elles peuvent dans une certaine mesure se concilier. On esquissera cette conciliation. Il résulte de là que chacune a sa part de vérité.

Celle qui en contient le plus, qui peut servir à fonder toute propriété, c'est la quatrième. Le travail, voilà la véritable base du droit de propriété. La raison fondamentale en est que, par le travail, l'homme modifie la chose naturelle, lui confère l'utilité, c'est-à-dire la propriété de satisfaire ses besoins, la transforme souvent au point que son œuvre est presque une création (une lande stérile métamorphosée en terre productive).

Ce faisant, l'homme a incorporé à l'objet naturel quelque chose de lui-même ; l'objet est devenu ainsi comme une sorte de prolongement de sa personnalité. C'est en ce sens qu'il a le droit de dire que cette chose est à lui, qu'elle lui appartient.

---

660. *Apprécier les doctrines qui contestent la légitimité de la propriété individuelle, ou qui prétendent du moins (vous direz dans quelle mesure) la restreindre.* — Lille [563-607].

1. Négation de la légitimité de la propriété individuelle. Le collectivisme. La propriété individuelle est illégitime ; elle a souvent une origine immorale : accaparement, vol, conquête ; ou bien elle est le résultat d'un pur hasard ; elle se transmet par l'héritage, autre iniquité. Il y a lieu de l'abolir et d'y substituer la propriété collective : dans ce régime, ce ne sont plus les individus qui sont propriétaires, mais des communautés, des groupes sociaux, soit l'État (Karl Marx), soit les communes, soit, comme dans les projets de reconstitution intégrale de la société, certains groupements constitués, les phalanstères de Ch. Fourier, par exemple.

Lorsqu'on veut apprécier cette conception, on a à sa disposition des moyens précis de fixer ses idées : on peut procéder expérimentalement, car la propriété collective existe dans certains pays, notamment en Russie (le *mir*) et chez les Malais indépendants de Java (la *dessa*).

Le *mir* russe est une propriété de la commune : c'est le territoire communal. On en concède, à titre temporaire, l'exploitation, par lots, aux particuliers, et l'on procède périodiquement à une nouvelle répartition des lots, en raison des modifications produites par les décès et les naissances.

Or, voici ce qui arrive partout en Russie : à côté de cette propriété collective on voit s'établir peu à peu la propriété individuelle. La population étant peu dense, les territoires des communes voisines sont séparés par des espaces en friche, qui n'appartiennent à aucune commune. Dans un village donné, tel paysan actif, économe, ayant une famille nombreuse trouve d'une part son lot du mir insuffisant, d'autre part a du temps de reste quand il l'a cultivé : il va hors des limites du ban communal, défriche une parcelle de terrain qui lui paraît fertile, la met en valeur, l'exploite, et en devient naturellement l'unique propriétaire, puisqu'elle n'était à personne et ne rapportait rien avant qu'il l'eût cultivée et améliorée. L'année suivante, il en fera autant sur une autre parcelle ; il arrivera ainsi qu'au bout d'un certain nombre d'années la totalité des terres qu'il possédera à lui, en toute propriété, dépassera de beaucoup le lot qui lui est attribué dans le mir, et que ses domaines particuliers seront aussi plus productifs, par la double raison que ce sont des terres vierges et qu'il les soigne plus diligemment. Il laissera donc peu à peu de côté sa part de propriété collective pour exploiter la part croissante de propriété individuelle qu'il s'est faite. D'autres suivront son exemple; avec le temps l'ancien mir sera devenu un îlot insignifiant entouré de vastes domaines particuliers; et l'institution du mir, un jour ou l'autre, tombera en désuétude dans cette commune. C'est ainsi que les choses se sont passées et se passent encore en Russie : par une évolution spontanée, la propriété individuelle y est sortie de la propriété collective et s'est substituée à cette dernière.

Les conclusions s'imposent : 1° la propriété individuelle est un fait de nature, un fait nécessaire, contre lequel il n'y a ni à récriminer ni à réagir; 2° les doctrines collectivistes, loin de réaliser un progrès, remontent le cours normal des choses et veulent ramener la propriété, et par suite la société, à un état archaïque.

2. *Restrictions proposées au droit de propriété.* La plupart des systèmes socialistes proposent des restrictions à la propriété individuelle. Celle sur laquelle s'accordent un grand nombre d'entre eux est la limitation ou la suppression pure et simple du droit d'héritage.

On peut d'abord discuter *a priori* cette proposition et soutenir qu'en droit l'héritage est légitime : ce que je possède, ce qui est à moi, j'ai le droit absolu d'en disposer après ma mort comme pendant ma vie, de le donner à qui je veux, à mes enfants avant tout, pour lesquels j'ai travaillé et acquis cet avoir.

En outre, on peut faire voir les graves inconvénients qui résulteraient pour la société de modifications dans la loi concernant les héritages. Supposons qu'on supprime l'héritage, ou qu'on le restreigne à une faible quotité de l'avoir de chacun : il est évident que toutes les conditions de la capitalisation se trouveraient changées par ce fait même. Lorsqu'un homme se verrait arrivé à un chiffre de fortune assurant largement la satisfaction de ses besoins pendant sa vie, il cesserait aussitôt d'épargner, du moment où il serait établi qu'il ne peut léguer son épargne à ses enfants.

Les conséquences d'un pareil état de choses se faisant sentir sur la capitalisation, dont l'intensité diminuerait considérablement, l'industrie, le commerce, la production, qui eux-mêmes dépendent de la capitalisation, seraient indirectement atteints. D'autres effets non moins redoutables atteindraient la culture et les améliorations du sol : à quoi bon faire les frais d'une plantation, d'un amendement, d'une construction coûteuse, toutes choses dont le rapport est toujours à échéance lointaine? Les progrès de l'agriculture et de l'industrie se trouveraient ainsi paralysés. Ce serait un état de crise général et permanent. Tels sont, en abrégé, les effets les plus importants que produirait toute atteinte essentielle portée au principe du droit de propriété individuelle.

---

661. *Sur quelles choses doit porter le droit de propriété?* — Montpellier [484-560].

En principe, le fondement du droit de propriété étant le travail, ce droit doit s'appliquer à toutes les choses auxquelles s'applique lui-même le travail. Les conditions d'organisation d'une société ne permettent pas toujours cette extension du droit de propriété à tous les objets de l'activité humaine. On peut remarquer que l'évolution sociale et les progrès de la civilisation ont pour effet une évolution parallèle dans le droit de propriété, et que cette évolution se traduit par une extension progressive du droit de propriété à des choses qui, tout d'abord, étaient considérées comme de domaine commun.

Dans la tribu primitive, l'individu fut d'abord propriétaire de sa hutte, et du terrain, enclos ou non, qui l'entourait et qu'il pouvait occuper ou cultiver. Puis sa propriété s'étendit à d'autres terres qu'il mit en culture. Plus tard, dans une société plus développée, il devint propriétaire d'une charge, d'un droit, d'un privilège : par le droit de propriété, la personne humaine s'amplifie ainsi graduellement, s'annexe, pour ainsi dire, des choses matérielles, puis des choses immatérielles, des relations, des entités, dont les effets sont d'ailleurs tangibles.

A une époque relativement récente, on a vu l'homme devenir propriétaire de choses auxquelles, dans des temps plus lointains, on n'eût pas pensé qu'un tel droit pût s'appliquer : telles sont ces formes de la propriété que l'on nomme propriété littéraire, artistique, industrielle, etc. Nul doute que cette extension ne se poursuive dans l'avenir.

---

662. *Le droit de propriété, son fondement et son extension. L'héritage ; l'esclavage. La famille est-elle une propriété ?* — Nancy [143-810].

Voir les trois sujets précédents.

En adoptant pour fondement du droit de propriété le principe du travail, on voit que ce droit ne peut en aucun cas s'étendre à des personnes humaines ; l'esclavage est donc illégitime ; en aucun cas un homme ne peut être propriétaire d'un autre homme. De même, la famille n'est pas une propriété.

---

663. *Faire voir par quelques traits bien choisis que la question sociale est une question morale.* — Lille [645-678].

Cette formule est le titre d'une brochure allemande de M. le professeur Ziegler, traduite en français par M. Palante.

On peut poser la question sociale en ces termes : étant donné que la production industrielle est l'œuvre de deux facteurs, le capital et le travail, comment assurer au travailleur une juste part dans la répartition de la richesse qu'il contribue à créer.

Les différentes écoles socialistes présentent chacune une solution théorique du problème. Toutes ces solutions se ressemblent en ce qu'elles sont d'ordre exclusivement politique et économique ; toutes visent à changer seulement les faits, les relations des personnes et des biens. Ce qu'il importe ici de faire comprendre, c'est que la question, pour être saisie dans sa véritable nature, doit être transportée de l'ordre politique et économique dans l'ordre moral.

C'est une question morale. Elle est morale : 1° par les données qu'elle pose ; 2° par les solutions qu'elle appelle.

1° *Les données du problème.* Comme on l'a vu plus haut, le problème consiste à mettre au jour l'injustice fondamentale qui résulte aujourd'hui des conditions dans lesquelles s'opère la production industrielle. Il n'est pas juste, dit-on, que l'ouvrier, ayant atteint la vieillesse, après une vie de labeur continu, n'ait rien, ne possède rien, ne puisse même assurer à ses vieux jours le pain quotidien, n'ait pas sa part dans cette richesse qu'il a contribué à produire. Question sociale : question de justice, donc question morale.

2° *Les solutions possibles.* C'est par l'idée de justice que le problème se pose ; c'est dans l'idée et le sentiment de charité que la solution en doit être cherchée. C'est la force des choses qui a mis aux mains d'un petit nombre, avec la possession du capital, celle des bénéfices de la production. Il est infiniment probable que dans tout autre système d'organisation sociale qu'on puisse imaginer, les mêmes causes reproduiraient les mêmes effets. L'iniquité sociale n'est pas le fait de telle ou telle institution, de telle ou telle forme sociale : elle est le fait de l'inégalité naturelle des hommes. La direction de la production et la jouissance des bénéfices appartiennent, de fait, sinon de droit, au capitaliste, parce qu'il a le capital, et que sans le capital, évidemment le travail est inutile et improductif. Mais pourquoi a-t-il le capital ? Parce que lui, ou son père, ou son grand-père, ont épargné. Et s'ils ont épargné, ces premiers fondateurs du capital, c'est qu'ils étaient plus intelligents, plus prévoyants, ou plus laborieux, ou plus sobres, ou plus forts, que les ancêtres de l'ouvrier qui ne lui ont rien légué ; c'est qu'il y avait entre les uns et les autres une de ces inégalités de nature que l'on peut tant qu'on le voudra déclarer iniques, mais qu'on ne peut pas supprimer ; aussi bien l'ordre des choses naturelles n'a rien de moral, on le sait de reste. C'est la nature, ce sont les faits qui par leur jeu aveugle et inconscient ont donné le capital à certains élus et l'ont refusé aux déshérités ; tant qu'on essaiera de trouver les solutions du problème dans l'ordre des faits, on se heurtera à la même loi d'airain, et l'on verra renaître tous les jours l'iniquité naturelle, nécessaire effet d'une naturelle inégalité.

Les choses peuvent changer de face si l'on porte la question sur le terrain de la charité : ce que l'on ne peut demander à la nature indifférente, brutale, peut-être l'obtiendra-t-on de la volonté humaine, respectueuse du devoir, fléchie par la pitié. Le problème se simplifie étrangement : que celui qui possède consente à en faire part à celui qui n'a rien ; qu'il veuille bien le considérer, non plus comme un concurrent, mais comme un frère. Le monde contemporain voit tous les jours se fonder des institutions qui reposent sur ce fonds d'idées et de sentiments : caisses de retraites, assurances, sociétés d'épargne, mutualité sous toutes ses formes, associations coopératives, sociétés ayant pour but d'assurer à l'ouvrier une propriété immobilière au moyen d'annuités relativement faibles consenties par lui et d'avances faites par le capitaliste ; voilà quelques-uns de ces actes de charité organisée et bien entendue, plus efficaces que les projets ambitieux de refonte de la société ou que les entreprises de la violence révolutionnaire. C'est dans cet ordre d'idées que la question peut rencontrer la seule solution pratique qu'elle comporte, et c'est vers ce but qu'il faut convier toutes les bonnes volontés à diriger leurs efforts.

---

664. *De la justice dans l'ordre social.* — Aix-Bastia [**44-283**]. — Besançon [**504-539**].

V. sujet précédent. Celui-ci, évidemment, n'est pas le même : il est plus général et soulève d'autres problèmes que celui des rapports du travail et du capital. Les réflexions ci-dessus donneront des idées.

---

665. *L'État et la bienfaisance sociale.* — Besançon [**681-711**].

Il y a deux formes de charité ou bienfaisance : la charité publique et la charité privée. On demande d'étudier ici la première.

1° L'État a le devoir impérieux de bienfaisance.

2° Principales institutions de charité publique : hôpitaux et hospices, asiles, crèches, etc, bureaux de bienfaisance, assistance médicale gratuite, orphelinats, enfants assistés, bureaux municipaux de placement.

3° Valeur de la charité officielle : cette valeur est médiocre, de beaucoup inférieure à celle de la charité privée. Raisons de cette infériorité : arbitraire, insuffisance des informations, formalisme administratif. En outre, les vraies misères se cachent ; il faut les chercher, aller au devant d'elles, ce que ne peut faire la bienfaisance officielle.

---

666. *Énumérer les principaux penseurs français qui ont écrit sur l'éducation, en analysant rapidement leur système, puis développer plus longuement la thèse de l'un d'eux.* — Poitiers [**657-658**].

Parmi les classiques : Rabelais (*Éducation de Gargantua*) ; Montaigne (chap. de l'*Institution des enfants*) ; Fénelon (*Éducation des filles*) ; J.-J. Rousseau (*Émile*) ; Pestalozzi (*Léonard et Gertrude*) ; Mme Necker de Saussure (l'*Éducation progressive*).

Parmi les contemporains on recommande spécialement deux auteurs excellents : M. Alex. Martin (l'*Éducation du caractère*) et M. Payot (l'*Éducation de la volonté*).

Pour le développement, on ne peut naturellement que renvoyer aux textes. Le plus connu, celui qui prête aussi le plus à d'intéressantes discussions est l'*Émile*.

---

667. *De l'autorité dans la famille. Sa nécessité. A qui revient-elle de droit ? Abus possibles.* — Nancy [**626-673**].

L'expérience et les réflexions personnelles de tout élève de philosophie lui fourniront sûrement les matériaux de cette dissertation.

---

668. *Rapports de la morale et de l'économie politique.*—Grenoble [**175-672**] ; [**511-592**]. — Lille [**487-603**]. — Lyon [**488-490**]. — Poitiers [**505-596**] ; [**560-612**] ; [**562-707**] ; [**659-707**].

669. *Les idées morales doivent-elles avoir une influence sur les relations économiques ?* — Bordeaux [**515-530**].

L'économie politique est la science de la richesse publique. Dans ses quatre parties, elle étudie la production, la circulation, la répartition et la consommation des richesses. Une simple revue des principales questions à traiter dans chacune de ces parties indiquera qu'il en est un bon nombre appartenant à la fois à la science économique et à la morale.

1° *Production*. La richesse a pour facteurs : la nature, le travail, le capital.

Le travail, en tant que devoir et agent d'anoblissement de l'être humain, a une valeur morale.

Le capital, ayant pour origine l'épargne, ressortit aussi de la morale.

2° *Circulation*. Les richesses circulent par l'échange ; les échanges donnent naissance à la notion de valeur et sont régis par les lois de l'offre et de la demande. Il est de toute évidence que les échanges sont subordonnés à la notion de justice, autre question morale.

3° *Répartition*. Chacun des facteurs de la richesse en reçoit une part : le propriétaire du sol reçoit la rente de la terre, le capitaliste l'intérêt de son argent, le travailleur son salaire. Or, légitimité de la propriété, légitimité de l'intérêt, justice dans l'établissement des salaires : autant de questions qui sont du domaine de la morale (V. ci-dessus, sujet 663).

4° *Consommation*. La consommation des richesses donne lieu à deux théories importantes où la morale a encore une large part : théorie du luxe (V. sujet suivant) et théorie de la population (causes morales de l'accroissement ou de la diminution de la natalité dans une nation).

En résumé la morale intervient dans la plupart des problèmes économiques. C'est dire que les relations économiques des hommes entre eux peuvent et doivent être, dans une certaine mesure, réglées par la morale.

---

670. *Certains économistes vantent les bienfaits sociaux du luxe que d'autres, au contraire, trouvent nuisible et immoral. Exposez et discutez les arguments des deux écoles.* — Aix [207-593]. — Rennes [550-718].

La thèse des adversaires du luxe est développée par J.-J. Rousseau, principalement dans la *Lettre à d'Alembert*.

Il faut, pour commencer l'exposé de cette dissertation, faire remarquer d'abord combien le luxe est difficile à définir. C'est une chose essentiellement relative, qui varie avec le degré de civilisation et de culture, de sorte qu'une foule de choses sont considérées comme des objets de luxe par les uns, comme des choses de première nécessité par les autres. Un paysan des Cévennes, visitant la très modeste demeure d'un bourgeois aisé de nos villes, y trouverait quantité de choses (des tapis, des glaces, des fauteuils, de la porcelaine, des couverts d'argent, etc.) qu'il qualifierait d'objets de luxe, et qui n'ont jamais paru tels à leur propriétaire ; celui-ci, d'ailleurs, éprouvera une impression analogue à celle du paysan quand il pénétrera dans la demeure opulente de quelque millionnaire. Le luxe ne peut être défini absolument : on ne peut en donner qu'une notion relative en disant que c'est ce qui dépasse la moyenne des besoins indispensables d'une classe d'hommes donnée (Remarquer les relations étroites entre le luxe et l'art).

Les arguments en faveur du luxe sont d'ordre économique. 1° Le luxe est une source de richesse pour les nations (vulgairement « fait aller le commerce »). 2° Il donne à la production générale un cachet d'art, d'élégance, de distinction, parce que les produits de luxe élèvent le niveau du goût et imposent des modèles (par exemple, de nos jours, les jolis services de table, à bon marché). Insister sur ce fait que certains pays, comme la France notamment, doivent toute leur supériorité industrielle à la production d'articles de luxe.

Objection. Mais, dira-t-on, lorsqu'un riche dépense mille francs pour un seul objet de luxe, ne vaudrait-il pas mieux qu'il employât cette même somme à l'achat de dix objets ordinaires de cent francs ? Il ferait vivre dix ouvriers au lieu d'un et multiplierait d'autant la production.

Réponse. Il y a dans ce raisonnement une erreur latente.

Cette erreur consiste à poser qu'un objet de luxe ayant par exemple une valeur 10 pourrait être remplacé, dans la production générale, par 10 objets de valeur 1. Rendons l'erreur sensible par deux exemples.

Le clos Vougeot produit annuellement, je suppose, 10 hectolitres de vin qu'on peut vendre 1.500 francs l'un, ce qui donne un revenu de 15.000 francs. Si on le plantait en cépages ordinaires, et qu'avec le produit quelconque de ces vignes, sans choisir les grappes, sans trier, sans faire de déchet, on fit du vin ordinaire, à 60 francs l'hectolitre, croit-on qu'on en tirerait 250 hectolitres ? C'est évidemment impossible. Au lieu de 10 hectolitres de vin de choix, on ferait peut-être 40 ou 45 hectolitres de vin ordinaire, et la perte serait énorme.

Voici maintenant un ouvrier qui fait de la ciselure d'art pour objets de salon. Il peut, dans une semaine, faire une pièce qui se vendra 500 francs. Mettez cet ouvrier dans une fabrique de quincaillerie et demandez-vous si, même en y ayant travaillé toute sa vie, habile et rompu à la besogne, il fera dans sa semaine 500 casseroles à 1 franc, ou 100 articles de bazar à 4 fr. 95. La réponse n'est pas douteuse.

Conclusion. Le luxe est productif par sa valeur intrinsèque.

Les arguments des adversaires sont d'ordre exclusivement moral, et on les conçoit tous sans peine. On peut d'ailleurs y répondre en distinguant deux espèces de luxe : le luxe raisonnable, celui des gens opulents qui ont du goût et de bons sentiments, et le luxe tapageur et prétentieux des vaniteux qui n'est que prodigalité.

---

671. *Du travail. Divers genres de travail. Des régimes du travail dans les sociétés antiques et modernes.* — Alger [612-711].

L'économie politique établit que le travail est l'un des trois facteurs de la production, les deux autres étant la nature et le capital.

On définit le travail : tout acte humain ayant pour objet de produire une utilité quelconque. Agir n'est pas nécessairement travailler ; il y a des actes prolongés, fatigants, conscients d'ailleurs et volontaires, qui ne sont pas des travaux. L'acte n'est un travail qu'à condition d'être exécuté en vue de la production d'une utilité : l'homme qui danse pour s'amuser ne travaille pas ; le danseur d'Opéra figurant dans un ballet travaille.

On peut faire bien des espèces d'actes ayant le caractère du travail. Il y a donc lieu de les classer. Les travaux organisés dans les sociétés civilisées portent le nom d'*industries*.

1° Industries extractives (Mines, carrières, etc.).

2° Industries agricoles.

3° Industries manufacturières.

4° Industries commerciales (Le commerçant travaille et produit de l'utilité).

5° Industries des transports.

6° Industries intellectuelles (Travaux de la science, de l'art, etc.).

7° Services ou travaux d'administration, fonctions publiques, etc.

L'économie politique étudie en détail chacun de ces genres de travaux; essentiellement elle montre en quoi chacun est productif.

Le régime du travail n'était pas dans les sociétés antiques le même que dans les temps modernes.

L'antiquité pratiquait l'esclavage, et le travail était réservé aux esclaves; ceux-ci étaient les seuls producteurs de cette époque, et exécutaient tous les travaux, même beaucoup de travaux intellectuels. Pour cette raison, le travail était méprisé dans l'antiquité, et considéré comme œuvre servile. Socrate, par exception, en comprit la noblesse, la valeur morale, et essaya de le réhabiliter (Voir Xénophon, *Mémorables*).

Au Moyen âge, le travail est pratiqué par des ouvriers libres, mais il est assujetti aux formes et réglementations étroites des corporations.

De nos jours le travail est entièrement affranchi. Il se fait, soit par des ouvriers isolés (artisans), soit par des travailleurs groupés en ateliers dans les manufactures. Il donne lieu, entre le patron et l'ouvrier, à la convention connue sous le nom de contrat de travail. Le salaire est la rétribution fixe et périodique que donne l'entrepreneur aux ouvriers pour rémunérer leur travail.

Le salaire est une nécessité; il résulte de la nature même. Voici un entrepreneur qui s'est chargé de bâtir une maison dans un délai de six mois. Il cherche et trouve des ouvriers terrassiers, maçons, charpentiers, menuisiers, etc. qui vont, avec les matériaux et les appareils qu'il leur fournira, exécuter le travail. Entrepreneur et ouvriers sont, si l'on veut, des collaborateurs, apportant l'un son matériel, ses capitaux, son crédit, les autres leur force physique, leurs aptitudes professionnelles acquises; il semblerait donc, en bonne logique, que tout le bénéfice de l'œuvre dût être partagé également entre eux, qu'ils fussent littéralement des associés. La force des choses empêchera qu'il en soit ainsi.

D'abord le paiement de la maison ne sera fait qu'après l'achèvement et la remise des travaux. L'ouvrier peut-il attendre ce délai pour toucher sa quote-part ?

D'ici là, cependant, il y aura des avances à faire. L'ouvrier peut-il les faire ?

Dans toute entreprise, il y a des risques à courir. Et si, au lieu d'une bâtisse, nous avons affaire à une fabrication industrielle, ces risques apparaîtront plus évidents encore. L'ouvrier veut-il et peut-il en prendre sa part ? Si on admet sa participation aux profits, ne faut-il pas admettre, en vertu de la stricte justice, sa participation aux pertes ? Et s'il y a faillite, sera-t-il, avec l'entrepreneur, déshonoré, déchu de ses droits, arrêté peut-être ?

En outre, l'ouvrier fournit à la production un travail constant, régulier, uniforme; l'entrepreneur apporte au contraire un effort variable, intermittent, multiple, sans aucun rapport avec le labeur de l'ouvrier. Achat des matières premières, discussion des marchés, conception des affaires, étude des cours, recherche des débouchés, prévision des changements dans les modes ou des modifications dans le courant des demandes, crises à subir, correspondance, voyages, cours de Bourse et de change à connaître, etc., tout cela constitue l'œuvre de l'entrepreneur, dont l'ouvrier n'est pas capable, et qu'on ne lui demande pas. En échange d'un concours uniforme et mesurable, il est donc juste qu'il reçoive une rétribution également uniforme et mesurable, comme le salaire, à l'abri, d'ailleurs, des risques de l'entreprise, puisque, en cas de faillite, la loi garantit à l'ouvrier un privilège en vertu duquel les salaires dus lui sont intégralement versés.

C'est dans ces conditions que s'établit de nos jours le régime du travail, et que se règlent ses relations avec le second des facteurs de la production, le capital.

---

672. *Du travail et de l'épargne au point de vue individuel et au point de vue social.* — Aix [**312-841**]. — Grenoble [**175-668**].

Le point de vue individuel, c'est le point de vue moral ; cela consiste donc à exposer la valeur morale du travail et de l'épargne, ce qui est facile.

Le point de vue social, c'est le point de vue économique.

Économiquement, le travail est un des trois facteurs de la production. On en démontrera l'importance en faisant voir que la nature ne nous fournit (sauf l'air atmosphérique) aucun produit qui soit directement utilisable. De là la nécessité du travail et son rôle ; le progrès de la civilisation provoquant sans cesse la naissance de besoins nouveaux, ce rôle du travail devient de plus en plus considérable.

L'épargne crée le capital, dernier facteur de la production, facteur prépondérant de nos jours, en raison des conditions de l'industrie, notamment de l'emploi des machines ; toute industrie demande la mise en œuvre d'un matériel énorme, la construction de bâtiments gigantesques, et tout cela n'est possible qu'au moyen du capital. C'est la petite épargne du bourgeois, du paysan, qui, drainée par les sociétés financières, constitue les puissants capitaux dont s'alimentent les Compagnies de chemins de fer ou de navigation, les établissements comme le Creusot, Essen, Pittsburg, etc.

---

673. *Le travail. S'impose-t-il à tous ? Ses diverses formes. Sont-elles égales en dignité ?* — Nancy [**626-667**].

Dissertation morale. N'y pas introduire d'éléments empruntés à l'économie politique. Ne parler, à propos des formes du travail, que de la division en travail manuel et intellectuel, deux formes parfaitement égales en valeur et dignité.

---

674. *Quels sont les facteurs de la richesse ?* — Clermont [**164-742**].

La nature, le travail, le capital. V. sujets précédents, depuis 669 inclus.

---

675. *Définir le droit. Donner une classification de nos droits.* — Besançon [632-682].

V. sujets 539, 540, 541.

Pour la classification des droits, on peut adopter le système suivant : le droit en général étant fondé sur le respect de la personne, j'ai droit à ce qu'on respecte ma personne dans toutes ses manifestations :

1° Dans sa vie (droit de légitime défense) ;
2° Dans ses biens ;
3° Dans sa réputation ;
4° Dans sa liberté sous toutes ses formes : politique, sociale, corporelle, de conscience ;
5° Dans les engagements pris envers elle.

---

676. *L'idée de droit est-elle identique à l'idée de force ou à celle d'utilité sociale ?* — Lyon [561-633].

Sujet de cours. La première thèse a pour principal défenseur Hobbes ; la seconde Spinoza (Voir les histoires de la philosophie).

677. *Les principes du droit naturel.* — Lyon [480-710].
V. les sujets précédents 675 et 676.

---

678. *Fondement et conséquences du droit de légitime défense.* — Clermont [607-626]. — Lille [645-663].

Fondement : le respect de la personne.
Conséquences : droit de guerre ; peine de mort. Le duel n'est pas une conséquence ; le démontrer.

---

679. *Fondement du droit de punir.* — Alger [505-588] ; [577-585]. — Bordeaux [467-611] ; [596-700]. — Lyon [589-599]. — Nancy [637-655].

1° On peut, avec d'excellents arguments, soutenir que la société n'a pas le droit de punir. Raisons sur lesquelles on s'appuie : *a*) le droit de punir se comprend seulement de la part d'un être infaillible, représentant la justice absolue, et ne pouvant se tromper ; *b*) l'idée de punition n'est pas une idée morale ; la peine infligée ne répare en rien le mal commis, et ne fait qu'ajouter un mal de plus à la somme des maux de l'univers. Voir sur ce point l'argumentation de Guyau dans : ***Esquisse d'une morale sans obligation ni sanction***, critique de l'idée de sanction.

2° Que si l'on pense, nonobstant ces arguments, que la société a le droit de punir, il faut soutenir que ce droit se fonde sur l'idée de sanction, de *réparation* du mal causé.

Les partisans de la première thèse ne pensent pas pour cela que la société doive rester désarmée devant les malfaiteurs. Ils nient le droit de punir, mais admettent celui de légitime défense sociale.

---

680. *Qu'est-ce que le droit des gens ? Quelles en sont les prescriptions essentielles ?* — Lille [521-627].

On peut définir le droit des gens : l'ensemble des droits qui appartiennent à tout homme, par ce seul fait qu'il est homme, dans ses relations avec les autres hommes, en dehors de tout lien spécial de famille ou de nationalité.

On le divise en droit des gens en temps de paix et droit des gens en temps de guerre. On énumérera facilement les principales prescriptions dans chacun de ces deux cas. Pour le second, on pourra prendre comme guide les articles de la Convention de Genève.

---

681. *La justice dans les rapports entre les nations.*— Besançon [665-711].

Même sujet que le précédent. Ne pas oublier de parler des progrès qu'a faits cette idée depuis un demi-siècle, et qui se traduisent par l'adoption du principe de l'arbitrage et la pratique des conférences internationales.

CHAPITRE IV

THÉORIE DES VERTUS

682. *Les vertus ont-elles toutes la même valeur, comme le pensaient les stoïciens ?* — Besançon [632-675].

Dissertation à traiter avec le moins de théorie possible. Poser seulement le principe du devoir et de la vertu, et aborder aussitôt le terrain de la pratique. Faire voir que les vertus n'ont pas la même valeur, parce que, dans la pratique, elles ne présentent pas les mêmes difficultés, ne demandent pas le même effort. La valeur d'une vertu est en raison des sacrifices qu'elle nous impose. On pourrait prendre une vertu donnée, par exemple le dévouement à la famille ou à la patrie, et la présenter dans une série de cas gradués depuis le minimum d'effort et de sacrifice jusqu'au maximum.

---

683. *Définir la vertu. Théorie des quatre grandes vertus.* — Grenoble [613-740].

684. *Des quatre grandes vertus chez les anciens et chez les modernes. Pourquoi la prudence, c'est-à-dire la recherche et l'amour de la vérité, est-elle toujours placée au premier rang ?* — Grenoble [471-495] ; [504-598].

Sujet très facile à traiter. On sait que les quatre vertus cardinales étaient : prudence, tempérance, force et justice. Les modernes y ajoutaient charité. L'idéal ancien (épicuriens, stoïciens, cyniques, héros de Plutarque) était la force, la résistance à toutes les formes de douleur ou d'adversité, le mépris du danger et de la souffrance. L'idéal moderne est plutôt la fraternité (christianisme, démocratie, relations entre les peuples, etc.).

---

685. *Le propre de la vraie sagesse, a dit un contemporain, c'est de faire mille choses que la raison n'approuve pas, ou n'approuve qu'à la longue.* — Poitiers [471-635].

Rapprocher de cette pensée la suivante, qui est de Schopenhauer : toute idée importante passe par trois phases. Dans la première, parce qu'elle est neuve et insolite, on la considère comme un paradoxe, et celui qui l'a trouvée meurt d'ordinaire avant qu'on lui rende justice. Dans la seconde, on reconnaît la justesse de l'idée ; elle s'est imposée aux esprits ; on rend hommage au génie de l'inventeur. Cette période dure peu. Dans la troisième, on s'est habitué à l'idée, elle n'étonne plus ; on la regarde comme un lieu commun, que tout le monde pouvait concevoir, et l'on considère comme médiocre, le mérite de celui qui l'a mise en crédit.

Ce que Schopenhauer dit là des idées pures, philosophiques ou scientifiques, la pensée que l'on propose comme matière le dit de la sagesse pratique. On n'aura qu'à rassembler ses souvenirs pour en trouver mille exemples. Ce sont tous les personnages historiques qu'on a commencé par traiter de fous ou de simples d'esprit, et dont on n'a reconnu que plus tard la réelle sagesse : Socrate, Jeanne d'Arc, Colomb, pour ne citer que les plus illustres.

L'intérêt de la dissertation consistera à expliquer ces cas. Et cette explication doit porter sur deux points : l'esprit de celui qui accomplit l'acte, et celui des témoins qui le jugent. Points essentiels à dégager : chez le premier, l'*inspiration* (imagination et cœur : « Les grandes pensées viennent du cœur. » Vauvenargues) ; chez les seconds, préjugés, routine, misonéisme, esprit d'envie.

---

686. *De la tempérance. Conséquences morales de l'intempérance.* — Clermont [187-386].

Aucune difficulté. Bien remarquer les mots : conséquences *morales*, et ne parler que de celles-là.

---

687. *Dans quel sens et jusqu'à quel point est vrai le mot : On devient esclave de ce que l'on aime?* — Montpellier [517-605].

J'ai voulu tout aimer, et je suis malheureux,
Car j'ai de mes tourments multiplié les causes :
D'innombrables liens, frêles et douloureux
Dans l'univers entier vont de mon âme aux choses.

Tout m'attire à la fois, et d'un attrait pareil :
Le vrai par ses lueurs, l'inconnu par ses voiles ;
Un trait d'or frémissant joint mon cœur au soleil,
Et de longs fils soyeux l'unissent aux étoiles.

La cadence m'enchaîne à l'air mélodieux ;
La douceur du velours aux roses que je touche ;
D'un sourire j'ai fait la chaîne de mes yeux,
Et j'ai fait d'un baiser la chaîne de ma bouche.

Ma vie est suspendue à ces fragiles nœuds,
Et je suis le captif des mille êtres que j'aime.
Au moindre ébranlement qu'un souffle cause en eux,
Je sens un peu de moi s'arracher de moi-même.

(Sully Prudhomme, *Les Chaînes.*)

Le sens du sujet à traiter est surtout indiqué dans ce morceau par le vers :

Et je suis le captif des mille êtres que j'aime.

Entre les êtres qui s'aiment se crée une *solidarité.*

---

688. *Qu'est-ce que le courage ? Quelles sont les principales formes sous lesquelles il peut se manifester ?* — Clermont [395-504]. — Lille [502-553].

689. *Analyser le sentiment de la peur. Est-il possible de donner une éducation au courage ?* — Nancy [616-622].

Aucune difficulté.

---

690. *Montrez l'importance du conseil : Aimez les passions nobles.* — Montpellier [584-692].

C'est Vauvenargues qui donne à un jeune homme ce conseil, en ces termes :

« Si vous avez quelque passion qui élève vos sentiments, qui vous rende plus généreux, plus compatissant, plus humain, qu'elle vous soit chère. »

L'intérêt de la dissertation consistera à rechercher quelles sont les principales passions nobles, et ce qu'elles peuvent nous faire faire de bon. Se rappeler que Vauvenargues a toujours soutenu, avec raison, que la passion est bonne et utile en soi, pourvu qu'on sache l'appliquer et la diriger, et qu'on ne fait rien de grand sans elle.

---

691. *Du mobile de l'honneur. En essayer une analyse. Dire en quoi il se rapproche, en quoi il s'éloigne de l'honnête.* — Montpellier [593-718].

Sujet facile ; les exemples, les faits à citer sont familiers. Bien remarquer qu'il y a dans l'honneur un élément conventionnel, résultat de l'organisation sociale. Le sentiment de l'honneur est inséparable de celui de l'opinion que nos pairs peuvent avoir de nous; au fond, l'honneur, c'est le code d'une classe, d'une caste ; voilà pourquoi, au milieu de prescriptions très morales, on trouve en lui des préjugés et des mesquineries. C'est pour cela aussi qu'il change avec les époques et les milieux. C'est par ces traits qu'il se sépare de l'honnête.

---

692. *Qu'est-ce que la sincérité? Importance de cette vertu.* — Lille [56-191]. — Montpellier [584-690].

Sujet très simple. Distinguer sincérité envers les autres et envers soi-même. Le « snob » n'est pas sincère envers lui-même.

---

693. *De la droiture et de la loyauté.* — Clermont [386-608].

Le plan se fait par les différentes formes ou applications de la loyauté.

---

694. *Du mensonge et du parjure.* —Aix [57-754]. — Clermont [452-592].

Aucune difficulté.

---

695. *De la valeur morale de la résignation.* — Toulouse [482-523].

Valeur morale réelle ; la résignation est une vertu. Elle tient une grande place dans la morale chrétienne. Elle est presque l'unique vertu du stoïcien.

Toutefois il ne faut pas exagérer cette valeur, comme l'ont fait précisément les stoïciens. Au delà d'une certaine limite, la résignation devient indifférence, apathie, inertie, abdication de la volonté. Ce n'est pas une vertu sociale.

---

696. *L'égoïsme et l'altruisme.* — Clermont [402-721].

697. *Égoïsme et abnégation.* — Lyon [576-830].

Sur l'égoïsme et l'altruisme, voir Spencer : *Les bases de la morale évolutionniste.*

Montrer la genèse de ces deux sentiments dans la nature animale : instinct de conservation, instinct de reproduction.

Faire voir comment l'altruisme, et son point le plus élevé, l'abnégation, sont les vertus morales par excellence.

---

698. *Apprécier cette pensée de la Rochefoucauld : « Rien n'est plus rare que la véritable bonté. Ceux même qui croient en avoir n'ont d'ordinaire que de la complaisance et de la faiblesse. »* — Nancy [527-531].

Il est clair que ce sujet se ramène à celui-ci : distinguer la vraie bonté des qualités de peu de valeur ou même des défauts avec lesquels on peut la confondre. Ce sont la complaisance et la faiblesse.

La bonté se distingue de la faiblesse en ce que précisément elle est forte, qu'elle veut le bien de celui qu'elle aime, et sait résister à ce qui serait son mal (grande importance dans l'éducation des enfants).

La complaisance est une qualité toute de forme, plutôt mondaine que morale. Elle est le premier degré de la faiblesse. Elle n'est pas clairvoyante : elle ne va pas au-devant des intérêts réels de l'être à qui elle s'adresse ; elle se borne à lui accorder facilement ce qu'il demande. Elle est banale, se fait égale pour tous. Elle ne va ni jusqu'à l'effort, ni jusqu'au sacrifice. On peut être très bon et n'être pas complaisant.

---

699. *Comparer au point de vue psychologique et au point de vue moral la sympathie et la pitié.* — Grenoble [719-833].

Idées fondamentales : 1° Psychologiquement la pitié est à la fois plus profonde et intense, et plus active que la sympathie. 2° Moralement, elle a (en conséquence) plus de valeur.

S'inspirer de Victor Hugo : *Le Crapaud*; *Mourad*.

---

700. *Sur quelles raisons se fonde le devoir de tolérance ?* — Bordeaux [596-679]. — Clermont [368-634]. — Montpellier [443-502]; [524-726]. — Poitiers [534-584]; [566-600].

Sujet entièrement de cours.

---

701. *Qu'est-ce que la Justice ? Quel en est le principe fondamental ?* — Aix [549-577].

702. *Définir la justice et en indiquer les principales règles.* — Clermont [141-526]; [283-787].

703. *Justice commutative et justice distributive. Leur nature respective Leurs rapports.* — Grenoble [567-716].

Trois formules du même sujet, familier d'ailleurs à tout élève de philosophie.

---

704. *Expliquer et apprécier cette formule de Platon : « L'injustice est toujours faible, parce qu'elle n'est point d'accord avec elle-même. »* — Grenoble [551-724].

L'idée fondamentale dans cette dissertation est celle des rapports de l'idée de justice avec la logique. La justice est en effet la vertu logique par excellence : c'est l'application à nos actes des lois de la raison abstraite. C'est précisément ce qui en fait à la fois la force et l'insuffisance. L'injustice, c'est donc la contradiction.

L'injustice repose sur un principe contradictoire. De plus elle est contradictoire dans toutes ses démarches; elle ne se soutient que par le mensonge, la fraude, la versatilité, l'hypocrisie. Toutes causes de faiblesse et de ruine : nombreux exemples.

Exceptionnellement, on a vu des hommes, doués d'un véritable génie, soutenir longuement une conduite injuste, rester forts dans le mal, y triompher.

---

705. *Justice et charité.* — Lille [485-577].

706. *La charité n'est-elle pas justice ?* — Clermont [187-395]. — Nancy [491-525].

707. *Le rôle de la justice et de la charité.* — Clermont [585-625]. — Lille [485-577]. — Poitiers [562-668]; [659-668]. — Toulouse [469-474].

D'une façon générale, on ne saurait trop insister sur cette idée que la justice seule, sans la charité, est une vertu absolument insuffisante.

Dans la comparaison des deux vertus, l'idée fondamentale à développer est précisément indiquée ci-dessus par le sujet n° 706 : la charité est justice. Pour bien comprendre cette idée, se reporter aux explications qui ont été données à propos du sujet 663.

---

708. *L'homme est-il tenu moralement et doit-il être contraint socialement à la charité ?* — Grenoble [466-539].

1° La morale l'y oblige. L'expliquer et montrer avec force l'importance capitale de ce devoir.

2° La société ne peut l'y contraindre, parce que la charité ne correspond à aucun droit. Les devoirs de justice seuls ont pour corrélatifs des droits. Or la société ne peut faire entrer dans ses lois que le droit et la justice, sinon la loi serait arbitraire et tyrannique.

---

709. *Examiner les objections faites par quelques contemporains au concept de charité.* — Besançon [443-491].

Voici ces objections :

1° La charité humilie celui qui la reçoit ;

2° Elle est un encouragement à la paresse ;

3° Elle tend à faire des déclassés. Elle conduit aussi l'assisté à s'imaginer qu'il possède un droit, et à le revendiquer ; à réclamer la charité légale.

On résoudra facilement ces objections en faisant remarquer que la petite part de vérité qu'elles enferment n'a d'autre origine que la charité mal comprise et mal faite (trop souvent la charité officielle) ; que la charité exercée avec discernement, avec cœur surtout, est à l'abri de ces critiques.

---

710. *L'idée de sacrifice et son rôle dans la vie morale.* — Lyon [480-677].

On sait que cette idée est le couronnement de la morale, qu'elle représente la vertu par excellence. On en donnera les raisons qui toutes se résument en ceci : le sacrifice est la défaite absolue, la négation de l'égoïsme.

On développera ensuite en indiquant les différentes formes du sacrifice, et en faisant voir qu'elles donnent lieu à toutes les grandes vertus.

---

711. *La solidarité morale.* — Alger [612-671]. — Besançon [665-681]. — Lyon [313-370].

De même qu'il existe une solidarité physique entre les parties d'un système matériel, une solidarité sociale entre les membres d'une société, il existe aussi en nous une solidarité morale entre les éléments qui constituent notre personne, notre caractère.

Toutes nos facultés forment un ensemble étroitement cohérent : l'*unité du moi* est un des faits les plus importants que constate la psychologie (Développer par des exemples).

De plus la mise en œuvre de ces facultés, leur collaboration constante créent en elles une habitude qui achève cette solidarité (Montrer cette intervention réciproque de nos facultés).

Les conséquences morales de cette solidarité sont importantes :

1° Elle tend à élargir et à fortifier le sentiment de la responsabilité.

2° C'est la conscience de cette solidarité qui fait qu'en matière de sanction, quand la *volonté* a transgressé la loi, on veut que ce soit la *sensibilité* qui souffre.

3° Dans la culture morale, on n'élève ou on n'abaisse pas une faculté sans élever ou abaisser les autres. Les progrès de l'intelligence sont solidaires de ceux du cœur et de la volonté (Rôle moral de la science, de l'art, etc.).

CHAPITRE V

PRATIQUE DES VERTUS

712. *Sommes-nous toujours tenus de dire la vérité ?* — Alger [**548-608**]. — Nancy [**499-501**].

713. *On connaît le mot de Fontenelle : « Si j'avais la main pleine de vérités, je me garderais bien de l'ouvrir. » Sénèque, au contraire, a écrit : « Si l'on m'offrait la science en m'interdisant de la répandre, je ne l'accepterais pas. » Expliquez et appréciez l'attitude des deux philosophes.* — Rennes [**550-670**].

Deux cas peuvent se présenter où l'on ait à se demander si l'on doit dire la vérité :

1° Lorsqu'un devoir antagoniste s'y oppose ;

2° Lorsqu'il doit en résulter des dangers.

Le premier cas rentre dans la théorie générale des cas de conscience, c'est-à-dire qu'il n'y a pas de règle générale pour le résoudre. On le résout suivant les circonstances, en comparant la valeur (en étendue et en excellence) des deux devoirs antagonistes.

Le second cas est beaucoup plus fréquent, et c'est lui, à peu près seul, qui est visé dans les deux sujets ci-dessus. Tout en reconnaissant que très souvent l'homme qui répand la vérité en est la victime (Socrate, Jésus-Christ, Galilée, Colomb, etc.) on ne peut hésiter sur l'affirmation du devoir qui s'impose à tout homme de la répandre. Sénèque a remarqué avec raison qu'il y a plus de réel bonheur à communiquer la science qu'à la conquérir (Le bonheur de la conquête est égoïste).

---

714. *Analyser et apprécier cette doctrine stoïcienne : « De l'obstacle qui se présente, la volonté fait la matière même de son action ; ainsi le feu se rend maître de ce qui tombe en lui. » (Marc-Aurèle).* — Montpellier [**465-631**].

Il semble qu'en comprenant bien l'essence de la doctrine stoïcienne, qui est une doctrine de la volonté, on puisse développer facilement cette maxime (V. sujet 568).

---

715. *L'initiative. Moyens de la développer.* — Rennes **[21-41]**.

V. *Psychologie*, sujet 261 : Éducation de la volonté. Celui-ci est simplement plus restreint, et traite de l'éducation d'une seule des qualités de la volonté, l'initiative (de *initium*, commencement), la force nécessaire pour prendre une résolution et se mettre à l'œuvre, entreprendre, commencer l'acte. On insistera sur l'utilité de l'esprit d'initiative, en songeant au nombre considérable d'hommes remplis de bonnes intentions qui n'ont jamais rien fait. Un mot des fonctions sociales de l'esprit d'initiative, de la supériorité qu'il confère aux peuples qui en sont le mieux doués, notamment les Anglais et les Américains. Citer le plus de faits qu'il sera possible.

---

716. *Qu'est-ce que le caractère au sens moral du mot ? Comment un adolescent peut-il se proposer déjà de l'acquérir ?* — Grenoble **[567-703]**.

Voici un sujet qu'on peut considérer comme un des types de ces questions absolument pratiques où l'on ne demande à l'élève que ses réflexions personnelles. Il faut absolument bannir de cette dissertation tout élément emprunté aux livres, manuels, cours, etc. Elle ne doit contenir que la pensée propre de celui qui la fait.

En conséquence on conseille très instamment à l'élève qui voudrait la traiter de parler en son propre nom, de s'exprimer à la première personne, en un mot de s'imaginer qu'il écrit une lettre, qu'il exprime ce qu'il pense du caractère, et comment lui-même, comprenant la valeur considérable d'un homme de caractère, désire en devenir un, et se fait une sorte de petit plan de conduite pour réaliser ce très louable désir.

---

717. *Rapports de la vertu de tempérance avec la justice.* — Grenoble **[483-597]**.

Ces rapports, il faut l'avouer, sont un peu vagues et lointains. Voici l'idée générale qui doit guider dans l'invention du plan : la justice est une vertu qui repose sur un concept logique, celui d'égalité ; c'est la logique dans nos relations avec les autres hommes. De même la tempérance, c'est la logique introduite dans nos états affectifs, c'est la justice pratiquée par l'agent moral à l'égard de sa sensibilité.

Conséquence à développer : la tempérance conduit à la justice.

---

718. *La familiarité. Ses avantages. Ses inconvénients.* — Montpellier **[593-691]**.

719. *Le sentiment du [illegible]ct. Quels en sont les caractères, les objets, le rôle dans la vie privée et publique ?* — Grenoble **[699-833]**.

720. *Expliquer la portée de cette pensée de Marc-Aurèle : « Quels que soient les hommes avec lesquels le sort te fait vivre, ain[illegible]les, mais véritablement. »* — Grenoble **[508-567]**.

721. *Expliquer le proverbe : « Dis-moi qui tu hantes, je te dirai qui tu es. »* — Clermont **[402-696]**.

722. *Expliquer et justifier ce mot d'un philosophe ancien : « L'amitié n'est possible qu'entre gens de bien. »* — Montpellier **[160-479]**.

723. *Quelle idée vous faites-vous à l'avance du devoir d'un soldat ? Quelles sont les qualités et vertus nécessaires pour faire un bon soldat ?* — Poitiers **[610-729]**.

On a groupé ici ces divers sujets, non pas qu'ils aient tous entre eux d'étroites affinités, simplement parce que ce sont de petites questions de morale pratique absolument claires et élémentaires, que tout élève peut de lui-même développer sans avoir besoin d'être guidé.

---

724. *Apprécier cette pensée de Joubert : « La justice sans la force, la force sans la justice, malheur affreux. »* — Grenoble **[551-704]**.

Il faut d'abord bien comprendre la pensée du moraliste ; elle s'applique à deux ordres de cas qui se présentent souvent dans le monde : 1° La justice sans la force, c'est-à-dire le cas où l'honnête homme n'a pour lui que sa conscience, sa vertu, mais est désarmé, impuissant en face des entreprises de l'iniquité triomphante ; exemples à présenter *a*) dans la vie privée ; *b*) dans la vie publique (Les stoïciens de Rome en face des empereurs, Socrate, les victimes des coups d'États, etc.). 2° La force sans la justice, c'est l'oppression prenant pour loi sa passion ou ses caprices, le règne de l'arbitraire. Mêmes exemples. On terminera en comparant les deux malheurs, et en faisant voir que, réellement, le plus à plaindre n'est pas celui qu'on pense.

---

725. *Apprécier ce jugement de la Rochefoucauld : « L'amour de la justice n'est, en la plupart des hommes, que la crainte de souffrir l'injustice. »* — Montpellier **[482-727]**.

Pensée qui appartient nettement au système moral de la Rochefoucauld : l'intérêt, l'égoïsme sont les seuls mobiles de nos actes. Arguments à présenter contre l'assertion : 1° *a priori*, l'existence de la société, qui ne serait pas possible sans l'idée de justice ; 2° *a posteriori*, des faits, des exemples de justice désintéressée.

---

726. *La reconnaissance est-elle due seulement, comme certains se l'imaginent, quand on a sollicité un bienfait ?* — Montpellier **[524-700]**.

On fera remarquer que cette erreur est commune, et que beaucoup de gens se croient dispensés de la reconnaissance envers un bienfaiteur qui a pris l'initiative de les obliger sans y être sollicité.

Or c'est justement dans de tels cas que le devoir de reconnaissance est plus impérieux, car le bienfaiteur a un triple mérite : 1° la spontanéité de son acte ; 2° la discrétion et la délicatesse, épargnant à l'obligé l'humiliation d'une demande ; 3° le service lui-même.

---

727. *Montrer comment la notion de solidarité nous aide à mieux comprendre la nature et l'étendue de nos devoirs.* — Montpellier [**482-725**].

Sujet très facile. On prendra pour exemples : un devoir de famille, par exemple, l'obligation de secourir un parent un peu éloigné ; un devoir envers l'État, par exemple, un impôt à acquitter ; enfin un devoir de charité envers un inconnu. On fera voir que ces trois devoirs se présentent dans des conditions telles que d'une part notre raison peut ne pas nous les ordonner avec une parfaite clarté et nous en faire comprendre l'obligation, d'autre part notre sensibilité ne nous y porte pas très fortement. Que si l'on fait intervenir le sentiment de la solidarité familiale, nationale, humaine, la notion de la mutuelle dépendance où nous sommes tous les uns par rapport aux autres, aussitôt de tels devoirs apparaissent avec une clarté et une autorité parfaites.

---

728. *Quels sont nos devoirs de solidarité ? En quoi se distinguent-ils des devoirs de charité ?* — Aix [**527-606**].

Commencer la dissertation par la seconde question, parce que c'est elle qui déterminera la nature de la solidarité ; elle se distingue de la charité en ce qu'elle ne procède pas de l'amour, et n'est pas absolument gratuite. Énumérer ensuite les cas où elle s'applique, et montrer que la charité peut s'appliquer à ces mêmes cas et à d'autres.

---

729. *Quelles sont les conditions dans lesquelles la charité est mauvaise pour celui qui la fait et pour celui qui la reçoit ? Quelles sont les conditions où elle est bonne pour le bienfaiteur et pour l'obligé ?* — Lyon [**140-315**] ; [**489-541**]. — Poitiers [**610-723**].

Sujet très facile. Se rappeler la maxime : la façon de donner vaut mieux que ce qu'on donne. Ne pas oublier aussi la supériorité de la bienfaisance privée sur la charité officielle.

QUATRIÈME PARTIE

MÉTAPHYSIQUE

Une dissertation de métaphysique est toujours difficile à bien faire. Il y faut, en effet, certaines qualités d'esprit distinguées, et en outre une connaissance suffisante des systèmes.

Que les élèves, toutefois, se rassurent et n'aillent pas s'imaginer qu'en leur posant une question de métaphysique on leur demande d'en présenter une solution originale, d'échafauder un système, de rivaliser avec Platon, Descartes ou Leibnitz. On ne songe évidemment à rien de pareil, pas plus qu'on n'exige d'eux, d'autre part, qu'ils connaissent à fond, et jusque dans les détails, la doctrine de ces grands philosophes. Deux conditions seulement doivent être réalisées par l'élève de philosophie qui désire réussir.

La première est de comprendre les problèmes. On ne lui demandera pas d'en présenter une solution inédite, mais on cherchera à savoir s'il se rend compte de la nature des questions, et de leur importance. De leur nature d'abord : quels sont les grands problèmes de la métaphysique ; en quels termes se posent-ils ; quel est le sens précis de ces termes ?

Une question étant posée, on s'attachera d'abord à en bien pénétrer le sens. Puis, cette première série de réflexions achevée, on cherchera à se faire une idée juste de l'importance de la question, et l'on y arrivera en considérant les conséquences qu'entraine chacune des solutions qu'on en a proposées.

C'est précisément l'étude de ces solutions qui forme la seconde partie de la préparation : connaître, dans leurs grandes lignes, les principaux systèmes. On se limitera strictement aux plus importants et l'on s'efforcera d'en avoir une vue d'ensemble, sans entrer dans les détails. Pour cela il faut, de toute nécessité, lire les bons ouvrages où sont exposés et appréciés les systèmes, ouvrages au premier rang desquels on doit placer les *Études sur les principaux philosophes*, de M. Adam, deuxième édition, complétée par M. Gérard-Varet. Certains ouvrages spéciaux, consacrés à l'étude d'un seul système, peuvent être aussi très utiles : le *Descartes*, de M. Liard, celui de M. Fouillée, *La Morale de Spinoza*, de M. Delbos, sont de ce nombre. On recommande tout spécialement, à ce propos, l'article *Aristote*, par M. Boutroux, dans la *Grande Encyclopédie*.

Enfin, l'étude directe des textes est encore, de beaucoup, la meilleure préparation. On recommande donc aux élèves de lire avec soin le texte, *in extenso*, des ouvrages qui figurent au programme du baccalauréat.

Pour la rédaction de la dissertation, on ne peut que renvoyer aux conseils qui ont été donnés au début de cet ouvrage, en insistant toutefois sur deux points : 1° les dissertations de métaphysique sont presque toutes des discussions ; revoir donc, pour chacune, avec attention, les règles générales de la discussion : *Psychologie*, deuxième section ; 2° dans ce genre de sujets, plus que partout ailleurs, éviter le jargon, le barbarisme et les formules prétentieuses.

CHAPITRE I

QUESTIONS GÉNÉRALES. LA CONNAISSANCE

730. *Objet précis, plan et méthode de la métaphysique.* — Alger [**745-749**]. — Dijon [**821-825**].

Le point délicat, dans ce sujet, consiste à définir avec précision l'objet de la métaphysique.

Pour cela, il faut opposer la métaphysique à la science. Il faut montrer que chaque science a pour objet un groupe déterminé de phénomènes ; par suite, expliquer ce que l'on entend par phénomènes. Montrer qu'au delà du phénomène, là où aucune science ne pénètre, il y a quelque chose qui est la raison dernière et des phénomènes, et de leurs lois. Que chaque science trouve à son début cette chose inconnue dont elle néglige, de parti pris, l'étude : matière, force, espace, temps, vie, âme, etc. Que cette chose, opposée au phénomène, c'est-à-dire à ce qui *apparaît*, c'est l'Être, ce qui est ; voilà l'objet de la métaphysique.

On donnera alors les différentes définitions connues de la métaphysique en les ramenant à celle-là.

Le plan de la métaphysique est déterminé par les trois problèmes que soulève la chose en soi ou l'Être : théorie de la connaissance ; théorie de l'Être ; théorie de Dieu (Donner les subdivisions).

Enfin on expliquera que la méthode consiste en hypothèses, soumises au seul contrôle de la raison et de la déduction.

---

731. *La philosophie est-elle une science particulière ou la science universelle ? Dans quel sens pourrait-elle être l'un et l'autre ?* — Clermont [**67-743**]. — Poitiers [**13-732**].

732. *Division de la philosophie. Définition de chacune de ses parties. Dans quel ordre doit-on les étudier ?* — Poitiers **[13-731]**.

La connaissance des différentes parties du cours suffit pour traiter convenablement ces deux sujets.

---

733. *Quels sont les problèmes qui restent en dehors du cadre des sciences particulières, et que dès lors on doit regarder comme formant le domaine propre et incontestable de la philosophie ?* — Rennes **[7-555]** ; **[7-615]**.

En parcourant la liste des questions qui font l'objet d'un cours de philosophie, on verra quelles sont celles qu'aucune science ne peut légitimement revendiquer comme appartenant à son domaine. Laissons de côté toutes celles qui forment l'objet de la psychologie, parce qu'à la rigueur on peut admettre que, entendue comme elle l'est de nos jours, cette science ait conquis son indépendance. Resteraient : la théorie du raisonnement et des méthodes (logique) ; le problème du devoir (morale) ; enfin tous les problèmes qui constituent le domaine de la métaphysique. L'essentiel, dans le présent sujet, est de bien indiquer en quoi ces diverses questions diffèrent des problèmes proprement scientifiques; il faut donc, évidemment, commencer par déterminer avec précision la nature et les limites de la science : le phénomène et les lois (V. sujet 730).

---

734. *Quelles objections a-t-on faites à la possibilité de la métaphysique ?* — Lille **[808-811]**.

735. *La métaphysique est-elle légitime ? Exposer et apprécier la théorie positiviste.* — Lyon **[30-548]**.

Les objections contre la possibilité de la métaphysique viennent surtout aujourd'hui des positivistes. Elles sont en relation étroite avec la fameuse loi dite « des trois états » d'Auguste Comte ; l'humanité, au cours de son évolution, aurait passé par trois phases ou états : théologique, métaphysique, positif ou scientifique. D'après cette conception, on le voit, la science aurait remplacé la métaphysique, ancienne et fausse interprétation des choses.

Contre la métaphysique, les positivistes présentent deux grands arguments :

1° L'histoire des systèmes n'est que le tableau de leurs contradictions ; il y a donc en eux un vice originel ; ce genre de recherches est vain et condamné à la stérilité.

2° La doctrine de l'Inconnaissable, ou agnosticisme. Il y a de l'inconnaissable ; il y a des choses qui échappent à nos facultés, tant par leur nature que par la nature de ces facultés elles-mêmes. Ces choses sont toutes celles que l'on désigne d'ordinaire sous le nom général d'absolu ; substance, force, cause, espace, temps, matière, âme, Dieu. Or ce sont là précisément les objets de la métaphysique. Celle-ci est donc condamnée à l'impuissance.

Telles sont les objections qu'il s'agit d'examiner. Les cours de métaphysique fournissent toutes les idées nécessaires pour les discuter. On recommande d'insister sur l'impérieux besoin métaphysique de l'esprit humain. La loi des trois états est une vue systématique et fausse : on a toujours fait de la métaphysique et on en fera toujours : l'homme est un animal métaphysicien. Aristote l'a dit en une phrase célèbre : « S'il faut philosopher, il faut philosopher ; mais s'il ne faut pas philosopher, il faut encore philosopher. » Cela veut dire qu'on n'échappe pas à la métaphysique, qu'elle s'impose, que ceux-là mêmes en font qui ont commencé par déclarer qu'ils prétendaient n'en pas faire.

---

736. *Que faut-il penser de cette maxime : « Primo vivere, deinde philosophari : Vivre d'abord, philosopher ensuite » ?* — Toulouse **[147-405]**.

La vie pratique s'impose, évidemment. Doit-elle bannir la pensée ? Le peut-elle, même ? Voilà la question.

Il est certain que pour un homme vraiment digne de ce nom, la pensée, au contraire, s'impose comme une nécessité et supplante les préoccupations de la vie matérielle, impose silence aux exigences du corps. Vivre, pour un Spinoza, un Descartes, un Newton, un Pasteur, c'est penser. Se rappeler le mot de Voltaire : « Le superflu, c'est encore ce qu'il y a de plus nécessaire. »

---

737. *Nature de la métaphysique. Ses rapports avec la science.* — Dijon **[431-620]**.

738. *Claude Bernard a dit, en parlant des rapports de la science et de la philosophie : « L'union solide de la science et de la philosophie est utile aux deux : elle élève l'une et soutient l'autre. » Expliquer et apprécier cette pensée.* — Montpellier **[280-761]**.

Pour bien réussir la dissertation, il suffit de faire attention aux deux verbes employés par Claude Bernard : « élève - soutient ».

La philosophie *élève* la science. C'est que, sans la philosophie, la science aurait une tendance à ramper ; elle serait l'empirisme scientifique, dont Bacon a donné, dans ses écrits, le vrai modèle. Voir, pour les résultats de l'union : Descartes, Pascal, Buffon, Cuvier, Pasteur.

D'autre part la science *soutient* la philosophie. Celle-ci, sans le secours de la science positive, tendrait à se perdre dans les nues (Rêveries des mystiques : Jacob Bœhm, Svedenborg, Schleiermacher, quelquefois Hegel). La science la ramène sur la terre, l'empêche de perdre le contact de la réalité. Tous les grands métaphysiciens ont été de grands savants.

Nonobstant, la métaphysique n'est pas la science. Bien marquer les différences d'objet et de méthode.

Lire : *La Métaphysique et la Science*, de M. Liard.

---

739. *Qu'est-ce que le scepticisme ?* — Montpellier **[771-790]**.

Ce sujet comporte : 1° Une définition du scepticisme, ou doctrine du doute universel.

2° Une revue rapide des principaux arguments présentés par Pyrrhon, Ænésidème, Montaigne, Pascal. Tous les cours ramènent avec raison ces arguments à quatre : Contradiction, Erreur, Diallèle, Ignorance (spécial à Pascal).

3° Une critique de ces arguments. Cette critique devra faire porter son principal effort sur le point suivant : Le scepticisme se contredit lui-même en niant la validité de la raison.

---

740. *Réfuter la doctrine du doute universel et absolu. A quelles conditions le doute est-il un procédé de méthode utile et légitime ?* — Grenoble **[613-683]**.

Le sujet comporte évidemment deux points :

1° V. sujet précédent ;

2° Le doute est légitime quand il est un moyen et non une fin ; quand il ne porte pas sur la valeur de la raison elle-même, mais sur les résultats de telle ou telle de ses opérations sujettes à erreur ; quand enfin il résulte de la défiance du penseur à l'égard de ses raisonnements, toujours faillibles, s'ils ne sont contrôlés. Doute méthodique de Descartes. Doute du savant qui cherche la preuve : « Le savant est un douteur. » (Cl. Bernard)

---

741. *Est-il vrai de dire avec Royer-Collard : « On ne fait pas au scepticisme sa part. Dès qu'il a pénétré dans l'entendement, il l'envahit tout entier? »* — Poitiers **[777-824]**.

Cela dépend de la nature du doute.

Si le doute porte sur la raison même, si c'est celui des vrais sceptiques, le jugement de Royer-Collard est juste.

Si c'est le doute méthodique, il ne l'est plus : on peut, dans ce cas, faire au doute sa part, en se réservant un supplément d'examen (V. sujet précédent).

Il semble bien d'ailleurs qu'on doive appliquer la formule, ainsi que le faisait Royer-Collard, au seul scepticisme proprement dit, qui est, en effet, ruineux pour l'esprit.

---

742. *De la probabilité et du probabilisme.* — Clermont **[164-674]** ; **[296-652]** ; **[403-653]**.

Plan. — 1° Explication de la probabilité : caractère d'une opinion en faveur de laquelle on connaît certaines raisons positives, tout en sachant qu'on ne possède pas tous les moyens d'information, et qu'il y a des chances d'erreur.

2° Exposé de la doctrine nommée probabilisme.

3° Critique de cette doctrine.

Consulter les histoires de la philosophie et Brochard : *Sceptiques grecs.*

---

743. *De la valeur objective de la connaissance : dogmatisme, scepticisme, idéalisme.* — Clermont **[67-731]** ; **[776-799]**.

Les termes dans lesquels est présentée cette question pourraient jeter quelque confusion dans l'esprit. Il importe de les tirer au clair. La confusion se produirait si l'on ne distinguait pas avec soin deux sens différents correspondant au mot dogmatisme, suivant que ce mot s'applique à la philosophie ancienne ou à la philosophie moderne.

En réalité, le problème de la connaissance est moderne, et n'a été posé que par Kant. L'antiquité ne l'a pas connu, seulement elle en a posé un autre, très différent, et qui n'a de commun avec celui des temps modernes que d'être un problème relatif à la connaissance. Voici ce problème : existe-t-il de la certitude ? Pouvons-nous connaître quelque chose de connaissance certaine ? A cette question, les uns ont répondu affirmativement, et ce sont les dogmatiques (Platon, Aristote, Zénon, Épicure); les autres ont répondu négativement : ce sont les sceptiques. Ainsi, dans l'antiquité, le dogmatisme est la doctrine qui soutient qu'il y a de la certitude.

Bien différent est le véritable problème moderne de la connaissance.

Du jour où Descartes eut montré qu'il n'y a pour nous qu'une seule connaissance directe et immédiate, celle de notre pensée, c'est-à-dire de notre conscience ; que toutes les autres choses (Dieu, le monde) ne nous sont connues qu'indirectement, dans et par notre pensée, ne nous sont connues que comme états de notre propre conscience, de ce jour-là, un problème nouveau était virtuellement posé. Je dis virtuellement, car, en réalité, ni Descartes, ni Malebranche, ni Berkeley ne l'ont explicitement formulé. Il était réservé à Kant de le dégager, d'en prendre conscience comme d'une question capitale, d'une question dont la solution est la première qui s'impose à l'esprit, parce que c'est d'elle que dépendent les solutions de toutes les autres questions que peut ensuite se poser la philosophie. Voici ce problème : si je ne connais les choses que dans et par ma conscience, suis-je certain de les connaître telles qu'elles sont ? Je ne les connais qu'en tant que *représentées* en moi : cette représentation est-elle fidèle ? Comme le dit un interprète de la doctrine (M. Dauriac, dans *Croyance et Réalité*, livre à lire) mon esprit est-il un miroir plan ou un miroir courbe ? Voilà la question. Elle se formule ordinairement en ces termes : la connaissance que nous avons des choses est-elle absolue, ou relative ?

Ceux qui soutiennent qu'elle est absolue sont les dogmatiques. On voit quelle différence il y a entre ce dogmatisme-là et celui des anciens. Les adversaires sont les relativistes (Kant lui-même). Ils disent : la représentation que nous avons des choses est relative à la constitution de notre esprit ; elle se fait suivant les lois de cet esprit ; en d'autres termes les sensations, provoquées en nous par l'action des objets extérieurs, ne sont qu'une *matière* à laquelle notre esprit impose ses *formes* pour en faire des idées.

Or, lorsqu'on en est là, il reste à franchir un pas que l'on franchit nécessairement. Ces sensations que je trouve en moi, ces sensations, purs états de ma conscience, simples faits *subjectifs*, qui me garantit qu'elles correspondent à quelque chose hors de moi, qu'elles soient provoquées en moi par des objets extérieurs ? Quand je rêve ou que j'ai une hallucination, il n'y a rien hors de moi, et les choses se passent tout comme dans le cas de la sensation ordinaire. La liaison seule des sensations, leur ordre, leur cohérence, et la cohérence de mes sensations avec celles des autres hommes font toute la différence entre l'état dit normal, et les états de rêve ou d'hallucination. Mais cet ordre, cette régularité peuvent être l'effet d'une loi générale de mon esprit, sans qu'il soit utile de faire intervenir une action extérieure difficile à expliquer. Ainsi le monde extérieur n'a d'autre existence que dans nos représentations ; « nos perceptions ne sont que des rêves bien liés ». Voilà la doctrine connue sous le nom d'idéalisme ; on voit qu'elle est un prolongement de la théorie de la relativité de la connaissance.

---

744. *Que pensez-vous de la doctrine de la relativité de la connaissance ?* — Aix **[144-758]** ; **[574-758]**. — Poitiers **[621-802]**.

Il s'agit d'abord de l'exposer. Pour cela, voir le sujet précédent. Ensuite il faut la juger, dire sincèrement son opinion, quelle solution du problème on adopte. Dans tous les cours on expose les principales objections qui ont été présentées contre le relativisme. On se bornera ici à un simple renseignement : la plus forte de toutes ces objections est celle qui s'appuie sur la thèse de Maine de Biran relative au sentiment de l'effort (V. *Psychologie*, sujet 88). Si, par l'effort, je saisis immédiatement le moi comme force, cause active, je connais directement un absolu, une chose en soi.

---

745. *Qu'entend-on aujourd'hui en philosophie par les mots subjectif et objectif ? Quels sont les problèmes liés à l'opposition de ces deux termes ?* — Alger **[730-749]**.

Le sujet spécifie avec raison qu'il s'agit du sens que l'on donne *aujourd'hui* à ces deux mots, parce qu'en effet ce sens n'est pas le même que celui qui leur était attribué dans la philosophie classique, dans Descartes notamment ; et il y a là une source de contre-sens contre lesquels il est bon de mettre en garde les débutants.

Le sens contemporain des deux termes est suffisamment familier à tout le monde pour qu'il soit superflu d'y insister.

Quant aux problèmes que soulève leur opposition, en voici, à titre de guide, les plus importants :

Le problème de la valeur de la connaissance ;

Le problème de la nature de l'espace et du temps ;

Le problème de l'existence objective du monde extérieur ;

Le problème de l'existence de Dieu ;

Le problème de la nature du beau.

Il va sans dire que, dans une dissertation, on ne peut songer à traiter, même sommairement, ces questions qui constituent presque toute la philosophie. Le sujet comporte simplement qu'on les pose avec précision, en indiquant comment elles dérivent de l'opposition des deux termes : subjectif et objectif. Et comme, d'ailleurs, ces mêmes problèmes ont été agités de tout temps, donc avant l'époque relativement récente où s'est imposée la distinction du subjectif et de l'objectif, il s'agit surtout de montrer en quoi cette distinction en a modifié les données, et comment se les pose la philosophie contemporaine.

---

746. *Théorie idéaliste de la connaissance.* — Besançon [**747-748**]. — Lyon [**770-823**].

747. *Théorie réaliste de la connaissance.* — Besançon [**746-748**].

748. *Théorie positiviste de la connaissance.* — Besançon [**746-747**].

V. sujet 733.

La théorie positiviste, c'est l'agnosticisme, ou doctrine de l'inconnaissable. Le positiviste n'est ni idéaliste, ni réaliste ; il se refuse à choisir entre ces deux thèses métaphysiques, en vertu précisément de son affirmation que l'absolu, l'Être, tout ce qui n'est pas le phénomène, est inconnaissable.

La théorie réaliste, c'est le dogmatisme. Nous connaissons (au moins en partie) les choses telles qu'elles sont : matière, esprit, etc. Il y a des substances et ces substances se révèlent à nous par certaines propriétés réelles (Éclectisme, Janet).

La théorie idéaliste (Stuart Mill, Taine, néo-criticistes) soutient que l'ensemble de nos connaissances se compose de représentations exclusivement subjectives, qu'il n'y a pas de « pont » pour passer du moi au non-moi. « La matière, dit Stuart Mill, est une possibilité permanente de sensations. » — « Le monde, dit Schopenhauer, est ma représentation. »

---

749. *Comment connaissons-nous la matière? Cette connaissance est-elle, à proprement parler une perception ou une conception ?* — Alger [**730-745**].

On me demande comment je connais la matière. C'est là, il me semble, une question tout à fait pratique : je ne crois pas avoir besoin de traités philosophiques, de notes, de cours théoriques pour y répondre : mes propres réflexions doivent me suffire.

Je vais d'abord me préciser nettement à moi-même ce que j'appelle matière. C'est un mot dont je me sers souvent : je dis que le bois est la matière dont cette table est faite ; je dis que le silex est une matière dure, la craie, l'argile des matières tendres. En classe de physique et de chimie, j'entends les professeurs parler sans cesse des propriétés de la matière : cohésion, chaleur, électricité, affinité chimique, etc., sont ce qu'ils appellent propriétés ; la matière, pour eux, c'est ce qui est doué de ces diverses propriétés. Je vois bien à présent ce qu'on appelle matière, et, pour le dire en une formule peu élégante, provisoire d'ailleurs, en attendant mieux, c'est ce en quoi sont faites toutes les choses qui composent le monde extérieur. Je sais qu'en somme ces choses ne sont que les multiples combinaisons d'un petit nombre de corps que la chimie appelle simples parce qu'ils semblent en effet ne pouvoir être décomposés comme on a décomposé l'une après l'autre toutes leurs unions ; ces corps simples sont les différentes formes que peut revêtir la matière dans le monde soumis à mon expérience.

J'ai dit plus haut que le bois était la matière dont est faite ma table à écrire : c'est de l'acajou ; il est rouge, nuancé, assez dur. Sur cette table il y a un encrier, également en bois : c'est de l'ébène ; il est noir, de couleur uniforme, plus dur et plus lourd que l'acajou. Voici donc deux espèces de bois ou de matières qui ont des propriétés différentes ; et comme l'une et l'autre sont du bois, il m'apparaît que les différences ne sont pas dans la matière, mais dans les propriétés. Et ceci me rappelle que j'ai étudié récemment en chimie cette matière que l'on nomme le phosphore ; j'ai dû reconnaître alors que ce corps se présente à nous sous deux états absolument différents, doués de propriétés opposées, quoique ce ne soit pourtant, on me l'a prouvé, qu'une seule et même matière.

Je commence à mieux voir ce qu'on appelle matière : c'est ce qui, hors de nous, supporte certaines qualités ou propriétés accessibles à nos sens ; c'est ce qui est résistant, lourd, coloré, chaud, élastique, sonore, etc. ; c'est le substrat de toutes ces propriétés. Lorsqu'en chauffant du phosphore jaune je l'ai transformé en phosphore rouge, pour mes sens tout était changé, toutes les anciennes propriétés étaient remplacées par d'autres ; mais puisque c'était encore du phosphore, capable de redevenir jaune sans addition d'aucun autre élément, capable de former avec l'oxygène de l'acide phosphorique, il a bien fallu que, sous les propriétés qui ont changé, il restât quelque chose de permanent : c'est la matière.

Je puis maintenant me demander comment je connais la matière.

Est-ce par mes sens que je la connais ? Ce que je viens de constater me fait bien voir que non. Par mes sens, je connais les propriétés de la matière, mais non pas la matière elle-même. Si je m'en rapportais à mes sens, je pourrais peut-être croire, au moins pendant un certain temps, que l'ébène et l'acajou sont deux choses essentiellement différentes ; je croirais toujours que le phosphore jaune et le rouge sont deux corps, deux matières. Mes cinq sens me donnent en somme les impressions de lumière, chaleur, résistance, contact, rugosité, son, odeur, goût, voilà tout. Aucune de ces impressions n'est la matière ; la matière, je l'ai vu, se dissimule par-dessous tout cela.

Ce que me font connaître mes sens, je l'appelle mes perceptions. Me voilà donc fixé : la connaissance de la matière n'est pas une de mes perceptions.

Comment suis-je arrivé à la connaître ? J'ai raisonné. Je me suis prouvé l'existence de cet élément qui m'a semblé indispensable pour expliquer certaines suites de faits. La matière, je ne l'ai ni vue, ni touchée ; je n'ai pas *constaté* qu'elle existe, mais j'ai conclu de certaines données expérimentales qu'il *fallait qu'elle existât*. La connaissance que j'en ai est d'ordre rationnel : c'est une conception ou une idée.

Je m'arrête là. La dissertation n'est pas faite ; j'ai voulu simplement montrer comment il faut la faire, en suggérer les idées essentielles. Reste à tirer les conséquences de ce qui vient d'être établi. Tout élève peut déjà les entrevoir : le matérialisme s'appuie sur un postulat ; l'idéalisme est plausible. Telles sont les plus importantes, non les seules.

---

750. *Que connaissons-nous du monde extérieur ?* — Caen [565-855].

Réponse en un mot : des sensations (V. sujet précédent).
Conséquence : l'idéalisme.

---

751. *Les perceptions externes ne sont-elles, selon l'expression de Leibniz, que des rêves bien liés ?* — Alger [229-296]; [800-809].

V. d'abord sujet 743.

Lire, si possible : Berkeley, *Dialogues d'Hylas et de Philonoüs*, traduits par M. Beaulavon.

Pour traiter le sujet, expliquer dans une première partie comment les idéalistes en sont arrivés, très logiquement, à nier qu'il y eût hors de nous des objets correspondant à nos perceptions et indépendants d'elles : comment ensuite ils conçoivent le monde sous forme de représentations n'existant que dans des consciences : « *esse est percipi* : exister, c'est être perçu », dit Berkeley.

Dans une seconde partie, discuter. Chercher s'il y a des arguments qui prouvent l'existence objective du monde extérieur. Chacun en connaît de ceux que présentent et développent les professeurs et les livres. On ne les reproduira pas sans les critiquer sincèrement.

---

752. *Que faut-il entendre par cette formule devenue courante chez les psychologues contemporains : « Percevoir le monde, c'est le construire de toutes pièces. » ?* — Alger (Tunis) [89-767].

Même sujet, au fond, que le n° 751.

Parmi les psychologues contemporains dont les recherches aboutissent le plus directement à cette formule, on peut citer Taine. C'est la conclusion qui se dégage de son livre de l'*Intelligence*.

---

753. *Est-il vrai que l'esprit soit plus facile à connaître que le corps ?* — Grenoble [796-803].

On connaît cette proposition, qui est de Descartes, 4ᵉ partie du *Discours de la Méthode*.

Pour la discuter, il faut distinguer deux sens du mot connaître, correspondant respectivement aux deux modes de connaissances : intuitive et discursive.

S'il s'agit de connaissance intuitive (et c'est dans ce sens assurément que le prenait Descartes) la proposition est rigoureusement vraie. Et cela s'explique facilement : j'ai l'intuition *directe*, immédiate de mes états de conscience qui sont les manifestations de mon âme. Que je connaisse immédiatement la substance âme, on peut le nier ; mais il n'est pas contestable que j'en connaisse immédiatement les phénomènes. Quant à mon corps, comment en ai-je l'intuition ? Par des sensations, c'est-à-dire par des états d'âme : les phénomènes qui ont lieu dans mon corps, qui me représentent mon corps, ne me sont donc connus qu'autant qu'ils provoquent des états subjectifs, ne me sont connus qu'indirectement, et par l'intermédiaire des phénomènes psychologiques qu'ils déterminent en moi. La pensée de Descartes est évidemment vraie.

Mais s'il s'agit de connaissance discursive, c'est-à-dire de science, les choses vont autrement. Il est notoire que la science du corps est plus facile et plus avancée que la science de l'âme, que la physique et la physiologie sont plus parfaites, en possession de résultats plus positifs que la psychologie. Cela tient à la nature du mode particulier de représentation qu'est la science. La science est une connaissance symbolique, en tant qu'elle est quantitative ; ce ne sont pas les choses mêmes qu'elle appréhende, mais leurs rapports, figurés par des quantités, soit spatiales, soit numériques. Or mon corps m'est donné dans l'espace ; il est une grandeur étendue, à laquelle s'applique, par conséquent, la représentation quantitative. Les faits psychiques, au contraire, me sont donnés comme absolument étrangers à l'espace, et, en eux-mêmes, sont indéterminables quantitativement. De là la difficulté qu'éprouve la psychologie à se constituer comme science positive, et son retard sur les progrès de la physiologie.

---

754. *Étudier au double point de vue logique et métaphysique le principe de contradiction.* — Aix [**57-694**].

1° Point de vue logique. Rôle du principe de contradiction dans le raisonnement. *a*) Inférences immédiates, théorie des propositions contradictoires. *b*) Inférences médiates, théorie du syllogisme, rôle du moyen terme.

2° Point de vue métaphysique. Développement de cette proposition de Leibnitz : « Le principe de contradiction est la loi des possibles. »

Voici ce que cela veut dire :

Une idée est conforme au principe ; à l'analyse, on ne trouve entre ses éléments aucune contradiction. On déclare qu'elle est possible. Au contraire, elle viole le principe ; il y a en elle des éléments contradictoires ; on est conduit à affirmer qu'elle est impossible. Le principe de contradiction fournit donc un criterium pour discerner ce qui est possible de ce qui ne l'est pas.

Essayons de passer de la simple possibilité à l'être, à la réalité.

Quand une chose est impossible, il est évident qu'elle ne peut pas être. Donc nous pouvons affirmer que toute chose dont la définition implique contradiction n'existe pas.

Mais si une chose est possible, s'ensuit-il qu'elle soit ? Non, assurément : il y a bien des choses possibles qui n'existent pas. Une chose qui n'est que possible ne présente que des conditions purement négatives d'existence ; cela ne suffit pas pour qu'elle soit réelle : il y faut encore quelque condition positive. Une chose, dit Leibnitz, qui n'est que possible a besoin, pour passer de cette possibilité à l'être réel, d'une *raison suffisante*, qui la détermine à être. Ainsi le principe de contradiction est la loi des possibles ; mais seul le principe de raison suffisante est la loi des *existences*.

En résumé le principe de contradiction peut prouver, en métaphysique, qu'un être n'existe pas : on s'en est servi, par exemple, pour réfuter le panthéisme ; mais il ne suffit pas à prouver qu'un être existe.

---

755. *Le scepticisme est-il encore possible depuis la constitution des sciences de la nature ? S'il l'est, sous quelle forme ?* — Bordeaux [**777-795**].

Le scepticisme tel qu'il a été professé dans l'antiquité, le pyrrhonisme, n'existe plus. Progrès de la philosophie, progrès et résultats positifs de la science, tout cela l'a tué.

Mais, à la place, il y a le relativisme ou subjectivisme, qui soutient que tout est subjectif, y compris la science, que l'Être en soi nous échappe V. sujet 743).

CHAPITRE II

THÉORIE DE L'ÊTRE. DOCTRINES ET SYSTÈMES

756. *Origine et valeur de l'idée de force.* — Besançon [**757-758**]. — Rennes [**769-778**].

L'idée fondamentale à développer dans ce sujet, est que la notion de force a une origine subjective. C'est dans la conscience que nous la puisons.

Sans doute un examen superficiel tendrait à nous faire croire que notre idée de force peut aussi bien tirer son origine de l'expérience externe. En réalité, nous parlons tous les jours des forces de la nature, des forces ou énergies cosmiques ; rien ne semble nous être plus familier ; nous les étudions par la physique et la chimie ; nous les utilisons par l'industrie.

Cependant il est vrai, d'une vérité rigoureuse, de dire que nous ne percevons hors de nous aucune force ; que l'expérience externe seule ne nous donnerait jamais ce concept. Dans la nature, nous ne percevons que des mouvements, et si nous expliquons ces mouvements en leur assignant pour cause l'entité que nous nommons force, c'est que nous en avons tiré la notion d'ailleurs, d'une autre expérience : à savoir de l'expérience interne, conformément à la doctrine de Maine de Biran.

---

757. *Origine et valeur de l'idée de substance.* — Besançon [**756-758**]. — Nancy [**370-429**].

Lire la *deuxième méditation* de Descartes où la question est présentée à l'aide de l'exemple connu du morceau de cire : un morceau de cire est un corps jaune, dur, odorant, de forme cubique, etc. ; on le fait fondre : tout a changé, et c'est encore de la cire. Ce que j'appelle cire, ce qui constitue l'être de cette chose, ce que je réponds quand on me demande ce que *c'est*, n'est donc aucune de ces *qualités* qui sont accessibles à mes sens, puisque tout cela peut disparaître, se modifier, sans que la chose même, en son essence, cesse d'être. Je suis donc amené à penser que sous ces qualités il y a quelque chose qui ne tombe pas sous mes sens, mais à quoi les qualités empruntent leur existence passagère ; il les supporte, il se manifeste par elles, et c'est ce que j'appelle *substance* (*substare*). Et je vois que toute la réalité est dans la substance, que les qualités n'en ont que l'apparence, qu'elles sont probablement les effets produits *en moi* par l'action de la substance sur moi, des propriétés subjectives, indûment objectivées par moi. Je les appelle des phénomènes (φαινόμενα, apparaître) ; la substance est ce que je conçois comme *permanent* sous la mobilité des phénomènes.

Si l'on veut bien se reporter au numéro précédent et y voir la vraie nature de la force, on remarquera qu'ici comme là, nous avons affaire à une notion d'origine subjective, que la perception des choses extérieures ne peut nous donner.

Nous sommes d'ailleurs avertis qu'il existe des êtres ayant cette propriété fondamentale de la continuité ou permanence par une donnée familière de notre conscience.

Grâce au phénomène de la mémoire, chacun de nous assiste à la continuité de son propr être. Ce que j'appelle moi, c'est, il me semble, non pas tel état, encore que fort ou dominant, l'état du moment, ce que je suis à l'instant où j'écris et pense ces mots ; non : c'est la suite ininterrompue d'existence que me révèle ma mémoire, et qui m'apparaît comme un être doué de continuité, ayant, depuis le début de mes premiers souvenirs, continué d'être sous les multiples états, semblables à l'état actuel, que ma mémoire me rappelle. Ce dont je me souviens, c'est de ce moi sous-jacent, impressionné, modifié par les états successifs, plutôt que de ces états eux-mêmes. Voilà le sens du mot connu de Royer-Collard : « Nous ne nous souvenons que de nous-mêmes. » Cette continuité d'une existence durable, dont je prends conscience par une intuition directe en moi-même, c'est l'essence de l'idée de substance, qu'ensuite je transporte au dehors, pour expliquer l'apparente continuité des existences que je vois durer parallèlement à la mienne.

Quant à la valeur de cette idée, elle a été discutée par les écoles phénoménistes. Voyez plus bas le sujet où est présentée cette doctrine.

Lire, si possible : Boirac, *l'Idée de phénomène*.

---

758. *Origine et valeur de l'idée de cause.* — Aix [144-744] ; [574-744]. — Besançon [756-757].

Voir d'abord les deux sujets précédents, les trois idées de force, substance et cause ayant entre elles d'étroites affinités.

Ainsi que les deux idées de force et de substance, celle de cause ne nous est pas donnée par la perception extérieure. La démonstration de cette vérité a été donnée d'une façon définitive par Hume, en des pages du *Traité de la Nature humaine* qui sont un modèle de discussion et d'analyse. Lire ce passage si l'on peut trouver la traduction du *Traité*.

Où donc est l'origine de l'idée de causalité ? Dans l'expérience interne, dans la conscience ; et c'est, ainsi que l'a montré Maine de Biran, le phénomène de l'effort volontaire qui fait naître en nous cette idée. On connaît l'analyse de Biran ; il est inutile d'y insister.

Quant à la valeur de l'idée de cause, les opinions se partagent suivant qu'on appartient à l'école criticiste ou à quelque école adverse. On sait que pour la première l'idée de cause, ainsi que toutes les idées rationnelles, n'a aucune valeur objective.

---

759. *Substance, cause, force : rapports et différences.* — Nancy [44-816].

Voir les trois sujets précédents. On y trouvera de quoi établir la nature propre des trois idées.

Leurs ressemblances apparaissent quand, conformément à l'esprit de la philosophie critique, on se demande à quelle nécessité de notre entendement elles correspondent, quelle loi de notre constitution intellectuelle elles expriment.

On remarque d'abord l'étroite affinité qui unit les deux concepts de force et de substance. En face du monde sensible, réseau de phénomènes indéfiniment mobiles, changeants, fugitifs, insaisissables, l'esprit éprouve un impérieux besoin de fixité, d'unité. Il satisfait ce besoin en faisant reposer la trame des phénomènes sur un fond stable et permanent : la substance. D'autre part, comme tous les phénomènes se ramènent à une seule espèce, qui est le mouvement, l'esprit, ne pouvant comprendre le mouvement sans un principe qui en explique l'origine, trouve dans l'idée de force ce principe. Force et substance sont ainsi deux entités rationnelles correspondant à un même besoin subjectif : le besoin d'unité, de permanence, le besoin de mettre quelque chose de solide et de stable sous la multiplicité des apparences phénoménales, sous la fuite insaisissable du mouvement.

L'idée de cause, dans une autre catégorie de la pensée, répond encore au même besoin. De même qu'il m'est impossible de penser un mouvement existant par lui-même en tant que mouvement, de même je ne puis concevoir une succession en tant que simple succession, c'est-à-dire en tant que série de termes détachés les uns des autres et n'ayant d'autre relation que d'être situés l'un après l'autre dans le temps. En les considérant comme causes et effets l'un de l'autre, j'établis un lien entre eux et je mets l'unité là où il n'y avait que la multiplicité pure. De plus, la loi de causalité fait que la série n'est pas réversible, que l'ordre des termes n'en peut être modifié ; elle est encore, à ce point de vue, un principe de classement, d'harmonie, c'est-à-dire d'unité. Désormais j'ai *une* série, représentée en moi en tant que série, et non plus une suite de termes détachés.

Ainsi les trois concepts de substance, force, cause, correspondent au même besoin, et réalisent dans notre représentation la même loi de l'esprit, celle que Kant a fort justement appelée : l'unité de l'aperception. Seulement ils la représentent à trois points de vue différents.

La substance, c'est l'unité des phénomènes considérés en tant que coexistants : une orange, c'est ce qui, *en même temps*, est jaune, rugueux, mou, sphérique, odorant, sapide ; j'attribue ces différentes qualités, perceptions de plusieurs de mes sens, et perceptions irréductibles entre elles, à la même substance, orange.

La cause, c'est l'unité dans la succession, ainsi qu'on l'a vu plus haut.

La force est un concept qui, par certains côtés se rapproche de celui de substance, par certains autres de celui de cause. Mais elle diffère surtout de la substance en ce qu'elle est active, tandis que la substance est inerte. Descartes construisait le monde avec une substance essentiellement inerte : l'étendue. Aussi avait-il recours à l'action de Dieu pour mettre dans ce monde la quantité constante de mouvement que le calcul y démontre toujours présente sous différentes formes. Leibnitz corrigea la conception cartésienne en substituant à l'étendue la monade, centre de force, énergie active, en remplaçant le mécanisme par le dynamisme.

---

760. *La causalité selon Maine de Biran, Hume et Stuart Mill.* — Nancy [115-776].

Des trois conceptions de la causalité que l'on demande d'exposer ici, deux sont du même ordre et représentent une même doctrine, avec deux expressions différentes : ce sont celles de Hume et de Stuart Mill, toutes deux empiriques. La théorie de Maine de Biran est, au contraire, nettement opposée à l'empirisme. Voilà d'abord une différence qu'il faudra bien faire ressortir. Lorsqu'on en sera arrivé aux deux conceptions de Hume et de Stuart Mill, il faudra, cette fois, insister sur l'identité de doctrine, et faire voir les différences d'expression.

1° *Maine de Biran.* — Exposer sa théorie de l'effort (V. *Psychologie*, sujet 88). C'est dans l'effort volontaire que Maine de Biran voit la véritable nature de la causalité : la causalité, c'est cet effort lui-même, c'est l'énergie active, la force déployée par l'âme pour mouvoir le corps. Cette énergie, pour Maine de Biran, il ne faut pas l'oublier, est une réalité, quelque chose d'existant et d'existant en soi ; c'est une substance ; c'est même toute la substance, les mots substance et force étant synonymes. Ainsi la causalité est une chose en soi, un être métaphysique, et non pas comme dans d'autres doctrines une loi ou une simple conception de notre esprit, encore moins un fait ou un ordre de succession des faits.

2° *Hume.* — Exposer d'abord les raisonnements par lesquels il démontre que l'idée de cause n'a pas une origine expérimentale (V. sujet précédent). Cette démonstration constitue la première partie de sa thèse. Hume n'admet pas davantage que l'idée de causalité puisse nous être donnée par une expérience interne. Elle n'est donc le produit d'aucune expérience. Comme d'autre part Hume n'admet aucune donnée *a priori* dans l'entendement, il faut conclure que la causalité ne représente rien, ne correspond à rien de réel. Elle n'est qu'une habitude de l'esprit. Lorsque nous avons vu plusieurs fois deux phénomènes se succéder dans le même ordre, il se forme en nous une *association* entre ces deux phénomènes, association qui nous les présente nécessairement dans l'ordre où nous les avons perçus : c'est cette association ou habitude que nous nommons causalité.

3° *Stuart Mill.* — Sa théorie de la causalité est dans la *Logique*, livre III, chap. v.

Pas plus que Hume, Stuart Mill n'admet que l'idée de causalité représente une réalité métaphysique. Comme tous les empiriques il pense qu'elle ne correspond qu'à la simple *succession régulière* des phénomènes. Seulement, poussant plus loin que Hume l'analyse, et mieux averti que lui, en raison du développement des sciences expérimentales à notre époque, Stuart Mill expose que la causalité ne consiste pas seulement dans l'enchaînement régulier entre un antécédent donné et un conséquent également donné, mais bien entre plusieurs antécédents combinés et un certain conséquent. « Rarement, si même jamais, cette invariable succession a lieu entre un conséquent et un seul antécédent. Elle est communément entre un conséquent et la totalité de plusieurs antécédents, dont le concours est nécessaire pour produire le conséquent, c'est-à-dire pour que le conséquent les suive certainement [1]. Dans ces cas il est très ordinaire de mettre à part un de ces antécédents sous le nom de cause, les autres étant appelés simplement des conditions. Ainsi, si une personne mange d'un certain mets et meurt en conséquence — c'est-à-dire ne serait pas morte si elle n'en avait pas mangé, — des gens diront que la cause de sa mort est d'avoir mangé de ce plat. Il n'y a pas, cependant, de connexion invariable entre manger de ce mets et la mort; mais il existe certainement, parmi les circonstances de l'événement, quelque combinaison dont la mort est toujours la suite, par exemple l'action de manger ce mets, combinée avec une constitution particulière du corps, un état de santé particulier, et peut-être même un certain état de l'atmosphère : circonstances dont la réunion constituait dans ce cas les *conditions* du phénomène ou, en d'autres termes, le groupe d'antécédents qui l'a déterminé, et sans lesquels il n'aurait pas eu lieu. La cause réelle est le concours de tous ces antécédents, et on n'a pas le droit, philosophiquement parlant, de donner le nom de cause à l'un d'eux à l'exclusion des autres. »

En résumé, selon Stuart Mill, la cause d'un phénomène est l'assemblage de ses conditions, et la loi de causalité n'exprime rien de plus que ceci : lorsqu'un certain ensemble de circonstances est donné, un certain phénomène suit toujours cet ensemble. On trouverait la même conception, presque dans les mêmes termes, dans l'*Intelligence* de Taine.

---

761. *L'axiome : « Je pense, donc je suis » n'a pas, selon Maine de Biran, la portée que lui attribuait Descartes, et nous ne pouvons atteindre la substance même de l'âme qu'en le restreignant et en disant : « Je veux, donc je suis. » Quel est le sens et quelle est la valeur de ce changement ?* — Montpellier [280-738].

Sur Maine de Biran, voir sujet précédent et *Psychologie*, sujet 88.

La méthode que s'est proposée Biran est la suivante : Il faut construire toute la philosophie sur un fait, un fait seul pouvant lui donner une base solide. Ce fait, c'est en nous qu'il faut le chercher puisque l'expérience de nos propres états est la seule expérience *directe* qui soit possible pour nous. Le point de départ de la philosophie doit donc être la recherche du fait primitif du sens intime.

C'est bien ce qu'avait pensé Descartes, et tel était aussi le sens de sa méthode. Mais Descartes a eu tort de croire trouver ce fait primitif dans la pensée. En effet la pensée est un simple phénomène, une *représentation ;* ce n'est pas par elle qu'on peut atteindre l'essence du moi, sa substance.

1. On remarquera qu'ici Stuart Mill se reprend, parce qu'il craint que la première expression qu'il avait employée ne donne lieu à une erreur d'interprétation : le verbe produire était ambigu, et pouvait laisser supposer l'existence d'une action métaphysique exercée par l'antécédent sur le conséquent, d'une conception de la cause produisant l'effet par quelque vertu ou force spéciale (ce qui serait conforme aux idées de Maine de Biran). Stuart Mill repousse toute conception de ce genre, et ne voit dans la causalité qu'une simple succession régulière.

Il y a dans le procédé de Descartes un vice fondamental. Dans le *Cogito*, la première proposition : je pense, n'a qu'un sens *phénoménal*, et la deuxième : je suis, a un sens *absolu* ; elle signifie : je suis une substance pensante. Descartes ne saisit donc pas le fait primitif ; il fait, sans s'en apercevoir, un raisonnement par lequel il passe de la *constatation* d'un phénomène à l'*affirmation* d'une substance, d'un absolu.

« Entre je pense et je suis, il y a, dit Biran, un intermédiaire sous-entendu. Rétablissons cet intermédiaire et faisons un raisonnement en forme :

Je pense, j'existe *pour moi-même ;*

Or tout ce qui pense, ou qui sait qu'il existe, existe absolument, comme substance ou chose pensante, *hors de la pensée ;*

Donc j'existe substantiellement.

Ce sujet Je, dans la conclusion : j'existe, n'est certainement pas identique à ce qui est exprimé par le même signe dans la majeure : je pense. Ici, c'est un sujet phénoménal ; là, c'est un sujet réel. Toutes les déductions ultérieures de ce principe : *je suis une chose pensante*, n'auront donc qu'une valeur logique ou conditionnelle comme lui. »

(Maine de Biran, *Fondement de la psychologie*, partie I, sect. I.)

Telle est la critique.

A la formule cartésienne, Biran substitue celle-ci : « Je veux, donc je suis. » Il prétend donc trouver dans l'acte volontaire ce que Descartes ne pouvait selon lui trouver dans la pensée. Dans l'effort, l'âme se saisit directement elle-même, comme énergie, comme substance active, comme absolu. En un mot : je veux n'est pas l'expression d'un phénomène. La conséquence, c'est qu'au mécanisme cartésien, Maine de Biran va substituer un dynamisme fondé sur la conscience que nous avons de notre énergie fondamentale. Le moi, et, par son opposition, le non-moi lui apparaîtront non plus comme des substances inertes, simples réceptacles du mouvement reçu du dehors, de l'action divine, mais comme des activités productrices de mouvements. Et, dans l'homme, la volonté va prendre le premier plan ; l'âme pourra être définie : une force douée d'intelligence, et l'homme entier : une volonté servie par des organes.

---

762. *Les lois de la nature sont-elles nécessaires ?* — Bordeaux [783-824].

Question considérable, et jusqu'à nos jours fort débattue. La thèse et l'antithèse se soutiennent l'une et l'autre avec de bons arguments. La science est déterministe dans son esprit et sa méthode. Les savants affirment donc presque tous que les lois de la nature sont nécessaires ; elles ne sont pour eux que des applications aux phénomènes des lois mathématiques : la biologie se ramène à la chimie et à la physique ; ces deux sciences, à leur tour, se ramènent à la mécanique. Les savants entrevoient le jour, prochain pensent-ils, où tous les phénomènes seront analysés comme modes du mouvement, et, comme tels, représentés par des équations. C'est cette thèse qu'il faut développer par des exemples pour soutenir l'affirmative.

Des penseurs éminents, cependant, soutiennent la négative. Parmi eux, il faut placer au tout premier rang M. Boutroux, dont la thèse : *De la contingence des lois de la nature* présente une argumentation serrée et puissante contre la doctrine de l'universel mécanisme. L'élève qui voudra traiter le présent sujet devra lire cet ouvrage : il n'est pas possible de donner ici un résumé d'une discussion dont la profondeur et la concision se refusent à un exposé analytique. Le texte seul peut être compris et apprécié.

---

763. *Qu'est-ce que le mécanisme ? Difficultés que soulève cette doctrine.* — Bordeaux [786-789].

Le mécanisme est la doctrine métaphysique qui explique l'ensemble des choses par le mouvement seul, en excluant le concept de force, considéré comme une entité vide, un simple mot.

Le système le plus nettement mécaniste que l'on puisse présenter comme type de la doctrine est celui de Descartes. Pour faire une exposition à la fois succincte et complète du mécanisme, il suffit d'emprunter à Descartes lui-même la théorie de la formation de l'univers qui forme la 5e partie du *Discours de la Méthode.*

Les difficultés de la doctrine ont été relevées par Leibnitz et sont l'objet des critiques qu'il formule contre le système de Descartes. Leibnitz les ramène à trois objections :

1° Le mécanisme constitue la matière avec de l'étendue seule, puisqu'il rejette la force. Or l'étendue est un attribut, non un sujet, non une substance, par conséquent. On peut bien dire d'une chose qu'elle est étendue, c'est-à-dire que cette chose a, parmi ses attributs, l'étendue, ce qui suppose qu'elle a d'autres attributs. Si, au contraire, on essaie de prendre l'étendue comme sujet, on ne peut formuler aucune proposition ayant un sens.

2° Le mécanisme ne présente aucun principe qui puisse rendre raison de l'origine du mouvement. C'est pour cela que Descartes a dû avoir recours à Dieu pour mettre dans l'univers, lors de la création, la quantité de mouvement qu'il conserve intégralement depuis ce temps. C'est un point que Pascal aussi a critiqué en disant que le Dieu de Descartes ne sert qu'à donner « la chiquenaude initiale ».

3° L'étendue seule n'explique pas tous les phénomènes du mouvement. Par exemple si l'on a deux cubes de volume égal, l'un creux et l'autre plein, ils doivent, d'après la théorie cartésienne, contenir autant de matière l'un que l'autre, ayant même étendue (la différence du plein et du vide n'est qu'un phénomène subjectif, provoqué en nous par la disposition des parties de l'étendue, qui n'est pas la même dans les deux solides). Cela posé, comment expliquer qu'il faille une force plus grande, ou, si l'on veut, une plus grande quantité de mouvement pour mouvoir l'un des deux corps que pour mouvoir l'autre ?

---

764. *Qu'est-ce que l'espace ?* — Nancy [190-568].

765. *Comment vous représentez-vous l'espace ? A-t-il une réalité objective quelconque ?* — Aix [153-208].

766. *Analysez les notions de temps et d'espace et dites quelle en est l'origine.* — Lyon [155-555]

767. *Peut-on ramener la notion d'espace à celle de temps?* — Alger (Tunis) [89-752].

Sujets traités dans tous les cours et qui ne demandent aucune documentation supplémentaire.

---

768. *Principales théories sur la nature de la vie.* — Montpellier [779-820].

Tous les documents sont dans les cours.

---

769. *Exposer la conception physico-chimique de la vie.* — Rennes [756-778].

Partie du sujet précédent.

Lire tout ce que l'on pourra trouver de Claude Bernard, qui a le plus contribué à répandre cette conception.

---

770. *La matière et le mouvement.* — Lyon [746-823].

Sous une autre forme ce sujet est le même que le nº 763 : qu'est-ce que le mécanisme ? S'y reporter.

Bien remarquer que la question ne comporte nullement la discussion du matérialisme.

Elle ne comporte pas non plus l'exposé des diverses conceptions relatives à la constitution intime de la matière.

---

771. *Qu'est-ce que le matérialisme ?* — Clermont [54-222] ; [317-625]. — Montpellier [739-790].

Il ne semble pas qu'un élève de philosophie puisse être embarrassé pour traiter ce sujet. L'exposé du matérialisme est fait avec ampleur par tous les professeurs et se trouve dans tous les livres. On peut d'ailleurs prendre pour guide un des philosophes qui ont professé cette doctrine, par exemple Epicure, que l'on connaît surtout par Lucrèce. On conseille aux élèves de lire, parmi les ouvrages contemporains : *Force et Matière* de Büchner. Pour la discussion, ils trouveront d'utiles renseignements dans *le Matérialisme et la Science* de Caro.

Le sujet, tel qu'il est présenté, comporte une exposition détaillée du matérialisme ; c'en est la principale partie. Mais il comporte également un examen critique. En principe il ne faut jamais exposer une doctrine sans dire ce qu'on en pense. Les arguments contre le matérialisme sont familiers et chacun les connaît. Ne pas oublier que l'un des plus décisifs est celui-ci : le matérialisme repose sur un postulat, l'existence objective de la matière. Or, non seulement cette existence n'est pas prouvée, mais il y a de sérieux arguments tendant au contraire à prouver que la matière n'existe pas, comme telle.

---

772. *La liberté morale peut-elle s'accorder avec le matérialisme ?* — Alger **[793-809]**.

En principe, non, parce que le matérialisme implique le mécanisme. C'est cette idée qu'il faut développer.

Cependant Épicure, et après lui Lucrèce, sont partisans de la liberté. Mais c'est par une inconséquence évidente : la croyance d'Épicure à la liberté est une nécessité de son explication de la formation du monde. Il admet que primitivement tous les atomes tombaient dans le vide : si leurs trajectoires eussent été éternellement parallèles, aucune rencontre ne pouvait se produire. Puisqu'en fait les atomes se sont rencontrés, c'est que quelques-uns au moins d'entre eux sont doués d'un pouvoir particulier, celui de modifier spontanément la direction qui leur est imprimée, de dévier, si légèrement que ce soit, de la ligne qu'ils suivaient. Ce sont ces mêmes atomes, doués de ce pouvoir de *déclinaison*, qui, faisant partie de nos âmes, l'y manifestent par la liberté (V. Lucrèce, livre II, vers 217-294).

Il est évident que ce pouvoir de déclinaison ne s'explique pas ; c'est un pur postulat, qui ne repose sur rien. On peut le considérer comme une faiblesse dans le système d'Épicure ; aussi le matérialisme moderne l'a-t-il abandonné.

---

773. *Qu'est-ce que la matière ?* — Nancy **[776-806]**.

V. sujet 749.

La conclusion de ce sujet, c'est que la matière est une idée, une hypothèse. Tous ceux donc qui admettent qu'à cette idée correspond, hors de nous, une réalité objective, doivent, pour établir ce que peut être cette chose en soi, imaginer d'autres hypothèses complémentaires. On connaît celle de l'atomisme et celle de la matière réduite à l'étendue et divisible à l'infini. Les exposer brièvement.

---

774. *Que veut dire Taine lorsqu'il affirme que la perception est une hallucination vraie ?* — Caen **[801-814]**. — Poitiers **[10-796]**.

775. *Expliquer et apprécier cette définition de Stuart Mill : « La matière est une possibilité permanente de sensations. »* — Montpellier **[337-339]**.

V. sujet 751. Les deux formules ci-dessus, exactement synonymes, ont aussi à peu près le même sens et la même portée que la proposition de Leibnitz qui fait l'objet de la question n° 751. Ce sont des expressions de l'idéalisme ; elles signifient que nous ne pouvons atteindre qu'une seule chose : l'état de conscience que nous appelons sensation ou perception ; que toute supposition d'un objet extérieur correspondant, d'une existence indépendante de ces états et les provoquant en nous, est une supposition gratuite et invérifiable.

---

776. *De l'existence du monde extérieur.* — Aix **[173-548]**. — Clermont **[743-799]**. — Nancy **[115-760]** ; **[773-806]**.

777 *Un philosophe a dit : « Quiconque n'a jamais douté de l'existence de la matière peut être assuré qu'il n'est point fait pour les recherches métaphysiques. » On appréciera ces paroles, et on indiquera les raisons pour lesquelles des philosophes ont douté de l'existence du monde extérieur.* — Bordeaux [755-795]. — Nancy [493-785]. — Poitiers [741-824].

L'existence d'objets extérieurs, indépendants de nous, est pour le sens commun une vérité de fait que l'on ne songe même pas à mettre en discussion. Le sens commun affirme spontanément l'existence de ces objets, et si l'on demande à quelqu'un pourquoi il y croit, il fait invariablement la réponse connue : parce que je les vois, parce que je les touche. Il ne s'aperçoit pas qu'il commet ici un cercle vicieux, qu'il répond à la question par la question même : nul ne peut, en effet, douter qu'il ait des sensations ; mais l'on demande précisément si, en dehors de ces sensations, il y a des objets matériels, qui existeraient *en soi*, alors même que nous n'aurions pas les sensations. Ainsi ne pas comprendre qu'on puisse douter de l'existence du monde extérieur, c'est d'abord ne pas connaître la nature de la sensation, c'est ne pas faire la distinction de l'existence objective et de l'existence subjective, c'est enfin ne pas se rendre compte que la réponse citée ci-dessus, comme le vieil *« argumentum baculinum »*, l'argument qui consiste à prouver l'existence des objets par des coups de bâton, sont de purs sophismes. Ne pas admettre la possibilité de ce doute, c'est n'avoir pas l'esprit philosophique.

Un élève qui a compris le cours de son professeur doit savoir quels sont les arguments par lesquels on a pu essayer de nier l'existence des objets extérieurs, de la matière. On se bornera à en présenter ici un tableau méthodique, une classification.

Premier groupe. — Arguments tirés de la nature de la représentation.

Mécanisme et nature de la sensation et de la perception.

Mécanisme de l'imagination (Taine).

Rêves. Hallucinations. Suggestions hypnotiques.

Deuxième groupe. — Arguments tirés de la nature de la matière (Berkeley).

Si la matière existait, elle serait :

Inutile, puisque nous avons aussi bien les perceptions sans elle.

Encombrante, puisqu'on ne peut expliquer l'action d'une matière étendue sur une conscience inétendue.

Contradictoire, puisque toutes les hypothèses que l'on peut émettre sur la constitution intime de la matière enferment une contradiction.

Troisième groupe. — Arguments portant sur la preuve unique que peuvent présenter à l'appui de leur thèse les partisans de l'existence du monde extérieur.

Cette unique preuve est celle-ci : Il faut une cause à mes sensations.

Argumentation de l'idéalisme.

Ou bien on niera la valeur objective du principe de causalité (empirisme, criticisme).

Ou bien on admettra cette valeur, mais on fera voir que la cause invoquée peut aussi bien être ou Dieu (Berkeley) ou le moi lui-même, inconscient (Fichte) ; qu'en tout cas ce ne peut être la matière qui, étant par définition inerte, ne peut être invoquée comme cause, c'est-à-dire comme exerçant sur nous une action.

778. *Sens et portée de la distinction des qualités premières et des qualités secondes de la matière.* — Bordeaux **[319-441]**. — Rennes **[756-769]**. — Toulouse **[76-300]**.

Sujet de cours. Renseignements à puiser dans Locke ou dans tous les ouvrages et articles sur Locke.

---

779. *Qu'est-ce que l'idéalisme ?* — Montpellier **[768-820]**.

Sujet de cours. Bien distinguer l'idéalisme subjectif et l'idéalisme objectif.

L'idéalisme subjectif nie absolument l'existence du monde extérieur, en vertu des arguments qui ont été résumés plus haut, sujet 777.

L'idéalisme objectif admet l'existence d'un monde hors de nos esprits ; il nie seulement que ce monde soit composé de matière, c'est-à-dire d'une substance inerte, étendue, simple réceptacle dont la nature est incompréhensible (sujet 777, arguments du 2e groupe). Il veut que les objets soient composés de forces inétendues, de nature spirituelle, analogues à nos âmes, au degré de conscience près, parce qu'en effet la force ne peut se comprendre que comme étant de nature psychique (V. sujet 756). Le type de cette conception est la *Monadologie* de Leibnitz.

---

780. *La monade leibnitzienne.* — Aix **[44-164]**.

Lire attentivement la *Monadologie*, et comme cet ouvrage est d'une interprétation difficile, le lire dans une édition classique, commentée; on recommande particulièrement celle de M. Boutroux. Chercher aussi des éclaircissements dans les histoires de la philosophie, et dans les *Études sur les principaux philosophes* de M. Adam

---

781. *Que veut dire Leibnitz quand il soutient que la monade n'a pas de fenêtres ?* — Nancy **[633-815]**.

Pour les renseignements, voir le sujet précédent. Se bien pénétrer de cette idée que le fondement de cette assertion de Leibnitz, c'est sa conviction qu'une substance ne peut en aucun cas exercer une action sur une autre. En effet, ou les deux substances seraient contiguës, et alors elles n'en feraient qu'une ; ou elles seraient situées à une distance quelconque l'une de l'autre, et, dans ce cas, où serait le véhicule de l'action exercée par l'une sur l'autre ? La substance, ou la monade, est donc entièrement isolée : c'est un petit monde fermé.

Conséquences. — 1° La monade ne perçoit rien du dehors. Toutes ses perceptions viennent d'elle ; elles sont en elle, à l'état inconscient, et deviennent conscientes (aperçues, dans le langage de Leibnitz) à mesure que les objets se présentent, sans que ce soient ces objets qui agissent sur elle ; en un mot, toutes ses idées sont innées, et ses perceptions sont des « rêves bien liés ». 2° L'harmonie préétablie : quand une monade semble agir sur une autre, il n'en est rien ; c'est la seconde qui se meut d'elle-même, en vertu d'une impulsion prédéterminée en elle par Dieu de toute éternité.

---

782. *La substance et le phénomène.* — Nancy [60-82].

V. sujet 757. Bien remarquer que celui-ci, outre la définition développée des deux termes, comporte la discussion du phénoménisme (V. sujet suivant).

---

783. *Le phénoménisme. Que pensez-vous de cette doctrine ?* — Bordeaux [762-824].

Le phénoménisme est la doctrine métaphysique qui nie l'existence de la substance et affirme que les phénomènes sont toute la réalité.

Le phénoménisme est une conséquence logique de deux des solutions que l'on donne du problème de la connaissance : la solution criticiste (Kant, Renouvier) et la solution empirique (Taine, Hume, Stuart Mill). On se rend compte, en effet, d'une part que la substance n'est pas une perception, mais un concept, d'autre part que le criticisme et l'empirisme, pour des raisons différentes, ne peuvent ni l'un ni l'autre admettre la valeur objective d'aucun concept.

Le plan de ce sujet comportera les trois points suivants :

1° Distinction de la substance et du phénomène. Nature du phénomène (V. sujet 757).

2° Arguments du phénoménisme.

3° Discussion.

Remarquer que la critique du phénoménisme se fait plus facilement sur le terrain de la psychologie, car si, à la rigueur, le phénoménisme explique le monde extérieur, la nature, la matière, il se heurte à de graves difficultés quand il s'agit d'expliquer le moi, la conscience, la personnalité (V. plus bas, sujet 798).

---

784. *L'antithèse de l'esprit et de la matière chez Descartes. Ce qu'elle est devenue chez ses successeurs. Reste-t-il quelque chose de cette théorie dans la philosophie de notre temps ?* — Nancy [357-612].

Voir Descartes, VIe *méditation*.

Ce qu'on peut appeler les successeurs de Descartes, ce sont : Spinoza, Leibnitz, Malebranche, les idéalistes anglais dont Berkeley est le plus important, enfin Kant.

Pour traiter le sujet, on exposera d'abord en détail l'antithèse de l'esprit, *res cogitans*, substance pensante, et dont la pensée exprime *toute* l'essence, et de la matière, *res extensa*, substance étendue, dont l'étendue exprime *toute* l'essence. On se renseignera : 1° dans les œuvres de Descartes lui-même ; 2° dans Liard, *Descartes*, 3e partie, chap. VI, et Fouillée, *Descartes*, livre II, chap. II. Bien remarquer que l'opposition porte sur l'attribut d'étendue.

Ce que devient cette antithèse chez les successeurs : Spinoza l'atténue en faisant de la pensée et de l'étendue non plus deux choses, mais deux phénomènes, attribut de l'unique Substance.

Leibnitz la supprime en concevant un univers formé de substances toutes inétendues, les monades.

Malebranche laisse subsister le dualisme ; mais par le recours à l'intervention divine (vision en Dieu et causes occasionnelles) il évite la difficulté d'expliquer les rapports des deux substances. Seulement, dans cette hypothèse, la substance étendue, la matière, ne sert plus à rien, et il devient inutile de la conserver.

C'est ce que voit nettement Berkeley qui, lui aussi, supprime un des deux termes, la matière, en ne laissant subsister que l'esprit conscient, et en faisant de l'univers un système d'idées n'existant que dans les esprits.

Ainsi, en somme, l'antithèse cartésienne est résolue par ses successeurs immédiats en idéalisme (Lire, si possible, la thèse de M. Lyon : *L'Idéalisme en Angleterre*).

Avec Kant apparaît une autre solution, la solution criticiste. La méthode de Kant consiste, on le sait, à prendre pour centre du plan qu'il trace de l'univers non plus les choses ou objets, mais l'esprit lui-même, le sujet connaissant. Dès lors l'antithèse des deux substances : matière, esprit, devient l'opposition de deux termes qui n'expriment que deux attitudes de l'esprit même, deux points de vue de la représentation : le sujet et l'objet.

A notre époque et sous l'influence de Kant, c'est cette interprétation qui domine : l'antithèse cartésienne de l'esprit et du corps se retrouve dans le phénoménisme contemporain sous l'aspect de l'opposition entre le subjectif et l'objectif, entre le fait psychologique et le fait mécanique.

On trouvera des idées extrêmement intéressantes sur ce point dans la préface qui précède la traduction du 1er livre de Lucrèce par Sully Prudhomme, au tome IV de ses poésies.

---

785. *Est-il certain que tout, dans le monde, ait une raison suffisante ?* — Nancy [493-777].

Faire d'abord l'analyse du principe de raison suffisante, et, pour cela, consulter les ouvrages classiques de Leibnitz, notamment la *Théodicée*, et les éclaircissements de toute nature que l'on pourra trouver sur la philosophie de Leibnitz.

Parmi les éléments qui constituent le principe de raison suffisante, on trouvera l'idée de finalité.

La question se trouve alors ramenée à la discussion de la finalité. Y a-t-il de la finalité dans le monde, et tout y a-t-il sa cause finale ? (V. *Psychologie*, sujet 151.)

---

786. *Qu'entend-on par causes finales ? Diverses façons de concevoir la finalité.* — Besançon [256-798]. — Bordeaux [763-789].

V. *Psychologie*, sujet 151.

Pour la seconde partie de la question, la réponse est fournie par Kant. Il y a deux espèces de finalités : la finalité interne et la finalité externe.

La finalité interne consiste en ce que les diverses parties d'un objet donné soient de telle nature qu'il y ait entre chacune d'elles et le tout un rapport de moyen à fin, en d'autres termes chaque partie est disposée en vue de l'ensemble.

La finalité externe consiste en ce que l'objet, considéré dans son ensemble, comme un tout concret, ait avec d'autres objets, ou avec l'univers entier, un rapport de moyen à fin, soit un moyen subordonné à une fin qui lui est extérieure.

On conçoit très bien que la première espèce de finalité puisse être démontrée existante dans un objet à l'exclusion de la seconde.

---

787. *Que savez-vous des théories transformistes ?* — Clermont [283-702].

Tout élève de philosophie connaît, dans ses grandes lignes, la doctrine transformiste. Pour l'exposer, il sera bon de commencer par un rapide résumé des débuts, où l'on fera voir la naissance de l'idée et les premières formes que reçut la théorie de l'œuvre de Gœthe, Oken, Lamarck, Geoffroy Saint-Hilaire. On développera ensuite les idées de Darwin, et, si on les connaît, celles de Haeckel.

Un guide excellent pour initier à la doctrine du transformisme est le petit livre d'Émile Ferrière : *le Darwinisme*.

---

788. *Principes de la philosophie évolutionniste.* — Rennes [595-642].

Voir sujet précédent ; mais ne pas oublier que celui-ci est plus vaste. Le transformisme est une doctrine biologique destinée uniquement à expliquer l'origine des êtres vivants. L'évolutionnisme est un système métaphysique présentant une conception générale de l'ensemble des choses : c'est le principe du transformisme appliqué au cosmos. Les principes de cette philosophie, qui doivent faire l'objet de la dissertation ci-dessus, sont développés par Spencer dans les *Premiers Principes.* C'est cet ouvrage qu'il faut prendre pour guide. On en trouvera un excellent commentaire dans Ribot : *Psychologie anglaise contemporaine.*

---

789. *En quel sens faut-il prendre le principe : la fonction crée l'organe ?* — Bordeaux [763-786].

C'est un des principes fondamentaux du transformisme. Sollicité soit par l'action du milieu (Geoffroy Saint-Hilaire), soit par les nécessités de la concurrence vitale et de l'adaptation (Darwin) l'être vivant éprouve des besoins de plus en plus variés et spécifiés. Il satisfait tant bien que mal chaque nouveau besoin au moyen de telle ou telle partie de son organisme ; peu à peu cette partie s'adapte à sa fonction, c'est-à-dire qu'elle se modifie, devient un instrument spécialisé pour cette fonction ; chaque petit progrès dans ce sens constituant pour l'être un avantage, sera transmis et fixé. C'est ainsi que, peu à peu, la fonction crée l'organe. Exemple : l'évolution de l'organe de la vision, depuis la tache pigmentaire de certains animaux inférieurs (et même, au-dessous, chez les protozoaires, corps entier vaguement sensible aux radiations lumineuses) jusqu'à l'œil complexe du mammifère.

Le sens philosophique du principe transformiste doit être compris comme étant l'antithèse du principe de finalité. On sait, du reste, que le transformisme est une expression du mécanisme. Prenons en effet l'hypothèse opposée : ce n'est pas la fonction qui crée l'organe ; c'est l'organe qui préexiste à la fonction ; il faut alors admettre que chaque être a été créé avec les organes qu'il devait avoir, et que, dans l'expérience de la vie, il se sert de ces organes pour accomplir les diverses fonctions auxquelles ils sont dévolus. Donc chaque organe a été créé en vue de la fonction qu'il devait remplir : l'échassier a les pattes, le cou et le bec longs *afin* de pouvoir trouver sa nourriture dans les marais ; le carnassier a des griffes et des canines *afin* de saisir et déchirer sa proie. Vie palustre d'une part, alimentation carnée de l'autre sont les causes finales de l'existence et de la disposition des organes précités. Voilà bien le point de vue téléologique. Mais si, avec le transformisme, nous soutenons que c'est la fonction qui préexiste à l'organe, qui sollicite en quelque sorte le tissu vivant à se différencier et à s'adapter à tel ou tel mode de vie, alors l'idée de finalité disparaît ; au lieu de concevoir une intelligence prévoyante qui construit l'échassier avec le dessein préconçu de le faire vivre dans les marais, on dira simplement : des oiseaux du type commun, tel que celui des gallinacés, par exemple, se trouvant dans une région marécageuse, ont dû y vivre comme ils pouvaient ; ils ont eu à exercer une fonction nouvelle, celle de marcher et de fouiller dans l'eau et la vase ; ceux qui, par une idiosyncrasie de hasard, avaient les pattes et le bec plus longs que les autres ont triomphé ; les autres ont peu à peu disparu. Le même fait continuant de se produire, les pattes et le bec se sont progressivement allongés. C'est bien la fonction qui a créé l'organe. Aujourd'hui les échassiers ont la constitution morphologique qui les caractérise *parce qu'ils vivent dans les marais*. Le vie palustre est la cause *efficiente*, mécanique de leur organisation.

---

790. *Qu'est-ce que le positivisme ?* — Alger [135-243]. — Montpellier [739-771].

La théorie de l'inconnaissable.

La loi des trois états, conduisant à la condamnation de la métaphysique et à la réduction de la philosophie à une théorie des sciences.

Le phénoménisme absolu.

La morale réduite à la solidarité sociale.

Tels sont les points essentiels de la philosophie positive.

---

791. *Qu'est-ce qu'une philosophie critique ? L'expliquer en considérant celle de Kant.* — Aix [22-151].

Les éléments de ce sujet sont dans tous les traités et ouvrages d'histoire de la philosophie. Au surplus l'élève qui comprend bien la théorie des formes *a priori*, la doctrine de la relativité de la connaissance, l'antinomie de la liberté et du déterminisme et la morale kantienne possède toutes les informations nécessaires pour traiter ce sujet. Voir dans le présent ouvrage, les sujets 76, 101, 48[illegible], 575, 743. Consulter sur Kant : Adam, *Études sur les principaux philosophes* et l'article Kant de la *Grande Encyclopédie.*

---

792. *Le panthéisme. Insister sur les négations qu'il implique.* — Nancy [371-409].

Présenter le panthéisme d'après Spinoza, c'est-à-dire donner l'analyse raisonnée du 1er livre de *l'Éthique.*

Le panthéisme nie : 1° La distinction des substances. 2° La personnalité. 3° La liberté. 4° La création et la providence.

---

793. *Du panthéisme dans ses rapports avec la morale.* — Alger [772-809].

Le panthéisme nie la liberté, la personnalité, la responsabilité ; il est donc incompatible avec la morale du devoir telle qu'on l'entend d'ordinaire, morale du bien ou morale de l'impératif catégorique. Est-ce à dire pour cela que le panthéisme n'ait pas de morale et n'en puisse constituer aucune ? Ce serait méconnaître le caractère essentiel de l'*Éthique* de Spinoza, qui est proprement un traité de morale, dans lequel la métaphysique n'est que la base d'un système de la sainteté de vie, de la vertu et du bonheur. Pour bien comprendre cette vérité, il faut étudier les conclusions de Spinoza, son cinquième livre en entier. On y trouvera exposée une doctrine morale très haute, qui rappelle par plus d'un trait la philosophie de résignation, de détachement, de force de volonté, de vie intérieure des stoïciens : comprendre l'universelle nécessité, se bien persuader que l'être humain n'est qu'un phénomène éphémère, accepter l'ordre fatal des choses, s'y soumettre de bon gré, abdiquer sans retour les funestes illusions de la personnalité, du temps, de la vie selon la passion, prendre conscience en soi de l'éternelle substance dont nous sommes des modes passagers, vivre en dehors du temps, voir toutes choses « sous l'aspect de l'éternité », voilà pour Spinoza la véritable doctrine de vie, le secret de l'affranchissement, de la vertu et du bonheur. « Vivre en Dieu et l'aimer d'un amour intellectuel » telle est la conclusion de l'*Éthique*, et Spinoza se sert pour la traduire d'une expression de saint Paul : « *In Deo vivimus, movemur et sumus.* » C'est en Dieu que nous vivons, que nous nous mouvons, que nous sommes. Que cette morale ne soit pas à la portée de tout le monde, c'est ce qui n'est pas contestable, et c'est peut-être une critique sérieuse qu'on peut en faire ; mais il demeure qu'elle est une très haute, très pure et très morale conception de la vie pour quiconque préfère la pensée à la sensation, et estime le prix d'une existence vouée entièrement au progrès de la raison.

---

794. *Choisir un des trois systèmes : matérialisme, idéalisme, panthéisme et en montrer le fort et le faible.* — Dijon [796-801].

Sujet dont tous les éléments sont dans les cours. Discussion suivant la marche ordinaire : 1° Exposé du système. 2° Part de vérité. 3° Part d'erreur.

---

795. *Comment s'expliquent selon vous l'unité et l'identité de la personne ?* — Bordeaux [755-777].

796. *De l'unité et de l'identité de l'âme.* — Besançon [21-804]. — Dijon [794-801]. — Grenoble [753-803]. — Poitiers [10-774].

797. ***Est-il sensé de prétendre que la personne humaine n'est autre chose qu'une collection de phénomènes sans support, sans substance, sans cause interne, sans autres liens que ceux de la juxtaposition et de la succession ?*** — Grenoble **[341-346]**. — Lille **[148-177]**.

798. *Que pouvons-nous savoir de la nature de l'âme, et par quelle méthode ?* — Besançon **[256-786]**.

Voici une série de sujets qui sont traités amplement dans tous les cours de philosophie. On sait qu'on a à choisir, relativement à la nature du moi, entre trois doctrines : 1° Le matérialisme : l'âme n'est rien ; le moi, la personne sont des résultantes de l'organisation du corps ; le moi est l'ensemble des phénomènes nerveux qui jouissent de la propriété d'être conscients, propriété qui d'ailleurs ne leur confère aucune supériorité sur les autres faits physiologiques, car elle n'est qu'un épiphénomène. 2° Le spiritualisme : l'âme est une substance inétendue, distincte de la matière. 3° Le phénoménisme : l'âme n'est rien que la série des états de conscience (*sans substrat*) unis entre eux par l'association (Stuart Mill). Elle est, selon l'expression connue de Taine, « un polypier d'images »(Voir Taine, *Intelligence*). On remarquera que le sujet n° 797 contient dans son texte tout ce qu'il faut pour présenter une critique de cette doctrine. Toutefois, outre les difficultés qu'il suggère, absence de support et de lien, on fera bien de méditer celle-ci encore : comment expliquer, dans le phénoménisme, la propriété de mémoire ? Où sont conservés nos états passés ?

Lire, sur cette question : Jeanmaire, *la Personnalité ;* Binet, les *Altérations de la Personnalité ;* Ribot, les *Maladies de la Personnalité.*

---

799. *De l'immortalité de l'âme.* — Aix **[146-823]** ; **[614-821]**. — Clermont **[743-776]**.

800. *Quelles conséquences philosophiques peut-on tirer de ce vers de Lamartine sur l'homme :*

« *Borné dans sa nature, infini dans ses vœux* » *?* — Alger **[751-809]**.

Deux formules du même sujet.

On sait que l'on donne ordinairement trois preuves de l'immortalité de l'âme : preuve psychologique, preuve morale, preuve métaphysique. Le sujet 800 ne concerne que la première qu'il faut alors développer et critiquer largement. Le premier comporte un exposé et une discussion plus sommaire, nécessairement, des trois preuves. A propos de la preuve métaphysique, qui se fonde sur l'indestructibilité de la substance simple, bien distinguer l'immortalité *substantielle* de l'immortalité *personnelle*, et faire voir que si l'argument prouve la première, il ne peut en aucune façon prouver la seconde. Or, pour l'homme, tant au point de vue psychologique qu'au point de vue moral, c'est l'immortalité personnelle seule qui est désirée en fait et désirable en droit.

---

801. *L'existence de Dieu et de l'âme, et celle du monde extérieur.* — Caen [774-814]. — Dijon [794-796].

Sorte de résumé de toute la métaphysique qu'il faut développer à grands traits. Bien poser les problèmes, faire voir leurs relations, indiquer seulement la solution que l'on adopte, en disant avec précision les raisons sur lesquelles on s'appuie.

CHAPITRE III

EXISTENCE ET ATTRIBUTS DE DIEU

LE PROBLÈME DU MAL

802. *Examen des preuves de l'existence de Dieu.* — Clermont [821-826]. — Poitiers [621-744].

Cet examen doit être nécessairement rapide. Il commencera par une classification des preuves. On peut adopter la suivante :

1° Preuves métaphysiques, celle de saint Anselme.
2° Preuves physiques, *a contingentia mundi,* causes finales.
3° Preuves psychologiques, par l'idéal.
4° Preuves morales, le postulat de Kant.
5° Preuve par le consentement universel.

On exposera, dans chaque groupe, la preuve indiquée ci-dessus comme type, en la réduisant à sa plus simple expression. On développera le jugement qui en établira la valeur. Ici il faut absolument connaître la critique à laquelle Kant a soumis les preuves de l'existence de Dieu. On trouvera plus bas le point capital de cette critique, celui qui concerne la preuve ontologique, ou de saint Anselme (V. sujets 807-808).

Se bien pénétrer de cette idée que les preuves morales sont les plus fortes.

---

803. *Comment la connaissance de nous-mêmes nous élève-t-elle à la connaissance de Dieu ?* — Grenoble [753-796].

Voici un sujet qu'un élève de philosophie doit traiter avec ses propres réflexions, et en s'aidant le moins possible des textes et des manuels. Il doit se demander quels sont les traits de sa constitution intellectuelle et morale qui peuvent éveiller en lui l'idée d'un être supérieur, créateur, providentiel, juste, bon, etc. On est persuadé qu'il trouvera facilement un bon nombre de ces traits. On l'invite à [illegible]er ses observations dans le sens suivant : l'idée de Dieu peut m'être suggérée : 1° par mes imperfections ; 2° par ce que je trouve en moi de meilleur, se rapprochant de la perfection (V. *Psychologie,* sujet 232).

---

804. *Valeur de l'idée d'absolu.* — Besançon [21-796].

805. *De l'idée d'infini.* — Besançon [175-218].

Voici le sens de la dissertation qui doit être faite sur chacun de ces deux sujets : il faut d'abord donner une définition de l'idée proposée, et éclairer cette définition par quelques exemples. On abordera alors l'examen de l'idée qui devra porter sur deux points : sa valeur intrinsèque et sa portée.

Valeur intrinsèque : qu'est l'idée ? Est-elle positive ou négative : représente-t-elle quelque chose ; a-t-elle un contenu concevable ou n'enveloppe-t-elle pas une contradiction latente ? On trouvera sur chacun de ces points de détail des théories à discuter. A signaler notamment, pour l'idée d'absolu, la critique à laquelle cette notion a été soumise par Hamilton ; ce philosophe, partant de la définition de la pensée : Penser, c'est conditionner, soutient que nous ne pouvons penser que le relatif, que, par suite, l'absolu n'est pas objet de pensée, que c'est pour nous un mot vide de sens.

Portée. — C'est la question, également controversée, de la valeur objective de ces notions. Correspondent-elles à quelque chose d'existant en soi, ou ne sont-elles que des concepts, des fonctions de notre entendement, ayant, dans cet entendement même, une action régulatrice sur les autres concepts (ce qui est l'opinion de Kant), mais ne représentant aucune réalité, aucune existence en dehors de nos esprits ?

---

806. *Est-il certain que tout a une cause ?* — Nancy [773-776].

Cette question soulève une grosse difficulté ; elle a été discutée par Kant, et c'est un des points les moins accessibles de sa doctrine. On va chercher à en donner un exposé aussi simple que possible.

Commençons d'abord par bien préciser les notions de cause et de causalité.

La causalité, c'est la liaison rationnelle que nous mettons entre les termes d'une série de faits pour en expliquer l'ordre. Soient les faits *a*, *b*, *c*, *d*. Nous disons que *a* est cause de *b*, *b* de *c*, *c* de *d*, et par là nous comprenons que *b* ne peut jamais se produire avant *a*, qu'il ne peut se produire si *a* vient à manquer, et qu'enfin *a* étant donné, *b* l'est par le fait même : et nous pensons de même pour *c* par rapport à *b*, pour *d* par rapport à *c*.

Ainsi la causalité est une relation ; que l'on comprenne bien ce mot : c'est un lien établi par l'esprit entre des termes qui lui sont donnés, un moyen de les rattacher les uns aux autres, de les *comprendre* (*cum-prehendere*, mettre ensemble) ; nous disons que *b* se comprend ou s'explique par *a*.

Il suit de là que la causalité ne s'entend que si on l'applique à une série de choses, à une succession de phénomènes dans le temps.

Posons maintenant la question : tout a-t-il une cause ?

La réponse dépendra du sens que nous donnerons à *tout ;* pour me faire comprendre, je dirai : la réponse variera suivant que nous traduirons tout, en latin par *omnia* ou par *totum*, en allemand par *all* ou par *ganz*.

Premier sens : tout, chaque chose (*omnia, alle Dinge*) a-t-il une cause ?

Évidemment oui. Cette cause c'est, pour chaque chose, pour chaque phénomène, l'un des phénomènes *qui l'ont immédiatement précédé*, celui, parmi ces phénomènes antécédents, qui présente les propriétés constatées plus haut dans *a* par rapport à *b*.

Second sens : tout, le tout (*totum, das Ganze*) a-t-il une cause ?

Il n'en va plus de même. Si je prends le tout, l'ensemble des phénomènes, tout ce qui existe, a existé, l'univers, cela me fait un terme ; où est l'autre ? Avec quoi puis-je mettre ce terme collectif en relation ; à quoi puis-je le rattacher ; à quoi pourrait-il succéder ? Causalité ne s'entend que dans le temps : en prenant le tout ensemble, je prends tout le temps, et, en dehors, il n'y a plus de temps. On me dira : mais qu'y avait-il avant ? — Je réponds : il n'y a pas d'*avant*, puisque, encore une fois, je prends tout. Avant le temps, il n'y a pas de temps : c'est un truisme. La cause, avons-nous dit, c'est le phénomène qui a précédé : si je prends toute la série, il n'y a rien qui la précède. Ainsi, à ce point de vue, la question n'a pas de sens.

De ceci suit une conséquence fort importante : s'il n'y a pas lieu d'assigner une cause à l'ensemble des choses, à l'univers, la preuve de l'existence de Dieu qui se fonde sur ce raisonnement est ruinée par là-même. On devra développer cette considération à la suite de la discussion qui vient d'être esquissée.

---

807. *Exposer et apprécier la preuve de l'existence de Dieu, dite de saint Anselme.* — Aix [419-540]. — Grenoble [818-823].

808. *Histoire de l'argument ontologique.* — Lille [734-811].

Saint Anselme est né à Aoste en 1033 ; il est mort en 1109. Il fut successivement moine bénédictin à l'abbaye du Bec en Normandie, puis appelé par Guillaume le Roux, successeur de Guillaume le Conquérant, à l'archevêché de Cantorbéry.

C'est dans un ouvrage intitulé *Proslogium, sen fides quœrens intellectum* (Prolégomènes, ou la foi à la recherche de l'intelligence) qu'il a développé le célèbre argument auquel on a donné son nom ou celui de preuve ontologique. On donne ici la traduction du passage essentiel.

L'insensé a dit en son cœur : il n'y a point de Dieu. Mais lorsqu'il m'entend dire qu'il y a quelque être au-dessus duquel on ne saurait rien imaginer de plus grand, ce même insensé comprend cette parole ; cette pensée est dans son intelligence, encore qu'il ne croie pas que l'être dont je parle existe : si l'on peut en effet penser à un objet quelconque, autre chose est de croire qu'il existe. Car lorsque le peintre pense d'abord au tableau qu'il va faire, il le possède, il est vrai, dans son intelligence ; mais il sait qu'il n'est pas encore, puisqu'il ne l'a pas encore exécuté. Lorsqu'au contraire il l'a peint, non seulement il l'a dans l'esprit, mais il sait encore qu'il l'a fait. L'insensé lui-même est donc obligé de convenir qu'il a dans l'esprit l'idée d'un être au-dessus duquel on ne saurait rien imaginer de plus grand, car, lorsqu'il entend énoncer cette pensée, il la comprend, et tout ce que l'on comprend est dans l'intelligence. Et, sans aucun doute, cet objet au-dessus duquel on ne peut rien comprendre n'est pas dans l'intelligence seule ; car s'il n'était que dans l'intelligence, on pourrait au moins supposer qu'il est aussi dans la réalité : nouvelle condition qui constituerait un être plus grand que celui qui n'a d'existence que dans la pure et simple pensée. Si donc cet objet au-dessus duquel il n'est rien était seulement dans l'intelligence, il serait cependant tel qu'il y aurait quelque chose au-dessus de lui : conclusion qui ne saurait être légitime. Il existe donc certainement un être au-dessus duquel on ne peut rien imaginer, ni dans la pensée, ni dans le fait.

(Saint Anselme, *Proslogium*, livre V, chap. I.)

En ramenant à des formules plus simples l'argumentation ci-dessus, on dira :

Dieu est l'être auquel rien ne manque, pas même l'existence.

Dieu est un être (le seul) dont l'essence implique l'existence.

Un contemporain d'Anselme, le moine Gaunilon de l'abbaye de Marmoutiers, essaya cette critique : si je conçois un triangle, je conçois par le fait même une figure telle que la somme de ses angles est égale à deux droits ; cette propriété est impliquée dans la nature même du triangle par moi conçu. Mais si le triangle n'est qu'un concept, s'il n'existe pas, il n'existe pas non plus de somme d'angles valant deux droits. Anselme n'eut pas de peine à réfuter l'objection et à montrer que son auteur l'avait mal compris. Dans l'essence du triangle est impliquée une certaine propriété : celle de la somme des angles égale à deux droits. Soit : ce n'est pas l'existence, et il demeure douteux que le triangle soit autre chose qu'une idée. Mais dans l'essence de Dieu, être *parfait*, c'est précisément l'*existence* qui est impliquée. Ainsi je ne me contredis nullement quand je dis : le triangle n'existe pas. Au contraire, je me contredis évidemment en disant : Dieu n'existe pas. Car c'est comme si je disais que l'être à qui rien ne manque manque de quelque chose, et de quelque chose qui est assurément important : l'existence.

L'argument trouva peu de crédit au Moyen âge : saint Thomas, en particulier, ne pense pas qu'il soit concluant.

Il n'en fut pas de même dans la philosophie du XVIIe siècle : la plupart des grands penseurs de cette époque l'ont repris pour leur compte. Descartes le fait figurer au nombre des trois preuves de l'existence de Dieu qu'il présente dans la 4e partie du *Discours de la Méthode*. Bossuet le renouvelle heureusement dans les *Élévations sur les mystères*.

L'impie demande : Pourquoi Dieu est-il ? — Je lui réponds : Pourquoi ne serait-il pas ? Est-ce à cause qu'il est parfait ? Et la perfection serait-elle un obstacle à l'être [1] ? Erreur insensée ! Au contraire, la perfection est la raison d'être. Pourquoi l'imparfait serait-il et le parfait ne serait-il pas ? C'est-à-dire pourquoi ce qui tient plus du néant serait-il, et que ce qui n'en tient rien du tout ne serait pas ? Qu'appelle-t-on parfait ? Un être à qui rien ne manque. Qu'appelle-t-on imparfait ? Un être à qui il manque quelque chose. Pourquoi l'être à qui rien ne manque ne serait-il pas plutôt que l'être à qui quelque chose manque ?

(Bossuet, *Élévations sur les mystères*, Ire élévation.)

Leibnitz aussi accepte l'argument, moyennant toutefois une correction : « Je ne méprise pas l'argument inventé par saint Anselme, qui prouve que l'être parfait doit exister, quoique je trouve qu'il manque quelque chose

1. Précisément, cela a été soutenu, et non sans force, par Vacherot dans la *Métaphysique et la Science*.

à cet argument, parce qu'il suppose que l'être parfait est possible. Car si ce seul point se démontre encore, la démonstration tout entière sera achevée. »

Mais c'est surtout Spinoza qui a porté à son comble la fortune de l'argument. « J'entends par Dieu, dit-il dans les définitions du 1er livre de l'*Éthique*, une substance possédant des attributs infinis, dont chacun exprime une essence éternelle et infinie. » (Plus simplement : l'Être parfait et infini en tout.) Et plus bas, proposition XI : « Dieu, autrement dit la substance possédant des attributs infinis dont chacun exprime etc... existe nécessairement. *Démonstration.* Si vous le niez, concevez Dieu comme non existant ; c'est qu'alors son essence n'enveloppe pas l'existence ; mais il a été démontré (prop. VII) qu'il existe une substance dont l'essence enveloppe l'existence. Cette substance est donc Dieu, et Dieu existe. » Toute l'*Éthique* n'est que le développement de cette proposition ; le spinozisme est contenu tout entier dans cette idée que la substance est ce dont l'essence enveloppe l'existence, c'est-à-dire l'absolu, l'Être au plein sens de ce mot ; cet Être existe donc nécessairement, et, de plus, *il est tout ce qui existe*, puisqu'il est l'Infini, le Parfait, l'Être, en un mot.

Il était réservé à Kant de faire la critique de la preuve ontologique et d'en montrer le défaut, que d'autres avant lui (Gaunilon, saint Thomas) avaient pressenti sans le pouvoir préciser. On engage vivement les lecteurs de ce livre à prendre connaissance directement de la discussion de Kant, soit dans une traduction de la *Critique*, soit dans les nombreux ouvrages classiques où le morceau est cité. On se bornera ici à leur en fixer clairement le sens.

Reprenons la preuve de saint Anselme telle qu'elle a été résumée plus haut : l'être parfait ne serait pas parfait s'il lui manquait l'existence. Le vice, dit Kant, est dans ceci : l'existence n'est pas une perfection. Voilà ce qu'il faut bien comprendre. La perfection, c'est un ensemble de *caractères* qui entrent dans la définition de l'être ; en tant qu'ils sont dans la définition, ce sont des *idées*. L'être parfait est celui dont la définition est telle qu'on n'y puisse rien ajouter. Or l'existence n'est pas une idée : c'est un fait. Quand vous avez donné la définition adéquate d'une chose, que cette chose existe ou n'existe pas (qu'elle soit une idée pure ou une réalité), cela n'importe en rien. Si vous pouvez établir ensuite qu'elle existe, cela ne changera rien à sa définition. Autrement l'être réel *serait autre chose que celui que vous avez défini*. Voilà comment Kant peut avancer cette proposition, paradoxale en apparence seulement, que cent thalers réels ne contiennent rien de plus que cent thalers simplement possibles : les uns comme les autres se définissent par la valeur de cent pièces d'argent pesant tel poids, et correspondant chacune à 3 fr. 75 de notre monnaie.

En résumé, dit Kant, l'existence, parce qu'elle est de l'ordre des faits, ne *se prouve pas*. Il n'y a qu'une seule manière d'établir pour moi l'existence d'un être : c'est de me la faire constater expérimentalement. Il n'y aurait aussi qu'une seule manière d'établir l'existence de Dieu : ce serait qu'il se révélât à nos sens, ce que le langage technique des religions appelle la *théophanie*. Tel est le sens précis de la critique kantienne de l'argument ontologique.

809. *Que voulait dire Bossuet quand il écrivait : « Le parfait est premier en soi et dans nos idées, et l'imparfait, en toutes façons, n'en est qu'une dégradation » ?* — Alger [751-800] ; [772-793].

Ceci exprime une des idées fondamentales de la philosophie cartésienne. Selon Descartes, les termes tels que infini, immense, éternel, parfait expriment des idées positives, tandis que les termes contraires : fini, imparfait, temporaire, etc. sont négatifs. Le mot infini, notamment, semble négatif ; il n'en est rien. Il signifie : absence de toute limite ; or, comme l'idée de limite exprime évidemment une négation, le terme qui nie cette négation est donc bien positif.

De là Descartes tire une conséquence importante : c'est que de telles notions sont logiquement antérieures à celles de fini, imparfait, etc. Ce sont elles qui ont servi à former les secondes, et ce n'est pas, comme on pourrait le croire, celles-ci qui sont l'origine des premières. Je ne suis pas passé du fini à l'infini ni de l'imparfait au parfait. Car comment penser qu'une chose est finie, c'est-à-dire limitée, si je ne la conçois telle par opposition à ce qui n'a pas de borne ? D'où me viendrait cette idée de limite ?

Voilà pourquoi, dans la première preuve qu'il donne de l'existence de Dieu, celle qui se fonde sur l'idée d'infini (4e partie du *Discours*), Descartes n'émet même pas l'hypothèse que nous ayons pu nous former cette idée par abstraction, en partant des objets de l'expérience. Encore une fois c'est elle qui est primitive, et qui nous permet de reconnaître que les objets d'expérience sont finis.

Cette théorie a été adoptée par tous les cartésiens, et Bossuet parle en cartésien quand il l'exprime dans la pensée citée plus haut.

Or, à la bien considérer, cette pensée n'est qu'une expression détournée de la preuve de saint Anselme (V. sujet précédent). Le parfait, dit Bossuet, est premier, et non pas seulement dans nos idées, mais en soi (dogmatisme : les choses sont comme nous les pensons). L'imparfait n'en est qu'une dégradation. C'est dire que le parfait existe, parce qu'il est parfait, que sa perfection est sa raison d'être (saint Anselme) ; que l'imparfait n'existe que par le parfait, et n'a que la quantité d'être que lui confère le parfait.

Spinoza ira plus loin en disant : l'imparfait n'est qu'un aspect, une manière d'être du parfait. Le parfait, c'est la substance, unique, absolue, éternelle, Dieu ; l'imparfait c'est le phénomène, le monde. Et cela ne fait qu'un.

---

810. *Exposer avec précision la preuve de l'existence de Dieu par les causes finales.* — Nancy [143-662].

Sujet de cours. Faire de la dissertation un épichérème en développant le syllogisme suivant :

Majeure : tout ensemble où l'on peut constater de la finalité manifeste une intelligence.

Se développe par la théorie de la cause finale.

Mineure : or il y a de la finalité dans le monde.

Se développe par des faits.

Conclusion : donc le monde est l'œuvre d'une intelligence.

---

811. *Le progrès des sciences a-t-il fortifié ou affaibli la preuve de l'existence de Dieu, dite des causes finales ?* — Lille [734-808].

Il semble bien qu'il l'ait affaiblie. La science est l'ennemie de la finalité. Tous les progrès de la science ont été des progrès du mécanisme. A mesure qu'on a mieux connu le monde on a interprété dans un autre sens des faits qui semblaient auparavant des preuves de finalité. L'horizon s'est élargi, la terre et l'homme ont cessé d'occuper le centre des choses. Le transformisme, le darwinisme ont conquis beaucoup d'esprits à leurs explications mécanistes. Telles sont les idées à présenter, avec mesure toutefois, sans intransigeance.

---

812. *Exposer et apprécier les preuves morales de l'existence de Dieu.* — Aix [55-439].

Sujet de cours. Diviser ces preuves en deux : 1° celle des sanctions ; 2° celle qui forme le troisième postulat de la morale de Kant : « Toute loi suppose un législateur. » Apprécier ensuite ces preuves en montrant : *a*) qu'elles sont les plus fortes de toutes ; *b*) quelle conception elles nous suggèrent de Dieu et du monde. L'idée à développer est la suivante : il se peut que les lois de la nature et la loi morale, malgré leur apparente opposition, ne soient au fond qu'une seule et même loi, expression d'une raison souveraine immanente et divine, et dont les différences apparentes seraient dues uniquement à la façon dont nous les apercevons. Le fond des choses, l'Être, serait rationnel et moral, le monde serait une Pensée et une Conscience ; les lois de la nature traduiraient cette pensée sous forme d'ordre cosmique et la loi morale sous forme d'impératif mettant l'ordre et l'harmonie dans nos volontés.

---

813. *Expliquez le sens de ces paroles : « Dieu est le principe de tous les principes. » (Cousin)* — Grenoble [817-824].

Sujet très facile à traiter. Il consiste à développer cette idée : toute explication, sur quelque ordre de choses qu'elle porte, aboutit nécessairement à l'Absolu, c'est-à-dire à Dieu, comme fondement et principe dernier.

---

814. *Commenter cette pensée de Descartes : « S'il y a encore des hommes qui ne soient pas assez persuadés de l'existence de Dieu, je veux bien qu'ils sachent que toutes les autres choses dont ils se pensent peut-être plus assurés, comme d'avoir un corps et qu'il y a des astres et une terre et choses semblables, sont moins certaines. »* — Caen [774-801].

V. sujet 809. L'idée essentielle de celui-ci n'est pas tout à fait la même, mais elle est du même ordre. La question, ici, est une question de certitude. Dieu étant le principe des principes, c'est sur la certitude de son existence que se fondent toutes les autres certitudes.

Il faut d'ailleurs, pour bien saisir la pensée de Descartes, la rapprocher des idées fondamentales de son système. Le point de départ, c'est le *Cogito* ; je ne suis certain de certitude *immédiate* et *directe* que d'une seule chose :

mon existence comme sujet conscient, ce qui, pour Descartes, équivaut à ceci : mon existence comme *substance pensante*, comme âme. Suis-je certain que j'ai un corps et qu'il existe d'autres corps ? Non, pas immédiatement. J'ai des sensations, mais ce sont des états de ma conscience, et rien, *dans cette conscience*, ne peut me prouver qu'il y ait quelque chose *hors d'elle*. L'évidence d'une pareille proposition s'impose à quiconque réfléchit un instant.

Mais dans cette conscience, voici que je trouve Dieu. Je l'y trouve par l'idée d'infini que lui seul a pu mettre en moi, qu'il y a mise « comme la marque de l'ouvrier sur son ouvrage ». Voilà donc une seconde certitude, absolue comme la première, la certitude de l'existence de Dieu.

C'est sur cette certitude que j'établirai les autres. Moyennant la connaissance de Dieu et de ses perfections, notamment de son absolue *véracité*, je puis être sûr qu'il ne m'a pas trompé en me donnant, avec mes sensations, l'invincible instinct qui me porte à leur attribuer comme causes des objets extérieurs : cette croyance en moi spontanée étant l'œuvre de Dieu est certainement légitime. Je suis donc désormais certain que j'ai un corps et qu'il existe d'autres corps, mais je ne le suis que parce que j'étais préalablement certain de l'existence de Dieu.

Ainsi, contrairement à tant d'autres philosophes qui pensent trouver dans le monde une preuve de l'existence de Dieu, Descartes estime que c'est au contraire en Dieu que réside la preuve de l'existence du monde. Et cette attitude est bien celle de l'idéaliste, et justifie entièrement l'opinion avisée de M. Georges Lyon qui affirme dans sa thèse l'idéalisme fondamental de Descartes (Voir G. Lyon : *l'Idéalisme en Angleterre*).

Telles sont les idées à développer, toutes contenues dans la 4e partie du *Discours de la Méthode*.

---

815. *Les attributs de Dieu. Insister sur l'infinité et la perfection.* — Nancy [633-781].

816. *Les attributs de Dieu. Quels sont ceux qu'affirme, ceux que rejette le panthéisme ?* — Nancy [44-759].

Sujets de cours. On pourra, en terminant le second, instituer rapidement la discussion : si le panthéisme, en rejetant les attributs moraux, se ramène, comme on l'a soutenu, à l'athéisme.

---

817. *L'homme et Dieu connaissent-ils de la même manière ?* — Grenoble [813-824].

Deux idées essentielles à développer.

1° En Dieu, pas de connaissance sensible ; ni temps, ni espace, ni phénomène (A ce sujet solution de la difficulté souvent soulevée : difficulté de concilier la prescience divine avec la liberté humaine).

2° En Dieu, pas d'entendement discursif, ni raisonnement, ni inférence d'aucune sorte.

La connaissance divine est une intuition purement intellectuelle.

---

818. *Est-il possible de concilier la prescience divine avec la liberté humaine?* — Grenoble [807-823].

Sujet traité dans tous les cours.

V. sujet précédent. Dieu n'est pas soumis au temps, donc ne *prévoit* pas : il *voit*. Telle est l'idée essentielle.

---

819. *La Providence.* — Aix [13-90]. — Nancy [33-54].

Sujet de cours. Les trois suivants peuvent fournir des éléments de développement.

---

820. *Comment peut-on concilier la Providence et la liberté humaine ?* — Montpellier [768-779.]

Je vois l'objection : si Dieu agit dans le monde, si les hommes sont ses instruments (l'homme s'agite et Dieu le mène), que devient la liberté ?

En réfléchissant je remarque que cette objection doit pouvoir se résoudre comme presque toutes celles que l'on a faites contre la liberté. La solution ordinaire est celle-ci : l'objection porte sur les *actes*, les événements, et la liberté réside dans la décision.

---

821. *De la Providence et du mal.* — Aix [614-799]. — Clermont [802-826]. — Dijon [730-825].

822. *Comment concilier avec l'idée de Providence des désastres comme le tremblement de terre de Lisbonne* (1755) *qui fit périr d'un coup* 30.000 *personnes ?* — Alger [405-568].

Si Dieu a créé le monde et s'il le gouverne, comme il y a du mal dans le monde, Dieu est l'auteur du mal.

Voilà le problème qui, soulevé par Bayle dans son *Dictionnaire*, amena Leibnitz à composer sa *Théodicée*, ou « Justification de Dieu ».

Consulter les éditions classiques de cet ouvrage où l'on trouvera toutes les idées nécessaires pour traiter le sujet. Il n'y a, en effet, d'autre moyen de résoudre la difficulté que d'adopter la solution de Leibnitz :

1° Dieu a dû préférer créer le monde, plutôt que de ne le pas créer, parce qu'il est conforme à la nature de l'Être parfait de produire, de se répandre au dehors, de donner l'existence ; parce qu'au surplus il y a du bon, de la perfection dans le monde, et que, tout compte fait, il valait mieux le créer tel qu'il est que de ne le pas créer.

2° Mais, en créant, Dieu ne pouvait pas créer un monde parfait ; la créature, comme telle, est nécessairement imparfaite. Le monde est donc imparfait.

3° Or c'est cette imperfection même qui constitue le mal métaphysique, d'où dérivent ensuite le mal physique et le mal moral.

4° Mais qu'est-ce que cette imperfection ou mal ? Un simple manque d'être. Ce n'est rien de positif ; c'est une quantité négative. En créant le monde imparfait Dieu n'a donc pas fait le mal. Tout ce qu'il y a de bon dans le monde est son œuvre *positive ;* le mal n'est qu'un défaut, une privation.

---

823. *Exposer les différentes solutions qui ont été données du problème du mal. De l'optimisme raisonnable.* — Aix **[15-41]** ; **[146-799]**. — Grenoble **[807-818]**. — Lille **[173-838]** ; **[479-499]**. — Lyon **[746-770]**.

Sujet de cours.

Formule de l'optimisme raisonnable : la vie n'est en soi ni bonne ni mauvaise ; elle est ce que chacun la fait. Question de caractère, de travail, de devoir.

---

824. *Le pessimisme. Ses principaux défenseurs. Exposer et réfuter les arguments sur lesquels s'appuie ce système.* — Bordeaux **[783-762]**. — Grenoble **[813-817]**. — Poitiers **[741-777]**.

825. *Imaginez un dialogue entre un optimiste et un pessimiste.* — Besançon **[526-548]**. — Rennes **[129-294]**. — Dijon **[730-821]**.

Parmi les partisans de la conception pessimiste du monde, outre les philosophes tels que Schopenhauer, Hartmann, il ne faut pas oublier de citer le Genevois Amiel et les poètes tels que Leopardi, Leconte de Lisle, Mme Ackermann. De Leconte de Lisle, voir particulièrement les pièces suivantes :

Dans les Poèmes barbares, *Le Corbeau, Fiat nox, Le vent froid de la nuit, Solvet saeclum ;* dans les Poèmes antiques, *Bhagavat* [1].

---

826. *De la religion naturelle.* — Clermont **[802-821]**.

La religion naturelle est celle de tous les hommes qui croient en Dieu sur des preuves exclusivement rationnelles, et qui ne sont les sectateurs d'aucun dogme ni d'aucune église. C'est l'état des âmes que l'on appelle les âmes religieuses.

La religion naturelle comprend deux choses : 1° le Credo ; 2° le culte intérieur.

Voir : 1° La profession de foi du Vicaire Savoyard, dans l'*Émile* de J.-J. Rousseau. — 2° Jules Simon, *la Religion naturelle.*

---

1. Bhagavat, 3e pièce du recueil.

CINQUIEME PARTIE

ESTHÉTIQUE

Le nombre des sujets d'esthétique, ainsi qu'on peut le constater, est fort restreint. Au surplus c'est un genre de sujets qu'un élève de philosophie peut aborder presque sans préparation spéciale, étant déjà, par ses études littéraires, familiarisé avec les questions qui touchent aux arts.

Dans toutes les dissertations de cette nature, on recommande expressément de citer de nombreux exemples ; les uns, s'il s'agit de beautés naturelles, doivent être tirés des souvenirs personnels de l'élève, de ses voyages, ou, à défaut de tels souvenirs, des descriptions qu'il a lues. Les autres, dans les cas où il s'agit de la beauté artistique, seront empruntés aux chefs-d'œuvre de l'art ; et ici il ne faudra pas oublier que tous les arts, sculpture, architecture, peinture, musique, sont appelés à fournir leur contribution. Il est donc très utile de connaître au moins les plus célèbres chefs-d'œuvre de ces divers arts : les élèves qui ont visité et fréquenté des musées auront là une source abondante de développements.

Comme lectures, on leur recommande tout spécialement deux ouvrages fondamentaux : 1° Ch. Lévêque, *La Science du Beau ;* 2° Taine, *Philosophie de l'art.*

Lire aussi : Guyau, *Problèmes d'esthétique contemporaine.*

---

827. *Caractères essentiels du beau et des plaisirs esthétiques.* — Aix **[9-184].**

Si j'ai à traiter ce sujet, je supposerai que je me trouve en présence de plusieurs objets reconnus généralement comme beaux ; j'aurai soin de choisir ces objets, les uns dans la nature (un beau site, un beau cheval), les autres dans l'art. Je les analyserai pour découvrir quels sont les caractères communs à ces divers objets qui font que je les trouve beaux. J'analyserai de même mon émotion en face de chacun de ces objets, afin d'en dégager les éléments.

---

828. *Analyse de l'idée du beau.* — Besançon [27-104]. — Nancy [451-520]. — Poitiers [105-216].

Même sujet que le précédent, restreint à l'analyse du beau, sans qu'il y ait à traiter de l'émotion esthétique. On devra par suite multiplier les exemples. Il sera bon de diviser l'étude en deux parties : 1° ce que le beau n'est pas ; 2° ce qu'il est. C'est du reste l'ordre adopté par Lévêque.

---

829. *Caractères essentiels du beau. Y a-t-il de la beauté dans les sciences ?* — Aix-Ajaccio [444-504].

Même sujet que le précédent, avec l'addition du paragraphe concernant la science. On trouvera sans peine dans la science la plupart des éléments de la beauté : ordre et harmonie, puissance, éléments intellectuels, etc. Exemples à prendre dans l'astronomie, les mathématiques, les grandes hypothèses, les travaux où l'on voit l'application continue d'une grande idée maîtresse, comme ceux de Pasteur.

---

830. *Principales définitions du beau. Rapports du beau et du bien.* — Lyon [576-697].

Les définitions du beau doivent être classées en deux groupes, suivant que les philosophes qui les ont formulées admettent, ou non, que le beau est un élément des choses, ayant une existence objective.

1er *Groupe.* Le beau est la manifestation de l'idée dans la matière. — Le beau est l'unité dans la variété. — Le beau est la splendeur du vrai. — Le beau est la manifestation de la force.

2e *Groupe* (Kantisme). Le beau est une finalité sans fin. — Le beau est ce qui plaît universellement sans concept. — Le beau est l'ensemble des états de conscience résultant du développement de l'activité désintéressée ou activité de jeu.

Sur les rapports du beau et du bien, voir *Morale*, sujet 499.

---

831. *L'art n'est-il qu'un jeu ? Peut-il, doit-il se proposer une action morale et sociale ?* — Nancy [832-840].

Cette dissertation comporte une discussion : celle de la célèbre doctrine selon laquelle l'art, œuvre de l'activité désintéressée, n'est que la forme la plus élevée du jeu. C'est la théorie de Kant.

Suivant les règles de toute bonne discussion, il convient de l'exposer d'abord avec toute la clarté et la force possibles.

En second lieu relever la grande part de vérité qu'elle enferme.

Remarquer ensuite qu'elle va trop loin, que réduire l'art à un jeu, c'est l'amoindrir, en diminuer la valeur intrinsèque, en méconnaître la puissance suggestive et éducative, ainsi que la portée : un Sophocle, un Michel-Ange sont autre chose que des amuseurs.

Ce n'est pas à dire pour cela qu'il doive se proposer positivement des fins morales et sociales (V. *Morale*, sujet 498). Mais il a, indirectement, des effets moraux et sociaux très importants, qu'il sera facile de mettre en lumière par des exemples.

La théorie de l'art-jeu a trouvé dans Guyau un adversaire irréconciliable. Voir ses deux ouvrages : *Questions d'esthétique contemporaine* et l'*Art au point de vue sociologique*.

---

832. *Analyser et comparer les sentiments du gracieux, du beau et du sublime.* — Nancy [831-840].

Grâce : une nymphe de Clodion, une danseuse, une jolie rivière au flot clair dont le cours sinueux baigne mollement le pied des collines ;

Beauté : le Parthénon, le Cid, le Rhin, la forêt en juin ;

Sublime : le Moïse de Michel-Ange, le lever du soleil sur les Alpes, une tempête.

Traits communs faciles à relever : il y a dans les trois quelques-uns des éléments du beau, et le gracieux, comme le sublime, sont beaux d'une certaine façon.

Différences : la grâce, c'est la beauté des mouvements ou des lignes. L'objet ou l'être immobile peut être gracieux par ses lignes, parce qu'en les suivant, l'œil nous suggère des mouvements harmonieux.

Le sublime, c'est la beauté démesurée et accompagnée d'un déploiement considérable de force. « Le sublime est ce en comparaison de quoi toute autre chose est petite. » (Kant)

Les sentiments que nous font éprouver les objets gracieux ou beaux sont des états d'âme agréables et présentant le caractère de la sérénité et de la contemplation calme. Ces objets excitent l'amour, la sympathie.

Le sentiment du sublime contient des éléments douloureux. Il est mêlé d'impressions d'écrasement et d'effroi; nous sentons vivement la disproportion entre nous et l'objet. On admire le sublime, et, tout en l'admirant, on peut le haïr.

---

833. *Quels sentiments peut nous inspirer la nature ? Comment se produisent-ils et que valent-ils ?* — Grenoble [699-719].

La première partie de cette dissertation consiste à analyser l'état d'âme de l'homme en présence de la nature, en vue de dégager les différents éléments qui constituent cet état complexe. Comme dans toutes les analyses de ce genre, on se servira d'exemples.

Pour la seconde partie : valeur du sentiment de la nature, la page suivante de Guyau fournira des idées.

De tous les sentiments esthétiques, le sentiment de la nature a l'avantage d'être celui qui, poussé même à l'excès, ne dérange pas l'équilibre des facultés mentales et de la santé physique. C'est le seul qui soit absolument d'accord avec l'hygiène. On peut tuer quelqu'un en lui inculquant un amour exagéré du théâtre, de la musique, etc.; on ne peut que fortifier et équilibrer son organisme par l'amour de la nature. De l'air ! De la lumière ! Je ne sais si les Grecs n'avaient pas raison de philosopher en plein air, dans les jardins ou sous les arbres. Un rayon de soleil fait quelquefois mieux comprendre le monde qu'une méditation éternelle dans un cabinet gris devant les livres ouverts.

« Comparez les émotions esthétiques de la nature à celles de l'art humain, et vous sentirez bientôt leur supériorité. L'art, même le grand art, même celui qui semble le plus près de la vérité, ne peut jamais être qu'une représentation très infidèle du monde réel, parce qu'il est forcé de choisir dans ce monde, de glisser sur tout ce qui fait la trame uniforme de la vie pour mettre en relief tout ce qui est extrême, tout ce qui peut produire soit les larmes, soit le rire. La vie en elle-même et prise en moyenne n'est ni ridicule, ni tragique; la vie telle qu'elle apparaît dans l'œuvre d'art est généralement l'un ou l'autre. C'est que l'œuvre d'art a un but auquel elle subordonne même la vérité: l'intérêt; tandis que la vie a son but en elle-même. De là ce caractère pessimiste de l'art, surtout de l'art moderne, qu'on a remarqué tant de fois : plus l'artiste sera habile et connaîtra les procédés de son art, plus il sera porté à chercher les côtés douloureux ou risibles de la vie; par cela même qu'il veut produire la pitié ou l'éclat de rire, l'existence sera à ses yeux un drame ou une comédie. Vivre trop exclusivement dans le monde de l'art, c'est donc toujours vivre dans un milieu factice, comme quelqu'un qui passerait sa vie dans un théâtre. Le plus beau poème, la plus belle œuvre d'art a toujours des *coulisses* dont il faut se défier. Les jeux de l'imagination se font le plus souvent avec des dés pipés. L'art humain, pour qui s'en nourrit exclusivement, a donc quelque chose d'un peu malsain, d'un peu déséquilibré. La plus grande esthétique est encore celle de la nature, toujours sincère, et qui se montre toujours telle qu'elle est, sans cette tromperie qu'on appelle la parure. L'émotion que donne un paysage, un coucher de soleil, une ouverture sur la mer bleue, une montagne blanche toute droite, ou même ce simple morceau de ciel que tout coin de terre a sur lui, est absolument pure, saine, sans rien de heurté, de trop navrant ni de trop immodérément gai. Devant la nature, l'émotion esthétique rafraîchit et délasse au lieu de fatiguer; le sourire des choses n'a jamais rien qui ressemble à une grimace: il pénètre jusqu'à l'âme comme la lumière jusqu'au fond des yeux, et si la nature a ses tristesses, il s'y mêle toujours quelque chose d'infini qui élargit le cœur. Pour qui sent assez profondément l'immensité toujours présente à la nature et enveloppant toute chose comme le ciel, il est impossible de ne pas puiser dans ce sentiment une sorte de sérénité stoïque. »

(Guyau, *l'irréligion de l'avenir*, p. 369.)

---

834. *Du beau et de l'art.* — Clermont [9-184].

Ce sujet est très vaste; on apercevra tout de suite la nécessité impérieuse de le restreindre, et le danger qu'il y aurait à vouloir faire un traité d'esthétique en six pages.

Il faut résolument supprimer toutes les discussions sur la nature du beau, et se borner à poser le principe général qu'il y a des objets excitant en nous tels sentiments, et provoquant tels jugements (à déterminer) et que l'on appelle beaux; que l'art est l'ensemble des opérations à la fois intellectuelles et manuelles qui ont pour but de représenter dans la matière la beauté conçue et sentie par l'esprit.

Après quoi on montrera quel est le procédé général des arts (imitation libre, fiction); on en fera la division, et l'on donnera des exemples.

Indiquer, si l'on veut, la division en deux écoles : idéalisme et réalisme, sans entrer dans la discussion.

---

835. *De l'art. Esquisser une classification des beaux-arts.* — Paris [528-642].

Sujet qui ne présente aucune difficulté.

---

836. *De l'imitation de la nature dans la production de l'œuvre d'art.* — Lyon [169-279].

Un groupe de voyageurs de nationalités diverses que le hasard a réunis à la table d'hôte d'un hôtel d'Athènes vont passer l'après-midi à l'Acropole, à l'ombre des murs glorieux du Parthénon. La contemplation de la célèbre frise où Phidias a représenté la théorie des Panathénées, l'admiration que tous manifestent pour l'un des détails du bas-relief — un cheval — amène entre eux la question suivante : comment Phidias s'y est-il pris pour concevoir et exécuter ce cheval ?

L'un des interlocuteurs prenant la parole répond par une théorie réaliste : Phidias a cherché un beau cheval et l'a copié. Un assistant fait la critique de cette théorie et y substitue une réponse idéaliste. Enfin un troisième présente à son tour les objections auxquelles donne lieu la doctrine du pur idéalisme et propose une explication intermédiaire plus acceptable.

Telle est, en deux mots, la conception d'un livre charmant de Cherbuliez : *Un cheval de Phidias.* On conseille de lire aussi, du même auteur : *l'Art et la nature*, où la question de l'imitation est traitée en détail. Enfin on trouvera le même problème résolu dans la *Philosophie de l'art* de Taine.

---

837. *De la raison dans la création artistique. Éclairer la théorie que l'on exposera par quelques exemples empruntés à des œuvres d'art qu'on aura eu occasion de connaître.* — Grenoble [21-195] ; [363-839].

L'œuvre d'art est avant tout un produit de l'imagination. Mais l'imagination, sous peine de ne produire que des monstres et des chimères (et il y en a des exemples, que l'on citera) doit être réglée par la raison. Cela posé, quel est le rôle de la raison ? On a à choisir entre trois théories (V. sujet précédent).

1° La raison nous guide dans le choix d'un objet naturel que nous imitons exactement (réalisme). La raison n'a ici d'autre rôle que la conception du sujet et le choix du modèle.

2° La raison conçoit un type *a priori* que nous exécutons ensuite (idéalisme).

3° La raison nous suggère quel est, dans un objet naturel, le *caractère expressif* qui donnera à l'œuvre d'art son sens et sa portée, et que l'exécution devra rendre saillant.

Ne pas établir la discussion. Choisir une des théories, et, sans parler des autres, la développer dans le sens indiqué.

---

838. *Les beaux-arts, sous des formes diverses et par des moyens différents, ne se proposent-ils pas la même fin ? Quelle est cette fin ?* — Lille [9-202] ; [173-823].

839. *Rapports et différences du jugement esthétique et du jugement moral.*

Expliquer la théorie qu'on exposera par quelques cas où l'on aura reconnu le caractère de la beauté morale. — Grenoble [863-837].

V. *Morale*, sujet 499.

Celui-ci n'est pas tout à fait le même. Ici la question porte sur les jugements; elle est d'ordre plutôt psychologique : quand je juge qu'un acte est bon, qu'il faut le réaliser, et quand je juge qu'une chose est belle, quels sont, dans ces deux jugements, les éléments communs et les éléments différents ? On remarquera tout de suite la présence dans le premier de l'idée d'obligation, absente du second. D'autre part on trouvera des affinités entre les conditions qui accompagnent ces deux jugements, entre les motifs sur lesquels ils se fondent.

La considération de deux actes notoirement moraux dont un seul présente en outre nettement le caractère de la beauté morale, aidera aussi à dégager les analogies entre le beau et le bien (V. la page de Lévêque sur la beauté morale, déjà signalée à propos du sujet 499).

---

840. *Quelle part convient-il de donner dans l'éducation à la culture littéraire et artistique ?* — Nancy [831-832].

Ce qu'il faut développer dans ce sujet, c'est la valeur éducative de l'art et de la littérature.

On tiendra compte des observations suivantes : 1° un esprit encore jeune et incomplètement formé s'assimile plus facilement des formes concrètes (art) que des abstractions (sciences).

2° L'art et la littérature sont plus dégagés de toute préoccupation utilitaire que la science. Or l'éducation absolument désintéressée est seule *libérale* et *humaine*.

3° Pour un jeune esprit, la science est difficile à bien comprendre ; elle s'adresse alors plutôt à la mémoire qu'au jugement. L'art et les lettres sont plus accessibles, et, en outre, cultivent le cœur aussi bien que l'intelligence.

On aura soin de bien le remarquer : cela ne veut pas dire que la science n'ait aucune valeur éducative et qu'il faille la proscrire de l'enseignement. Elle y a sa place légitime; il faut seulement faire voir la très grande valeur de l'éducation esthétique, et éviter les comparaisons ayant l'air de procès.

SIXIÈME PARTIE

HISTOIRE DE LA PHILOSOPHIE

Voici quelques dissertations d'histoire de la philosophie. Ce genre de sujets se donne rarement. On remarquera toutefois qu'on en a fait figurer un certain nombre en morale et en métaphysique, dans les parties consacrées à l'examen des systèmes. Il ne faut donc pas se désintéresser de l'histoire de la philosophie ; elle entre indirectement pour une part dans la préparation de l'examen écrit.

Une dissertation d'histoire doit être très précise ; le but est de faire comprendre dans un exposé simple les idées d'un philosophe. Le seul bon moyen pour réussir est d'avoir étudié ces idées *directement*, dans le texte même de l'auteur, ou, s'il est étranger, dans une traduction. Les exposés des systèmes que l'on trouve dans les traités spéciaux et les éditions classiques, quelque fidèles et clairs qu'ils puissent être, ne doivent jamais être consultés qu'à titre d'éclaircissement et de guide. S'en tenir à ces seuls documents, sans recourir au texte, c'est s'exposer à peu près sûrement à faire des contre-sens.

Dans l'exposé d'un système, il faut s'attacher surtout à rendre sensible l'enchaînement des idées, cette logique intérieure qui fait la force et la beauté des grandes doctrines. Enfin l'expression en doit être autant que possible empruntée à l'auteur lui-même : on devra notamment s'appliquer à reproduire fidèlement les termes propres dont il se sert, que parfois il a inventés, pour désigner les idées fondamentales de sa philosophie.

On remarquera la place considérable qu'occupe Descartes dans cette partie : 9 sujets sur 42.

---

841. *Socrate. Sa philosophie, son influence. Cette influence s'est-elle étendue jusqu'à la philosophie moderne ?* — Aix [312-672]. — Nancy [306-577].

Ce qu'il faut surtout mettre en relief, c'est que Socrate est le fondateur de la philosophie morale. Alors que tous les penseurs qui l'on précédé avaient pris pour objet de leurs recherches le monde physique, sa nature, son principe, Socrate déclare vaines et stériles des recherches de cette nature, et enseigne que la seule question importante pour l'homme, c'est celle de sa propre destinée, de sa vie, la question du bonheur et de la vertu, termes inséparables dans la pensée de Socrate. Pour résoudre ce problème, il institue une méthode appropriée, opposée à celle que jusque-là les sages avaient suivie; cette méthode, c'est l'observation de nos propres états, de notre âme : « Connais-toi toi-même, γνῶθι σεαυτόν », devient la devise du philosophe. L'autorité de Socrate fut suffisante pour persuader à tous les penseurs de son temps et à ses successeurs que la vérité était dans cette direction nouvelle : on le suivit dans la voie qu'il indiquait, et toute la philosophie antique fut une philosophie morale. Son influence s'étend donc visiblement sur toutes les écoles grecques : toutes sont réellement « socratiques » par la direction qu'elles ont reçue de lui.

L'influence ne s'est pas arrêtée à l'antiquité : elle demeure très sensible dans la philosophie moderne.

D'une part Platon, Aristote et les stoïciens ont été les inspirateurs de la plupart des philosophes classiques, et, par eux, c'est indirectement Socrate qui agissait sur les seconds.

D'autre part l'orientation morale est, chez beaucoup de modernes, encore très apparente : ainsi, pour ne citer qu'un exemple, l'*Éthique* de Spinoza est un long « *De vita beata* », un traité du bonheur.

De tous les philosophes modernes, celui dont la méthode, l'inspiration et le but sont le plus nettement socratiques, c'est assurément Kant. Le « primat de la raison pratique », c'est l'idée maîtresse de l'enseignement de Socrate reprise et imposée avec autorité et force. On ne trouve dans toute l'histoire de la pensée moderne aucun philosophe chez lequel la préoccupation morale ait été plus impérieuse que chez Kant; par ce trait essentiel de son génie, trait sur lequel on ne saurait trop insister, il rappelle Socrate et accuse positivement son influence.

---

842. *Socrate et les principes de sa philosophie. N'ont-ils pas encore toute leur valeur aujourd'hui ?* — Dijon [847-854].

Même sujet que le précédent. Pour répondre à la dernière partie de la question, on dégagera les principes de la philosophie socratique (direction morale, connais-toi toi-même, théorie du bien et de la vertu, l'âme, Dieu); on montrera la présence effective de ces principes dans les systèmes modernes, et la place considérable qu'ils occupent encore dans les conceptions contemporaines : des philosophies comme celles de MM. Ravaisson, Vacherot, Fouillée, Lachelier sont tout imprégnées de l'esprit socratique.

---

843. *La morale socratique.* — Rennes [851-862].

1er point. La révolution socratique (V. sujet 841).
2e point. Théorie du bien et de la vertu.
3e point. La conscience morale (le démon socratique). L'action. L'idéal.

Dans le 2e point, ne pas négliger d'insister sur la célèbre théorie : la vertu c'est la science. Nul n'est méchant volontairement.

---

844. *Théorie de la connaissance dans Socrate.* — Besançon [845-850].

Voir les histoires de la philosophie; Fouillée, *la Philosophie de Socrate.* Tout particulièrement le petit volume de M. P. Landormy : *Socrate.*

L'idée essentielle de la théorie est que nous avons la science innée en nous et que tout l'art du philosophe consiste à la faire sortir de nos esprits au moyen de la maïeutique.

---

845. *Théorie de la connaissance dans Platon.* — Besançon [844-850].

846. *La doctrine de la science et de l'opinion d'après Platon.* — Besançon [874-878].

847. *Platon et sa théorie des Idées. Sa valeur scientifique, esthétique et morale.* — Dijon [842-854].

848. *Platon avait-il tort de considérer les genres comme des êtres?* — Nancy [22-529].

Consulter les histoires de la philosophie; le petit volume de M. Marcel Renault : *Platon.*

Le deuxième de ces quatre sujets indique comment doit être donnée la réponse au premier. La théorie platonicienne de la connaissance repose tout entière sur la distinction de deux facultés, donnant chacune un résultat différent et s'appliquant à des objets différents, savoir :

Facultés	*Objets*	*Résultats*
1. Sensation	Phénomènes	Opinion
2. Raison	Idées	Science

La marche de 1 à 2, c'est-à-dire la méthode (généralisation) par laquelle on acquiert la science, et en même temps le bonheur, c'est la *dialectique.*

Dans chacun de ces sujets, on insistera, comme le spécifie le troisième, sur la valeur esthétique du platonisme.

Le quatrième pose, à propos de Platon, la discussion du problème des universaux.

En opposant le phénomène à l'idée, le monde sensible au monde intellectuel, Platon trouve dans le premier tous les éléments du non être, et dans le second tous les éléments de l'être.

Platon peut donc conclure que ce sont les genres, c'est-à-dire les idées, qui sont les êtres.

On discutera cette conclusion; il faut faire porter tout l'effort de la discussion sur le point suivant : est-ce bien, comme l'a cru Platon, l'individu qui est l'indéterminé? On peut, au contraire, montrer que c'est le genre, que l'Homme en général, par exemple, n'est ni grand ni petit, ni ignorant ni sage, ni blanc ni noir, ni bon ni mauvais, bref ne possède aucun attribut, c'est-à-dire aucun élément d'être (Voir Rabier, *Psychologie*, problème des universaux).

---

849. *Vous ferez connaître les parties essentielles de la philosophie d'Aristote.* — Clermont [869-875].

850. *Théorie de la connaissance dans Aristote.* — Besançon [844-845].

Consulter les histoires de la philosophie; *Grande Encyclopédie*, article *Aristote* de M. Boutroux, tout à fait capital.

---

851. *La physique épicurienne.* — Rennes [843-862].

Voir Marcel Renault : *Épicure.*

Il s'agit d'exposer la théorie des atomes. On la présentera avec les divisions suivantes :

1° Nature de l'atome, ses propriétés.

2° Chute des atomes dans le vide, déclinaison.

3° Rencontre des atomes; formation et évolution des mondes. Leur dissolution.

En analysant les livres I, II et V du poème de Lucrèce, on aurait tous les éléments de ce sujet.

---

852. *Théorie de la vertu d'après les épicuriens et les stoïciens.* — Besançon [867-879].

853. *Comparez la conception du bien chez les stoïciens et les épicuriens.* — Besançon [872-881].

854. *Épicuriens et stoïciens. Signification de ces deux mots dans notre langue. Lequel vaut le mieux pour la tranquillité et la dignité de la vie.* — Dijon [842-847].

V. sujets 545, 567, 568. Lire : Marcel Renault, *Épicure.*

La comparaison des deux doctrines morales fait apercevoir entre les résultats auxquels elles aboutissent d'étroites affinités, quoique les principes soient absolument opposés. La vie contemplative, le renoncement, l'ascétisme, tel est l'idéal commun du sage stoïcien et du sage épicurien. Tout au plus peut-on relever chez le premier plus de force, une volonté tendue, et le mépris de la douleur. Les ressemblances qui viennent d'être signalées ont pour principale cause l'influence du milieu et des idées régnantes : cet idéal est commun à toute l'antiquité, et l'on voit converger vers lui toutes les doctrines morales, non seulement les deux dont il est ici question, mais encore celles des cyniques, des pyrrhoniens, et, dans une large mesure encore, celle des péripatéticiens. La résistance, la force d'âme, la vie intérieure, l'isolement du sage, tels sont les traits communs à toutes les morales de l'antiquité. Notre idéal moderne est tout autre : vie active, charité, solidarité, effort collectif, voilà ce que nous concevons comme les éléments essentiels de la vertu; et cette conception est la seule qui convienne à des sociétés comme les nôtres, vastes agglomérations d'hommes où rien ne se peut que par la coopération des activités, où l'individu ne vaut que dans et par le groupe.

A propos du sujet 854, on remarquera combien le sens du mot épicurien a changé dans notre langue ; ce que nous appelons un épicurien c'est un jouisseur, exactement le contraire de l'ascète qu'était le vrai disciple d'Épicure.

---

855. *Choisissez, parmi les anciens, un philosophe dont vous exposerez la doctrine à longs traits, mais avec précision.* — Caen [565-750].

Aucun conseil à donner : le choix sera évidemment déterminé par les connaissances et les préférences de chacun.

---

856. *Exposer, dans leur enchaînement méthodique, les principaux points de la philosophie de Descartes.* — Lyon [273-546].

1° Doute méthodique.
2° Je pense, donc je suis ; certitude unique : la conscience (d'où vont sortir les dogmes suivants).
3° Distinction de l'âme et du corps.
4° Criterium de la vérité : l'évidence.
5° Existence de Dieu prouvée par l'idée de perfection.
6° Existence objective du monde extérieur prouvée par la véracité divine.
7° Nature de l'âme : substance pensante. Idées innées.
8° Nature de la matière : substance étendue ; mécanisme ; automatisme des animaux.
9° Constitution de l'homme : dualisme, relations de l'âme et du corps par les esprits animaux.
10° Création ; providence conçue comme une création continuée.

---

857. *La méthode cartésienne.* — Rennes [256-370].

V. sujet 353.

---

858. *Exposer les principaux arguments par lesquels Descartes essaie de prouver que les propriétés essentielles de la matière sont l'étendue, la figure et le mouvement.* — Rennes [36-278].

C'est principalement dans la *Cinquième méditation* que l'on trouvera ces arguments.

---

859. *Exposer les idées de Descartes sur la matière et sur la vie.* — Rennes [3-212].

Pour la matière, voir le sujet précédent.
Pour la vie, voir *Discours de la Méthode*, 5e partie, théorie de l'automatisme animal.

---

860. *Exposer la doctrine de Descartes sur la nature de l'âme.* — Rennes [876-882].

Consulter Descartes, 2e *méditation.*

Points à développer :

1° L'âme se définit : une substance pensante.

2° Tous ses états sont des pensées. « *Cogitationis nomine intelligo omnia quae nobis consciis in nobis sunt.* » J'entends par pensée tout ce qui est en nous et dont nous avons conscience.

3° Elle pense toujours.

4° Elle est plus aisée à connaître que le corps (parce que nous avons d'elle une connaissance immédiate).

5° Elle est immortelle (parce que simple).

---

861. *Expliquer cette pensée de Pascal : « Dans le* Je pense, donc je suis *de Descartes on peut apercevoir une suite admirable de conséquences qui prouve la distinction des natures matérielle et spirituelle, et on peut en faire un principe ferme et soutenu d'une physique entière. »* — Dijon [865-881].

En étudiant avec attention les déductions de Descartes à la suite du « Cogito », dans le *Discours de la Méthode,* on s'aperçoit que toute sa métaphysique et sa physique y sont résumées. On devra surtout réfléchir aux propositions suivantes :

1° Je puis feindre que je n'ai pas de corps, mais je ne puis feindre pour cela que je ne suis point. Donc ma pensée est indépendante de mon corps.

2° Je suis une substance dont toute la nature n'est que de penser.

3° Cette substance, ou âme, est entièrement distincte du corps.

4° Elle est plus aisée à connaître que le corps ; le corps ne se connaît que par elle.

5° Les choses que nous concevons fort clairement et fort distinctement sont toutes vraies. De là se tirera la nature du corps (étendue, figure et mouvement) seules propriétés qui se conçoivent clairement ; c'est la base même de la physique de Descartes (V. sujet 858).

---

862. *Les principes de l'idéalisme cartésien.* — Rennes [843-851].

V. sujet 814.

---

863. *Faire une exposition exacte et succincte de ce qu'il y a d'essentiel dans chaque partie du Discours de la Méthode, et en montrer le lien.* — Aix [26-151].

Sujet qui ne demande que la connaissance du texte, connaissance indispensable d'ailleurs et que tout élève de philosophie sérieux possède certainement.

---

864. *Vous donnerez une analyse critique de la première partie du Discours de la Méthode de Descartes.* — Clermont [869-875]. — Poitiers [869-873].

Bien remarquer l'expression : analyse *critique ;* en conséquence, ne pas se contenter de résumer, mais apprécier, en insistant sur les points importants.

1° La phrase initiale : « Le bon sens est la chose du monde la mieux partagée. »

Développer la théorie cartésienne de l'égalité de la raison en tous les hommes ; conséquence de la doctrine des idées innées.

2° Les différences entre les esprits sont dues à la méthode. Importance de la méthode.

3° Jugement de Descartes sur son propre esprit.

4° Résumé des études de Descartes à la Flèche. On appréciera les jugements un peu dédaigneux qu'il porte sur les connaissances qu'on lui a enseignées.

5° Ses résolutions d'avenir. Jugement général sur les *qualités* et les *besoins* de cet esprit puissant.

---

865. *Leibnitz s'appelait lui-même le philosophe de l'harmonie préétablie. Expliquez le sens de cette formule et montrez-en les applications, non seulement aux rapports de l'âme et du corps, mais à ceux du règne des causes efficientes et des causes finales, et à ceux du règne de la nature et du règne de la grâce.* — Dijon [861-881].

L'harmonie préétablie est la théorie par laquelle Leibnitz explique l'ordre de l'univers, dans toutes les manifestations qu'on en peut constater.

Cette doctrine a pour point de départ l'affirmation qu'aucune substance ne peut agir sur une autre, ni, par suite, recevoir d'action d'une autre : « La monade n'a pas de fenêtres. » (V. sujet 781.)

Donc tout mouvement, tout acte, est spontané, vient de l'être même, et ne lui est pas communiqué. Lorsque le cheval se met en marche il semble que ce soit lui qui meuve la voiture : en réalité c'est la voiture qui *se meut* au moment précis où le cheval lui-même entre en mouvement Il a donc fallu qu'une puissance ordonnatrice, Dieu, combinât d'avance tous les mouvements, en les réglant les uns sur les autres de façon à en établir la rigoureuse concordance, comme un horloger qui règle des horloges, de façon que toutes marqueront la même heure sans pour cela agir les unes sur les autres. Telle est, dans son sens fondamental, l'harmonie préétablie.

Or cette harmonie a pour principaux effets dans le monde les quatre suivants :

1° Elle règle l'ensemble des mouvements du cosmos ;

2° Elle explique les relations de l'âme et du corps ;

3° Elle explique la dépendance des causes efficientes par rapport aux causes finales ;

4° Elle explique la subordination du monde ou « règne » de la nature à celui de la grâce.

En 1714, deux ans avant sa mort, Leibnitz publia les *Principes de la nature et de la grâce*, qui contiennent la dernière et la plus complète expression de sa pensée.

Dans l'ensemble des êtres, il y a lieu de distinguer deux groupes. Le premier est formé des monades qui constituent le monde inorganique, ce monde que l'on appelle improprement matière et qui n'est, selon Leibnitz, que « de l'esprit enveloppé ». Les éléments de ce monde sont des monades, c'est-à-dire des âmes, mais des âmes d'ordre inférieur en ce qu'elles sont peu conscientes et étrangères à la moralité. Leibnitz les appelle âmes *pures et simples ;* elles forment le règne de la nature. Les lois qui les gouvernent (lois cosmiques) sont en elles-mêmes indifférentes à la morale, à l'union des esprits, à la félicité.

Le second groupe est formé par les âmes conscientes, soit celles des hommes, soit celles d'êtres supérieurs, génies, etc. Ils constituent un second règne, le règne de la grâce, et Leibnitz, pour les distinguer des âmes pures et simples, les appelle proprement des esprits. Alors que les simples monades de la nature sont des miroirs qui ne réfléchissent que les images de l'univers des créatures, les esprits réfléchissent en outre l'image de la Divinité. Ils sont en communication avec Dieu, qui est à leur égard non seulement ce qu'un inventeur est à sa machine, mais ce qu'un prince est à ses sujets ; ils forment la « cité de Dieu ». Cette cité est un monde moral ; le bien et le mal y sont produits par l'action libre des esprits, qui reçoivent de Dieu la rémunération de leurs œuvres. Remarquons ici que moralité implique finalité, et que, par suite, il y a une finalité spéciale à ce monde des esprits, et c'est précisément en vertu de cette finalité que, par une sorte d'appel du bien, un monde moral peut se former au sein du monde physique et s'élever au-dessus de lui.

Or de même qu'il existe une harmonie préétablie entre les deux règnes des causes efficientes et des causes finales, de même il y a une autre harmonie entre le règne physique de la nature et le règne moral de la grâce ; le second est le but suprême auquel tend le premier : les choses conduisent à la grâce par les voies de la nature.

---

866. *La liberté dans Leibnitz.* — Besançon [871-880].

La doctrine de l'harmonie préétablie implique le déterminisme. Leibnitz est donc, de par son système métaphysique, un déterministe. Le premier point de la dissertation exposera sommairement ce principe.

Mais son déterminisme est d'une essence particulière telle que lui-même se déclare partisan de la liberté : le tout est de bien comprendre l'idée qu'il se fait de la liberté.

1° Leibnitz repousse d'abord avec force deux doctrines qu'il juge également fausses. Ce sont d'une part le fatalisme absolu, tel que le comporte le dogme musulman, ce qu'il appelle le « *fatum mahumetanum* », et d'autre part la liberté d'indifférence qu'il considère comme incompatible avec les deux principes des indiscernables et de raison suffisante. Ainsi Leibnitz n'est ni fataliste, ni partisan d'un libre arbitre indifférent. Sa conception de la liberté est intermédiaire entre ces deux extrêmes.

2° Trois conditions, selon Leibnitz, sont nécessaires pour l'existence de la liberté ; ce sont : l'intelligence, la spontanéité et la contingence.

a) L'Intelligence : c'est la connaissance distincte de l'objet de la délibération, la perception des différences entre les divers partis possibles, et du rapport de ces différences avec le principe du meilleur. Leibnitz établit que l'homme possède à un degré suffisant cette faculté.

b) La spontanéité : c'est l'indépendance à l'égard de l'influence physique et la faculté d'agir en étant soi-même le principe de son action. En vertu de l'harmonie préétablie, cette spontanéité existe, puisque, d'après la thèse même de l'harmonie, les substances devant s'accorder entre elles sans communiquer du dehors, ont nécessairement une *loi interne* de développement. C'est de leur propre fonds qu'émanent leurs actes comme leurs pensées. Leibnitz a soin d'ailleurs de faire remarquer que dans l'homme cette spontanéité est loin d'aller jusqu'à la toute-puissance : l'homme n'est maître de lui que comme un monarque constitutionnel.

c) La contingence : en examinant la façon dont l'âme se détermine, il appert qu'elle possède cette propriété. On connaît la célèbre comparaison de la balance, qui, dit-on, s'incline toujours du côté du poids le plus lourd. Si Leibnitz eût assimilé la volonté à une balance, il ne pourrait être question de la contingence de nos actes. Mais telle n'est pas sa pensée exacte. La volonté est plutôt comparable à une force qui fait effort de plusieurs côtés et qui n'agit que dans la direction de la moindre résistance, comme de l'air comprimé dans un récipient le brise à l'endroit le plus faible. Dans tout acte réfléchi il y a plusieurs volontés successives à distinguer : d'abord les volontés *antécédentes ;* celles-ci vont à tous les biens qui se présentent ; puis la volonté *conséquente*, qui est le résultat, et se détermine vers ce qui nous touche le plus. Or la volonté conséquente n'est pas analytiquement contenue dans les volontés antécédentes. Entre le moment où l'on a compris quel est le bien que l'on doit réaliser et le moment où l'*effort* nécessaire à cette réalisation peut être porté à son comble, une nouvelle perception ou inclination peut intervenir et changer la direction de cet effort. En résumé nos volontés conséquentes ou déterminations peuvent bien être *certaines* d'avance, mais ne sont pas *nécessaires*, parce que d'autres déterminations étaient possibles.

On voit que d'une part il y a, dans toute cette théorie, une étonnante profondeur d'analyse psychologique, une vue assurément juste des conditions extrêmement complexes dans lesquelles ont lieu nos déterminations volontaires ; que, d'autre part, la conception que se fait Leibnitz de la liberté est bien éloignée de celle du libre arbitre vulgaire, et s'accommode avec un déterminisme raisonnable ; il le fallait bien, d'ailleurs, pour rester fidèle au principe de l'harmonie préétablie.

---

867. *L'immortalité d'après Leibnitz.* — Besançon [852-879].

Ce sujet ne peut être bien traité que par quiconque comprend la conception leibnitzienne de la matière et de l'esprit, de l'âme et du corps.

L'idée fondamentale de cette conception, c'est qu'il n'y a pas de différence de nature entre l'âme et le corps : puisqu'il n'y a qu'une seule espèce de substances, des substances spirituelles, inétendues, les monades, âme et corps ne désignent pas deux choses essentiellement différentes, mais deux manières d'être ou deux états de la même chose. D'une manière générale, un corps c'est un agrégat de monades dont les perceptions sont obscures (nous dirions aujourd'hui : de monades inconscientes) ; la matière, c'est de l'esprit enveloppé.

Dans le composé que l'on appelle homme, les deux termes corps et âme désignent simplement deux manières différentes d'envisager le même ensemble. Si je considère le composé en tant qu'il réalise une unité vitale et consciente, je l'appellerai âme; si au contraire je me suppose placé au centre de ce composé, comme est précisément ma conscience en moi-même, et si je considère que tous les autres êtres m'apparaissent seulement en tant qu'ils m'affectent, qu'ils m'émeuvent, je nommerai corps cette partie de moi qui est affectée et émue; mieux encore : je nommerai corps le moi lui-même en tant qu'affecté et ému, en tant que je suis en relation avec les autres êtres, que je me les représente. Si deux hommes se représentent les mêmes objets, le même univers, la représentation de chacun est relative à cet ensemble d'affections dont on vient de parler; chacun se le représente à travers ces affections; Leibnitz dit : chacun se représente l'univers à son point de vue personnel. De là les deux définitions : l'âme est l'unité du corps; le corps est le point de vue de l'âme. Ame et corps sont deux termes corrélatifs, les deux termes d'un rapport.

Chaque organisme est soumis à un perpétuel renouvellement de ses parties, mais la forme en demeure stable. Il se produit dans l'âme une évolution analogue; elle est constamment en voie de développement ou d'enveloppement, passant de perceptions confuses à des perceptions plus claires, ou inversement. Conformément à ces changements elle est jointe à un organisme tantôt plus, tantôt moins parfait. Quand elle quitte l'organisme auquel elle était jointe (dont elle était le principe de synthèse), c'est la mort; quand elle acquiert un nouvel organisme, c'est la génération. Mais ni la mort ni la génération ne sont absolues; l'une n'est pas le passage de l'être au néant, l'autre le passage du néant à l'être, ce qui ne se pourrait comprendre. La naissance n'est qu'un développement, la mort un enveloppement. Ames et corps sont également *ingénérables* et *impérissables*. Tout est immortel, étant d'ailleurs de même essence. La mort n'est que le passage d'une forme d'être à une autre.

---

868. *De la place accordée aux causes finales dans la philosophie de Descartes et dans celle de Leibnitz.* — Bordeaux [870-877].

Un des points où se manifeste le plus nettement l'opposition entre les deux doctrines. Descartes professe un mécanisme exclusif; il est l'ennemi irréconciliable de la conception de finalité. Celle-ci, au contraire, constitue le fond de la philosophie de Leibnitz. Consulter les divers sujets précédents sur ces deux philosophes, les histoires de la philosophie et les éditions classiques : Rabier pour le *Discours de la Méthode*, Boutroux pour la *Monadologie*.

---

869. *Vous donnerez une exposition et un examen critique du système de Spinoza.* — Clermont [849-875]; [864-875]. — Poitiers [864-873].

Se renseigner dans les cours et les traités d'histoire de la philosophie.

En exposant le système de Spinoza donner au Ve livre de l'*Éthique* toute son importance : c'est là qu'est la véritable pensée du philosophe; tout l'ouvrage n'a été composé que pour préparer la conception de la vie qui y est développée (V. sujet 793).

---

870. *Est-ce avec raison que les contemporains de Spinoza l'ont accusé d'athéisme ?* — Bordeaux [868-877].

Du vivant de Spinoza on faisait courir des gravures où sa figure était représentée sous des traits hideux, avec cette légende : Spinoza, *princeps athearum, in vultu ferens signa reprobationis.* Spinoza, prince des athées, portant sur son visage les stigmates de la réprobation.

Au XIXe siècle un philosophe, d'un avis nettement opposé, a dit de Spinoza qu'il était « ivre de Dieu ».

Deux questions se posent ici :

1° Comment a-t-on pu émettre sur le même philosophe deux jugements aussi différents ?

Cela tient au degré de culture philosophique des juges. Aux esprits qui n'ont pas l'habitude de la spéculation métaphysique, qui sont plus ou moins étrangers, réfractaires même aux idées pures, le panthéisme apparaît comme niant Dieu, parce qu'il en supprime les attributs moraux, les éléments anthropomorphiques, ceux qui font de Dieu une personne, le « père céleste ». A des esprits plus profonds, auxquels le raisonnement, les idées abstraites sont familiers, la conception de la substance spinoziste, la présence de l'Absolu sous le voile ténu des phénomènes, la conscience que prend le sage de la présence de cet absolu en lui, apparaissent comme les signes d'une religion philosophique très élevée, le contraire de l'athéisme.

2° Lequel des deux jugements est fondé ? Il suffit de lire et de méditer le Ve livre de l'*Éthique* pour voir que c'est le second (V. sujet 793).

---

871. *La liberté dans Spinoza.* — Besançon [866-880].

Spinoza est le plus intransigeant des déterministes : sa doctrine enferme un fatalisme absolu ; chaque proposition de l'*Éthique* le corrobore. Et le Ve livre a pour titre : La liberté ; et toute la théorie développée en ce V[e] livre aboutit à montrer comment le sage peut arriver à réaliser en lui la liberté, la vertu et le bonheur.

C'est que Spinoza s'est fait de la liberté une conception particulière. D'abord un acte libre, pour lui, n'est pas un acte contingent : il n'y a pas de contingence ; tout est absolument nécessaire ; l'idée de contingence n'est qu'une illusion de notre imagination, et l'homme qui vit selon la raison, qui ne se laisse plus décevoir aux mirages de l'imagination, est guéri de cette illusion, cause de misères pour les autres. S'il n'y a pas de contingence, il n'y a pas non plus de libre arbitre : nous n'avons pas le choix de nos actes, et si nous croyons l'avoir, c'est une autre illusion, qui vient de ce que nous ignorons les causes qui nous déterminent. La girouette sur un toit se croit libre aussi de tourner où il lui plaît, parce qu'elle ne sait pas que c'est le vent qui la pousse.

Qu'est-ce donc qu'être libre, puisqu'enfin Spinoza a écrit son V[e] livre pour exposer comment on peut l'être ? Être libre, c'est avoir conscience de l'universelle nécessité, et s'y adapter ; c'est cesser de vivre par les sens et l'imagination, dans le monde des phénomènes, dans le temps et dans l'espace, car cette vie, c'est celle des états affectifs, de la passion, et c'est l'esclavage. C'est vivre par la raison, prendre conscience de Dieu en soi, l'aimer d'un amour intellectuel, et voir toutes choses « sous l'aspect de l'éternité » (V. sujet 793).

---

872. *Théorie des passions dans Spinoza.* — Besançon [**853-881**].

V. *Psychologie*, sujet 24.

---

873. *Exposer les doctrines de Locke et de Leibnitz sur l'origine des idées.* — Poitiers [**864-869**].

Sujet de cours. Pour Leibnitz, voir *Psychologie*, sujet 76.

---

874. *L'origine des idées dans Locke.* — Besançon [**846-878**].

Même sujet que la première partie du précédent.

---

875. *Vous ferez connaître les grands traits de la philosophie de Kant, en insistant plus particulièrement sur la Critique de la Raison pure.* — Clermont [**849-869**] ; [**864-869**].

Plan.

1° Introduction à la Critique de la Raison pure. Kant établit qu'il y a des jugements synthétiques *a priori*, par la critique de l'empirisme : ce dernier repose sur une pétition de principe. Position de la question : comment une expérience est-elle possible ? Elle n'est possible que par les jugements synthétiques *a priori*, c'est-à-dire par des liaisons qu'avant toute expérience, l'esprit est capable de mettre entre ses intuitions.

2° Théorie de la connaissance. Matière et forme. — Les formes *a priori* *a*) de l'intuition, *b*) du jugement. Les catégories. La science.

3° Critique de l'usage transcendant de la Raison : antinomies. Critique des preuves de l'existence de Dieu.

4° Raison pratique.

(V. *Psychologie :* sujet 76 ; *Métaphysique :* sujet 743.)

---

876. *Les idées fondamentales de la philosophie de Kant.* (*Laisser de côté la morale.*) — Rennes [**860-882**].

V. sujet précédent.

---

877. *Exposer les tendances générales de la philosophie de Kant.* — Bordeaux [**868-870**].

Si l'on veut bien faire attention aux termes de ce texte, on remarquera qu'il ne comporte pas, comme les deux précédents, un exposé de la doctrine de Kant, mais une appréciation sur les tendances de cette doctrine. Il est donc plus difficile et demande de la réflexion et de la critique. Les points à développer sont les suivants :

1° Kant fait dans la philosophie une révolution que lui-même (Préface de la Logique) compare à celle que Copernic avait faite dans l'astronomie. « Avant moi, dit-il, on faisait tourner l'esprit autour des choses ; moi je fais tourner les choses autour de l'esprit. » C'est ce que l'on appelle la méthode critique.

2° Kant affirme la science et nie la métaphysique. Tendance à l'agnosticisme, au positivisme.

3° Tendance à l'idéalisme ; la première édition de la *Critique de la Raison pure* est même nettement idéaliste.

4° Primat de la raison pratique, c'est-à-dire tendance à substituer la croyance à la science, comme conséquence de sa théorie de la raison et de son agnosticisme. Ceci est la partie essentielle de la philosophie de Kant.

---

878. *Indiquer la fonction de la sensibilité, de l'intelligence et de la raison dans la doctrine de Kant.* — Besançon [846-874].

Trois facultés, selon Kant, concourent à former la connaissance ; ce sont la sensibilité, l'intelligence et la raison. Trois parties de la Critique de la Raison pure correspondent à ces trois facultés ; ce sont : 1° *Esthétique transcendantale ;* 2° *Logique transcendantale ;* 3° *Dialectique transcendantale.*

Fonction de la sensibilité : l'intuition. Formes *a priori* de la sensibilité : espace et temps. Résultat : l'expérience.

Fonction de l'intelligence : le jugement ; les catégories. Résultat : la science.

Fonction de la raison : *a*) appliquée à la spéculation pure ou raison théorétique : essaie de pénétrer au delà du phénomène et d'atteindre l'absolu, l'être ; impuissance ; antinomies. — *b*) appliquée à la volonté, à l'action, ou raison pratique : fonde la morale sur l'impératif catégorique, et par les postulats, objets de *croyance*, trouve ce que la raison théorétique n'avait pu atteindre.

---

879. *Discuter les antinomies de Kant.* — Besançon [852-867].

Lorsque la raison pure entreprend une recherche qui dépasse le monde des phénomènes, le seul où son usage soit légitime, en un mot lorsqu'elle essaie de connaître les choses en soi, les substances, son impuissance se manifeste aussitôt par le double fait suivant : s'il s'agit du moi, de la substance âme, la raison ne peut aboutir qu'à des démonstrations entachées d'erreurs, à des arguments dont le vice, pour être caché, n'en est pas moins réel, touchant la spiritualité, l'identité et l'immortalité de la personne ; ce sont les paralogismes de la raison pure. S'il s'agit du non-moi, de la substance qui constitue le monde extérieur, alors, sur chacune des questions qu'elle se pose, la raison trouve deux solutions contradictoires, appuyées l'une et l'autre sur des arguments logiquement irréprochables. Ce sont les antinomies, qui sont au nombre de quatre. Le tableau suivant (p. 320) les indique avec la thèse et l'antithèse pour chacune d'elles.

La discussion consiste : 1° A présenter pour chaque antinomie les arguments de la thèse et de l'antithèse. On connaît ces arguments, qui font partie d'un cours de métaphysique. 2° A chercher la solution. Kant lui-même l'a indiquée, en montrant que cette solution repose sur la distinction du phénomène, soumis à la double condition du temps et de l'espace, et de la chose en soi, affranchie de cette double condition. Il déclare qu'en se plaçant successivement à ces deux points de vue, on devra trouver :

Que les thèses et les antithèses des deux premières antinomies (mathématiques) sont toutes deux fausses.

Que les thèses et les antithèses des deux dernières antinomies (dynamiques) sont toutes deux vraies. En consultant, en *Psychologie*, le sujet 101, on y trouvera le détail de la discussion relative à la 3e antinomie.

		THÈSES (DOGMATISME)	ANTITHÈSES (EMPIRISME)
Mathématiques	ASSEMBLAGE	Le monde a un commencement dans le temps et une limite dans l'espace.	Le monde est infini dans le temps et dans l'espace.
	DIVISION	Toute substance est composée de parties simples. (Non divisible à l'infini.)	Rien n'est composé de parties simples. (Divisibilité à l'infini.)
Dynamiques	ORIGINE	Liberté.	Déterminisme.
	DÉPENDANCE	Il existe un être nécessaire.	Il n'existe pas d'être nécessaire.

880. *La liberté dans Kant.* — Besançon [**866-871**].

V. *Psychologie*, sujet 101.

---

881. *A l'égard de quelles vérités Kant a-t-il pu dire : « Il me fallait bien supprimer la science pour faire place à la croyance. » Expliquez cette formule et montrez qu'elle contient l'essentiel de la philosophie de Kant.* — Besançon [**853-872**]. — Dijon [**861-865**].

Il s'agit de vérités de l'ordre moral, et de certaines vérités d'ordre métaphysique, qui, selon Kant, se rattachent aux vérités morales et en dépendent (les postulats de la raison pratique : liberté, immortalité, Dieu).

Il est très vrai que l'essence du kantisme est exprimée par cette formule : ce que l'on devra développer, pour le faire voir, c'est l'idée du *primat de la raison pratique*.

882. *L'éclectisme comme doctrine philosophique. Expliquer en quoi il consiste et examiner ce qu'il peut valoir.* — Rennes [860-876].

L'éclectisme (de ἐκλέγω, je choisis) est la doctrine philosophique qui consiste à prendre dans les différents systèmes les dogmes qui ne sont pas contradictoires entre eux, et à constituer ainsi une philosophie cohérente.

Le principe de l'éclectisme a été posé pour la première fois par Leibnitz. Ce grand penseur avait pour méthode de chercher les points par où l'on peut concilier les diverses conceptions des métaphysiciens qui l'avaient précédé. En vertu d'une disposition particulière de son esprit, il était plus frappé de leur accord que de leurs divergences.

L'idée a été reprise au XIXe siècle par Victor Cousin, fondateur de l'école qui se donna elle-même le nom d'école éclectique. Cousin prétendit fonder une doctrine où rien ne serait nouveau, dont tous les éléments seraient empruntés aux grandes philosophies classiques. Il prenait pour criterium le sens commun, affirmant qu'on devait tenir pour vraies toutes les propositions des philosophes qui sont d'accord avec ce que l'on appelle le bon sens, et rejeter les autres (Voir : Jules Simon, *Victor Cousin*). L'école éclectique jeta un vif éclat pendant le second tiers du XIXe siècle : l'éloquence et l'autorité de Cousin, le talent, l'esprit ingénieux de ses disciples Jouffroy, Saisset, Jules Simon, Franck, Janet, etc. firent vivre la doctrine; son succès n'a pas survécu à ces hommes distingués ; aujourd'hui elle n'existe plus.

On a vivement — et justement — critiqué l'éclectisme comme système, comme doctrine. On lui a reproché notamment les défauts suivants : 1° l'absence d'un lien véritablement logique entre les diverses parties de la doctrine : syncrétisme plutôt que système ; 2° manque d'originalité, défaut d'esprit créateur ; 3° insuffisance du criterium du sens commun ; la philosophie du sens commun est la philosophie de ceux qui ne sont pas philosophes et ne seront jamais capables de le devenir.

Mais si l'éclectisme, comme système, prête à ces critiques, qu'il a d'ailleurs, on doit le reconnaître, assez souvent justifiées, on doit, en revanche, attribuer une haute valeur à l'*esprit éclectique*, lorsqu'il s'applique aux études d'histoire de la philosophie.

C'est le véritable esprit critique, le seul fécond. Il est, en effet, assez puéril, et au surplus fort inutile, d'opposer les systèmes les uns aux autres, et d'en relever les contradictions. C'est une méthode historique superficielle et de peu de valeur. Bien plus profond et plus large est l'esprit qui, sous les oppositions apparentes, sait voir l'accord latent; qui sait, comme le disait Leibnitz, « discerner de la paille des mots le grain des choses, » et, de toutes les doctrines conçues par le génie des grands penseurs, dégager cette « philosophie éternelle » — *perennis quaedam philosophia* — dont parle Spinoza.

---

883. *Nommer dans un ordre méthodique les grands systèmes de philosophie en ayant soin de les définir exactement et d'en citer des traits importants.* — Paris [294-500].

Pour traiter ce sujet, il faut évidemment classer les systèmes que l'on présentera. Or deux procédés s'offrent ici : le plus simple serait d'adopter l'ordre chronologique ; et comme il faut se restreindre à un très petit nombre de systèmes, aux plus grands seulement, on les citerait dans l'ordre suivant : Platon, Aristote, les stoïciens, Épicure, Descartes, Spinoza, Leibnitz, Kant.

Une autre méthode consisterait à les diviser en groupes d'après leur nature. Cette méthode serait ici bien préférable, d'abord parce qu'elle est plus philosophique, ensuite parce que ce procédé de classification permettrait de caractériser très brièvement et très nettement chaque système : le simple fait de le placer dans telle ou telle classe suffirait presque pour le définir.

Plan.

Matérialisme : Épicure.
Idéalisme : Platon, Aristote, Leibnitz.
Dualisme : Descartes.
Panthéisme : les stoïciens, Spinoza.
Criticisme : Kant.

TABLE DES SUJETS

classés d'après l'ordre du programme

PSYCHOLOGIE

Nature et méthodes de la psychologie.

1. Classer les faits psychologiques.
2. Les méthodes de la psychologie.
3. Passez en revue les sources d'information de la psychologie.
4. La psychologie est-elle une science expérimentale ? Qu'est-ce qu'une expérience ? La psychologie s'appuie-t-elle sur des expériences proprement dites ? Si oui, quelles sont ces expériences ? Quelle en est la valeur ? A défaut d'expériences a-t-elle des observations qui puissent en tenir lieu ? Quelles sont ces observations ?
5. De l'observation en psychologie.
6. L'observation intérieure. Ses difficultés. Ses avantages et ses inconvénients au point de vue moral.
7. De la méthode subjective en psychologie.
8. La psychologie objective se confond-elle avec la psychologie physiologique ?

103. La psychologie possède-t-elle les caractères essentiels à une science ? A-t-elle, en outre, quelque avantage particulier ?
104. Les faits psychologiques peuvent-ils être étudiés scientifiquement ?
105. Est-il permis de ne voir dans la psychologie qu'une branche de la physiologie ?
106. Le cerveau et la pensée.
304. Exposer et apprécier les efforts faits de nos jours pour donner à la psychologie un caractère scientifique.
13. En quoi la psychologie est-elle nécessaire à la logique, à la morale, à la théodicée ?
14. Quels services la psychologie et la physiologie peuvent-elles se rendre mutuellement ?
15. Quel parti la psychologie peut-elle tirer de l'étude de l'histoire, des langues ?
107. Avec quelles précautions et dans quelle mesure le psychologue peut-il tirer des observations qu'il a faites sur lui-même des lois générales ? Appuyez votre discussion sur le cas de Montaigne et sur celui de Descartes.
108. Quelle confiance peut-on accorder à la psychologie des peuples primitifs ?
179. Expliquer ce qu'on entend par la vie de l'esprit.
180. De l'hérédité psychologique.
183. Comment définissez-vous l'homme ?
184. Par quels faits se manifeste l'influence du moral sur le physique ?

185. Jusqu'à quel point notre état moral dépend-il de notre état physique ?
199. De l'ordre dans lequel se développent les facultés de l'âme dans le cours de la vie humaine.
267. Les trois facultés de l'âme : sensibilité, intelligence, volonté sont-elles vraiment irréductibles ?
281. Solidarité des facultés de l'âme. Montrer la part de chacune dans les autres.

Conscience.

16. La conscience est-elle une faculté distincte ?
17. Différents sens du mot conscience en philosophie.
109. La conscience n'est-elle qu'un épiphénomène de la vie physique ?
110. Faut-il admettre l'existence de phénomènes psychologiques inconscients ?
111. Faut-il définir le fait psychologique par la conscience ?
181. De la vie de l'esprit qu'on appelle inconsciente. Par quels procédés peut-on, dans une certaine mesure, se rendre compte du rôle qu'elle joue chez l'homme ?

Sensibilité.

18. Distinguer le sentiment de la sensation.
19. Les inclinations et leurs relations avec le plaisir et la douleur.
20. Analyser le désir et la joie.
21. Joie et tristesse. Théorie de ces deux émotions.
Nature des émotions.
Origine du plaisir et de la douleur.
Le plaisir et la douleur. En chercher l'origine et la signification dans notre vie.
22. Théorie psychologique des sentiments.
23. Des passions.
La passion. Ses caractères. Décrire la genèse et le développement d'une passion.
24. Les idées de Spinoza sur les passions.
25. Des passions au point de vue psychologique et au point de vue moral.
112. Quelles sont les raisons qui nous autorisent à distinguer l'intelligence de la sensibilité ?
113. Jusqu'à quel point gardons-nous le souvenir de nos sensations et de nos sentiments ?
114. Les tendances dérivent-elles de l'expérience du plaisir et de la douleur ?
115. La nature de l'homme lui permet-elle de s'affranchir véritablement de l'égoïsme et de s'élever à un désintéressement réel ?
116. Que faut-il penser de ces deux bases psychologiques du pessimisme : 1° le besoin et le désir, états permanents de l'homme, sont des souffrances ; 2° Le plaisir n'est que la cessation de la douleur ?
117. La douleur est-elle stimulante ou déprimante ?
118. Quels sont les faits ou les vérités psychologiques dont une interprétation arbitraire ou fausse a pu donner lieu à ce paradoxe : La pitié est une forme de l'égoïsme ?
119. Sommes-nous responsables de nos passions ?
186. Montrer que la joie est une passion et que le plaisir n'est qu'une émotion.
187. Distinguer les plaisirs et les douleurs du corps, de l'esprit et du cœur.
188. Décrivez avec précision celui des sentiments humains que vous avez le mieux observé et cherchez quelles conditions physiologiques, psychologiques ou sociologiques en favorisent l'éclosion.
189. Du désir d'estime.
190. Analyser le sentiment de l'honneur.
191. Effets psychologiques et moraux de la douleur sous toutes ses formes.

192. Du rôle des émotions dans la vie intellectuelle.
193. Du rôle des émotions dans la vie morale.
194. Du cœur. Qu'est-ce qu'avoir du cœur ? Qu'entend-on par un homme de cœur?
195. Distinguer la sensibilité de la sentimentalité.
196. Comment et dans quelle mesure pouvons-nous exercer une action sur nos sentiments?
197. Effets de l'observation intérieure sur les sentiments.
198. Quel profit le cœur peut-il retirer des études philosophiques?
288. Déterminer l'influence du sentiment sur la pensée.
289. L'esprit est-il, comme on l'a dit, la dupe du cœur?
290. Influence de la réflexion sur le sentiment.

Sensations et Perceptions.

26. La sensation. Que sait-on de son mécanisme extérieur ? Que peut-on penser de sa nature intime?
27. Des sensations. Leur classification. Méthode pour les étudier.
28. Les sens et la conscience.
29. La localisation des sensations.
302. L'intensité des sensations. Exposer sommairement les recherches qui ont été faites à ce sujet.
303. Peut-on appliquer à l'étude des sensations la mesure et le calcul?
30. Théorie générale de la perception extérieure.
31. La perception extérieure.
32. Par quels procédés prenons-nous connaissance des objets dans la perception extérieure?
33. Des cinq sens. Des notions que nous devons à chacun d'eux en particulier. Des notions que nous devons à deux ou plusieurs sens.
200. Énumérer les sens d'après l'importance des services qu'ils nous rendent et des connaissances qu'ils nous fournissent.
120. De la sensation et de la perception. Est-il vrai que la sensation toute simple enferme le sujet en lui-même, et comment trouver un « pont » pour rejoindre le monde extérieur ?
121. On a dit souvent que ce qui distingue la sensation de la perception, c'est que la seconde implique un jugement. Que pensez-vous de cette théorie?
122. Que pensez-vous de cette formule : Les sens ne jugent pas ?
34. Perceptions naturelles et perceptions acquises.
35. Les perceptions de la vue.
36. Perceptions naturelles et perceptions acquises de la vue.
37. De la vue. Part de l'expérience et de l'habitude dans les perceptions dues à ce sens.
38. Connaissons-nous primitivement par la vue les trois dimensions de l'étendue?
39. Rôle de la mémoire dans la perception.
282. La mémoire dans la perception.
201. Les perceptions naturelles et les perceptions acquises. Étudier cette distinction en ne considérant que le cas de la perception du relief et de la distance par la vue.
202. Les perceptions naturelles et les perceptions acquises de la vue et du toucher.
203. Les perceptions naturelles et les perceptions acquises de l'ouïe.
204. Propriétés des corps qui peuvent être perçues par la vue et le toucher.
205. Des illusions d'optique. En donner des exemples. Chercher comment elles s'expliquent.

206. Éducation des sens.
207. L'éducation des sens est-elle possible? Comment se fait-elle?
208. On est arrivé récemment à faire l'éducation d'une jeune fille sourde, muette et aveugle de naissance. On lui a appris à lire, à écrire, à compter, à raisonner. Quelle idée pensez-vous qu'elle puisse se faire du monde extérieur?
209. Comment distinguons-nous notre corps des corps étrangers?
40. Chaque sens est-il infaillible dans le domaine de ses perceptions propres ?
123. Un philosophe grec a dit : « L'homme pense parce qu'il a une main. » Cette formule est excessive, mais on peut démontrer à ce sujet l'importance du toucher.
124. Part de l'esprit dans la perception extérieure.
125. Que connaissons-nous du monde extérieur?
126. Que pensez-vous de la proposition cartésienne que l'âme est plus aisée à connaître que le corps?

Association.

41. De l'association des idées.
127. Nos diverses associations d'idées (et on peut en effet ramener à cela toute notre vie psychologique) n'ont-elles, soit au point de vue intellectuel, soit au point de vue moral, que des principes empiriques, ou bien aussi des principes rationnels?
128. L'habitude suffit-elle à expliquer l'association des idées?
210. Si les images et les souvenirs obéissent aux lois de l'association, comment pouvons-nous disposer de nos images, par exemple dans l'imagination créatrice, et retrouver à point nommé nos souvenirs?

Imagination.

42. Comment se fait la distinction entre les perceptions et les images? Pourquoi, sauf dans le cas de l'hallucination et du rêve, les objets imaginés ne nous semblent-ils pas réels?
43. Les rêves et les états analogues.
211. Psychologie du sommeil.
212. Analysez les sensations et les représentations ou images qui se produisent en vous : 1° quand vous lisez ; 2° quand vous écrivez ; 3° quand vous parlez mentalement.
50. L'imagination créatrice.
51. L'imagination.
52. L'imagination créatrice. Son rôle dans la science et dans l'art.
53. Comment l'imagination dérive-t-elle de l'association des idées?
129. L'imagination peut-elle créer quelque chose?
213. Des plaisirs et des douleurs que les hommes doivent à l'imagination.
214. Quel est dans la vie commune le rôle de l'imagination?
215. Avantages et dangers de l'imagination : 1° dans la vie intellectuelle ; 2° dans la vie morale.
216. « L'imagination fait la beauté, la justice, le bonheur (Pascal). »
217. Quels sont les éléments psychologiques qui entrent en jeu dans l'invention?
285. Des services que se rendent réciproquement l'imagination et la raison.
286. Influence de la sensibilité sur l'imagination créatrice.
287. Influence de l'imagination sur notre faculté de sentir.
305. Qu'est-ce que la suggestion? Des recherches récentes faites à ce sujet pourrait-on tirer quelques indications relatives à l'art de persuader?

Mémoire.

44. La mémoire.
45. La reconnaissance des souvenirs. Ses degrés. Ses conditions.
46. Comment se fait la distinction entre les perceptions et les souvenirs? Pourquoi, sauf dans le cas de la réminiscence, les états de conscience remémorés ne nous semblent-ils pas présents?
47. De la réminiscence.
218. Expliquer en quoi consistent les phénomènes de mémoire suivants : Simple réminiscence. Reconnaissance. Souvenir complet.
131. Y a-t-il une mémoire ou plusieurs?
48. Comment s'altèrent avec le temps nos souvenirs ? Illusions de la mémoire.
219. Est-il vrai qu'un excès de mémoire puisse être un danger pour le développement de l'intelligence?
220. De l'éducation de la mémoire.
130. Expliquer et critiquer, s'il y a lieu, ce mot de Gœthe : « Il importe peu que la mémoire nous manque, pourvu que le jugement ne nous fasse pas défaut. »
221. Expliquer ce mot de Leibnitz : « Il reste toujours quelque chose dans notre esprit de toutes nos pensées passées, et aucune n'en saurait jamais être effacée complètement. » Quelle en serait la conséquence au point de vue de l'évolution et des changements des goûts, opinions, croyances, etc. ?
322. De la mnémotechnie. Quels services peuvent rendre les procédés mnémotechniques? Quelles raisons a-t-on d'en proscrire l'usage?
268. Rapports et différences de la mémoire et de l'imagination.
269. Peut-on expliquer la mémoire par l'habitude?
270. Montrer la parenté de la mémoire et de l'habitude.
271. Rapports de la mémoire, de l'habitude et de l'association.
283. Montrer le rôle de la mémoire dans l'exercice de nos facultés de connaître.
284. Du rôle de l'induction dans le rappel des souvenirs.
296. Royer-Collard a dit : « On ne se souvient pas des choses ; on ne se souvient que de soi-même. » Commenter cette parole et en montrer la portée.
49. Expliquer le rôle et la nature de l'hypothèse en psychologie en prenant pour exemple les théories que vous connaissez au sujet de la mémoire.

Abstraction. Généralisation. Idées.

54. De l'abstraction et des idées abstraites.
55. Analyser l'abstraction au point de vue psychologique. Dire quelle en est la valeur logique. Indiquer son rôle dans la science et dans la vie intellectuelle en général.
223. Pourquoi est-il plus difficile de fixer son attention sur les idées abstraites ? Cette forme d'attention est-elle naturelle ? Est-elle un produit artificiel de l'éducation?
56. Qu'est-ce qu'une idée générale ? Comment s'explique la présence des idées générales dans l'esprit ? Quel rôle jouent-elles dans la connaissance?
57. Comment se forment les idées générales?
58. Abstraction et généralisation. Avantages et inconvénients.
59. Comment l'idée se distingue-t-elle de l'image?

Jugement. Croyance. Raisonnement.

60. Le jugement.
61. Nature et importance du jugement.
62. De la liaison qui rattache l'attribut au sujet dans le jugement.

183. Le jugement se ramène-t-il à l'association des idées?
272. Trouveriez-vous une ressemblance entre le jugement et le fait de la résolution volontaire ?
224. Les jugements absolus et sommaires ne dénotent-ils pas souvent une certaine étroitesse d'esprit? Donnez des exemples.
225. Du doute. De son usage légitime. De son excès.
226. Qu'est-ce que comprendre? Qu'est-ce que savoir? Qu'est-ce qu'expliquer?
63. La croyance. Comment se distingue-t-elle de la connaissance ? Quelle en est la valeur logique?
235. La croyance est-elle l'œuvre de la volonté?
236. Qu'est-ce que la croyance? Dans quelle mesure la volonté et la passion influent-elles sur la croyance?
237. Montrer l'influence du sentiment sur la croyance.
238. Déterminer dans quelle mesure la certitude suppose l'intervention de la volonté.
64. Du raisonnement. Son contenu et sa portée. Raisonner, est-ce toujours être raisonnable?
297. Apprécier ce passage de Condillac à propos du raisonnement : « C'est un microscope qui nous rend visible l'objet que sa petitesse dérobait à nos sens ; c'est un télescope qui le rapproche quand il est trop éloigné : c'est un prisme qui le décompose quand nous voulons le connaître jusque dans ses éléments ; c'est le foyer puissant d'une loupe qui resserre et condense les rayons sur un seul point ; c'est enfin le levier d'Archimède qui remue le système planétaire tout entier quand c'est la main de Copernic ou de Newton qui le dirige. »
(*Langue des calculs.*)

Langage.

65. Le langage.
227. Le langage. Ses différentes sortes et leurs rapports avec les différentes manifestations de l'âme.
67. Qu'entend-on par signes en général ? Signes naturels et artificiels. Quelle est l'origine des signes naturels? Comment s'opère le passage des signes naturels aux signes artificiels? Donner des définitions précises et des exemples à l'appui.
66. Nature et origine du langage naturel ; nature et origine du langage artificiel.
132. Expliquez et discutez cette assertion de Stuart Mill : « Les mots sont les forteresses de la pensée. »
134. Rapports du langage avec la pensée.
135. Penser, est-ce parler intérieurement?
136. Exposer les faits qui tendent à prouver qu'il peut y avoir pensée sans langage.
137. Exposer et discuter les diverses théories relatives à l'origine du langage.
138. De l'origine du langage et de son rôle dans la pensée.

Raison. Principes.

68. Qu'entend-on par raison dans l'homme ? Quelles sont les conséquences en lui de la présence de la raison?
69. En quoi consiste la connaissance rationnelle?
70. En quoi la connaissance rationnelle diffère-t-elle de la représentation machinale?
71. Les premiers principes et leur rôle dans la connaissance.
72. Les notions et vérités premières. Leurs caractères. Leur origine.
75. Nature et origine des idées.

229. Du rôle de la raison dans les divers ordres de connaissance.
298. « Les principes entrent dans toutes nos pensées ; ils sont nécessaires pour penser, comme les nerfs, les muscles et les tendons pour marcher, sans que nous nous en apercevions. » (Leibnitz).
76. Déterminer la signification et l'origine des vérités innées. Indiquer particulièrement la différence entre la conception dogmatique (Descartes, Leibnitz) et la conception critique (Kant) de ces vérités.
77. L'empirisme comme doctrine relative à l'origine des idées. Ses formes principales.
78. Théorie des idées innées chez Descartes et Leibnitz.
139. Descartes a-t-il eu raison de dire que le bon sens est la chose du monde la mieux partagée ?
140. Qu'y a-t-il d'inné dans l'intelligence humaine?
141. Les sens, quoique nécessaires pour toutes nos connaissances actuelles ne sont point suffisants pour nous les donner toutes, puisque les sens ne donnent jamais que des exemples, c'est-à-dire des vérités particulières ou individuelles.
142. La raison n'est-elle que de l'expérience condensée et pour ainsi dire quintessenciée, ou l'expérience elle-même, au contraire, n'est-elle possible que par la raison?
143. Exposer et discuter la théorie des idées innées et celle de la table rase
144. Les principes directeurs de la connaissance, selon qu'on leur attribue telle ou telle origine, se trouvent-ils restreints dans leur application et diminués dans leur valeur ?
145. Y a-t-il des idées innées?
146. « Qu'est-ce que nos principes naturels sinon nos principes accoutumés ? Et dans les enfants, ceux qu'ils ont reçus de la coutume de leurs pères comme la chasse dans les animaux? J'ai bien peur que la nature ne soit qu'une première coutume, comme la coutume est une seconde nature. » (Pascal).
147. Les lois de l'association des idées. Peut-on expliquer par elles toutes les opérations de l'intelligence?
148. Quelles sont les lois de l'association? Jusqu'où s'étend l'empire de ces lois ?
149. En quoi l'association empirique et la liaison logique diffèrent-elles l'une de l'autre? Quel en est le rôle respectif?
150. Peut-on expliquer par les lois de l'association le principe de causalité ?
73. Le principe de causalité.
74. De l'idée de cause : sa nature, son origine, ses applications.
151. Qu'appelle-t-on une cause finale ? Que faut-il penser de l'idée de finalité ?
152. Le génie n'est-il qu'une longue patience?
228. Part de l'hérédité dans le développement de l'intelligence.
230. Montrer la part de la raison dans l'origine des idées dites d'expérience.
231. Part de l'expérience et de la raison dans la conduite de l'homme.
232. Comment se forme et se développe dans l'esprit l'idée de Dieu?
233. La réflexion.
239. En quoi consiste l'esprit critique ? Montrer comment il s'oppose à la foi aveugle et au doute systématique.
240. Qu'est-ce que l'esprit positif?
241. Définir, chez un penseur, l'attitude idéaliste.
242. Qu'est-ce qu'un esprit logique? A quel genre d'esprit peut-on l'opposer ? Dangers auxquels sont exposés les esprits logiques.
243. Expliquer et apprécier cette pensée de Montaigne : « Mieux vaut une tête bien faite qu'une tête bien pleine. »
244. Montrer l'inégale valeur des lettres et des sciences pour développer l'idée de la vérité et de son importance.

245. Bien des choses sont obscures pour l'homme, mais rien n'est plus mystérieux pour lui que son propre esprit.
246. Comment pouvons-nous nous tromper dans nos jugements sur nous-mêmes ? Quels obstacles nous rendent difficile la connaissance de notre moi véritable ?
247. Pour se connaître soi-même, conformément au précepte socratique, comment faut-il procéder, et quelles règles faut-il suivre ?
248. Rôle des mathématiques dans la culture intellectuelle.
299. Expliquer et apprécier cette pensée de Kant : « On peut apprendre le latin dans Cicéron, et il serait ridicule de rejeter son autorité ; mais il n'y a pas d'autorité classique en philosophie. A Platon, à Leibnitz il est permis d'opposer la raison, que chacun trouve en lui. »
300. En prenant ce mot : « L'esprit souffle où il veut » dans le sens où l'emploie l'usage familier de la langue, ne donne-t-il pas encore beaucoup à penser ?
301. « Accroître sa science, c'est accroître ses douleurs. » (Ecclésiaste)

Activité. Effort.

249. La notion d'activité mentale. Dans quelle mesure s'impose-t-elle à la psychologie ? Comment faut-il la concevoir ?
250. L'automatisme psychologique.
85. Théorie de l'effort.
86. Essayer par observation personnelle d'analyser les phénomènes psychiques correspondant à l'effort musculaire.
87. Le sentiment de l'effort.
88. Analysez le sentiment de l'effort. En quoi est-il particulièrement instructif ?

Habitude.

89. L'habitude.
90. De la nature de l'habitude et de ses lois.
91. De l'habitude et de son influence sur les principales opérations de l'esprit.
92. Y a-t-il des habitudes passives ?
254. Peut-on appliquer à l'habitude le mot de Leibnitz : « Le présent est chargé du passé et gros de l'avenir » ?
255. Comment les habitudes naissent-elles ? Comment meurent-elles ?
256. Décrire les effets de l'habitude dans la vie intellectuelle et morale.
257. Influence de l'habitude sur le développement intellectuel de l'homme.
291. Du rôle de l'habitude dans le développement des passions.
292. Influence de l'habitude sur l'activité et sur l'intelligence.
293. Rapports de la liberté morale avec l'habitude. A quelles conditions la liberté trouve-t-elle dans l'habitude une ennemie ou une alliée ?
295. L'habitude. Son rôle dans la vie intellectuelle et morale.

Instinct.

273. Rapports de l'instinct et de l'habitude.
274. Ressemblances et différences entre l'instinct et l'habitude.
275. Instinct, liberté, habitude. Définissez ces termes. Expliquez-les par des exemples.
276. Parallèle entre la raison et l'instinct.
277. L'instinct et l'intelligence.
278. Différences entre un acte instinctif et un acte volontaire.
153. L'instinct est-il perfectible ?
154. L'instinct ignore-t-il les fins qu'il poursuit ?

155. Le problème de l'origine des instincts.
156. L'instinct peut-il s'expliquer par une habitude héréditaire?
157. On a dit de l'homme qu'il a moins d'instincts que les animaux. Que pensez-vous de cette opinion?
251. Classer les instincts de l'homme et en indiquer l'origine.
252. De l'instinct d'imitation. Son rôle dans la vie intellectuelle.
253. Les lois de l'imitation.

Attention.

93. L'attention.
94. Nature et lois de l'attention.
95. L'attention. Ses lois. Ses effets.
96. Décrire les phénomènes corporels et psychologiques par lesquels se manifeste l'attention. Causes de l'attention.
97. La distraction.
158. Peut-on réduire l'attention à une sensation dominante comme le fait Condillac?
234. Du rôle de l'attention dans l'acquisition de nos connaissances.

Volonté.

98. Qu'est-ce que la volonté? Analyse de l'acte volontaire.
258. Analyser un acte volontaire. Le comparer à un acte instinctif et à un acte réflexe.
159. Le désir et la volonté.
160. Distinction du désir et de la volonté.
294. Rapports de la volonté et de l'intelligence.
279. La volonté et l'habitude.
259. Montrer que si la volonté a ses limitations, elle a aussi ses triomphes.
260. Quels sont les moyens dont la volonté dispose pour agir sur les passions ?
261. L'éducation de la volonté.

Liberté.

99. Distinguez à l'aide d'exemples les différentes formes de la liberté que vous pouvez concevoir.
100. Indiquer, sans entrer dans la question de savoir si la liberté est réelle ou non, les caractères essentiels de l'acte libre.
101. Théorie de la liberté chez Kant.
162. Les arguments du déterminisme.
163. « L'homme n'est pas un empire dans un empire. » (Spinoza)
164. L'homme est-il libre? Examiner les arguments pour et contre, et conclure.
165. Même dans l'hypothèse déterministe, peut-on opposer le désir à la volonté?
166. Apprécier la preuve de la liberté fondée sur le témoignage de la conscience.
167. Preuves directes et indirectes de la liberté. Comment les adversaires de la liberté essaient-ils de les interpréter?
168. La liberté est-elle compatible avec le principe de causalité?
169. Du principe de causalité. En préciser l'idée; en discuter la portée; examiner l'argument qu'on en tire contre la liberté.
170. Peut-on appliquer à la conduite humaine le principe que les mêmes causes produisent les mêmes effets?
171. La liberté, incompatible avec un déterminisme qu'on étend (peut-être sans raison suffisante) au monde moral comme au monde physique, l'est-elle de même avec la causalité propre au monde moral, c'est-à-dire avec la finalité?
172. Le déterminisme scientifique est-il incompatible avec le libre arbitre?
173. Quelle est l'action des motifs sur la volonté?

174. Quel est dans nos déterminations le rôle des motifs?
175. De l'action des motifs sur la volonté. Déterminisme et liberté d'indifférence.
176. On oppose souvent à la liberté la nécessité où nous sommes d'agir conformément à notre caractère. Cette objection est-elle irréfutable ? Comment peut-on y répondre?
177. Exposer et apprécier la théorie de Socrate et Platon sur la liberté morale.
178. La thèse du libre arbitre est-elle indispensable à la morale ?
262. Quelles influences peuvent altérer l'usage de la liberté ?
265. « Être libre n'est rien, a dit un philosophe. Devenir libre, voilà l'idéal. » Expliquer et apprécier cette conception de la liberté philosophique.

Caractère.

161. Qu'appelle-t-on chez un homme le caractère? Jusqu'à quel point nous est-il possible de modifier notre caractère? Comment le pouvons-nous ?
263. Qu'est-ce que le caractère ? Rapports du caractère et du libre arbitre.
102. Jusqu'à quel point notre caractère moral dépend-il de notre tempérament physiologique?
264. L'éducation du caractère.
266. Influence de l'habitude sur le caractère.

Personnalité.

79. La personnalité.
80. L'idée du moi.
81. Origine et nature de l'idée du moi.
82. L'idée du moi : nature, origine, caractères.
83. L'identité personnelle. Montrer comment on s'en forme la notion et quelles conséquences elle comporte.
84. Décrire les principales altérations de la personnalité et en indiquer les causes.
230. La conscience et la personnalité. Étudier les rapports et les différences de ces deux notions.

L'homme et l'animal.

9. Objet et utilité de la psychologie comparée.
10. Que pensez-vous de l'âme des bêtes?
11. De la différence entre l'homme et l'animal.
12. « Les animaux, a dit Bossuet, n'inventent rien. » Est-ce vrai? Et pourquoi ?
182. Chercher à déterminer, en s'appuyant autant que possible sur des observations personnelles, le degré d'intelligence de l'animal.

LOGIQUE

Nature de la Logique. La preuve.

306. De la logique et de ses divisions.
307. Définir l'objet de la logique et déterminer la méthode propre à cette science.
308. Rapports de la logique et de la psychologie.
309. Qu'est-ce que la preuve ? Y a-t-il différentes espèces de preuves ?
310. Qu'est-ce qu'une preuve ? Quels sont les principaux genres de preuves usitées dans les sciences?
311. Expliquer cette pensée de Descartes : « Ce n'est pas assez d'avoir l'esprit bon ; le principal est de l'appliquer bien. »

Logique formelle. Termes. Proposition. Syllogisme.

312. Expliquer la nature et la portée de la logique formelle.
313. La logique de Port-Royal distingue quatre opérations de l'esprit : concevoir, juger, raisonner, ordonner. Les définir et les caractériser par des exemples précis.
314. Théorie de la proposition.
315. Théorie du syllogisme.
316. Est-il vrai que le syllogisme se ramène à une pure tautologie?
317. Usage et abus du raisonnement déductif et du syllogisme.
318. Examen de cette définition du dilemme donnée par Port-Royal : « Un raisonnement composé où, après avoir divisé un tout en ses parties, on conclut affirmativement ou négativement du tout ce que l'on a conclu de chaque partie. »

Méthode en général.

319. Qu'est-ce que savoir? Qu'est-ce qu'expliquer?
320. Expliquer cet aphorisme de Bacon : « La vraie science est celle des causes.
349. De la méthode en général, de ses règles, de ses procédés principaux.
350. On dit, non sans raison : Tant vaut l'homme, tant vaut la méthode. Ne peut-on retourner cette maxime et dire : Tant vaut la méthode, tant vaut l'homme?
351. Quels sont, dans les temps modernes, les philosophes qui ont le plus contribué aux progrès des méthodes?
352. Comparer, au point de vue de la méthode, Bacon et Descartes.
353. Expliquer les quatre règles de la méthode de Descartes.
354. Du raisonnement et de ses principales formes. Usage et abus du raisonnement.
355. Qu'est-ce que raisonner?

332. Les hommes doivent-ils se servir de leur esprit comme d'un instrument pour cultiver les sciences, ou, au contraire, de la culture des sciences comme d'un moyen en vue du développement de leur intelligence?

Connaissance scientifique. Science en général.

321. En quoi la connaissance scientifique se distingue-t-elle de la connaissance vulgaire?
328. L'objet de la philosophie est-il le même que celui de la science ?
329. Montrer à grands traits comment les recherches philosophiques ont servi, dans les temps modernes, au progrès des sciences.
330. La philosophie peut-elle se ramener tout entière à une généralisation scientifique?
331. La science et l'art.
322. Quelle est la valeur de la distinction établie par certains philosophes entre la science et l'opinion?
323. Peut-on parler, comme on le fait souvent, de la science, ou n'y a-t-il encore que des sciences particulières?
326. « La science est fille de l'étonnement. » (Aristote)
325. Montrer comment les hommes sont peu portés à rechercher l'explication des faits usuels tels que l'image réfléchie des objets, les marées, etc. Expliquer pourquoi il en est ainsi.
324. Classification des sciences.
327. Science et croyance.
333. Développer cette pensée du chimiste anglais Tyndall : « La science, elle aussi, a ses conservateurs timorés qui regardent l'imagination comme une faculté qu'il faut plutôt craindre et éviter qu'utiliser. »
334. Du rôle de l'imagination dans les différentes sciences.
335. Quelles sont les qualités morales indispensables au savant ?
336. Comment et dans quelle mesure la science permet-elle la prévision des faits futurs?
337. Expliquer cette formule : « Savoir, c'est prévoir. »
338. « Savoir, c'est pouvoir. » (Bacon)
339. La science, en acceptant d'être relative et de ne point poursuivre l'absolu, se condamne-t-elle à l'impuissance?
345. Le progrès des sciences doit-il nous faire douter de la certitude de leurs résultats?
347. Faire voir que l'étude des sciences n'est pas seulement utile, mais qu'elle a encore une haute valeur morale.
348. En quoi consiste exactement l'esprit scientifique?

Méthode des mathématiques.

408. De la méthode géométrique.
410. Expliquer pourquoi les sciences les plus parfaites sont celles qui font l'usage le plus considérable des mathématiques.
356. Qu'est-ce que le raisonnement déductif? Quel en est l'emploi dans les sciences?
357. Rapports de la déduction avec les idées générales et les classifications.
360. La définition, ses espèces, son rôle dans les sciences.
361. Comparer sur des exemples les définitions géométriques et les définitions empiriques.
362. Qu'est-ce que décrire? Qu'est-ce que définir? Distinguer, en prenant des exemples, ces deux opérations, et comparer leur rôle dans les sciences.
363. Origine des définitions mathématiques.

364. De la démonstration. Ses règles. Ses diverses espèces.
359. A quelles conditions la précision scientifique est-elle possible?
358. Induction et déduction. Leur rôle; leur utilité.
411. Le chef-d'œuvre de l'esprit humain, a-t-on dit, ce n'est pas la science mathématique, c'est l'application de cette science à l'étude de la nature. Quel est le sens et quelle est la valeur de cette affirmation?
409. La méthode mathématique étant la démonstration, quelles sont les propositions que le savant ne démontre pas?
396. L'analyse et la synthèse en mathématiques. Montrer comment elles s'appliquent à la démonstration des théorèmes et à la résolution des problèmes.

Méthode des sciences de la nature.

365. Qu'entend-on par méthode expérimentale?
366. En quoi la méthode expérimentale diffère-t-elle de l'empirisme?
367. Décrire la méthode expérimentale : tables de Bacon et méthodes de Stuart Mill. Appliquer ces procédés à la démonstration d'une loi psychologique, par exemple : Le plaisir est lié à l'activité.
344. Comparer les règles de Bacon et celles de Stuart Mill au sujet de l'induction.
368. Commenter ce passage de Claude Bernard : « Le fait suggère l'idée; l'idée dirige l'expérience; l'expérience juge l'idée. »
369. Les opérations de la méthode inductive.
370. De l'hypothèse. Son rôle dans les sciences. Son utilité. Ses dangers.
371. De l'hypothèse. Ses conditions. Son rôle dans les sciences et dans la métaphysique.
372. De la découverte et de la vérification des hypothèses.
373. Les grandes hypothèses scientifiques; leur utilité et leur but.
374. Distinguer, avec le plus de précision possible, l'hypothèse de l'induction.
375. Des conditions scientifiques de l'observation.
376. Quelles sont les qualités d'esprit du bon observateur?
377. Rôle de l'observation dans les sciences.
378. Rôle des instruments dans la méthode expérimentale.
380. Différences entre l'observation et l'expérimentation. Donner des exemples.
381. Règles de l'expérimentation; son usage dans les sciences.
382. Il est souvent question, dans les livres des savants, de belles expériences, d'expériences bien faites, décisives. Expliquer et commenter ces expressions.
383. Est-il vrai qu'une seule expérience bien faite suffise à l'établissement d'une loi?
384. Quelles sont les sciences qui se servent de l'expérimentation? Quels avantages en retirent-elles?
385. Rôle de l'expérimentation dans l'étude des êtres vivants.
386. De l'induction.
387. Montrer que l'induction n'est point une simple association d'idées.
388. De ces deux définitions de l'induction : Induire, c'est aller du particulier au général; induire, c'est aller du conditionné à la condition, laquelle est la plus exacte, et pourquoi?
389. Quelles sont les conditions de la légitimité de l'induction?
390. Le fondement de l'induction.
391. Comment pouvons nous être assurés de la stabilité des lois de la nature?
340. Qu'entend-on par lois en général? Dans quel sens Plutarque a-t-il pu dire que la loi est la reine de tous, mortels et immortels?
341. Qu'est-ce qu'un phénomène? Qu'est-ce qu'une loi? La connaissance des phénomènes et des lois peut-elle suffire à l'esprit humain?

342. Les lois de la nature admettent-elles des exceptions?
343. Rapports des lois naturelles et des lois civiles.
392. L'induction et la généralisation constituent-elles deux opérations essentiellement différentes?
393. La déduction et l'induction sont-elles des formes irréductibles du raisonnement?
415. La découverte des lois dans les sciences expérimentales.
417. Quelle est la valeur des lois dans les sciences de la nature?
416. Expliquer ce mot de Bacon : « On ne commande à la nature qu'en lui obéissant. »
394. Du rôle de la déduction dans les sciences expérimentales.
395. De l'analyse et de la synthèse.
398. Rôle de la synthèse dans les sciences.
412. Place de la physique dans les sciences.
413. La méthode dans les sciences physiques.
414. Du rôle de la mesure dans les sciences physiques.
419. De la méthode expérimentale dans les sciences biologiques.
399. La méthode est-elle tout à fait la même dans les sciences physiques et dans les sciences naturelles?
400. Différences et ressemblances entre les sciences physiques et les sciences naturelles.
401. Avantages et valeur des classifications dans les sciences naturelles.
402. Des classifications naturelles et des classifications artificielles.
403. La classification naturelle.
404. Qu'entend-on par caractères dominateurs et subordonnés? Quels moyens peut-on employer pour les découvrir?
420. L'idée de finalité doit-elle demeurer étrangère aux sciences biologiques?
418. Expliquer cette pensée de Cl. Bernard : « Le mathématicien et le naturaliste ne diffèrent pas quand ils vont à la recherche des principes. »
397. Quels sont les procédés communs aux diverses méthodes?

Méthode des sciences morales.

421. Qu'entend-on par sciences morales? Quels en sont les caractères distinctifs?
422. La méthode dans les sciences morales.
426. De l'idée de loi naturelle. Y a-t-il des lois naturelles dans les sciences psychologiques et sociales?
428. Du degré de certitude qui peut être atteint dans les sciences morales.
437. Rôle de l'hypothèse dans les sciences morales et sociales.
423. L'histoire est-elle une science? Si oui, à quel titre? A quelles conditions? Quel est son objet? Sa méthode?
424. S'il est vrai, suivant la formule d'Aristote, qu'il n'y a pas de science du particulier, comment peut-on concevoir la possibilité d'une science de l'histoire?
346. Comparer, au point de vue de la certitude des résultats, la science de l'homme et celles de la nature.
425. Que faut-il penser de cette opinion de Taine : « La découverte des dépendances constantes entre les faits dans les sciences physiques a donné aux hommes le moyen de prévoir et de modifier jusqu'à un certain point les événements de la nature. Une découverte analogue dans les sciences morales doit fournir aux hommes le moyen de prévoir et de modifier jusqu'à un certain degré les événements de l'histoire. »
405. Montrer la part du témoignage humain dans la formation de nos connaissances. Exposer les raisons que nous avons d'en admettre la valeur et les conditions que nous devons exiger pour y croire.

406. Selon Comte, la critique des témoignages peut donner la même certitude que l'observation directe ou l'expérimentation. Expliquer et apprécier cette opinion.
407. Des statistiques : leur objet, leurs conditions, leur rôle dans les sciences biologiques et sociales.
429. La critique historique. Cette méthode a-t-elle quelque rapport avec la méthode expérimentale?
430. Les principales sources d'erreurs en histoire.
431. Rapports de l'histoire avec les sciences sociales.
434. Qu'est-ce que la sociologie? De la possibilité de constituer une sociologie vraiment scientifique.
435. Principales causes de nos erreurs dans les sciences sociales.
436. Mettre en lumière l'importance grandissante du point de vue historique dans certaines sciences philosophiques comme la psychologie, l'esthétique et la morale.
433. La méthode expérimentale en psychologie.
432. De l'induction en psychologie.
427. Les faits psychologiques sont-ils soumis à des lois? Ces lois sont-elles de même nature que les lois physiques, logiques et morales?
379. La méthode introspective ou subjective en psychologie. Difficultés; remèdes; lacunes; comment on les comble.

Certitude.

438. Quels sont les états de l'esprit par rapport à la vérité?
439. De la certitude.
440. L'affirmation et le jugement.
441. Y a-t-il une différence de nature entre les vérités de raisonnement et les vérités de fait?
442. De la certitude propre au raisonnement expérimental.
443. Qu'entend-on par certitude morale? Quelles en sont les conditions? Quelle en est la valeur?
444. Du scepticisme.
445. Un philosophe allemand a dit : « Nous sommes nés dans la croyance. En elle nous devons vivre et mourir. » Justifier cette pensée en montrant que si le scepticisme est irréfutable logiquement, la nature a voulu qu'il fût impossible pratiquement. Il est nécessaire d'agir; il est surtout nécessaire de penser, c'est-à-dire d'affirmer.
446. Comme on ne peut définir une notion qu'à l'aide d'autres notions, comme on ne peut démontrer une proposition qu'en s'appuyant sur des principes, il y a nécessairement des notions qu'on ne définit pas et des principes qu'on ne démontre pas. Quels sont les caractères de ces notions et de ces principes?
449. Peut-on résoudre le problème de la certitude?
450. Expliquer ce mot d'un philosophe moderne : « En matière de science, l'autorité est sans poids ».
451. Y a-t-il un criterium de la certitude? Principales opinions à ce sujet.
452. Énoncer la première règle de Descartes et en faire ressortir l'importance.
453. Apprécier les objections faites au criterium de l'évidence.

Erreur. Sophismes.

454. Comment l'erreur est-elle possible? Si le faux peut revêtir les apparences du vrai, comment peut-il y avoir une certitude?
455. De l'erreur et de ses causes.
456. Causes des erreurs.

457. Les erreurs des sens. Causes, nature de ces erreurs.
458. Quels sont les moyens dont l'esprit humain dispose pour se préserver de l'erreur, et ces moyens sont-ils infaillibles?
459. Comment l'homme peut-il se mettre en garde contre l'erreur?
460. Théorie de Descartes sur l'erreur. Exposer et critiquer.
461. Un proverbe dit : Erreur n'est pas crime. Que faut-il entendre par là, et notre volonté n'est-elle pas pour beaucoup dans nos erreurs?
462. Une proposition peut-elle être vraie en théorie et fausse en pratique?
463. Des paralogismes et des sophismes.
464. Les sophismes dénommés « *non causa pro causa* » et « *post hoc, ergo propter hoc* ». Les analyser et en donner des exemples.
447. La vérité.
448. Qu'est-ce que le vrai? Montrer à quelles contradictions on est conduit quand on définit la vérité : la conformité de la pensée avec la réalité.

MORALE

Nature et méthode de la morale.

436. L'homme est-il soumis à des devoirs? Si oui, comment vous y prendriez-vous pour l'établir?
465. Du rôle des méthodes inductive et déductive dans la détermination des principes de la morale.
467. Peut-on concevoir la morale comme une science avec les principes et les méthodes propres à une science? Ou bien estime-t-on qu'il y a en elle des éléments et des exigences irréductibles à la discipline scientifique?
468. Définir les expressions : science de la morale, science des mœurs, morale scientifique. Rechercher si elles traduisent une même idée, et, s'il y a lieu, marquer avec précision les différences.
469. Que pensez-vous des doctrines qui nient le caractère *a priori* des notions morales?
477. Y a-t-il une évolution dans la morale?
478. Le progrès des mœurs peut-il amener, comme on l'a soutenu, un affaiblissement de l'idée d'obligation?
479. Le progrès scientifique est-il nécessairement suivi du progrès moral?
480. Nature et conditions du progrès moral.
488. Rapports de la morale avec la psychologie.
491. La morale peut-elle se constituer indépendamment de toute hypothèse métaphysique?
492. Expliquez et discutez cette pensée de Schopenhauer : « Il faut croire à la métaphysique : voilà le postulat de la morale. »
493. Apprécier cette pensée de Leibnitz : « Il y a un degré de bonne morale indépendante de la Divinité ; mais la considération de l'existence de Dieu et de l'immortalité de l'âme porte la morale à son comble. »
494. Faut-il lier le sort de la moralité à celui des croyances religieuses ou des systèmes philosophiques?
500. Faut-il proscrire toute considération de l'autorité en morale?
501. Part de l'expérience dans la détermination des lois morales.

Conscience morale.

504. Définir et analyser la conscience morale. D'où lui vient son autorité?
505. Conscience psychologique et conscience morale. Différences et rapports.
506. Décrire et expliquer le sentiment de l'obligation.
507. Exposer et critiquer les différentes théories sur l'origine et la valeur de la conscience morale.
508. Rapports de la conscience morale avec la culture morale.
509. Qu'entend-on par un motif moral?
510. Parts respectives de l'idée et du sentiment dans l'action morale.

Le Devoir. Le Bien.

471. Réfuter l'opinion suivant laquelle la distinction du bien et du mal n'est qu'un résultat de la coutume et de l'éducation.
472. De l'universalité des notions morales. Discuter les objections du scepticisme.
473. La diversité des théories morales peut-elle nous faire douter du devoir?
474. Quels sont les préceptes moraux essentiels? Par quelle méthode les établissez-vous?
475. Des vrais fondements de la morale.
476. Pour quel motif devons-nous faire le bien? Est-ce pour obéir à Dieu, à notre conscience, aux exigences de la vie sociale? Est-ce pour toute autre raison?
489. Quelle idée vous faites-vous du problème moral? Sur quel point porte, selon vous, la principale difficulté?
490. Justifier cette parole de Schopenhauer : « Prêcher la morale est chose aisée; la fonder, voilà le difficile. »
511. Rapports de la loi morale et des lois écrites.
512. De la nature et du caractère de la loi morale. D'où lui vient son autorité absolue?
513. De l'obligation morale; son principe, ses conditions, ses conséquences.
514. Le mot Loi et ses différentes significations.
515. Y a-t-il des devoirs plus ou moins obligatoires que d'autres?
516. Montrer que le vrai sentiment auquel on reconnaît la présence de la loi morale, c'est le respect.
517. Définir les termes : intention, fin, moyen. Montrer l'importance, au point de vue moral, des idées qu'ils expriment.
518. Le sentiment du devoir.
519. L'idée du devoir; ses caractères; son fondement.
520. Du devoir. En indiquer le principe et les caractères.
521. Le devoir n'est-il pas aussi ce qui nous est le plus véritablement utile?
522. Expliquer ce mot de Schopenhauer : « Le devoir, c'est ce qui est contraire à la nature. »
523. De la dignité humaine comme principe de la morale.
524. Sur quoi est fondée la dignité humaine?
525. Apprécier la valeur de la maxime : Fais ce que dois, advienne que pourra.
526. Que pensez-vous de cette maxime : La fin justifie les moyens?
527. La valeur morale de l'intention.
529. Qu'est-ce que le bien? Du bien en soi et du bien moral; différences et rapports.
530. Du principe kantien d'après lequel la seule chose moralement bonne est la bonne volonté.
531. Avons-nous naturellement la notion du bien et du mal?
532. Le mal est-il purement négatif et s'oppose-t-il au bien comme le néant à l'être?
533. Dans quelle mesure devons-nous prendre notre propre bonheur pour fin de nos actions?
534. Apprécier cette pensée d'un contemporain : « Le but de l'humanité n'est pas le bonheur; c'est la perfection intellectuelle et morale. »
535. Quels sont les éléments essentiels du bonheur?
536. Rapports du devoir et du bonheur.
537. Que signifie ce mot d'un moraliste que le meilleur moyen de manquer le bonheur, c'est de le chercher?
538. Jusqu'à quel point notre bonheur dépend-il de nous-mêmes?
601. Bentham a-t-il eu raison de dire que le bonheur consiste dans la plus grande somme de plaisirs possible?
602. Montrer que la richesse ne fait pas le bonheur.

La Liberté.

482. Une morale est-elle possible si l'on n'admet d'abord la réalité du libre arbitre?
483. « Tu dois, donc tu peux. » (Kant)
484. Peut-on concevoir la liberté sans l'existence d'une loi morale?
485. L'obligation morale peut-elle se concilier avec la liberté?
486. Peut-on à la fois admettre la liberté et croire au progrès?
487. La liberté est-elle le pouvoir de choisir entre le bien et le mal?
481. Du rôle moral de l'habitude.

Le Droit.

539. Sur quel principe repose l'idée de Droit?
540. Rapports du droit et du devoir.
541. Expliquer et apprécier cette formule: L'homme n'a d'autre droit que celui de faire son devoir.
675. Le Droit. Classification de nos droits.
676. L'idée de droit est-elle identique à celles de force ou d'utilité sociale?
677. Les principes du droit naturel.

Examen des Systèmes.

542. Les divers systèmes de morale, qu'il faudra énumérer et caractériser, sont-ils inconciliables?
543. Peut-on expliquer par l'éducation et la coutume l'origine des idées morales?
470. Quel peut être le rôle de l'hérédité et de l'éducation dans la formation de nos dispositions morales?
544. Peut-on expliquer par l'association des idées le sentiment de l'obligation morale?
545. Comment expliquer que la morale d'Épicure, prenant pour enseigne le plaisir, aboutisse à un morne et froid ascétisme?
495. Y a-t-il une morale compatible avec le matérialisme?
496. Quelle a été, quelle devrait être, selon vous, la morale du matérialisme?
546. Comparez la morale du plaisir et la morale de l'intérêt en vous servant de votre connaissance des principaux systèmes hédonistes et utilitaires de l'antiquité et des temps modernes.
547. De l'intérêt et du plaisir. Peuvent-ils servir de fondement à la morale? Quelle est leur place dans la vie humaine?
548. La morale utilitaire.
549. Qu'y a-t-il de vrai et d'incomplet dans la morale utilitaire?
550. On a soutenu que tous les philosophes déterministes sont en morale utilitaires, et que tous les moralistes utilitaires sont déterministes. Cette opinion est-elle fondée? Quelles conséquences peut-on en déduire?
551. De l'intérêt social comme principe moral.
552. L'intérêt général. Ses rapports avec l'intérêt personnel. Peut-on faire à l'intérêt général une place, et quelle place, dans la vie morale?
553. Rapports et différences entre ce que l'intérêt nous conseille et ce que le devoir nous ordonne.
554. Jusqu'où l'utilitarisme réussit-il à motiver les actes que la conscience commune regarde comme moraux?
555. On a souvent remarqué que les doctrines utilitaires et la morale du devoir, différentes dans leurs principes, s'accordent sur le terrain des prescriptions pratiques. Cherchez et discutez les raisons de cet accord.

556. Le devoir est-il toujours d'accord avec l'intérêt?
557. Dialogue entre un utilitaire défendant la morale de Bentham et un partisan de la morale de Kant.
558. La morale évolutionniste.
559. La morale positiviste.
502. Peut-on trouver dans la solidarité le principe de la morale?
560. La sensibilité est-elle appelée à régler nos actions? Quel est son rôle légitime en morale?
561. Examen des doctrines qui fondent le devoir sur le sentiment moral.
562. Peut-on fonder une morale sur la sympathie?
563. Quels sont les traits de la morale de Platon qui ont le plus contribué à sa gloire?
564. « Il suffit de bien juger pour bien faire. » (Descartes)
565. Exposez et discutez la théorie contenue dans la maxime célèbre de Platon : « Nul n'est méchant volontairement. »
566. Peut-on fonder la morale sur l'idée du beau identifiée avec celle du bien?
499. Quels sont les rapports du beau et du bien?
498. L'art a-t-il une fin morale?
567. Dépeindre l'état d'âme du stoïque.
568. La morale stoïcienne; ses défauts; ses beautés; son influence.
528. Peut-on réduire toute la morale à la maxime stoïcienne : « Abstiens-toi et supporte? »
569. Quelle différence y a-t-il entre la morale stoïcienne et la morale chrétienne?
570. Exposer la morale de Descartes d'après le Discours de la Méthode.
571. La morale provisoire de Descartes. Que lui manque-t-il pour qu'on en puisse faire une morale définitive?
572. L'ordre universel peut-il servir de base à la morale?
573. La morale criticiste.
574. Expliquer ce jugement de Kant : « Le devoir est la nécessité d'obéir à la loi par respect pour la loi. »
575. Exposer et discuter les formules kantiennes de la loi morale.
576. Expliquer la formule de Kant : « Agis toujours en prenant la personne humaine, en toi et dans les autres, comme fin, jamais comme moyen ».

Responsabilité. Sanctions.

577. De la responsabilité morale.
578. Caractères et conditions de la responsabilité morale.
579. Rapports de la liberté et de la responsabilité.
580. Démontrer que l'homme est responsable des actes accomplis sous l'impulsion de la passion, et concilier cette vérité avec le principe des circonstances atténuantes.
581. La responsabilité devant la conscience et la responsabilité devant la société.
582. Une responsabilité collective est-elle possible?
583. Rapports de la responsabilité et de la solidarité.
584. Montrer que l'homme fait est responsable de son caractère.
585. La responsabilité et la sanction.
586. La sanction naturelle.
587. Quelle est l'efficacité des diverses sanctions?
588. Du mérite et du démérite. Définir ces deux notions, en établir les fondements et les conséquences.
589. « Je n'ai pas de mérite à cela, dit-on souvent, je n'ai fait que mon devoir. » Croyez-vous qu'on peut faire plus que son devoir, et que l'accomplissement de certains devoirs n'est pas méritoire?

594. Preuves morales de l'immortalité de l'âme.
497. Destinée de l'homme. Peut-elle avoir son entier accomplissement dans la vie terrestre?

La Vertu.

590. Expliquer et discuter ces deux maximes d'Aristote : « La vertu est une habitude. — La vertu est un milieu entre deux extrêmes.
591. Des caractères de la vertu.
592. Théorie de la vertu.
593. Si la vertu est une habitude, et d'autre part si toute habitude est automatique, d'où vient que l'on attribue du mérite à la vertu?
682. Les vertus ont-elles toutes la même valeur comme le pensaient les Stoïciens?
683. Définir la vertu. Théorie des quatre grandes vertus.
684. Des quatre grandes vertus chez les anciens et chez les modernes. Pourquoi la prudence, c'est-à-dire la recherche et l'amour de la vérité, est-elle toujours placée au premier rang?
685. Le propre de la vraie sagesse, a dit un contemporain, c'est de faire mille choses que la raison n'approuve pas, ou n'approuve qu'à la longue.
686. De la tempérance. Conséquences morales de l'intempérance.
687. Dans quel sens et jusqu'à quel point est vrai le mot : On devient esclave de ce que l'on aime?
688. Qu'est-ce que le courage? Quelles sont les principales formes sous lesquelles il peut se manifester?
689. Analyser le sentiment de la peur. Est-il possible de donner une éducation au courage?
690. Montrez l'importance du conseil : Aimez les passions nobles.
691. Du mobile de l'honneur. En essayer une analyse. Dire en quoi il se rapproche, en quoi il s'éloigne de l'honnête.
692. Qu'est-ce que la sincérité? Importance de cette vertu.
693. De la droiture et de la loyauté.
694. Du mensonge et du parjure.
695. De la valeur morale de la résignation.
696. L'égoïsme et l'altruisme.
697. Egoïsme et abnégation.
698. Apprécier cette pensée de la Rochefoucauld : « Rien n'est plus rare que la véritable bonté. Ceux mêmes qui croient en avoir n'ont d'ordinaire que de la complaisance et de la faiblesse. »
699. Comparer au point de vue psychologique et au point de vue moral la sympathie et la pitié.
700. Sur quelles raisons se fonde le devoir de tolérance?

Morale pratique. Questions générales.

503. Quels sont les rapports de la morale théorique et de la morale pratique?
595. Enumérer et définir brièvement les devoirs fondamentaux.
596. Le devoir est-il toujours et nécessairement pénible à accomplir?
597. Discuter cette opinion de J-J. Rousseau qu'il suffit, pour apprendre les lois de la vertu, de rentrer en soi-même et d'écouter la voix de la conscience dans le silence des passions.
598. Le sens moral est-il perfectible? Des meilleurs moyens de le protéger et de le développer.
600. « On ne fait jamais le mal si pleinement et si sûrement que quand on le fait par conscience. » (Pascal)
603. Expliquez la maxime : « Fais à autrui ce que tu voudrais qu'on te fît. »

604. Quel rôle la pensée de l'avenir joue-t-elle dans la vie?
605. Appliquer à la morale la maxime des anciens juristes: « L'état de doute est une certitude qu'il n'est pas permis d'agir. »
606. Qu'est-ce que le doute? Quand avons-nous, logiquement et moralement, le droit de douter? Peut-il arriver que le doute soit un devoir?
607. Expliquer la distinction entre les devoirs positifs et les devoirs négatifs.
608. Qu'appelle-t-on devoirs stricts et devoirs larges? Sur quel fondement repose cette distinction?
609. Peut-il y avoir conflit entre nos devoirs?
610. Qu'appelle-t-on un cas de conscience? En donner des exemples. N'a-t-on pas quelquefois abusé des cas de conscience? Qu'est-ce qu'un casuiste?

Morale personnelle.

611. L'homme a-t-il des devoirs envers lui-même?
612. Quels sont les devoirs de l'homme envers lui-même?
613. Rapports de la psychologie et de la morale : de la connaissance et de la sage direction de soi-même.
614. Du suicide.
615. Devoirs envers la sensibilité. Doctrines erronées sur cette question.
616. Peut-on, doit-on réagir contre la douleur morale?
617. Pourquoi est-ce un devoir pour tout homme de développer son intelligence?
618. « Ce qui contribue le plus à rendre la vie peu satisfaisante, a dit Stuart Mill, c'est le manque de culture intellectuelle. Un esprit cultivé trouve matière à un intérêt inépuisable dans tout ce qui l'environne. » Etudiez cette pensée et dites si, à votre avis, elle peut être admise sans restriction.
619. Parmi les satisfactions que l'homme éprouve à s'instruire, quelles sont celles qui vous paraissent le plus dignes d'être recherchées, et pourquoi?
620. De la dignité personnelle. Quelles sont les qualités morales qu'elle enveloppe et qu'elle excite?
621. Qu'y a-t-il de vrai dans la maxime stoïcienne : « Le sage seul est libre ? »
622. Jusqu'à quel point notre physionomie exprime-t-elle notre caractère?
623. D'où vient que nous avons des devoirs envers les animaux? Quels sont ces devoirs?

Famille.

624. De la famille. Sa nécessité au point de vue moral et social. Devoirs des membres de la famille.
625. Devoirs particuliers de la famille. L'éducation.
667. L'autorité dans la famille. A qui revient-elle de droit? Abus possibles.

Patrie.

626. Qu'est-ce que la patrie? Qu'est-ce que l'amour de la patrie?
627. Quelles sont, avec la diversité des conditions humaines, les différentes formes de l'amour de la patrie?
628. D'où vient que nous avons des devoirs envers la patrie, et quelle en est la formule?
629. Du patriotisme; des devoirs qu'il impose et des déformations dont il est susceptible.
630. L'idée de patrie. L'amour de la patrie peut-il se concilier avec l'amour de l'humanité?
631. Qu'est-ce qu'une nation? Qu'appelle-t-on esprit national?

L'Etat. Questions sociales.

633. Donner une définition précise des mots : Société, Etat, patrie, gouvernement, et esquisser une théorie des devoirs qui dérivent de l'idée de patrie.
632. Fondement des devoirs sociaux.
634. Aristote a dit : « L'homme est l'ami de l'homme. » Hobbes a écrit : « L'homme est un loup pour l'homme. » Lequel des deux philosophes s'est le plus approché de la vérité?
635. Qu'est-ce que l'État? Son rôle dans les sociétés.
636. A quels signes reconnait-on qu'un peuple est sauvage, civilisé, ou demi-civilisé? Quels sont les droits et les devoirs des peuples civilisés vis-à-vis des autres?
640. Y a-t-il contradiction entre l'état de nature et l'état de société ?
641. Sur quel fondement repose la société?
638. Quelles modifications subissent nos droits et nos devoirs en passant de l'ordre naturel dans l'ordre politique?
639. L'obligation sociale.
642. L'idée de progrès.
643. A quels signes reconnait-on le progrès dans la nature et dans l'humanité?
644. La division de l'humanité en nations est-elle un obstacle au progrès?
645. Pourquoi et de quelle manière l'individu doit-il se subordonner à la société?
646. Les progrès de l'action gouvernementale et ceux de la liberté individuelle peuvent-ils être simultanés et concourants?
647. Rapports du devoir personnel et du devoir social.
648. La solidarité sociale.
649. Rapports de l'autonomie morale de l'individu avec la solidarité sociale.
650. En quoi consiste la liberté politique?
651. Faut-il aimer la liberté? Est-on d'autant plus heureux qu'on est plus libre?
652. De la liberté de conscience. Montrer en quoi elle consiste et qu'elle est le fondement de toute liberté.
653. L'État et les devoirs du citoyen envers l'État.
654. Fondement des devoirs sociaux.
655. Quelles sont nos principales obligations sociales?
656. De l'obéissance à la loi. Quel en est le principe? A-t-elle des limites?
657. Parmi les devoirs envers la patrie figure l'impôt. Que doivent faire les législateurs : 1° pour que ce devoir soit le moins pénible possible pour celui qui l'accomplit ; 2° pour que l'impôt soit également réparti?
658. Pourquoi est-on obligé de voter?
659. Théories diverses sur le droit de propriété. Fondement véritable de ce droit.
660. Apprécier les doctrines qui contestent la légitimité de la propriété individuelle ou qui prétendent du moins la restreindre.
661. Sur quelles choses doit porter le droit de propriété?
632. Le droit de propriété. Son fondement et son extension. L'héritage. L'esclavage. La famille est-elle une propriété?
663. Faire voir par quelques traits bien choisis que la question sociale se ramène à une question morale.
664. De la justice dans l'ordre social.
665. L'État et la bienfaisance sociale.
666. Énumérer les principaux penseurs français qui ont écrit sur l'éducation ; analyser rapidement leurs systèmes, puis développer plus longuement la thèse de l'un d'eux.
637. L'art a-t-il une fonction sociale?

Rapports de la morale et de l'économie politique.

668. Rapports de la morale et de l'économie politique.
669. Les idées morales doivent-elles avoir une influence sur les relations économiques?
670. Certains économistes vantent les bienfaits sociaux du luxe que d'autres, au contraire, trouvent nuisible et immoral. Exposez et discutez les arguments des deux écoles.
671. Du travail. Divers genres de travail. Des régimes du travail dans les sociétés antiques et modernes.
672. Du travail et de l'épargne au point de vue individuel et au point de vue social.
673. Le travail s'impose-t-il à tous? Ses diverses formes sont-elles égales en dignité?
674. Quels sont les facteurs de la richesse?

Devoirs envers l'humanité. Justice et Charité.

701. Qu'est-ce que la justice? Quel en est le principe?
702. Définir la justice et en indiquer les principales règles.
703. Justice commutative et justice distributive. Leur nature. Leurs rapports.
704. Expliquer et apprécier cette formule de Platon : « L'injustice est toujours faible parce qu'elle n'est point d'accord avec elle-même. »
599. Expliquez et discutez cette assertion : « Si l'empire de la justice nous parait dur, c'est que nous ne remarquons pas assez combien la règle de la conduite humaine, la raison, est indispensable, et que nous ne savons pas nous rendre compte des désordres qu'entraine partout et toujours le sentiment pour mobile exclusif des actes. » (Renouvier, Science de la morale)
705. Justice et charité.
706. La charité n'est-elle pas justice?
707. Le rôle de la justice et de la charité.
708. L'homme est-il tenu moralement et doit-il être contraint socialement à la charité?
729. Quelles sont les conditions dans lesquelles la charité est ou bonne ou mauvaise pour le bienfaiteur et pour l'obligé?
678. Fondement et conséquences du droit de légitime défense.
679. Fondement du droit de punir.
680. Le droit des gens. Ses prescriptions essentielles.
681. La justice dans les rapports entre les nations.
709. Examiner les objections faites par quelques contemporains au concept de charité.
710. L'idée de sacrifice et son rôle dans la vie morale.
711. La solidarité morale.

Pratique des Vertus.

712. Sommes-nous toujours tenus de dire la vérité?
713. On connait le mot de Fontenelle : « Si j'avais la main pleine de vérités, je me garderais bien de l'ouvrir. » — Sénèque, au contraire, a écrit : « Si l'on m'offrait la science, en m'interdisant de la répandre, je ne l'accepterais pas. » Expliquez et appréciez l'attitude des deux philosophes.
714. Analyser et apprécier cette doctrine stoïcienne : « De l'obstacle qui se présente, la volonté fait la matière même de son action : ainsi le feu se rend maître de tout ce qui tombe en lui. (Marc-Aurèle)

715. L'initiative. Moyens de la développer.
716. Qu'est-ce que le caractère au sens moral? Comment un adolescent peut-il se proposer déjà de l'acquérir?
717. Rapports de la tempérance et de la justice.
718. La familiarité. Ses avantages. Ses inconvénients.
719. Le sentiment du respect. Quels en sont les caractères, les objets, le rôle dans la vie privée et publique?
720. Expliquer la portée de cette pensée de Marc-Aurèle : « Quels que soient les hommes avec lesquels le sort te fait vivre, aime-les, mais véritablement. »
721. Expliquer le proverbe : « Dis-moi qui tu hantes, je te dirai qui tu es. »
722. Expliquer et justifier ce mot d'un philosophe ancien : « L'amitié n'est possible qu'entre gens de bien. »
723. Quelle idée vous faites-vous à l'avance du devoir d'un soldat? Qualités et vertus d'un bon soldat.
724. Apprécier cette pensée de Joubert : « La justice sans la force, la force sans la justice, malheur affreux. »
725. Apprécier ce jugement de la Rochefoucauld : « L'amour de la justice n'est, en la plupart des hommes, que la crainte de souffrir l'injustice. »
726. La reconnaissance est-elle due seulement quand on a sollicité un bienfait?
727. Montrer comment la notion de solidarité nous aide à mieux comprendre la nature et l'étendue de nos devoirs?
728. Quels sont nos devoirs de solidarité? En quoi se distinguent-ils des devoirs de charité?

MÉTAPHYSIQUE

Nature de la Métaphysique.

730. Objet précis, plan et méthode de la métaphysique.
731. La philosophie est-elle une science particulière ou la science universelle? Dans quel sens pourrait-elle être l'un et l'autre?
732. Division de la philosophie. Définition de chacune de ses parties. Ordre dans lequel on doit les étudier.
733. Quels sont les problèmes qui restent en dehors du cadre des sciences particulières et que l'on doit regarder comme formant le domaine de la philosophie?
734. Quelles objections a-t-on faites à la possibilité de la métaphysique?
735. La métaphysique est-elle légitime? Exposer et apprécier la théorie positiviste?
736. Que faut-il penser de cette maxime : « Vivre d'abord, philosopher ensuite »?
737. Nature de la métaphysique. Ses rapports avec la science.
738. Claude Bernard a dit : « L'union solide de la science et de la philosophie est utile aux deux : elle élève l'une et soutient l'autre. » Apprécier cette pensée.

Théorie de la Connaissance.

739. Qu'est-ce que le scepticisme?
740. Réfuter la doctrine du doute universel et absolu. A quelles conditions le doute est-il un procédé de méthode utile et légitime?
741. Est-il vrai de dire avec Royer-Collard : « On ne fait pas au scepticisme sa part. Dès qu'il a pénétré dans l'entendement, il l'envahit tout entier. »
742. Du probabilisme.
743. De la valeur objective de la connaissance : dogmatisme, scepticisme, idéalisme.
744. Que pensez-vous de la doctrine de la relativité de la connaissance?
745. Qu'entend-on aujourd'hui en philosophie par les mots : subjectif et objectif? Quels sont les problèmes liés à l'opposition de ces deux termes?
746. Théorie idéaliste de la connaissance.
747. Théorie réaliste de la connaissance.
748. Théorie positiviste de la connaissance.
749. Comment connaissons-nous la matière? Cette connaissance est-elle une perception ou une conception?
754. Étudier au double point de vue logique et métaphysique le principe de contradiction.
755. Le scepticisme est-il encore possible depuis la constitution des sciences de la nature? S'il l'est, sous quelle forme?
756. Origine et valeur de l'idée de force.
757. Origine et valeur de l'idée de substance.
758. Origine et valeur de l'idée de cause.
759. Substance, cause, force. Rapports et différences.
760. La causalité selon Maine de Biran, Hume et Stuart Mill.

761. L'axiome : Je pense, donc je suis n'a pas, selon Maine de Biran, la portée que lui attribuait Descartes, et nous ne pouvons atteindre la substance de l'âme qu'en le restreignant et en disant : Je veux, donc je suis. Quel est le sens et quelle est la valeur de ce changement ?

Le Monde.

750. Que connaissons-nous du monde extérieur ?
776. De l'existence du monde extérieur.
777. Un philosophe a dit : « Quiconque n'a jamais douté de l'existence de la matière peut être assuré qu'il n'est point fait pour les recherches métaphysiques. » On appréciera ces paroles et on indiquera les raisons pour lesquelles des philosophes ont douté de l'existence du monde extérieur.
773. Qu'est-ce que la matière ?
778. Sens et portée de la distinction des qualités premières et des qualités secondes de la matière.
762. Les lois de la nature sont-elles nécessaires ?
763. Qu'est-ce que le mécanisme ? Difficultés que soulève cette doctrine.
764. Qu'est-ce que l'espace ?
765. Comment vous représentez-vous l'espace ? A-t-il une réalité objective ?
766. Analysez les notions de temps et d'espace et dites quelle en est l'origine.
767. Peut-on ramener la notion d'espace à celle de temps ?
768. Principales théories sur la nature de la vie.
769. Exposer la conception physico-chimique de la vie.
770. La matière et le mouvement.
771. Qu'est-ce que le matérialisme ?
772. La liberté morale peut-elle s'accorder avec le matérialisme ?
787. Que savez-vous des théories transformistes ?
788. Principes de la philosophie évolutionniste.
789. En quel sens faut-il prendre le principe : la fonction crée l'organe ?
785. Est-il certain que tout dans le monde ait une raison suffisante ?
786. Qu'entend-on par causes finales ? Diverses façons de concevoir la finalité.

Idéalisme. Spiritualisme. Phénoménisme. Positivisme. Criticisme.

779. Qu'est-ce que l'idéalisme ?
751. Les perceptions externes ne sont-elles que des rêves bien liés ?
752. Que faut-il entendre par cette formule : Percevoir le monde, c'est le construire de toutes pièces ?
774. Que veut dire Taine lorsqu'il affirme que la perception est une hallucination vraie ?
775. Expliquer et apprécier cette définition de Stuart Mill : « La matière est une possibilité permanente de sensations. »
753. Est-il vrai que l'esprit soit plus facile à connaître que le corps ?
780. La monade leibnitzienne.
781. Que veut dire Leibnitz quand il soutient que la monade n'a pas de fenêtres ?
784. L'antithèse de l'esprit et de la matière chez Descartes. Ce qu'elle est devenue chez ses successeurs. Reste-t-il quelque chose de cette théorie dans la philosophie de notre temps ?
782. La substance et le phénomène.
783. Le phénoménisme. Que pensez-vous de cette doctrine ?
790. Qu'est-ce que le positivisme ?
791. Qu'est-ce qu'une philosophie critique ? L'expliquer en considérant celle de Kant.

L'Âme. La Personne.

795. Comment s'expliquent, selon vous, l'unité et l'identité de la personne
796. De l'unité et de l'identité de l'âme.
797. Est-il sensé de prétendre que la personne humaine n'est autre chose qu'une collection de phénomènes?
798. Que pouvons-nous savoir de la nature de l'âme et par quelle méthode
799. De l'immortalité de l'âme.
800. Quelles conséquences philosophiques peut-on tirer de ce vers de Lamartine sur l'homme :

« Borné dans sa nature, infini dans ses vœux.

Théodicée.

801. L'existence de Dieu, celle de l'âme et celle du monde extérieur.
802. Examen des preuves de l'existence de Dieu.
803. Comment la connaissance de nous-mêmes nous élève-t-elle à la connaissance de Dieu?
804. Valeur de l'idée d'absolu.
805. De l'idée d'infini.
806. Est-il certain que tout a une cause?
807. Exposer et apprécier la preuve de l'existence de Dieu dite de saint Anselme.
808. Histoire de l'argument ontologique.
809. Que voulait dire Bossuet quand il écrivait : « Le parfait est premier en soi et dans nos idées, et l'imparfait n'en est qu'une dégradation »?
810. Exposer avec précision la preuve de l'existence de Dieu par les causes finales.
811. Le progrès des sciences a-t-il fortifié ou affaibli la preuve des causes finales?
812. Exposer et apprécier les preuves morales de l'existence de Dieu.
813. Expliquer cette parole : « Dieu est le principe de tous les principes. » (V. Cousin)
814. Commenter cette pensée de Descartes : « S'il y a encore des hommes qui ne soient pas assez persuadés de l'existence de Dieu, je veux bien qu'ils sachent que toutes les autres choses dont ils se pensent peut-être plus assurés, comme d'avoir un corps et qu'il y a des astres et une terre et choses semblables, sont moins certaines. »
815. Les attributs de Dieu.
816. Les attributs de Dieu. Quels sont ceux qu'affirme, ceux que rejette le panthéisme?
792. Le panthéisme.
793. Du panthéisme dans ses rapports avec la morale.
794. Choisir un des trois systèmes : matérialisme, idéalisme, panthéisme, et en montrer le fort et le faible.
817. L'homme et Dieu connaissent-ils de la même manière?
818. Est-il possible de concilier la prescience divine avec la liberté humaine?
819. La Providence.
820. Comment peut-on concilier la Providence avec la liberté humaine?
821. De la Providence et du mal.
822. Comment concilier avec l'idée de la Providence des désastres comme le tremblement de terre de Lisbonne (1755) qui fit périr d'un coup 30.000 personnes?
823. Exposer les différentes solutions qui ont été données du problème du mal. De l'optimisme raisonnable.
824. Le pessimisme. Ses principaux défenseurs. Exposer et critiquer leurs arguments.
825. Dialogue entre un optimiste et un pessimiste.
826. De la religion naturelle.

ESTHÉTIQUE

827. Caractères essentiels du beau et des plaisirs esthétiques.
828. Analyse de l'idée du beau.
829. Caractères essentiels du beau. Y a-t-il de la beauté dans les sciences ?
830. Principales définitions du beau. Rapports du beau et du bien.
831. L'art n'est-il qu'un jeu? Peut-il, doit-il se proposer une action morale et sociale?
832. Analyser et comparer les sentiments du gracieux, du beau et du sublime.
833. Quels sentiments peut nous inspirer la nature? Comment se produisent-ils? Que valent-ils ?
834. Du beau et de l'art.
835. De l'art. Esquisser une classification des beaux-arts.
836. De l'imitation de la nature dans la production de l'œuvre d'art.
837. De la raison dans la création artistique. Éclairer la théorie que l'on exposera par quelques exemples empruntés à des œuvres d'art qu'on aura eu occasion de connaître.
838. Les beaux-arts, sous des formes diverses et par des moyens différents, ne se proposent-ils pas une même fin? Quelle est cette fin?
839. Rapports et différences du jugement esthétique et du jugement moral. Expliquer la théorie qu'on exposera par quelques cas où l'on aura reconnu le caractère de la beauté morale.
840. Quelle part convient-il de donner dans l'éducation à la culture littéraire et artistique?

HISTOIRE DE LA PHILOSOPHIE

841. Socrate. Sa philosophie. Son influence. Cette influence s'est-elle étendue jusqu'à la philosophie moderne?
842. Socrate et les principes de sa philosophie. N'ont-ils pas encore toute leur valeur aujourd'hui?
843. La morale socratique.
844. Théorie de la connaissance dans Socrate.
845. Théorie de la connaissance dans Platon.
846. La doctrine de la science et de l'opinion d'après Platon.
847. Platon et sa théorie des Idées. Sa valeur scientifique, esthétique et morale.
848. Platon avait-il tort de considérer les genres comme des êtres?
849. Vous ferez connaître les parties essentielles de la philosophie d'Aristote.
850. Théorie de la connaissance dans Aristote.
851. La physique épicurienne.
852. Théorie de la vertu d'après les épicuriens et les stoïciens.
853. Comparez la conception du bien chez les stoïciens et chez les épicuriens.
854. Épicuriens et stoïciens. Signification de ces deux mots dans notre langue. Lequel vaut le mieux pour la tranquillité et la dignité de la vie?

855. Choisissez, parmi les anciens, un philosophe dont vous exposerez la doctrine à longs traits, mais avec précision.
856. Exposer, dans leur enchaînement méthodique, les principaux points de la philosophie de Descartes.
857. La méthode cartésienne.
858. Exposer les principaux arguments par lesquels Descartes essaie de prouver que les propriétés essentielles de la matière sont l'étendue, la figure et le mouvement.
859. Exposer les idées de Descartes sur la matière et sur la vie.
860. Exposer la doctrine de Descartes sur la nature de l'âme.
861. Expliquer cette pensée de Pascal : « Dans le *Je pense, donc je suis* de Descartes on peut apercevoir une suite admirable de conséquences qui prouve la distinction des natures matérielle et spirituelle, et on peut en faire un principe ferme et soutenu d'une physique entière. »
862. Les principes de l'idéalisme cartésien.
863. Faire une exposition exacte et succincte de ce qu'il y a d'essentiel dans chaque partie du *Discours de la Méthode*, et en montrer le lien.
864. Vous donnerez une analyse critique de la première partie du *Discours de la Méthode*.
865. Leibnitz s'appelait lui-même le philosophe de l'harmonie préétablie. Expliquez le sens de cette formule et montrez-en les applications, non seulement aux rapports de l'âme et du corps, mais à ceux du règne des causes efficientes et des causes finales, et à ceux du règne de la nature et du règne de la grâce.
866. La liberté dans Leibnitz.
867. L'immortalité d'après Leibnitz.
868. De la place accordée aux causes finales dans la philosophie de Descartes et dans celle de Leibnitz.
869. Vous donnerez une exposition du système de Spinoza.
870. Est-ce avec raison que les contemporains de Spinoza l'ont accusé d'athéisme ?
871. La liberté dans Spinoza.
872. Théorie des passions dans Spinoza.
873. Exposer les doctrines de Locke et de Leibnitz sur l'origine des idées.
874. L'origine des idées dans Locke.
875. Vous ferez connaître les grands traits de la philosophie de Kant, en insistant plus particulièrement sur la Critique de la Raison pure.
876. Les idées fondamentales de la philosophie de Kant. (Laisser de côté la morale.)
877. Exposer les tendances générales de la philosophie de Kant.
878. Indiquer la fonction de la sensibilité, de l'intelligence et de la raison dans la doctrine de Kant.
879. Discuter les antinomies de Kant.
880. La liberté dans Kant.
881. A l'égard de quelles vérités Kant a-t-il pu dire : « Il me fallait bien supprimer la science pour faire place à la croyance. » Expliquez cette formule et montrez qu'elle contient l'essentiel de la philosophie de Kant.
882. L'éclectisme comme doctrine philosophique. Expliquer en quoi il consiste et examiner ce qu'il peut valoir.
883. Nommer dans un ordre méthodique les grands systèmes de philosophie en ayant soin de les définir exactement et d'en citer les traits importants.

TABLE DES MATIÈRES

PREMIÈRE PARTIE

Psychologie.

SECTION I. — *Sujets de cours.*

SECTION II. — *Discussions.*

Section III. — *Applications.*

Section IV. — *Rapports des facultés entre elles.*

Section V. — *Annexe.*

DEUXIÈME PARTIE

Logique.

TROISIÈME PARTIE

Morale.

Section I. — *Morale théorique.*

Section II. — *Morale pratique.*

QUATRIEME PARTIE

Métaphysique.

CINQUIÈME PARTIE

SIXIÈME PARTIE

Table des sujets *classés d'après l'ordre du programme :*

Paris-Lille, Imp. A. Taffin-Lefort. — 07-11.

www.ingramcontent.com/pod-product-compliance
Ingram Content Group UK Ltd.
Pitfield, Milton Keynes, MK11 3LW, UK
UKHW020423200726
13857UKWH00002B/264

9 782012 815605